HISTOIRE
DU
CONSULAT
ET DE
L'EMPIRE

TOME III

PARIS, IMPRIMÉ PAR PLON FRÈRES, 36, RUE DE VAUGIRARD.

HISTOIRE
DU
CONSULAT
ET DE
L'EMPIRE

FAISANT SUITE
A L'HISTOIRE DE LA RÉVOLUTION FRANÇAISE

PAR M. A. THIERS

TOME TROISIÈME

PARIS
PAULIN, LIBRAIRE-ÉDITEUR
60, RUE RICHELIEU

1845

HISTOIRE
DU CONSULAT
ET
DE L'EMPIRE.

LIVRE DIXIÈME.

ÉVACUATION DE L'ÉGYPTE.

Tous les yeux fixés sur la négociation engagée à Londres. — On se demande quelle influence exercera la mort de Paul Ier sur cette négociation. — État de la cour de Russie. — Caractère d'Alexandre. — Ses jeunes amis forment avec lui un gouvernement secret, qui dirige toutes les affaires de l'empire. — Alexandre consent à réduire beaucoup les prétentions apportées à Paris par M. de Kalitcheff, au nom de Paul Ier. — Il accueille Duroc avec bienveillance. — Ses protestations réitérées du désir de bien vivre avec la France. — Commencements de la négociation entamée à Londres. — Conditions mises en avant, de part et d'autre. — Conquêtes des deux pays sur terre et sur mer. — L'Angleterre consent à restituer une partie de ses conquêtes maritimes, mais subordonne toute la négociation à la question de savoir si la France gardera l'Égypte. — Les deux gouvernements sont tacitement d'accord pour temporiser, afin d'attendre l'issue des événements militaires. — Le Premier Consul, averti que la négociation dépend de ces événements, pousse l'Espagne à marcher vivement contre le Portugal, et fait de nouveaux efforts pour secourir l'Égypte. — Emploi des forces navales. — Diverses expéditions projetées. — Navigation de Ganteaume au sortir de Brest. — Cet amiral passe heureusement le détroit. — Prêt à se diriger sur Alexandrie, il s'effraye de dangers imaginaires, et rentre dans Toulon. — État de l'Égypte depuis la mort de Kléber.— Soumission du pays, et situation prospère de la colonie sous le rapport matériel.

Avril 1801.

— Incapacité, anarchie dans le commandement. — Déplorables divisions des généraux. — Mesures mal conçues de Menou, qui veut toucher à tous les objets à la fois. — Malgré l'avis réitéré d'une expédition anglaise, il ne prend aucune précaution. — Débarquement des Anglais dans la rade d'Aboukir, le 8 mars. — Le général Friant, réduit à quinze cents hommes, fait d'inutiles efforts pour les repousser. — Deux bataillons ajoutés à la division d'Alexandrie auraient sauvé l'Égypte. — Tardive concentration de forces ordonnée par Menou. — Arrivée de la division Lanusse, et second combat livré avec des forces insuffisantes, dans la journée du 13 mars. — Menou arrive enfin avec le gros de l'armée. — Tristes conséquences de la division des généraux. — Plan d'une bataille décisive. — Bataille de Canope, livrée le 21 mars, et restée indécise. — Les Anglais demeurent maîtres de la plage d'Alexandrie. — Longue temporisation, pendant laquelle Menou aurait encore pu relever les affaires des Français, en manœuvrant contre les corps détachés de l'ennemi. — Il n'en fait rien. — Les Anglais tentent une opération sur Rosette, et réussissent à s'emparer d'une bouche du Nil. — Ils pénètrent dans l'intérieur. — Dernière occasion de sauver l'Égypte, à Ramanieh, perdue par l'incapacité du général Menou. — Les Anglais s'emparent de Ramanieh, et séparent la division du Kaire de celle d'Alexandrie. — L'armée française, coupée en deux, n'a plus d'autre ressource que celle de capituler. — Reddition du Kaire par le général Belliard. — Menou, enfermé dans Alexandrie, rêve la gloire d'une défense semblable à celle de Gênes. — L'Égypte définitivement perdue pour les Français.

La paix va devenir générale en Europe.

Le but que se proposait le Premier Consul en prenant le pouvoir, allait bientôt se trouver atteint, car le calme régnait en France, une satisfaction profonde remplissait les esprits, et la paix signée à Lunéville avec l'Autriche, l'Allemagne et les puissances italiennes, rétablie de fait avec la Russie, se négociait à Londres avec l'Angleterre. Une fois signée formellement avec ces deux dernières puissances, la paix devenait générale, et, en vingt-deux mois, le jeune Bonaparte avait accompli sa noble tâche, et rendu sa patrie la plus heureuse, la plus grande des puissances de l'univers. Mais il fallait terminer ce grand ouvrage, il fallait surtout conclure la paix avec l'Angleterre; car, tant que cette puissance n'avait pas déposé les armes, la mer était fermée, et, ce qui était plus grave, la guerre continentale pouvait renaître sous l'influence corruptrice des subsides britanniques. L'épuisement universel laissait, il est vrai, peu de chances à l'Angleterre d'armer de nouveau le continent; elle venait même d'en voir la plus grande partie coalisée avec nous contre sa puissance maritime, et, sans la mort de Paul, elle aurait pu expier cruellement ses violences contre les neutres. Mais cette mort soudaine était un fait nouveau et grave, qui ne pouvait manquer de modifier la situation. Quelle influence la catastrophe de Pétersbourg allait-elle exercer sur les affaires de l'Europe? C'est ce qu'on ignorait encore, c'est ce que le Premier Consul était impatient de savoir. Il avait envoyé Duroc à Pétersbourg, pour en être plus tôt et plus sûrement informé.

Avril 1801.

Un peu avant la mort de Paul, les relations avec la Russie n'avaient pas laissé que de présenter d'assez grandes difficultés, par suite de l'orgueil excessif de cet empereur, et de l'orgueil non moins excessif de son ambassadeur à Paris, M. de Kalitcheff. Le czar défunt voulait, comme nous l'avons dit ailleurs, dicter lui-même les conditions de la France avec la Bavière, le Wurtemberg, le Piémont, les Deux-Siciles, États dont il s'était fait le protecteur, ou spontanément, ou obligatoirement, par suite des traités qui avaient noué la seconde coalition. Il voulait même régler nos relations avec la Porte, et prétendait que le Premier Consul devait évacuer

Difficultés diplomatiques avec la Russie, naissant des prétentions de Paul 1ᵉʳ.

1.

Avril 1804.

Progrès de l'ambition et de la puissance russe depuis un siècle.

l'Égypte, parce que cette province appartenait au sultan, et qu'il n'y avait, disait-il, aucune raison de la lui enlever.

Cet allié, tout ardent qu'il était contre l'Angleterre, présentait donc aussi ses dangers, et la mésintelligence aurait pu renaître prochainement avec lui. Du reste, ce qui pouvait ne paraître qu'un trait de folie chez l'empereur Paul, était un singulier symptôme des progrès de l'ambition russe, depuis trois quarts de siècle. En effet, il y avait à peine quatre-vingts ans que Pierre-le-Grand, attirant pour la première fois l'attention de l'Europe, se bornait à vouloir influer sur le nord du continent, en luttant contre Charles XII pour faire un roi de Pologne. Quarante ans après, la Russie, portant déjà son ambition en Allemagne, luttait contre Frédéric avec l'Autriche et la France, pour empêcher la formation de la puissance prussienne. Quelques années plus tard, en 1772, elle partageait la Pologne. En 1778, elle faisait un pas de plus, et, réglant de moitié avec la France les affaires allemandes, elle interposait sa médiation entre la Prusse et l'Autriche, prêtes à en venir aux mains pour la succession de Bavière, et avait l'insigne honneur de garantir à Teschen la constitution germanique. Enfin, avant que le siècle fût révolu, en 1799, elle envoyait cent mille Russes en Italie, non pour une question de territoire, mais pour une question morale, pour la conservation, disait-elle, de l'équilibre européen, de l'ordre social, menacés par la révolution française.

Jamais en si peu d'années, un tel agrandissement d'influence n'était échu à une même puissance. Paul, en voulant se faire l'arbitre de toutes choses, pour prix de son alliance avec le Premier Consul, n'était donc que le fou d'une politique, qui, dans le cabinet russe, était profondément réfléchie. Son représentant à Paris exigeait, avec une morgue froide et soutenue, ce que son maître demandait avec le désordre accoutumé de ses volontés. Il affectait même assez maladroitement de se faire le protecteur des petites puissances, qui étaient maintenant à la merci de la France, après l'avoir offensée. La cour de Naples avait voulu se placer sous cette protection, ce qui lui avait peu réussi, car M. de Gallo avait été renvoyé de Paris, et sa cour obligée de subir à Florence les conditions du Premier Consul. M. de Saint-Marsan, chargé de représenter la maison de Savoie auprès de la République française, ayant voulu faire comme M. de Gallo, avait été renvoyé de même.

M. de Kalitcheff s'était hâté de réclamer pour les cours de Naples et de Turin, dont son maître avait garanti les États; et il entendait, en signant un traité avec la France, ne pas se borner à stipuler le rétablissement des bons rapports entre deux empires, qui n'avaient rien à se disputer ni sur terre ni sur mer, mais régler les affaires d'Allemagne et d'Italie, presque dans tous leurs détails, et jusqu'à celles de l'Orient, car il persistait à demander la restitution de l'Égypte à la Porte.

Malgré le désir de ménager l'empereur Paul, on avait répondu avec fermeté à son ambassadeur. On

Avril 1801.

Fermeté du cabinet français

avait consenti à joindre au traité patent, qui rétablirait purement et simplement la paix et l'amitié entre les deux États, une convention secrète, dans laquelle on prendrait l'engagement de se concerter avec la Russie pour le règlement des indemnités germaniques, de favoriser particulièrement les cours de Baden, de Wurtemberg et de Bavière, qui étaient ses alliées ou ses parentes; de réserver un dédommagement à la maison de Savoie, si on ne lui rendait pas ses États, mais sans dire ni où, ni quand, ni combien; car le Premier Consul avait déjà le projet de garder le Piémont pour la France. C'était là tout ce qu'on voulait concéder. Quant à Naples, le traité de Florence était déclaré irrévocable; et quant à la restitution de l'Égypte, on avait formé la résolution de ne pas même écouter une parole sur ce sujet.

M. de Kalitcheff insistant avec un ton et des manières assez étranges, on avait fini par ne plus lui répondre, et par le laisser à Paris assez embarrassé de son rôle, et des engagements qu'il avait pris avec les petites puissances. On en était là, lorsqu'on apprit la mort tragique de Paul. M. de Kalitcheff, sans attendre les ordres de son nouveau souverain, voulant sortir de la fausse position où il s'était mis, adressa le 26 avril une note péremptoire à M. de Talleyrand, dans laquelle il demandait une réponse immédiate sur tous les points de la négociation, se plaignant de ce que des choses accordées, disait-il, à Berlin, entre le général Beurnonville et M. de Krudener, étaient contestées à Paris. Il semblait même insinuer que, si les États faibles n'étaient pas mieux traités par la France, la gloire du Premier Consul en souffrirait, et que son gouvernement serait confondu avec les gouvernements révolutionnaires qui l'avaient précédé.

M. de Talleyrand lui répondit sur-le-champ, que sa dépêche était déplacée, qu'elle manquait aux égards que se doivent entre elles des puissances indépendantes; qu'on ne la mettrait pas sous les yeux du Premier Consul, dont elle offenserait la dignité; que M. de Kalitcheff pouvait donc la regarder comme non avenue, et que la réponse sollicitée au nom de son cabinet ne lui serait faite, que lorsque la demande en serait renouvelée en d'autres termes, et ans une autre dépêche.

Cette leçon sévère fit effet sur M. de Kalitcheff. Il parut s'inquiéter des conséquences de sa démarche. Déjà même les petits protégés qui s'abritaient derrière lui, avaient peur de son protectorat, et en étaient aux regrets de lui avoir recommandé leurs intérêts. M. de Kalitcheff, réduit ou à rester sans réponse, ou à reproduire ses réclamations dans une meilleure forme, écrivit une seconde dépêche, dans laquelle il réitérait sa demande d'explication, mais en énumérant chaque objet, sans réflexion aucune, sans plainte, et sans compliments. La dépêche était froide, mais convenable. Il lui fut dit alors par M. de Talleyrand, que dans la forme nouvelle, ses questions seraient soumises au Premier Consul, et obtiendraient prochainement une réponse. Il fut ajouté par M. de Talleyrand, que la dernière dépêche serait seule conservée dans les archives de

Avril 1801.

Leçon sévère donnée à M. de Kalitcheff.

la chancellerie française, et que la précédente y serait détruite.

Quelques jours après, M. de Talleyrand répondit à M. de Kalitcheff en termes polis, mais fort positifs. Il renouvela sur tous les points le dire du cabinet français, et ajouta cette réflexion fort naturelle, que, si la France avait consenti, sur plusieurs des affaires les plus importantes de l'Europe, à se concerter amicalement avec la Russie, et avait paru disposée à faire ce que celle-ci désirait, c'était en considération de l'alliance intime contractée avec Paul Iᵉʳ, contre la politique britannique; mais que, depuis l'avénement du czar Alexandre, il fallait, avant d'accorder les mêmes choses, savoir si le nouvel empereur entrerait dans les mêmes vues, et avoir la certitude qu'on trouverait en lui un allié aussi résolu que dans l'empereur défunt.

A partir de ce jour, M. de Kalitcheff se tint tranquille, et attendit les instructions de son nouveau maître.

C'était un prince singulier que celui qui venait de monter sur le trône des czars, singulier comme la plupart des princes qui ont régné sur la Russie, depuis un siècle. Alexandre avait vingt-cinq ans, une stature élevée, une figure noble et douce, quoique peu régulière, une intelligence pénétrante, un cœur généreux, une grâce parfaite. Toutefois, on pouvait apercevoir en lui quelques traces des infirmités paternelles. Son esprit, vif, impressionnable et changeant, s'attachait tour à tour aux idées les plus contraires. Mais tout n'était pas entraînement chez ce prince remarquable : il y avait dans son intelligence étendue et prompte à varier, des profondeurs qui échappaient aux meilleurs observateurs. Il était honnête, et en même temps dissimulé, capable d'artifice, et déjà on avait pu apercevoir quelque chose de ces qualités et de ces défauts, dans les tragiques événements qui avaient précédé son arrivée au trône. Gardons-nous cependant de calomnier ce prince illustre : il s'était fait complétement illusion sur les projets du comte Pahlen; il avait cru avec l'inexpérience de son âge, que l'abdication de son père était le seul but, et serait le seul résultat de la conjuration dont on lui avait fait la confidence; il avait cru, en s'y prêtant, sauver l'empire, sa mère, ses frères, lui-même, d'étranges violences. Éclairé aujourd'hui par l'événement, il détestait son erreur, et ceux qui la lui avaient fait commettre. Ce jeune empereur enfin, noble d'aspect, gracieux de manières, spirituel, enthousiaste, mobile, artificieux, difficile à saisir, était doué d'un charme personnel infini, et destiné à exercer sur ses contemporains la plus grande séduction. Il était même appelé à exercer cette séduction sur l'homme extraordinaire, si difficile à tromper, qui dominait alors la France, et avec lequel il devait avoir, un jour, de si grands et de si terribles démêlés.

Avril 1801.

L'éducation donnée à ce jeune prince avait été fort étrange. Élevé par le colonel Laharpe, qui lui avait inspiré les sentiments et les idées d'un républicain suisse, Alexandre avait subi avec sa fa-

Éducation d'Alexandre.

cilité ordinaire, l'influence de son précepteur, et s'en ressentait visiblement en montant sur le trône. Pendant qu'il était prince impérial, toujours soumis à un joug assez dur, tantôt celui de Catherine, tantôt celui de Paul, il avait noué des liaisons avec quelques jeunes gens de son âge, tels que M. Paul Strogonoff, M. de Nowosiltzoff, et surtout le prince Adam Czartorisky. Ce dernier, issu de l'une des plus grandes familles de Pologne, et fort attaché à sa patrie, était à Pétersbourg une espèce d'otage; il servait dans le régiment des gardes, et vivait à la cour avec les jeunes grands-ducs. Alexandre, attiré vers lui par une sorte d'analogie de sentiments et d'idées, lui communiquait les rêves de sa jeunesse. Tous deux déploraient en secret les malheurs de la Pologne, ce qui était bien naturel chez un descendant des Czartorisky, mais assez étonnant chez le petit-fils de Catherine; et Alexandre faisait serment à son ami, quand il serait monté sur le trône, de rendre à la malheureuse Pologne ses lois et sa liberté.

Paul s'était aperçu de cette intimité, en avait conçu quelque ombrage, et avait exilé le prince Czartorisky, en le nommant ministre de Russie auprès d'un roi sans États, auprès du roi de Sardaigne. A peine Alexandre fut-il empereur qu'il envoya un courrier à son ami, résidant alors à Rome, et le fit venir à Pétersbourg. Il réunit aussi autour de lui MM. Paul Strogonoff et de Nowosiltzoff. Il forma ainsi une espèce de gouvernement occulte, composé de jeunes gens sans expérience, animés de sentiments généreux, que tous n'ont pas conservés, remplis d'illusions, et peu propres, il faut le dire, à diriger un grand État, dans les difficiles conjonctures du siècle. Ils étaient impatients de se débarrasser des vieux Russes, qui avaient gouverné jusque-là, et avec lesquels ils ne sympathisaient sous aucun rapport. Un seul personnage plus âgé, plus grave, le prince de Kotschoubey, mêlé à cette société de jeunes hommes, tempérait par une raison plus mûre la vivacité de leur âge. Il avait vu l'Europe, acquis des connaissances précieuses, et entretenait constamment son souverain des améliorations qu'il croyait utile d'apporter au régime intérieur de l'empire. Tous ensemble blâmaient la politique, qui avait consisté d'abord à faire la guerre à la France, à cause de la Révolution, puis à la faire à l'Angleterre pour une thèse du droit des gens. Ils ne voulaient ni d'une guerre de principe à la France, ni d'une guerre maritime à l'Angleterre. Le grand empire du Nord, suivant eux, devait tenir la balance entre ces deux puissances, qui menaçaient de dévorer le monde dans leur lutte, et devenir ainsi l'arbitre de l'Europe, l'appui des États faibles contre les États forts. Mais, en général, ce qui les préoccupait, c'était moins la politique extérieure, que la régénération intérieure de l'empire : ils ne méditaient pas moins que de lui donner des institutions nouvelles, modelées en partie sur ce qui se voyait dans les pays civilisés; ils avaient, en un mot, la générosité, l'inexpérience, et la vanité de la jeunesse.

Les ministres ostensibles d'Alexandre étaient de vieux Russes, prévenus contre la France, entêtés

Avril 1804.

pour l'Angleterre, et, de plus, fort désagréables à leur souverain. Le comte Pahlen seul, grâce à la fermeté de son jugement, ne partageait pas les préjugés de ses collègues, et voulait qu'on ne se livrât à aucune influence, qu'on restât neutre entre la France et l'Angleterre. Sous ce rapport, ses idées convenaient au nouvel empereur et à ses amis. Mais le comte Pahlen avait le tort de traiter Alexandre en prince adolescent, qu'il avait placé sur le trône, qu'il avait dirigé, qu'il voulait diriger encore. La vanité très-sensible de son jeune maître en était souvent blessée. Le comte Pahlen traitait surtout avec dureté l'impératrice douairière, qui étalait une douleur fastueuse, et une haine ardente contre les meurtriers de son époux. Dans un établissement religieux qui dépendait d'elle, l'impératrice douairière avait fait placer une figure de la Vierge, avec l'empereur Paul à ses pieds, implorant la vengeance du ciel contre ses assassins. Le comte Pahlen fit enlever l'image, malgré les cris de l'impératrice et le mécontentement de son fils. Un ascendant exercé aussi rudement ne pouvait être durable.

Dans les premiers jours du règne, le comte Panin continua de présider aux relations extérieures; le comte Pahlen resta le ministre influent, se mêlant de toutes les affaires. Alexandre, après s'être concerté avec ses amis, travaillait ensuite avec ses ministres ostensibles. Sous ces influences diverses, quelquefois contraires, on résolut de traiter avec l'Angleterre, et de commencer par lever l'embargo sur le commerce britannique, embargo qui, suivant Alexandre, était une mesure injuste. On décida qu'il fallait faire avec le lord Saint-Hélens un règlement maritime, qui sauvât, sinon les droits des neutres, au moins les intérêts de la navigation russe. Alexandre, rangeant au nombre des idées peu raisonnables de son père, la prétention d'être grand-maître de l'ordre de Jérusalem, déclara qu'il ne voulait en être que le protecteur, en attendant que les diverses langues qui composaient l'ordre se fussent rassemblées, et eussent nommé un nouveau grand-maître. Cette résolution faisait évanouir bien des difficultés, soit avec l'Angleterre, qui tenait beaucoup à Malte, soit avec la France, qui n'avait pas voulu s'engager à une guerre à outrance pour faire rendre cette île à l'ordre, soit enfin avec Rome et l'Espagne, qui n'avaient jamais consenti à reconnaître pour grand-maître de Saint-Jean-de-Jérusalem un prince schismatique.

Pour faire cesser un autre sujet de contestation, celui-ci avec la France, il fut décidé qu'on ne demanderait plus l'évacuation de l'Égypte; car, en réalité, on était plutôt intéressé à la voir dans les mains des Français que dans celles des Anglais. Quant à Naples et au Piémont, on était lié, se disait-on, par des traités solennels, et Alexandre, au début de son règne, prétendait donner une grande idée de sa loyauté. Il fut arrêté qu'on réclamerait pour la cour de Naples, non plus la révocation du traité de Florence, mais la garantie de ses États actuels, et l'évacuation, à la paix, du golfe de Tarente. Quant au Piémont, on résolut de demander pour la maison

Avril 1804.

le commerce anglais.

Alexandre renonce à la grande maîtrise de l'ordre de Malte.

Alexandre cesse de demander l'évacuation de l'Égypte.

Avril 1801.

de Savoie ou le Piémont même, ou, à défaut, une indemnité proportionnée. Enfin Alexandre entendait régler, de concert avec la France, l'indemnité promise aux princes allemands, pour leurs pertes territoriales à la gauche du Rhin. Rien de tout cela ne présentait de difficultés, car le Premier Consul y avait déjà consenti. M. de Kalitcheff fut rappelé, et on choisit pour le remplacer M. de Markoff, homme d'esprit, mais, sous le rapport des formes, ne valant pas mieux que son prédécesseur.

Duroc, envoyé pour féliciter le nouvel empereur, trouva, en arrivant à Pétersbourg, tous ces points résolus, et reçut, tant des ministres que du monarque lui-même, un excellent accueil. Sa bonne tenue, son intelligence, réussirent en Russie comme en Prusse, et il sut inspirer l'estime et la confiance. Après les audiences d'apparat, il obtint plusieurs entretiens particuliers, dans lesquels Alexandre mit une sorte de coquetterie à se montrer à découvert devant le représentant du Premier Consul. Un jour, notamment, dans l'un des jardins publics de Saint-Pétersbourg, ce prince aperçut Duroc, alla vers lui, le traita avec une familiarité pleine de grâce, fit éloigner ses officiers, et, le conduisant dans un lieu écarté, sembla s'expliquer avec un complet abandon. — Je suis, lui dit-il, ami de la France, et depuis long-temps. J'admire votre nouveau chef, j'apprécie ce qu'il fait pour le repos de son pays et l'affermissement de l'ordre social en Europe. Ce n'est pas de moi qu'il pourra craindre une nouvelle guerre entre les deux empires. Mais qu'il me seconde, et cesse de fournir

Secret entretien d'Alexandre avec Duroc.

des prétextes à tous les jaloux de sa puissance. Vous le voyez, j'ai fait des concessions. Je ne parle plus de l'Égypte; j'aime mieux qu'elle soit à la France qu'à l'Angleterre; et si, par malheur, les Anglais s'en emparaient, je me joindrais à vous pour la leur arracher. J'ai renoncé à Malte, afin de supprimer l'une des difficultés qui entravaient la paix de l'Europe. Je suis lié aux rois de Piémont et de Naples par des traités; je sais qu'ils ont eu des torts envers la France; mais que vouliez-vous qu'ils fissent, entourés et dominés, comme ils l'étaient, par l'Angleterre? Je verrais avec un grand chagrin que le Premier Consul s'emparât du Piémont, ainsi que les actes récents de son administration tendent à le faire croire. Naples se plaint de l'enlèvement d'une portion de son territoire. Tout cela n'est pas digne de l'ambition du Premier Consul, et nuit à sa gloire. On ne l'accuse pas, comme les gouvernements qui l'ont précédé, de menacer l'ordre social, mais on l'accuse de vouloir envahir tous les États. Cela lui fait tort, et m'expose, moi, aux criailleries de ces petits princes, dont je suis obsédé. Qu'il fasse cesser entre nous ces difficultés, et nous vivrons à l'avenir en parfaite intelligence. —

Alexandre, s'abandonnant davantage, ajouta : Ne rapportez rien de tout ceci à mes ministres; soyez discret; n'employez que des courriers sûrs. Mais dites au général Bonaparte de m'envoyer des hommes auxquels je puisse me confier. Les relations les plus directes seront les meilleures, pour établir la bonne intelligence entre les deux gouvernements. — Alexandre dit quelques mots encore relativement à l'Angleterre. Il affirma qu'il ne voulait pas lui livrer la liberté des mers, propriété commune de toutes les nations; que s'il avait levé l'embargo sur ses vaisseaux, c'était par esprit de justice. Les traités antérieurs accordaient, en cas de rupture, une année aux négociants anglais, pour liquider leurs affaires; c'était donc une injustice que de saisir leurs propriétés; et je n'en veux pas commettre, s'écria vivement Alexandre; c'est là mon seul motif. Mais je n'entends point me livrer à l'Angleterre. Il dépend uniquement du Premier Consul, que je sois et demeure son allié, son ami. —

Le jeune empereur, dans cet entretien, s'était montré simple, confiant, désireux surtout de se mettre à part de ses ministres, et de faire voir qu'il avait ses vues et sa politique personnelles.

Duroc quitta Pétersbourg, comblé de ses égards, et des témoignages de sa faveur.

Il était évident, d'après ces communications, que la Russie ne pouvait plus être d'un grand secours contre l'Angleterre, mais aussi qu'à l'avenir on aurait beaucoup moins de difficultés avec elle, pour l'arrangement des affaires générales. Le Premier Consul, certain aujourd'hui de pouvoir s'entendre avec cette cour, ne se hâta pas de terminer la négociation, parce que le temps semblait chaque jour aplanir les difficultés qui subsistaient encore entre elle et nous. L'Angleterre, en effet, témoignait en ce moment peu d'intérêt pour les maisons de Naples et de Piémont; et si, comme on avait lieu de le croire, elle ne faisait plus, de ce qui les concernait, l'une des conditions de la paix, il devait être bien plus facile de se conduire comme on le voudrait à l'égard de ces deux maisons, lorsque l'Angleterre elle-même les aurait livrées au Premier Consul.

La négociation avec l'Angleterre devenait donc l'objet essentiel, et à peu près unique du moment. Pour la conduire, il fallait non-seulement traiter habilement à Londres, mais aussi pousser vivement la guerre en Portugal, et bien disputer l'Égypte aux forces britanniques, car l'issue des événements dans ces deux régions devait exercer sur le traité futur une grande influence. Le Premier Consul, voulant mettre de nouveaux poids dans la balance, faisait même des préparatifs fort apparents à Boulogne et à Calais, pour donner à entendre que ce moyen extrême d'une expédition contre l'Angleterre, auquel le Directoire avait long-temps songé, n'était ni hors de ses calculs, ni hors de ses moyens. Des corps nombreux s'avançaient vers cette partie de la France, et on réunissait sur les côtes de la Normandie, de la Picardie, de la Flandre, un grand nombre de chaloupes canonnières, solidement construites, fortement armées, capables de porter des troupes, et de traverser le Pas-de-Calais.

Ainsi qu'on en était convenu, lord Hawkesbury et M. Otto avaient employé le milieu d'avril 1801 (germinal an ix), en conférences diplomatiques. Suivant l'usage, les premières prétentions avaient été excessives. L'Angleterre proposait une base d'ar-

Avril 1801.

L'attention générale concentrée sur la négociation avec l'Angleterre.

Avril 1801.

Premières prétentions mises en avant par l'Angleterre.

Ce qu'elle avait conquis pendant la guerre.

rangement fort simple, c'était l'*uti possidetis*, c'est-à-dire, que chacune des puissances gardât ce que les événements de la guerre avaient mis en ses mains. L'Angleterre, en effet, profitant de la longue lutte de l'Europe contre la France, s'était enrichie pendant que ses alliés s'épuisaient, et avait pris les colonies de toutes les nations. Elle s'était emparée du continent entier des Indes, ainsi que des positions commerciales les plus importantes, dans les quatre parties du monde. Sur les Hollandais, elle avait acquis Ceylan, cette île si vaste et si riche, qui, placée à l'extrémité de la péninsule indienne, en forme un si beau complément. Elle avait acquis les autres possessions des Hollandais dans la mer des Indes, moins, il est vrai, la grande colonie de Java. Elle leur avait enlevé, entre les deux océans, le cap de Bonne-Espérance, l'une des stations maritimes du globe les mieux situées. Ses efforts les plus constants n'avaient pu lui procurer l'île de France, que nous n'avions pas cessé de posséder. Dans l'Amérique méridionale, elle avait encore arraché aux malheureux Hollandais, les plus maltraités dans cette guerre, les territoires de la Guyane, s'étendant entre l'Amazone et l'Orénoque, tels que Surinam, Berbice, Demerari, Essequibo, contrées superbes, qui ne présentaient pas, qui ne présentent pas encore aujourd'hui un notable développement agricole et commercial, mais qui sont appelées un jour à une immense prospérité, et qui avaient alors l'avantage d'être un pas fait vers les grandes colonies espagnoles du continent américain. L'Angleterre convoitait ces colonies; elle avait l'intention de les pousser au moins à l'indépendance, pour se venger de ce qui lui était arrivé dans l'Amérique du Nord, et se flattait d'ailleurs avec raison qu'une fois devenues indépendantes, elles seraient bientôt la proie de son commerce. C'est pour ce même motif, qu'elle tenait beaucoup à une conquête faite dans les Antilles, celle-ci sur les Espagnols, la belle île de la Trinité, située tout près de l'Amérique du Sud, comme une sorte de pied-à-terre, heureusement disposé soit pour la contrebande, soit pour l'agression des possessions espagnoles. Elle avait fait une autre acquisition d'une grande valeur dans les Antilles, c'était la Martinique enlevée aux Français. Les moyens employés avaient été peu légitimes, car les colons de la Martinique, craignant un soulèvement des esclaves, s'étaient mis eux-mêmes en dépôt dans ses mains; et d'un dépôt volontaire elle avait fait une propriété. L'Angleterre tenait à la Martinique, à cause du vaste port renfermé dans cette île. Elle avait pris encore, dans les Antilles, Sainte-Lucie, Tabago, îles médiocres en comparaison des précédentes, et, vers la région de la pêche, Saint-Pierre et Miquelon. Enfin, en Europe, elle avait enlevé aux Espagnols la plus précieuse des Baléares, et aux Français, qui l'avaient conquise sur les chevaliers de Saint-Jean-de-Jérusalem, Malte, la reine de la Méditerranée.

Après ces conquêtes, on peut dire qu'il ne restait pas grand'chose à disputer aux nations maritimes, sauf les possessions continentales des Espagnols dans les deux Amériques. Il est vrai que les An-

Avril 1804.

Conquêtes de la France pendant la présente guerre. Ses prétentions.

glais menaçaient, si on persistait à marcher sur le Portugal, de s'en dédommager en prenant le Brésil.

En revanche de ces vastes acquisitions maritimes, la France s'était emparée des plus belles parties du continent européen, beaucoup plus importantes assurément que tous ces territoires lointains; mais elle les avait restituées, sauf la portion comprise dans les grandes lignes des Alpes, du Rhin et des Pyrénées. Elle avait conquis, en outre, une colonie qui, à elle seule, était un dédommagement de toute la grandeur coloniale ajoutée à l'Angleterre, c'était l'Égypte. Aucune possession ne valait celle-là. Songeait-on à ébranler de nouveau l'empire britannique dans les Indes, l'Égypte était la route la plus sûre pour y arriver. Ne voulait-on, ce qui était plus sage, que ramener vers les ports de la France une partie du commerce de l'Orient, l'Égypte était encore la route naturelle de ce commerce. Pour la paix comme pour la guerre, c'était donc la plus précieuse colonie du globe. Si, dans le moment, le chef du gouvernement français n'avait songé qu'à la France, et point à ses alliés, il pouvait accepter le marché proposé par l'Angleterre; car la Martinique elle-même, seule perte directe et digne d'attention que la France eût faite dans cette guerre, était bien peu de chose à côté de l'Égypte, véritable empire placé entre les mers de l'Orient et de l'Occident, commandant à la fois, et abrégeant la route de ces mers. Mais le Premier Consul tenait à honneur de faire rendre aux alliés de la France la plus grande partie de leurs possessions. Il ne dépendait pas de lui d'épargner à la

Hollande tous les sacrifices, auxquels la condamnait la défection de sa marine, qui avait suivi, comme on sait, le stathouder en Angleterre; mais il tenait à lui faire rendre le Cap et la Guyane; il voulait que l'Espagne, qui n'avait rien acquis dans la guerre, ne perdît rien non plus, et qu'on lui rendît la Trinité et les Baléares; enfin il était décidé à ne céder Malte à aucun prix, car c'était infirmer d'avance la conquête de l'Égypte, la rendre précaire dans nos mains. Son intention était donc de laisser aux Anglais l'Indostan, même avec les petits comptoirs de Chandernagor et de Pondichéry, qui n'avaient aucun intérêt pour nous; d'y ajouter Ceylan, propriété des Hollandais, mais d'exiger la restitution du Cap, des Guyanes, de la Trinité, de la Martinique, des Baléares, de Malte, et de conserver l'Égypte, en considérant cette conquête, comme l'équivalent pour la France, de l'acquisition du continent des Indes par l'Angleterre. On va voir comment il se conduisit pour arriver à ce but, pendant une négociation qui dura cinq mois entiers.

Avril 1801.

A la prétention d'adopter l'*uti possidetis*, comme base du futur traité de paix, le négociateur français fut chargé de répondre par des arguments péremptoires. Vous voulez poser en principe, dit-il à lord Hawkesbury, que chacune des deux nations gardera ce qu'elle a conquis: mais alors la France devrait garder en Allemagne Baden, le Wurtemberg, la Bavière, les trois quarts de l'Autriche; elle devrait garder en Italie toute l'Italie elle-même, c'est-à-dire les ports de Gênes, Livourne, Naples, Venise; elle

Manière de raisonner des deux négociateurs.

devrait garder la Suisse, qu'elle se propose d'évacuer dès qu'elle y aura rétabli un ordre de choses raisonnable; elle devrait garder la Hollande, occupée par ses armées, et où s'organiseraient, sous son influence, les plus puissantes escadres. Elle pourrait prendre le Hanovre, le donner comme compensation à certaines puissances du continent, et, par ce moyen, se les attacher à jamais. Elle pourrait enfin pousser à bout la campagne commencée contre le Portugal, dédommager l'Espagne avec les dépouilles de cet État, et s'assurer à elle-même de nouveaux ports. Ce sont aussi d'importantes positions maritimes, que celles qui s'étendent depuis le Texel jusqu'à Lisbonne et Cadix, depuis Cadix jusqu'à Gênes, depuis Gênes jusqu'à Otrante, depuis Otrante jusqu'à Venise. Si on veut apporter des principes absolus dans la négociation, toute paix est impossible. La France a rendu la plus grande partie de ses conquêtes à tous les gouvernements vaincus par elle : à l'Autriche, elle a rendu une partie de l'Italie; à la cour des Deux-Siciles, le royaume de Naples; au Pape, l'État Romain tout entier; elle a donné la Toscane, qu'il lui était facile de se réserver, à la maison d'Espagne; elle a rétabli Gênes dans son indépendance; elle se borne à faire de la Lombardie une république amie, et se prépare à évacuer la Suisse, la Hollande, même le Hanovre. Il faut donc que l'Angleterre restitue aussi une partie de ses conquêtes. Celles que la France réclame ne la touchent pas elle-même directement, mais appartiennent à ses alliés. La France se fait un devoir de les recouvrer, pour les leur rendre. D'ailleurs, quand on concède à l'Angleterre l'Inde et Ceylan, que sont auprès de ces possessions, celles dont on lui demande la restitution? Si on ne veut pas faire de concession, il faut le dire ; il faut déclarer franchement que la négociation n'est qu'un leurre. L'univers saura par la faute de qui la paix est devenue impossible ; alors la France fera un dernier effort, et cet effort difficile, périlleux, sans doute, sera peut-être mortel pour l'Angleterre, car le Premier Consul ne désespère pas de franchir le détroit de Calais, à la tête de cent mille hommes.

Lord Hawkesbury et M. Addington négociaient avec le désir d'arriver à une paix avantageuse pour eux, ce qui était tout naturel, mais à une paix prochaine. Ils furent sensibles aux arguments du cabinet français, et frappés de la résolution qui éclatait dans ses paroles. Ils apportèrent donc tout de suite dans la négociation des prétentions plus modérées, et qui amenèrent un rapprochement. Ils répondirent d'abord à l'argument du Premier Consul, tiré des conquêtes restituées par la France, que si la France avait abandonné une partie de ses conquêtes, c'est qu'elle n'aurait pas pu les conserver, tandis qu'aucune marine au monde ne pourrait enlever à l'Angleterre les colonies qu'elle avait conquises ; que si la France rendait une partie des territoires occupés par ses armées, elle gardait Nice, la Savoie, les bords du Rhin, et surtout les bouches de l'Escaut et Anvers, ce qui l'agrandissait considérablement, non-seulement sur terre, mais sur mer ; qu'il fallait rétablir l'équilibre européen rompu, qu'il fallait le réta-

Avril 1801.

Le cabinet anglais est amené à des prétentions plus modérées.

blir, sinon sur le continent où il était tout à fait détruit, au moins sur l'Océan; que si la France voulait conserver l'Égypte, l'Inde n'était plus une compensation suffisante pour l'Angleterre, et que le cabinet britannique voulait alors retenir une grande partie de ses nouvelles acquisitions. Toutefois, ajoutait lord Hawkesbury, nous n'avons fait qu'une première proposition; nous sommes prêts à nous départir de ce qu'elle a de trop rigoureux. Nous restituerons quelques-unes de nos conquêtes; dites-nous seulement celles dont la restitution vous tient le plus à cœur.

Le Premier Consul fit une vive réplique à ces raisonnements des ministres anglais. Il n'était pas exact de dire, suivant lui, que l'Angleterre pût garder toutes ses conquêtes maritimes, tandis, au contraire, que la France n'aurait pas pu garder ses conquêtes continentales. La guerre continentale ayant fini, soit par l'épuisement absolu d'une partie des alliés de l'Angleterre, soit par le dégoût que les autres avaient de son alliance, la France, aidée des ressources de la Hollande, de l'Espagne et de l'Italie, aurait fait tout ce qu'elle aurait voulu sur le continent; et elle était en mesure de faire sur mer beaucoup plus que ne croyaient les ministres britanniques. La France, sans doute, n'aurait pas pu conserver le centre de l'Allemagne, et les trois quarts de l'Autriche, sans amener un bouleversement en Europe; mais elle aurait pu conclure une paix moins modérée que celle de Lunéville; elle aurait pu, l'Autriche étant épuisée après Hohenlinden, garder l'Italie entière, la Suisse même, sans que personne eût la force de s'y opposer. Quant à l'équilibre continental, il avait été rompu le jour où la Prusse, la Russie, l'Autriche, partagèrent entre elles, sans équivalent pour aucune autre puissance, le vaste et beau royaume de Pologne. Les rives du Rhin, les versants des Alpes, étaient à peine pour la France un équivalent de ce que ses rivaux avaient acquis sur le continent. Sur mer, l'Égypte était à peine une compensation de la conquête des Indes. Il était même douteux qu'avec cette colonie, la France conservât ses anciennes proportions maritimes, à l'égard de l'Angleterre.

Avril 1801.

Ces arguments avaient la puissance de la raison, et heureusement aussi celle de la force, car ce n'est pas assez de l'une des deux quand on négocie. On fut bientôt d'accord sur la base de la négociation. Il fut convenu que l'Angleterre, en restant propriétaire de l'Inde, restituerait une partie des conquêtes faites sur la France, l'Espagne et la Hollande. On entra ensuite dans le détail des objets à garder ou à restituer.

Il est admis que l'Angleterre restituera une partie de ses conquêtes maritimes.

Sans accorder formellement la possession de l'Égypte à la France, point sur lequel le négociateur anglais aimait toujours à laisser planer un doute, cependant il proposait deux hypothèses, celle où la France conserverait l'Égypte, celle où la France y renoncerait, soit qu'elle la perdît par la force des armes, soit qu'elle en fît l'abandon volontaire. Dans la première hypothèse, celle de la conservation de l'Égypte par la France, l'Angleterre, en gardant l'Inde et Ceylan, Chandernagor et Pondichéry compris, exigeait en outre le cap de Bonne-Espérance,

Détail des possessions à restituer.

une partie des Guyanes, c'est-à-dire Berbice, Demerari, Essequibo, la Trinité et la Martinique dans les Antilles, enfin et par-dessus tout l'île de Malte. Elle aurait rendu les petites possessions hollandaises des Indes, Surinam, les îles insignifiantes de Sainte-Lucie, et Tabago, Saint-Pierre et Miquelon, enfin Minorque. Dans la seconde hypothèse, celle où les Français ne resteraient pas en possession de l'Égypte, elle voulait toujours l'Inde et Ceylan; mais elle consentait à rendre les petits comptoirs de Pondichéry et de Chandernagor, le cap de Bonne-Espérance, la Martinique ou la Trinité, l'une des deux à notre choix, en gardant l'autre. Enfin, elle réclamait encore Malte, mais pas d'une manière péremptoire.

Ces restitutions ne suffisaient pas, au jugement du Premier Consul. On s'aborda de plus près encore, on arriva enfin, après un mois de discussion, aux propositions suivantes, qui étaient au fond la pensée des deux gouvernements.

L'Angleterre voulait, dans tous les cas, l'Inde et l'île de Ceylan. Si les Français évacuaient l'Égypte, elle leur laissait les petits comptoirs de Chandernagor et de Pondichéry; elle restituait le Cap aux Hollandais, à condition qu'il serait déclaré port franc; elle leur rendait encore, outre Berbice, Demerari, Essequibo sur le continent américain, l'établissement de Surinam; elle rendait l'une des deux grandes Antilles, la Martinique ou la Trinité, plus Sainte-Lucie, Tabago, Saint-Pierre et Miquelon, enfin l'île de Minorque et Malte. Ainsi, pour résultat de la

ÉVACUATION DE L'ÉGYPTE.

Avril 1801.

guerre, elle obtenait, si nous n'avions pas l'Égypte, le continent de l'Inde, Ceylan, plus l'une des deux principales Antilles, la Trinité ou la Martinique; et si nous avions l'Égypte, elle obtenait en outre Chandernagor et Pondichéry, le Cap, la Martinique et la Trinité, enfin Malte; c'est-à-dire que, dans ce second cas, il lui fallait comme précaution nous ôter les deux pieds-à-terre de Chandernagor et Pondichéry, placés dans la Péninsule indienne, et comme dédommagement, la Trinité, qui menaçait l'Amérique espagnole, la Martinique, qui est le premier port des Antilles, enfin Malte, qui est le premier port de la Méditerranée.

Quoique le Cap, la Martinique ou la Trinité, Malte, demandés comme surplus dans le cas où nous aurions l'Égypte, fussent loin de valoir cette importante possession, et qu'il eût été convenable de céder tout de suite, si cette condition eût été inévitable, le Premier Consul espérait garder l'Égypte, en payant moins cher cette concession. Il espérait que si l'armée anglaise, dirigée vers le Nil, succombait, que si les Espagnols poussaient vivement la guerre contre le Portugal, il pourrait, tout en gardant l'Égypte, faire restituer le Cap aux Hollandais, la Trinité aux Espagnols, Malte à l'ordre de Saint-Jean-de-Jérusalem, et obliger ainsi l'Angleterre à se contenter de l'Inde, de Ceylan, d'une partie des Guyanes, et d'une ou deux petites Antilles.

A quels termes se trouve réduite la négociation.

Tout dépendait donc des événements de la guerre; et les Anglais, espérant, de leur côté, qu'elle tournerait à leur avantage, n'étaient pas fâchés d'en

Avril 1801.

Tout dépend
des
événements
du Portugal
et de l'Égypte.

Efforts
du Premier
Consul pour
faire tourner
les
événements
le mieux
possible.

attendre l'issue, qui ne pouvait tarder d'être connue, car il s'agissait de savoir si les Espagnols oseraient marcher sur le Portugal, et si les troupes anglaises à bord de l'amiral Keith dans la Méditerranée, pourraient toucher terre en Égypte. Il fallait pour connaître ce résultat un mois ou deux au plus. Aussi, de part et d'autre, tout en mettant un grand soin à ne pas rompre la négociation, qu'on voulait sincèrement faire aboutir à la paix, on prit le parti de gagner du temps, et la multiplicité, la complication des objets à débattre, en fournissait le moyen très-naturel, sans l'emploi de beaucoup de finesse diplomatique.

« Tout dépend, écrivait M. Otto, de deux choses : l'armée anglaise sera-t-elle battue en Égypte ? l'Espagne marchera-t-elle franchement contre le Portugal ? Hâtez-vous, obtenez ces deux résultats, ou l'un des deux, et vous aurez la plus belle paix du monde. Mais je dois vous dire, ajoutait-il, que, si les ministres anglais craignent beaucoup nos soldats de l'armée d'Égypte, ils ne craignent guère la résolution de la cour d'Espagne. »

Aussi le Premier Consul faisait-il de continuels efforts pour réveiller la vieille cour d'Espagne, et pour la faire concourir à ses deux grands desseins, qui consistaient d'une part à se saisir du Portugal, de l'autre à diriger vers l'Égypte les forces navales des deux nations. Malheureusement les ressorts de cette antique monarchie étaient usés. Un roi honnête, mais aveuglé, et absorbé par les soins les plus vulgaires, les moins dignes du trône ; une reine livrée aux plus honteuses débauches; un favori vain, léger, incapable, consommaient dans l'insouciance et la licence les dernières ressources de la monarchie de Charles-Quint. Lucien Bonaparte, envoyé en ambassade à Madrid, pour le dédommager du ministère de l'intérieur, Lucien, jaloux d'égaler les succès diplomatiques de Joseph, s'agitait en Espagne, pour y servir avec éclat la politique de son frère; et il est vrai qu'il y avait acquis de l'influence, grâce à son nom, grâce aussi à la hardiesse heureuse avec laquelle il avait négligé les ministres titulaires, pour aller droit au véritable chef du gouvernement, c'est-à-dire au prince de la Paix. En plaçant ce prince entre le ressentiment ou la faveur du Premier Consul, il avait excité en lui un zèle peu ordinaire pour les intérêts de l'alliance, et lui avait fait adopter complétement le projet de la guerre contre le Portugal. Lucien avait dit à la cour d'Espagne : Vous souhaitez la paix, vous la souhaitez avantageuse, au moins non dommageable, vous voulez la terminer sans avoir perdu aucune de vos colonies; aidez-nous donc à saisir des gages, dont nous nous servirons, pour arracher à l'Angleterre la plus grande partie de ses conquêtes maritimes. — De pareilles raisons étaient excellentes, et sans réplique, mais ce n'était pas les plus décisives auprès du prince de la Paix. Lucien en avait imaginé de plus efficaces. Vous êtes tout ici, avait-il dit au favori, mon frère le sait, il s'en prendra à vous du non-succès des projets de l'alliance. Voulez-vous des Bonaparte pour amis ou pour ennemis? — Ces arguments, employés déjà pour

Avril 1801.

Préparatifs faits en Espagne pour l'expédition de Portugal.

Avril 1801.

décider la guerre de Portugal, étaient employés tous les jours pour en accélérer les préparatifs. Du reste, quels que fussent les arguments qui agissent sur le prince de la Paix, en faisant cette guerre, il ne trahissait pas les intérêts de son pays. Il ne pouvait, au contraire, les mieux servir, car la guerre contre le Portugal était le seul moyen d'arracher à l'Angleterre la restitution des colonies espagnoles.

Les préparatifs étaient accélérés autant que possible, et on y appliquait les dernières ressources de la monarchie. Qui croirait que cette grande et noble nation, dont la gloire a rempli le monde, et dont le patriotisme devait bientôt se produire avec éclat, malheureusement contre nous, qui croirait qu'elle avait de la peine à réunir vingt-cinq mille hommes; qu'avec des ports magnifiques, une grande quantité de vaisseaux, restes du beau règne de Charles III, elle était embarrassée de payer quelques ouvriers dans ses arsenaux, pour remettre ses bâtiments à flot; qu'elle se trouvait enfin dans l'impossibilité de se procurer des vivres pour approvisionner ses flottes? Qui croirait que les quinze vaisseaux espagnols, enfermés depuis deux ans à Brest, composaient toute sa marine, du moins sa marine en état de servir? La privation des métaux, par suite de l'interruption des relations avec le Mexique, l'avait réduite au papier-monnaie, et le papier-monnaie était arrivé au dernier degré de discrédit. On venait de faire un appel au clergé, qui ne possédait pas, dans le moment, les fonds dont on avait immédiatement besoin, mais qui jouissait de plus de crédit que la couronne, et, en se servant de ce crédit, on avait pu achever les préparatifs commencés.

Avril 1801.

Vingt-cinq mille hommes, pas trop mal équipés, s'étaient enfin avancés vers Badajos ; mais cela ne suffisait pas. Le prince de la Paix avait déclaré que, sans une division française, on ne pouvait pas se hasarder à entrer en Portugal. Le Premier Consul avait hâté la réunion de cette division à Bordeaux ; bientôt elle avait traversé les Pyrénées, et elle marchait à grandes journées vers Ciudad-Rodrigo. Le prince de la Paix voulait entrer avec les Espagnols par l'Alentejo, pendant que la division française pénétrerait par les provinces de Tras-os-Montes et de Beïra. Le général Saint-Cyr, qui devait commander les Français, était allé à Madrid concerter les opérations avec le prince de la Paix ; et, quoiqu'il fût peu propre à ménager la susceptibilité d'autrui, en ayant beaucoup lui-même, il avait réussi à faire accepter au prince de bons avis, et à concerter avec lui un plan d'opérations convenable.

Le Portugal, en se voyant serré de si près, avait envoyé à Madrid M. d'Aranjo, auquel on avait refusé passage. M. d'Aranjo s'était alors rendu en France, où il avait trouvé les mêmes refus. Le Portugal se disait prêt à subir toutes les conditions, pourvu qu'il ne fût pas contraint à fermer ses ports aux bâtiments de commerce anglais. Ces offres furent repoussées. Il fut convenu qu'on lui demanderait l'expulsion complète des vaisseaux anglais, tant de guerre que de commerce, qu'on tiendrait trois de ses provinces en dépôt, jusqu'à la

Avril 1801.

Les troupes espagnoles en marche vers le Portugal.

paix, et qu'on lui ferait payer enfin les frais de l'expédition.

Les troupes des deux nations se mirent en marche, et le prince de la Paix quitta Madrid, la tête remplie des plus beaux rêves de gloire. La cour et Lucien lui-même devaient l'accompagner. Le Premier Consul avait recommandé la plus exacte discipline aux troupes françaises; il leur avait prescrit d'entendre la messe le dimanche, de visiter les évêques lorsqu'on traverserait un chef-lieu de diocèse, en un mot, de se conformer en tout aux coutumes espagnoles. Il voulait que la vue des Français, au lieu d'éloigner les Espagnols, les rapprochât encore davantage de la France.

Emploi des forces navales de France, d'Espagne et de Hollande.

Tout allait, de ce côté, suivant les désirs du Premier Consul, et suivant le plus grand intérêt de la négociation entamée à Londres. Mais il restait encore beaucoup à faire, relativement à l'emploi des forces navales. On a vu de quelle manière devaient concourir au but commun, les trois marines de Hollande, de France et d'Espagne. Cinq vaisseaux hollandais, 5 vaisseaux français, 5 vaisseaux espagnols, en tout 15, chargés de troupes, devaient menacer le Brésil, ou essayer de reprendre la Trinité. Tout le reste des forces navales était destiné à l'Égypte. Ganteaume, sorti de Brest avec 7 vaisseaux, portant un secours considérable, était en route pour Alexandrie. Les autres bâtiments espagnols et français étaient demeurés à Brest, pour faire craindre sans cesse une expédition en Irlande, tandis qu'une seconde expédition, sortant de Rochefort, donnant la

ÉVACUATION DE L'ÉGYPTE.

main à 5 vaisseaux espagnols armés au Ferrol, à 6 autres vaisseaux armés à Cadix, devait suivre Ganteaume en Égypte. Mais on n'avait pas pu révéler ce projet à l'Espagne, crainte d'indiscrétion. On lui demanda, sans explication, de faire passer à Cadix la division navale préparée au Ferrol. La cour d'Espagne réclama vivement contre cette direction, allégua le danger de percer les croisières anglaises, très-nombreuses à l'entrée du détroit, et dans les environs de Gibraltar. Les vaisseaux du Ferrol étaient d'ailleurs à peine en état de mettre à la mer, tant leur armement avait été retardé. Lucien, sans avouer le projet sur l'Égypte, parla du besoin de dominer la Méditerranée, de la possibilité de tenter dans cette mer quelque chose d'utile aux deux pays, d'essayer peut-être une expédition pour reprendre Minorque. Enfin il arracha les ordres nécessaires, et la division espagnole du Ferrol dut être conduite à Cadix par la flotte française de Rochefort. Ce n'était pas tout : l'Espagne, comme on doit s'en souvenir, avait promis le don de six vaisseaux. Il y avait contestation sur l'époque à laquelle cette condition serait exécutée ; mais, comme on allait livrer la Toscane, avant même que la Louisiane fût remise à la France, il était bien juste que les vaisseaux fussent donnés immédiatement. Le ministère espagnol se décida enfin à en choisir six dans l'arsenal de Cadix, et à nous les abandonner sur-le-champ ; mais il ne voulait pas les livrer armés, et pourvus de vivres. On ne pouvait cependant y envoyer de France des canons et du biscuit. C'étaient là de mesquines contestations, en présence de l'ennemi commun, qu'il fallait battre par tous les moyens, si on voulait l'obliger à réduire ses prétentions. Ces difficultés furent enfin résolues comme le souhaitait le Premier Consul. On a déjà vu que l'amiral français Dumanoir était parti en poste pour Cadix, afin de veiller à l'équipement des vaisseaux espagnols devenus français, et d'en prendre le commandement. Cet amiral avait visité les ports d'Espagne, et y avait trouvé toute la confusion, tout le dénûment de l'opulence négligente et désordonnée. Avec les débris d'un magnifique matériel, avec de nombreux bâtiments fort beaux, mais désarmés, avec des établissements superbes, il n'y avait à Cadix, faute de solde, ni un matelot, ni un ouvrier, pour remettre cette marine à flot. Tout était livré au gaspillage et à l'abandon[1]. Le ministère français avait envoyé à l'amiral Dumanoir des crédits sur les maisons les plus riches de Cadix, et, à force d'argent comptant, cet officier était parvenu à vaincre les principales difficultés. Après avoir choisi les vaisseaux qui avaient le moins souffert du temps et de la négligence espagnole, il les arma en se servant du matériel enlevé aux autres; il se procura des matelots français, les uns émigrés par suite de la Révolution, les autres échappés des prisons d'Angleterre; il en reçut un certain nombre, expédiés des ports

---

[1] Les rapports de cet amiral, qui existent aux archives, non de la marine, mais des affaires étrangères, présentent le plus curieux tableau de ce que peut devenir un grand État dans de mauvaises mains.

de France sur des bâtiments légers; il demanda et obtint la permission d'enrôler quelques Espagnols; il engagea au moyen d'une forte solde des Suédois et des Danois. On lui envoya en poste, à travers la Péninsule, les officiers nécessaires pour organiser ses états-majors, et on fit marcher par la Catalogne des détachements d'infanterie française pour compléter ses équipages. Cette division, celle du Ferrol, celle de Rochefort, formant une force d'environ dix-huit vaisseaux, devaient aller en Égypte, après avoir touché à Otrante, pour y prendre dix mille hommes de débarquement. Ces projets, dont on a vu plus haut l'exposé, étaient maintenant en complète exécution.

Avril 1801.

Pour arracher à l'Espagne les faibles efforts qu'on venait d'en obtenir avec tant de peine, le Premier Consul avait rempli toutes ses promesses envers elle, avec une fidélité remarquable, et les avait même outre-passées. La maison de Parme ayant reçu, en place de son duché, le beau pays de la Toscane, ce qui était depuis long-temps le vœu le plus ardent de la cour de Madrid, il fallait pour une telle substitution le consentement de l'Autriche. Le Premier Consul s'était appliqué à l'obtenir, et y avait réussi. Le duché de Toscane avait été en outre érigé en royaume d'Étrurie. Le vieux duc régnant de Parme, prince dévot, ennemi de toutes les nouveautés du temps, était frère, comme nous l'avons dit, de la reine d'Espagne. Son fils, jeune homme fort mal élevé, avait épousé une infante, et vivait à l'Escurial. C'est à ces deux jeunes époux qu'on avait destiné le royaume d'Étrurie. Toutefois le Premier Con-

LIVRE X.

Avril 1801.

Complaisance du Premier Consul à l'égard de l'Espagne, pour exciter le zèle de celle-ci en faveur de la cause commune.

sul, n'ayant promis ce royaume qu'en échange du duché de Parme, n'était tenu de livrer l'un, qu'à la vacance de l'autre, et cette vacance ne pouvait avoir lieu qu'à la mort ou à l'abdication du vieux duc régnant; mais ce vieux duc ne voulait ni mourir, ni abdiquer. Malgré l'intérêt que le Premier Consul avait à se délivrer d'un tel hôte en Italie, il consentit à le tolérer à Parme, en plaçant tout de suite les infants sur le trône d'Étrurie. Seulement il exigea qu'ils vinssent à Paris recevoir la couronne de ses mains, comme autrefois les monarques sujets venaient, dans l'antique Rome, recevoir la couronne des mains du peuple-Roi. C'était un spectacle grand et singulier, qu'il voulait donner à la France républicaine. Ces jeunes princes quittèrent donc Madrid pour se rendre à Paris, au moment même où leurs parents s'acheminaient vers Badajos, afin de donner au favori le plaisir d'être vu à la tête d'une armée.

Telles étaient les complaisances au moyen desquelles le Premier Consul espérait éveiller le zèle de la cour d'Espagne, et la faire concourir à ses desseins.

Tous les regards tournés en ce moment vers l'Égypte.

Dans cet instant tout convergeait vers l'Égypte. C'est vers elle que tendaient les efforts, les regards, les craintes, les espérances des deux grandes nations belligérantes, la France et l'Angleterre. Il semblait qu'avant de déposer les armes, ces deux nations voulussent s'en servir une dernière fois, pour terminer avec éclat, et à leur plus grand avantage, la terrible guerre qui ensanglantait le globe depuis dix années.

Nous avons laissé Ganteaume essayant de sortir de Brest, le 3 pluviôse (23 janvier 1801), par une horrible tempête. Les vents avaient été long-temps faibles ou contraires. Enfin, par une bouffée du nord-ouest, qui portait à la côte, on avait mis à la voile, pour obéir à l'aide-de-camp du Premier Consul, Savary, qui était à Brest, avec mission de vaincre toutes les résistances. Ce pouvait être une grande imprudence ; mais comment faire en présence d'une flotte ennemie, qui bloquait incessamment la rade de Brest, par tous les temps, et ne se retirait que lorsque la croisière devenait impossible ? Il fallait ou ne jamais sortir, ou sortir par une tempête qui éloignât les Anglais. L'escadre forte de 7 vaisseaux, 2 frégates, un brick, tous bâtiments qui marchaient bien, portait 4 mille hommes de troupes, un immense matériel, et de nombreux employés avec leurs familles, croyant aller à Saint-Domingue. On éteignit les feux de l'escadre afin de n'être pas aperçu, et on appareilla au milieu des plus grandes appréhensions. Le vent de nord-ouest était, pour sortir de Brest, le plus dangereux de tous. Il régnait en ce moment avec une extrême violence, mais heureusement il n'acquit toute sa force que lorsqu'on avait déjà franchi les passes, et qu'on arrivait au large. On eut à essuyer des rafales horribles, et une mer épouvantable. L'escadre marchait en ordre de bataille, le vaisseau amiral en tête ; c'était l'*Indivisible*. Il était suivi du *Formidable*, qui portait le pavillon du contre-amiral Linois. Le reste de la division suivait, chaque vaisseau prêt

Avril 1801.

Navigation de Ganteaume, sorti de Brest par une tempête.

à combattre, si l'ennemi se présentait. A peine était-on au large, que le vent, toujours plus furieux, emporta les trois huniers du *Formidable*. Le vaisseau la *Constitution* perdit son grand mât de hune ; le *Dix-Août* et le *Jean-Bart*, qui le suivaient de près, se placèrent à droite et à gauche, et le gardèrent à vue jusqu'au lendemain, pour venir à son secours s'il en avait besoin. Le brick le *Vautour* faillit être submergé, et allait couler lorsqu'il fut secouru. Au milieu de la tempête et des ténèbres, l'escadre avait été dispersée. Le lendemain à la pointe du jour, Ganteaume, monté sur l'*Indivisible*, resta quelque temps en panne afin de rallier sa division ; mais craignant le retour des Anglais, qui jusque-là ne s'étaient pas montrés, et comptant sur les rendez-vous donnés à chaque vaisseau, il fit voile vers le point de ralliement convenu. Ce point de ralliement était à cinquante lieues à l'ouest du cap Saint-Vincent, l'un des caps les plus saillants de la côte méridionale d'Espagne. Les autres vaisseaux de la division, après avoir essuyé la tourmente, réparèrent leurs avaries en mer, au moyen de leur matériel de rechange, et finirent par se réunir tous, sauf le vaisseau amiral, qui, après les avoir attendus, avait fait voile vers le lieu du rendez-vous. Le seul accident de la traversée fut une rencontre de la frégate française la *Bravoure*, avec la frégate anglaise la *Concorde*, qui était venue observer la marche de la division. Le capitaine Dordelin, qui commandait la *Bravoure*, alla droit à la frégate anglaise, et lui offrit le combat. Il se plaça bord à bord avec elle, et lui envoya plusieurs volées de canon, qui produisirent sur son pont un affreux ravage. Le capitaine Dordelin faisait ses dispositions pour monter à l'abordage, lorsque la frégate anglaise, manœuvrant de son côté pour échapper à ce péril, se sauva en faisant force de voiles[1].

La frégate française rejoignit la division, et bientôt, sur le méridien indiqué, tous les vaisseaux furent réunis autour du pavillon amiral. On marcha ainsi vers le détroit de Gibraltar, après avoir échappé comme par miracle aux dangers de la mer et de l'ennemi. L'escadre était pleine d'ardeur ; elle commençait à deviner où l'on allait, et chacun désirait remplir la glorieuse mission de sauver l'Égypte.

Il importait de se hâter, car dans ce moment la flotte de l'amiral Keith, réunie dans la baie de Macri, sur la côte de l'Asie-Mineure, n'attendait plus que les derniers préparatifs des Turcs, toujours fort lents, pour mettre à la voile, et porter une armée anglaise aux bouches du Nil. Il fallait donc la devancer, et les circonstances semblaient s'y prêter de la manière la plus heureuse. L'amiral anglais Saint-Vincent, qui commandait le blocus de Brest, averti trop tard de la sortie de Ganteaume, avait envoyé à sa suite l'amiral Calder, avec une force égale à la division française, c'est-à-dire avec 7 vaisseaux et 2 frégates. Les Anglais, ne pouvant imaginer que la division française osât pénétrer dans la Méditerra-

[1] Les Anglais ont prétendu que c'était la frégate française qui avait abandonné le champ de bataille. Les renseignements puisés auprès de deux officiers supérieurs, qui existent encore, et qui faisaient partie de l'escadre, ne m'ont laissé aucun doute sur la vérité du récit que je présente ici.

née, au milieu de tant de croisières, trompés d'ailleurs par tous les rapports, crurent que les Français avaient navigué vers Saint-Domingue. L'amiral Calder se dirigea donc vers les Canaries, pour de là se porter aux Antilles. Pendant ce temps Ganteaume avait embouché le détroit, et rangeait la côte d'Afrique, pour se dérober aux croiseurs anglais de Gibraltar. Les vents ne le secondaient pas suffisamment, mais l'occasion était favorable pour remplir sa mission, car l'amiral anglais Warren, qui croisait sans cesse de Gibraltar à Mahon, n'avait guère que 4 vaisseaux, tout le reste des forces anglaises étant, avec l'amiral Keith, employé au transport de l'armée de débarquement. Malheureusement Ganteaume ignorait ces détails, et la grave responsabilité qui pesait sur sa tête, lui causait un trouble involontaire, que jamais les boulets n'avaient produit dans son intrépide cœur. Incommodé par deux bâtiments ennemis qui étaient venus l'observer de trop près, le cutter le *Sprightly* et la frégate le *Succès*, il leur donna la chasse, et les prit tous les deux. Enfin il passa le détroit, et entra dans la Méditerranée. Il n'avait plus qu'à forcer de voiles, et à plonger vers l'Orient. L'amiral Warren, en effet, était blotti dans la rade de Mahon, et l'amiral Keith, embarrassé de deux cents transports, n'avait pas encore quitté les parages de l'Asie-Mineure. Les rivages de l'Égypte étaient donc libres, et l'on pouvait porter à l'armée française les secours qu'elle attendait impatiemment, et qu'on lui annonçait depuis long-temps. Mais Ganteaume, toujours inquiet du sort de son escadre, et plus encore du sort des nombreux soldats qu'il avait à son bord, se troublait à la vue des moindres bâtiments qu'il rencontrait. Supposant entre lui et l'Égypte une escadre ennemie qui n'y était pas, il était surtout effrayé de l'état de ses vaisseaux, et craignait, s'il fallait précipiter sa marche devant un ennemi supérieur, de ne le pouvoir pas avec des mâtures endommagées par la tempête, et hâtivement réparées à la mer. Il avait donc perdu toute confiance. Mécontent de la frégate la *Bravoure* qui ne marchait pas assez bien à son gré, il voulut s'en défaire, et la diriger vers Toulon. Au lieu de l'acheminer tout simplement vers ce port, et de continuer, quant à lui, à longer la côte d'Afrique en naviguant de l'ouest à l'est, il eut le tort de remonter au nord, et de venir se placer presque en vue de Toulon. Son intention était d'escorter la *Bravoure* pendant une partie du chemin, afin de la sauver des croiseurs ennemis ; mauvaise raison assurément, car il valait cent fois mieux compromettre le sort d'une frégate, que le sort de sa mission. Grâce à cette faute, il fut aperçu de l'amiral Warren, qui se hâta de sortir de Mahon. Ganteaume, pour lui imposer, feignit de lui donner la chasse. L'intrépide capitaine Bergeret, commandant le vaisseau français le *Dix-Août*, s'avançant plus vite et plus loin que les autres, vint reconnaître les Anglais de très-près, et n'aperçut que quatre vaisseaux et deux frégates. Saisi de joie à cette vue, il crut que supérieurs aux Anglais, nous allions marcher sur eux, pour les chasser ou les combattre. Mais tout à coup il reçut le signal de cesser la pour-

Avril 1801.

Ganteaume, trompé sur la force de la division Warren, rentre dans Toulon, au lieu de se rendre en Égypte.

suite, et de rejoindre l'escadre. Ce brave officier, désolé, se mit tout de suite en communication avec Ganteaume, lui répéta qu'il était trompé par ses vigies, qu'on n'avait en présence que quatre vaisseaux : vains efforts ! Ganteaume crut en voir sept ou huit, et résolut de faire voile au nord. Cependant il était certain (comme les rapports de l'amiral de Warren l'ont prouvé depuis) que nous n'avions devant nous que quatre vaisseaux ennemis[1]. Ganteaume se rapprocha donc du golfe de Lion, pour expédier la *Bravoure*, et, ayant aperçu de nouveau l'escadre anglaise, il rentra éperdu dans Toulon. Là d'autres inquiétudes l'attendaient : c'était la crainte de la colère du Premier Consul, indigné de voir compromettre, au moment même du succès, une si importante expédition. Cette résolution fatale perdit l'Égypte, qui ce jour même aurait pu être sauvée.

Des frégates parties de Toulon et de Rochefort, parviennent sans difficulté à Alexandrie.

En effet, pendant que Ganteaume louvoyait entre la côte d'Afrique et Mahon, deux frégates, la *Justice* et l'*Égyptienne*, sorties de Toulon avec des munitions et 400 hommes de troupes, avaient fait voile à l'est, et, sans rencontrer un seul vaisseau anglais, étaient entrées dans Alexandrie. Deux autres frégates, la *Régénérée* et l'*Africaine*, parties de Rochefort, venaient de traverser l'Océan, et de pénétrer par le détroit dans la Méditerranée, sans éprouver aucun accident. Malheureusement elles s'étaient séparées. La *Régénérée* arriva, sans fâcheuse rencontre, devant Alexandrie le 2 mars 1801 (11 ventôse

[1] Voir un rapport de l'amiral Warren, du 23 avril 1801, inséré au *Moniteur* du 27 messidor an IX (numéro double 296 et 297).

an IX). L'*Africaine*, jointe par une frégate anglaise pendant la nuit, s'arrêta pour la combattre. Elle avait 300 hommes de troupes à bord, qui, voulant se mêler au combat, amenèrent un désordre affreux, et, après une lutte héroïque, devinrent cause de sa défaite. Elle fut prise par la frégate anglaise. Mais, comme on le voit, sur quatre frégates parties les unes de Toulon, les autres de Rochefort, trois, arrivées sans accident, avaient trouvé la côte d'Égypte délivrée de la présence de l'ennemi, et si facilement abordable, qu'elles étaient entrées sans coup férir dans le port d'Alexandrie : tant les rencontres sont difficiles sur l'immensité des mers, tant l'audace y peut servir un officier, qui veut risquer son pavillon pour l'accomplissement d'un grand devoir !

Ganteaume était entré dans Toulon le 19 février (30 pluviôse), accablé de fatigue, dévoré d'inquiétudes, éprouvant, écrivait-il au Premier Consul, tous les tourments à la fois[1]. Cela devait être, car il venait de compromettre des intérêts du premier ordre. Le Premier Consul, naturellement irritable, contenait peu son humeur, quand on avait fait échouer ses projets. Mais il connaissait les hommes ; il savait que ce n'était pas dans le moment même de l'action, qu'il fallait leur donner des signes de mécontentement, parce qu'en s'y prenant ainsi, on les ébranlait au lieu de les ranimer ; il savait que Ganteaume avait besoin d'être encouragé, soutenu, et non pas déses-

---

[1] Lettre écrite le 19 février (30 pluviôse), jour même de son entrée à Toulon, et conservée aux archives de la marine.

péré par les éclats d'une colère que tout le monde redoutait alors comme le plus grand des malheurs. Aussi, loin de l'accabler de ses reproches, lui envoya-t-il son aide-de-camp Lacuée, afin de le consoler et de le ranimer, afin de mettre à sa disposition des troupes, des vivres, de l'argent, et d'en obtenir immédiatement une nouvelle sortie. Il se borna, pour toute sévérité, à le blâmer, doucement, d'avoir quitté les parages de l'Afrique pour ceux des Baléares, et d'avoir attiré ainsi l'amiral Warren à sa poursuite.

Ganteaume était un brave homme, bon marin et excellent soldat. Mais son état moral en ce moment prouve que la responsabilité ébranle les hommes, beaucoup plus que le danger du canon. Cela même est honorable pour eux, car cela fait voir qu'ils craignent encore plus de compromettre les plans dont ils sont chargés, que de compromettre leur vie. Ganteaume, encouragé par le Premier Consul, se mit à l'œuvre; mais il perdit du temps soit pour réparer les avaries de ses vaisseaux, soit pour attendre les vents favorables. Il restait néanmoins encore quelques instants propices. L'amiral Warren s'était porté vers Naples et la Sicile. L'amiral Keith s'approchait, il est vrai, d'Aboukir avec l'armée anglaise; mais il n'était pas impossible de tromper sa vigilance, et de débarquer les troupes françaises, ou au delà d'Aboukir, c'est-à-dire à Damiette, ou en deçà, à vingt ou vingt-cinq lieues à l'ouest d'Alexandrie, ce qui aurait permis à nos soldats de regagner l'Égypte, au moyen de quelques marches à travers le désert.

Tandis que les instances du Premier Consul provoquaient une seconde sortie de Ganteaume, de nouvelles lettres parties de Paris pressaient l'organisation des escadres de Rochefort, du Ferrol et de Cadix, pour faire arriver des secours en Égypte par toutes les voies à la fois. Enfin Ganteaume, ranimé par les exhortations du Premier Consul, mêlées de nombreux témoignages de bonté, remit à la voile le 19 mars (28 ventôse). Mais au moment de sortir, le vaisseau la *Constitution* échoua, il fallut attendre deux jours pour le remettre à flot. Le 22 mars (1er germinal), l'escadre appareilla de nouveau avec sept vaisseaux, plusieurs frégates, et se dirigea vers la Sardaigne, sans être aperçue par les Anglais.

<small>Avril 1801.</small>

<small>Nouvelle sortie de Ganteaume.</small>

Il était fort à désirer que ces efforts réussissent, au moins en partie; car notre armée d'Égypte, livrée à ses seules ressources, avait sur les bras les soldats réunis de l'Orient et de l'Occident. Toutefois, même réduite à ses propres forces, elle pouvait vaincre la multitude de ses ennemis, comme elle l'avait fait dans les champs d'Aboukir et d'Héliopolis, si elle était bien conduite. Malheureusement le général Bonaparte n'était plus à sa tête; Desaix et Kléber étaient morts.

Il faut maintenant faire connaître la situation de l'Égypte, depuis le funeste coup de poignard qui avait abattu cette noble figure de Kléber, dont le seul aspect, aux bords du Rhin comme aux bords du Nil, suffisait pour raffermir le cœur de nos soldats, pour leur faire oublier les périls, la misère, les douleurs de

<small>État de l'Égypte depuis la mort de Kléber.</small>

l'exil. Il faut décrire l'état d'abord prospère de la colonie, et puis son désastre si soudain ; il le faut, car il est bon de présenter aux yeux d'une nation le spectacle de ses revers comme celui de ses succès, pour qu'elle y puise des leçons utiles. Certes, au milieu des prospérités inouïes du Consulat, fruit d'une conduite accomplie, un malheur ne saurait obscurcir l'éclat du tableau que nous avons à tracer ; mais il faut donner à nos hommes de guerre, et à nos généraux encore plus qu'à nos soldats, la cruelle leçon contenue dans les derniers jours de l'occupation d'Égypte. Puisse-t-elle les faire réfléchir sur leur penchant trop ordinaire à la désunion, surtout quand une main puissante ne les soumet pas, et ne tourne pas contre l'ennemi commun l'activité de leur esprit, et la vivacité de leurs passions !

Résignation des Égyptiens à la domination française.

Lorsque Kléber mourut, l'Égypte paraissait soumise. Après avoir vu l'armée du grand visir dissipée en un clin d'œil, et la révolte des trois cent mille habitants du Kaire réprimée en quelques jours par une poignée de soldats, les Égyptiens regardaient les Français comme invincibles, et considéraient leur établissement sur les bords du Nil comme un arrêt du destin. Et d'ailleurs ils commençaient à se familiariser avec leurs hôtes européens, et à trouver que le nouveau joug était beaucoup moins lourd que l'ancien ; car ils payaient moins d'impôts que sous les Mamelucks, et ne recevaient pas à l'époque de la perception du miri des coups de bâton, comme sous leurs coreligionnaires dépossédés. Mourad-

Bey, ce prince mameluck d'un caractère si brillant, si chevaleresque, et qui avait fini par s'attacher aux Français, tenait en fief la Haute-Égypte. Il se montrait vassal fidèle, payait exactement son tribut, et faisait avec soin la police du Haut-Nil. C'était un allié sur lequel on pouvait compter. Une simple brigade de 2,500 hommes, placée aux environs de Beni-Souef, et toujours facile à replier sur le Kaire, suffisait pour contenir la Haute-Égypte; ce qui était un grand avantage, vu l'effectif très-restreint de nos troupes.

Avril 1801.

L'armée française, de son côté, ayant partagé l'erreur de son général à l'époque de la convention d'El-Arisch, et l'ayant réparée avec lui dans les plaines d'Héliopolis, avait le sentiment de sa faute, et n'était pas disposée à y retomber. Comprenant qu'elle devait compte à la République d'une si belle possession, elle ne songeait plus à l'évacuer. D'ailleurs le général Bonaparte se trouvait aujourd'hui parvenu au pouvoir suprême; elle s'expliquait maintenant les motifs de son départ, et ne le considérait plus comme un déserteur. Se croyant toujours présente aux yeux de son ancien général, elle n'avait plus aucune inquiétude sur son sort futur. Grâce, en effet, à la prévoyance du Premier Consul, qui faisait noliser des navires de commerce dans tous les ports, il ne se passait pas une semaine sans qu'il entrât dans Alexandrie quelques bâtiments plus ou moins grands, qui apportaient des munitions, des denrées d'Europe, des journaux, la correspondance des familles, et les dépêches du gouverne-

Bonnes dispositions de l'armée française.

ment. Par suite de ces communications fréquentes, la patrie était comme présente à tous les esprits. Sans doute, le regret s'en éveillait promptement dans les cœurs, lorsqu'une occasion venait les émouvoir. A la mort de Kléber, par exemple, lorsque le général Menou prit le commandement, tous les yeux se tournèrent encore une fois vers la France. Un général de brigade, présentant ses officiers à Menou, lui demanda s'il songerait enfin à les ramener dans leur patrie. Menou le gourmanda vivement, proclama dans un ordre du jour sa résolution formelle de se conformer aux intentions du gouvernement, qui étaient de garder la colonie à jamais, et tous les cœurs se soumirent de nouveau. Mais, par-dessus tout, le général Bonaparte occupait le pouvoir : c'était toujours pour les anciens soldats d'Italie, la meilleure raison de se confier, et d'espérer.

La solde était au courant, les denrées à bas prix. Au lieu de fournir la paye du soldat en vivres, on la lui donnait en argent. On ne lui fournissait que le pain en nature. Il avait ainsi le bénéfice du bon marché, et il vivait dans la plus grande abondance, mangeant le plus souvent de la volaille au lieu de la viande de boucherie. Le drap manquait ; mais, vu la chaleur du climat, on y suppléait, pour une partie de l'habillement, avec de la toile de coton, fort abondante en Égypte. Pour le reste, on avait pris tous les draps apportés par le commerce en Orient, quelle que fût leur couleur. Il en résultait quelque diversité dans l'uniforme ; on voyait, par exemple, des régiments habillés en bleu, en rouge, en vert ; mais enfin le soldat était vêtu, et présentait même une belle tenue. Le savant colonel Conté rendait à l'armée de grands services, par la fécondité de ses inventions. Il avait amené avec lui la compagnie des aérostiers, reste des aérostiers de Fleurus. C'était une réunion d'ouvriers de toutes les professions, organisés militairement. Avec leur secours, il avait établi au Kaire des machines à tisser, à fouler, à tondre les draps ; et, comme la laine ne manquait pas, on espérait que bientôt on pourrait suppléer complétement aux étoffes d'Europe. Il en était de même de la poudre. Les fabriques établies au Kaire par M. Champy, en produisaient déjà une quantité suffisante pour tous les besoins de la guerre. Le commerce intérieur se rétablissait à vue d'œil. Les caravanes, bien protégées, commençaient à venir du centre de l'Afrique. Les Arabes de la mer Rouge se rendaient dans les ports de Suez et de Cosséir, où ils échangeaient le café, les parfums, les dattes, contre les blés et les riz de l'Egypte. Les Grecs, profitant du pavillon turc, et plus agiles que les croiseurs anglais, venaient apporter à Damiette, à Rosette et Alexandrie, de l'huile, du vin et diverses denrées. En un mot, on ne manquait de rien dans le présent, et de grandes ressources se préparaient dans l'avenir. Les officiers, voyant que l'occupation définitive de l'Egypte était chose résolue, faisaient leurs dispositions pour s'y établir le moins tristement possible. Ceux qui vivaient à Alexandrie, ou au Kaire, et c'était le plus grand nombre, y avaient trouvé des logements commodes. Des femmes sy-

Avril 1801.

Ingénieux efforts de la colonie pour se suffire à elle-même.

Rétablissement du commerce avec l'Afrique, l'Arabie et la Grèce.

riennes, grecques, égyptiennes, les unes achetées aux marchands d'esclaves, les autres obéissant à un penchant volontaire, étaient venues partager leur demeure. La tristesse était bannie. Deux ingénieurs avaient construit un théâtre au Kaire, et les officiers y jouaient eux-mêmes des pièces françaises. Les soldats ne vivaient pas plus mal que leurs chefs, et, grâce à cette facilité du caractère français à se familiariser avec toutes les nations, on les voyait fumer, boire du café, en compagnie des Turcs et des Arabes.

Les ressources financières de l'Égypte, bien administrées, permettaient de satisfaire à tous les besoins de l'armée. L'Égypte avait payé, sous les Mamelucks, suivant la plus ou moins grande rigueur des exactions, 36 à 40 millions. Elle ne payait guère aujourd'hui plus de 20 à 25 millions, et la perception était moins dure. Ces 20 à 25 millions suffisaient aux dépenses de la colonie, car toutes ces dépenses réunies n'allaient guère au delà de 1,700,000 francs par mois, c'est-à-dire, 20,400,000 francs par an. Le temps, améliorant la perception, la rendant plus exacte et plus douce à la fois, devait alléger les charges de la population, et accroître la richesse de l'armée. Il n'était pas impossible de se créer un excédant de 3 à 4 millions par an, qui aurait servi à former un petit trésor, soit pour subvenir aux circonstances extraordinaires, soit pour fournir à des constructions d'utilité ou de défense. L'armée était encore de 25 à 26 mille individus, en comptant les administrations, les femmes, les enfants de beaucoup de militaires et d'employés. Sur ce nombre, on pouvait compter 23 mille soldats, dont 6 mille moins valides, mais en état de défendre les citadelles, et 17 ou 18 mille bien portants, capables du service le plus actif. La cavalerie était superbe; elle égalait les Mamelucks en bravoure, et les surpassait en discipline. L'artillerie de campagne était rapide, et bien servie. Le régiment monté avec des dromadaires, avait atteint le plus haut dégré de perfection. Il parcourait le désert avec une rapidité extraordinaire, et avait complétement dégoûté les Arabes du pillage. La perte courante en hommes était peu considérable, car on ne comptait alors que 600 malades sur 26 mille individus. Cependant, en supposant encore une longue guerre, les hommes auraient peut-être manqué; mais les Grecs s'enrôlaient avec empressement; les Cophtes aussi. Les nègres eux-mêmes, achetés à très-bas prix, et remarquables par leur dévouement, formaient d'excellentes recrues. L'armée, avec le temps, aurait pu recevoir dans ses cadres dix à douze mille soldats, fidèles et vaillants. Confiante jusqu'à l'excès, dans sa bravoure et son expérience guerrière, elle ne doutait pas de jeter à la mer les Turcs ou les Anglais, qu'on lui enverrait d'Asie ou d'Europe. Il est certain que, bien commandés, ces 18 mille hommes, réunis à propos, et portés en masse sur des troupes nouvellement débarquées, devaient, quoi qu'il arrivât, rester maîtres du rivage de l'Égypte. Mais il fallait qu'ils fussent bien dirigés : c'était la condition du succès pour cette armée, comme pour toute autre.

4.

Avril 1801.

Qu'on imagine Kléber, ou, ce qui aurait mieux valu, Desaix, le sage, le vaillant Desaix, laissé en Égypte, d'où le tira malheureusement la tendre affection du Premier Consul; qu'on l'imagine, échappant au poignard musulman, et gouvernant l'Égypte pendant quelques années! Qui peut douter qu'il ne l'eût convertie en une colonie florissante, qu'il n'y eût fondé un superbe empire? Un climat sain, sans une seule fièvre, une terre d'une fertilité inépuisable, des paysans soumis et comme attachés à la glèbe, des recrues volontaires, quelle supériorité de conditions sur l'établissement que nous fondons aujourd'hui en Afrique!

Le général Menou. Raisons qui lui valurent le commandement.

Mais au lieu de Kléber, au lieu de Desaix, c'est Menou qui était devenu général en chef de l'armée, par droit d'ancienneté. Ce fut un malheur irréparable pour la colonie, et ce fut une faute de la part du Premier Consul, de ne l'avoir pas remplacé. N'étant pas sûr de faire arriver à point nommé un ordre en Égypte, il craignait que, si l'arrêté qui contenait la nomination d'un nouveau général, tombait dans les mains des Anglais, ils ne s'en servissent pour désorganiser le commandement. Ils auraient fait savoir que Menou était destitué, et n'auraient pas transmis l'ordre qui lui donnait un successeur. Le commandement serait donc resté incertain pendant un temps plus ou moins long. Cependant ce motif ne suffirait pas pour excuser le Premier Consul, s'il avait pu connaître la profonde incapacité de Menou sous le rapport militaire. Une raison le décida en faveur de ce général, c'était son zèle connu pour la conservation et la colonisation de l'Égypte. Menou avait, en effet, vivement résisté au projet d'évacuation, combattu l'influence des officiers du Rhin, et s'était fait, en un mot, le chef du parti coloniste. Il avait même poussé l'enthousiasme jusqu'à se convertir à l'islamisme, et jusqu'à épouser une femme turque. Il s'appelait Abdallah Menou. Ces singularités faisaient rire nos soldats, naturellement railleurs, mais ne nuisaient pas à l'établissement, dans l'esprit des Égyptiens. Menou avait de l'intelligence, de l'instruction, une grande application au travail, le goût des établissements coloniaux, toutes les qualités d'un administrateur, mais aucune des qualités d'un général. Dépourvu d'expérience, de coup d'œil, de résolution, il était, d'ailleurs, tout à fait disgracié sous le rapport physique. Il avait de l'embonpoint, la vue très-faible, et montait gauchement à cheval. C'était un chef mal choisi pour des soldats aussi alertes et aussi hardis que les nôtres. De plus, il manquait de caractère, et, sous son autorité débile, les chefs de l'armée se divisant, furent bientôt en proie à des discordes funestes.

Sous le général Bonaparte, il n'y eut en Égypte qu'un esprit, qu'une volonté. Sous Kléber, il y eut un moment deux partis, les colonistes et les anticolonistes, ceux qui voulaient rester, ceux qui voulaient partir. Mais, après l'affront que les Anglais essayèrent d'infliger à nos soldats, affront glorieusement vengé à Héliopolis, après la nécessité reconnue de rester, tout rentra dans l'ordre. Sous l'autorité imposante de Kléber, il y eut union

Avril 1801.

54 LIVRE X.

Avril 1801.

et ordre. Mais il s'écoula peu de temps entre la victoire d'Héliopolis et la mort de Kléber. Dès que Menou eut pris le commandement, l'union disparut.

Le général Reynier.

Le général Reynier, bon officier d'état-major, ayant bien servi en cette qualité dans les armées du Rhin, mais froid, sans extérieur, sans action sur les soldats, jouissait cependant de l'estime universelle. On le considérait comme l'un des officiers les plus dignes de figurer à la tête de l'armée. Il était après Menou le plus ancien. Le jour même de la mort de Kléber, il s'éleva une vive altercation entre Reynier et Menou, non pas pour se disputer le commandement, mais, au contraire, pour en décliner le fardeau. Aucun des deux ne voulait l'accepter; et, en effet, la situation, ce jour-là, était effrayante. On croyait que le coup de poignard, sous lequel avait succombé le général Kléber, était le signal d'un vaste soulèvement, organisé dans toute l'Égypte par l'influence des Turcs et des Anglais. On devait donc craindre beaucoup la pesante responsabilité du commandement, dans des circonstances aussi critiques. Menou se rendit néanmoins aux instances de Reynier et des autres généraux, et consentit à devenir le chef de la colonie. Mais on fut bientôt éclairé sur la situation, par la tranquillité profonde qui suivit la mort de Kléber, et le commandement, refusé d'abord, fut regretté ensuite. Le général Reynier désira donc ce qu'il avait commencé par ne pas vouloir. Sous un extérieur froid, modeste, timide même, il cachait une vanité profonde.

L'autorité de Menou lui devint insupportable. Tranquille et soumis jusque-là, il se montra dès lors frondeur et tracassier. A tout il trouvait à redire. Menou avait accepté le commandement sur les instances mêmes de ses compagnons d'armes, et s'était qualifié de *Commandant en chef par intérim*: Reynier critiquait le titre pris par Menou. Aux funérailles de Kléber, Menou avait assigné les quatre coins du cercueil à des généraux divisionnaires, et s'était placé derrière, à la tête de l'état-major : Reynier trouvait qu'il avait tranché du vice-roi. Menou avait chargé l'illustre Fourier de faire l'éloge de Kléber : Reynier prétendait que c'était une négligence envers la mémoire de Kléber, que de le faire louer par un autre. Un retard dans une souscription ouverte pour élever un monument à Kléber, des difficultés sur la succession de ce général, bien chétive, comme celle des nobles guerriers de cette époque ; ces puérilités et d'autres, furent interprétées par Reynier et par ceux qui suivaient son exemple, de la plus fâcheuse manière. Nous citons ces misères, qui seraient indignes de l'histoire, si leur petitesse même n'était instructive, en montrant à quoi peut descendre le mécontentement sans motif. Reynier devint donc un lieutenant insoumis, sot, et coupable. A lui se joignit le général Damas, ami de Kléber, chef de l'état-major général, et portant dans son cœur toutes les jalousies de l'armée du Rhin contre l'armée d'Italie. L'opposition résida dès lors au sein même des bureaux de l'état-major. Menou ne voulut pas la souffrir si près de lui, et résolut

Avril 1801.

d'enlever au général Damas le poste que celui-ci avait occupé sous Kléber.

Avril 1801.

Discordes dans le sein de l'armée.

Les opposants déconcertés essayèrent de parer le coup en envoyant à Menou, pour négocier avec lui, le sage et brave général Friant, lequel, appliqué uniquement à ses devoirs, étranger à toutes les divisions, ne s'en mêlait que pour chercher à les apaiser. Menou, plus ferme que de coutume, ne se laissa pas fléchir, et remplaça le général Damas par le général Lagrange. Il se trouva dès lors incommodé de moins près par ses ennemis; mais ils n'en furent pas moins irrités, bien au contraire; et la discorde parmi les chefs de l'armée n'en devint que plus scandaleuse et plus inquiétante. Les gens sages gémissaient de l'ébranlement qui pouvait en résulter dans le commandement; ébranlement fâcheux partout, mais plus fâcheux encore lorsqu'on est loin de l'autorité suprême, et placé au milieu de dangers continuels.

Travaux administratifs de Menou.

Menou, mauvais général, mais administrateur laborieux, travaillait, jour et nuit, à ce qu'il appelait l'organisation de la colonie. Il fit de bonnes choses, il en fit aussi de mauvaises, mais surtout il en fit trop. Il s'occupa d'abord de mettre la solde au courant, en employant à cet usage la contribution de dix millions, frappée par Kléber sur les villes égyptiennes, comme châtiment de la dernière révolte. C'était un moyen de maintenir le contentement et la soumission dans l'armée; car, au moment de la convention d'El-Arisch, on avait vu se manifester chez elle quelques mouvements d'insubordination, provoqués en partie par le retard de la solde. Menou regardait donc l'acquittement régulier de ce qui était dû au soldat, comme une garantie d'ordre, et il avait raison. Mais il prit l'engagement téméraire de payer la solde, toujours, avant toute autre dépense, oubliant les cas forcés que la guerre pouvait faire naître. Il s'occupa du pain des troupes, qu'il rendit excellent. Il organisa les hôpitaux, et s'appliqua soigneusement à introduire l'ordre dans la comptabilité. Menou était d'une parfaite intégrité, mais un peu enclin à la déclamation. Il exprima si souvent, dans ses ordres du jour, l'intention de rétablir la moralité dans l'armée, qu'il blessa tous les généraux. Ceux-ci demandaient avec amertume, si tout était au pillage avant Menou, et si l'honnêteté parmi eux datait de son arrivée au commandement. Il était vrai, en effet, qu'on avait commis fort peu de malversations, depuis l'occupation de l'Égypte. On avait fait, après la violation de la convention d'El-Arisch, une prise considérable dans le port d'Alexandrie; c'était celle des nombreux bâtiments, venus sous pavillon turc, pour transporter l'armée en France, et presque tous chargés de marchandises. Une commission était chargée de les vendre au profit du trésor de la colonie. Menou parut mécontent des opérations de la commission et du général Lanusse, qui commandait à Alexandrie; il rappela celui-ci, de manière à porter atteinte à son caractère, et le remplaça par le général Friant. Le général Lanusse en fut offensé, et, de retour au Kaire, vint accroître le nombre des mécontents. Menou ne s'en tint pas là; il voulut changer le système des contributions, et, sous ce rapport, commit des fautes graves. Sans aucun doute, on pouvait opérer plus tard une réforme dans les finances de l'Égypte. Avec une répartition équitable de l'impôt foncier, avec quelques taxes bien entendues sur les consommations, il était facile de soulager le peuple égyptien, et d'augmenter considérablement les revenus de l'autorité publique. Mais dans le moment, exposé qu'on était aux attaques du dehors, il ne fallait pas se créer des difficultés au dedans, et faire éprouver à la population des changements, dont elle ne saurait pas d'abord apprécier le bienfait. Percevoir avec plus d'ordre et d'équité les anciens impôts, suffisait pour établir entre les Mamelucks et les Français une comparaison toute à l'avantage de ces derniers, et pour alimenter largement le trésor de l'armée. Menou imagina un cadastre général des propriétés, un nouveau système d'impôt foncier, et surtout l'exclusion des Cophtes, qui, en Égypte, étaient les fermiers des revenus, et jouaient à peu près le rôle que les Juifs jouent dans le nord de l'Europe. Ces projets, bons pour l'avenir, étaient fort mauvais pour le présent. Menou, heureusement, n'eut pas le temps de mettre tout son plan à exécution; mais il eut celui de créer des contributions nouvelles. Les cheiks *El-Beled*, magistrats municipaux de l'Égypte, recevaient à certaines époques l'investiture du pouvoir municipal, et obtenaient, en présent, ou des pelisses, ou des schalls, de l'autorité qui les investissait. Ils répondaient à ces dons par des présents de chevaux, de chameaux, de bétail. Les Mamelucks renouvelaient cette cérémonie le plus souvent possible, à cause du produit dont elle était pour eux l'occasion. Quelques-uns même l'avaient convertie en une prestation en argent. Menou imagina de généraliser cette mesure, et de l'étendre à toute l'Égypte. Il frappa sur les cheiks *El-Beled* un impôt, qui pouvait monter à deux millions et demi. Ils étaient certainement assez riches pour le payer, et même, pour beaucoup d'entre eux, cet impôt régulier était un véritable dégrèvement. Mais ils avaient une grande influence dans les deux mille cinq cents villages placés sous leur autorité, et c'était s'exposer à les tourner contre soi, que de les soumettre à un impôt absolu, uniforme, sans compensation, qui entraînait d'ailleurs la suppression d'une coutume dont l'effet moral était utile. Menou, possédé du désir d'assimiler l'Égypte à la France, ce qu'il appelait la civiliser, imagina de plus un système d'octrois. L'Égypte avait ses impôts sur les consommations, qui se percevaient dans les *okels*, espèce d'entrepôts, dans lesquels on dépose en Orient toutes les marchandises, qui se transportent d'un lieu à un autre. Ce mode de perception était simple et facile. Menou voulut le convertir en un impôt à la porte des villes, fort peu nombreuses en Égypte. Indépendamment du trouble apporté aux habitudes du pays, l'effet immédiat fut de faire renchérir les denrées dans les garnisons, de rejeter une partie de cette charge sur l'armée, et d'exciter de nouveaux murmures. Enfin Menou résolut de faire contribuer les négociants riches, qui échappaient aux charges publiques, c'étaient les Cophtes, les Grecs, les Juifs, les Damasquins, les Francs, etc. Il leur imposa une capitation de 2,500,000 francs par an. Le fardeau n'était pas trop lourd assurément, surtout pour les Cophtes, enrichis par le fermage des impôts. Mais ces derniers avaient été fort maltraités dans la révolte du Kaire; on avait d'ailleurs besoin d'eux, car c'était à leur bourse qu'il fallait s'adresser, quand on voulait emprunter quelque somme d'argent. Il n'était donc pas prudent de se les aliéner, pas plus que d'aliéner les commerçants grecs et européens, lesquels, très-rapprochés de nos mœurs, de nos usages, de notre esprit, devaient être nos intermédiaires naturels auprès des Égyptiens. Enfin Menou créa un impôt sur les successions, qu'il voulut étendre même à l'armée, ce qui devint un nouveau grief pour les mécontents.

Cette manie d'assimiler une colonie à la métropole, et de croire qu'en la froissant on la civilise, possédait Menou comme tous les colonisateurs peu éclairés, et plus pressés de faire vite que de faire bien. Pour achever l'œuvre, Menou créa un conseil privé, non pas composé de quatre ou cinq chefs de service, mais d'une cinquantaine d'officiers civils et militaires, pris parmi les divers grades. C'était un vrai parlement, que le ridicule empêcha de réunir. Il y ajouta enfin un journal arabe, destiné à porter à la connaissance des Égyptiens et de l'armée, les actes de l'autorité française.

Cependant les soldats s'occupaient peu de ces créations. Ils vivaient bien, riaient de Menou, mais aimaient sa bonhomie et sa sollicitude pour eux. Les habitants étaient soumis et trouvaient, après tout, le joug des Français beaucoup plus supportable que celui des Mamelucks. Cependant il y avait des gens infiniment plus irritables, c'étaient les mécontents de l'armée. Pour que Menou ne fût pas blâmé, il aurait fallu qu'il ne fît absolument rien, qu'il ne livrât pas un seul acte à leur critique envenimée, et alors ils auraient blâmé son inaction. Mais Menou était trop possédé de la manie d'organiser, pour ne fournir aucune matière à leurs critiques. Ils en profitèrent, et allèrent jusqu'à projeter la déposition du général en chef, acte insensé, qui aurait bouleversé la colonie, et converti l'armée d'Égypte en armée de prétoriens. On sonda les corps d'officiers dans plusieurs divisions, mais on trouva l'esprit si sage, si peu tourné du côté des révoltes, qu'on y renonça. Reynier et Damas avaient entraîné Lanusse: tous ensemble entraînèrent Belliard et Verdier, et, le général Friant excepté, tous les divisionnaires firent bientôt partie de cette funeste opposition. Deux anciens conventionnels, que le général Bonaparte avait conduits en Égypte, pour occuper leur oisiveté, Tallien et Isnard, étaient au Kaire, et revenus à leurs anciennes habitudes, se montraient les plus ardents agitateurs. A défaut de la déposition du général en chef, reconnue impraticable, les généraux imaginèrent de faire auprès de lui une démarche de corps, pour présenter leurs observations sur des mesures, dont quelques-unes assurément étaient fort critiquables. Ils s'y rendirent sans s'être fait annoncer, et surprirent beaucoup Menou, par leur subite apparition. Ils lui exposèrent leurs griefs, qu'il entendit avec assez de déplaisir, mais non sans une certaine dignité. Il promit de tenir compte de quelques-unes de leurs observations, et eut la faiblesse de ne pas réprimer à l'instant même l'inconvenance d'une telle conduite. Cette démarche produisit dans l'armée un vrai scandale, et fut sévèrement blâmée. Du reste, Isnard et Tallien payèrent pour tous, et furent embarqués pour l'Europe.

Sur ces entrefaites arriva l'ordre du Premier Consul, qui confirmait Menou dans sa position, et l'investissait du commandement en chef d'une manière définitive. Cette expression de la volonté suprême vint fort à propos, et fit rentrer dans le devoir une partie des mécontents. Malheureusement de nouvelles tracasseries survinrent, et replacèrent bientôt les choses dans leur premier état. C'est en querelles misérables, que ces esprits chagrins, aigris par l'exil, encouragés à la discorde par la faiblesse du commandement, employèrent le temps écoulé depuis Héliopolis jusqu'au moment présent, c'est-à-dire une année : temps précieux, qu'il aurait fallu employer à vivre unis, pour se préparer par l'union à vaincre le redoutable ennemi prêt à descendre en Égypte.

Le Nil baissait, les eaux rentraient dans leur lit, les terres inondées commençaient à sécher. L'époque des débarquements était venue. On touchait au mois de février 1801 (ventôse an IX). Les Anglais et les Turcs se disposaient à livrer de nouveaux assauts à la colonie. Le grand visir, celui que Kléber avait battu à Héliopolis, était à Gaza, entre la Palestine et l'Égypte, n'ayant pas osé depuis sa défaite reparaître à Constantinople, ne comptant guère plus de dix à douze mille hommes dans son armée, dévorés par la peste, vivant de pillage, et ayant tous les jours à combattre les montagnards de la Palestine, soulevés contre de pareils hôtes. Celui-là n'était pas de long-temps à craindre. Le capitan-pacha, ennemi du visir, favori du sultan, croisait avec quelques vaisseaux, entre la Syrie et l'Égypte. Il aurait voulu renouveler la convention d'El-Arisch, espérant peu de la force des armes pour reconquérir l'Égypte, et se défiant beaucoup des Anglais, qu'il suspectait fort de vouloir arracher cette belle contrée aux Français, pour s'en emparer eux-mêmes. Enfin 18 mille hommes réunis à Maori, dans l'Asie-Mineure, les uns Anglais, les autres Hessois, Suisses, Maltais, Napolitains, conduits par des officiers exclusivement anglais, et soumis à une excellente discipline, allaient s'embarquer à bord de l'escadre de lord Keith, et descendre en Égypte, sous les ordres d'un bon général, sir Ralph Abercromby.

A ces 18 mille soldats européens, devaient se joindre 6 mille Albanais, que le capitan-pacha transportait en ce moment sur son escadre, 6 mille Cipayes venant de l'Inde par la mer Rouge, et une vingtaine de mille hommes, mauvais soldats d'Orient, prêts à rejoindre les 10 mille hommes du grand visir en

Avril 1801.

Moyens préparés pour attaquer l'Égypte.

Palestine. C'étaient environ 60 mille soldats que l'armée d'Égypte allait avoir sur les bras. Elle n'avait à leur opposer que 18 mille combattants. Cependant c'était assez, et même plus qu'il n'en fallait, si la direction était bonne.

D'abord il n'y avait pas danger d'être surpris, car les avis arrivaient de toutes parts, tant de l'Archipel par les bâtiments grecs, que de la Haute-Égypte par Murad-Bey, et de l'Europe elle-même par les expéditions fréquentes du Premier Consul. Tous ces avis annonçaient une prochaine expédition, composée à la fois d'Orientaux et d'Européens. Menou, sourd aux avertissements qui lui parvinrent, ne fit, dans ce moment critique, rien de ce qu'il fallait faire, et de ce qui était clairement indiqué par la situation.

La bonne politique conseillait d'abord de se ménager soigneusement la fidélité de Murad-Bey, en le traitant convenablement, car il gardait la Haute-Égypte, et d'ailleurs il préférait les Français aux Turcs et aux Anglais. Menou négligea ce soin, et répondit aux informations de Murad-Bey de manière à nous l'aliéner, s'il avait pu l'être. La bonne politique conseillait encore de profiter de la défiance des Turcs à l'égard des Anglais, et sans renouveler le scandale de la convention d'El-Arisch, de les paralyser au moyen d'une négociation simulée, qui, en les occupant, aurait ralenti leurs efforts. Menou ne songea pas plus à ce moyen qu'aux autres.

Quant aux mesures administratives et militaires que réclamait la circonstance, il ne sut en prendre aucune à propos. Il fallait d'abord faire à Alexandrie, à Rosette, à Damiette, à Ramanieh, au Kaire, partout où l'armée pourrait être rassemblée, de grands approvisionnements de guerre, toujours faciles dans un pays aussi abondant que l'Égypte. Menou s'y refusa, ne voulant rien détourner du service de la solde, qu'il avait promis de tenir à jour, et que la difficulté de percevoir les nouveaux impôts permettait tout juste d'acquitter en cet instant. Il fallait remonter la cavalerie et l'artillerie, ressource principale contre une armée de débarquement, ordinairement dépourvue de ces deux armes. Il s'y refusa par les mêmes raisons financières. Il poussa même l'imprévoyance, jusqu'à choisir ce moment pour faire couper les chevaux d'artillerie, qui étaient entiers, et que leur fougue rendait incommodes.

Avril 1801.

par les circonstances.

Enfin Menou s'opposa aux concentrations de troupes, que la santé des soldats rendait convenables dans cette saison, quand bien même aucun danger n'aurait menacé l'Égypte. En effet quelques signes de peste avaient été aperçus. Camper les troupes, et les tirer des villes était urgent, indépendamment du besoin de les rendre plus mobiles. L'armée répandue dans les garnisons, ou inutilement amassée au Kaire, ou employée à la perception du miri, n'était nulle part en mesure d'agir. Et cependant en bien disposant des 23 mille hommes qui lui restaient, et dont 17 ou 18 mille étaient capables de servir activement, Menou était en mesure de défendre partout l'Égypte avec avantage. Il pouvait être attaqué par Alexandrie à cause

Points d'attaques contre l'Égypte, et moyens d'y pourvoir.

de la rade d'Aboukir, située dans le voisinage, et toujours préférée pour les débarquements; par Damiette, autre point propre aux atterrages, quoique beaucoup moins favorable que celui d'Aboukir; enfin par la frontière de Syrie, où le visir se trouvait avec les débris de son armée. De ces trois points il n'y en avait qu'un de sérieusement menacé, c'était Alexandrie et la rade d'Aboukir; chose facile à prévoir, car tout le monde le pensait ainsi, et le disait dans l'armée. La plage de Damiette, au contraire, était d'un accès difficile, et se liait par si peu de points avec le Delta, que l'armée ennemie, si elle y avait débarqué, aurait été bloquée facilement, et bientôt obligée de se rembarquer. Il n'était donc pas probable que les Anglais vinssent par Damiette. Du côté de la Syrie, le visir devait inspirer peu de craintes. Il était trop faible, trop rempli du souvenir d'Héliopolis, pour prendre l'initiative. Il ne voulait se porter en avant, qu'après que les Anglais auraient réussi à débarquer. Dans tous les cas, c'était un bon calcul que de le laisser avancer, car il serait d'autant plus compromis, qu'il se serait porté plus en avant. Le sujet unique des préoccupations du général en chef, devait donc être l'armée anglaise, dont le débarquement était annoncé comme très-prochain. Dans cette situation, il fallait laisser une forte division autour d'Alexandrie, c'est-à-dire 4 ou 5 mille hommes de troupes actives, indépendamment des marins et des dépôts destinés à la garde des forts. Deux mille hommes suffisaient à Damiette. C'était assez du ré-

ÉVACUATION DE L'ÉGYPTE.

giment des Dromadaires pour observer la frontière de Syrie. Une garnison de 3 mille hommes au Kaire, pouvant être rejointe par les 2 mille hommes de la Haute-Égypte, et renforcée par quelques mille Français des dépôts, suffisait, et au delà, pour contenir la population de la capitale, le visir eût-il paru sous ses murs. Ces divers emplois absorbaient 11 ou 12 mille hommes, sur 17 ou 18 mille de troupes actives. Il restait une réserve de 6 mille hommes d'élite, dont il fallait faire un gros camp, également à portée d'Alexandrie et de Damiette. (Voir la carte n° 12.) Il existait en effet un point qui réunissait toutes les conditions désirables, c'était Ramanieh : lieu sain, au bord du Nil, pas loin de la mer, facile à nourrir, situé à une journée d'Alexandrie, à deux journées de Damiette, à trois ou quatre de la frontière de Syrie. Si Menou avait établi à Ramanieh sa réserve de 6 mille hommes, il pouvait, au premier avis, la porter en 24 heures sur Alexandrie, en 48 heures sur Damiette, et, s'il l'avait même fallu, en trois ou quatre jours, vers la frontière de Syrie. Une pareille force eût rendu partout impuissantes les tentatives de l'ennemi.

Menou ne songeait à aucun de ces moyens, et non-seulement n'y songeait point, mais repoussa les avis de tous ceux qui voulurent l'y faire penser. Les bons conseils lui vinrent de toutes parts, notamment des généraux qui lui étaient opposés. Ceux-ci, on doit leur rendre cette justice, et parmi eux Reynier, plus habitué que les autres aux grandes dispositions mi-

Avril 1801.

Les lieutenants de Menou lui proposent vainement les dispositions militaires convenables.

Avril 1801.

litaires, ceux-ci lui révélèrent le danger, lui indiquèrent les mesures à prendre; mais ils s'étaient ôté tout crédit sur le général en chef, par leur opposition intempestive, et, maintenant qu'ils avaient raison, ils n'étaient pas plus écoutés que lorsqu'ils avaient tort.

Faiblesse des moyens du général Friant à Alexandrie.

Le brave Friant, étranger aux fatales discordes de l'armée, s'occupait avec zèle de la défense d'Alexandrie. Il avait organisé les marins et les hommes de dépôts, de manière à pouvoir leur confier la garde des forts; mais cela fait, il n'avait guère plus de 2 mille hommes de troupes actives à réunir sur le lieu où se ferait le débarquement. Encore fallait-il qu'il en consacrât une partie à garder les points principaux de la plage, tels que le fort d'Aboukir, les postes de la Maison-Carrée, d'Edko, et de Rosette. Ces points occupés il ne devait pas lui rester plus de 1,200 hommes. Heureusement la frégate la *Régénérée*, venue de Rochefort, avait apporté un renfort de 300 hommes, avec un surcroît de munitions considérable. Grâce à cette circonstance inattendue, la force mobile du général Friant s'éleva jusqu'à 1,500 hommes. Qu'on imagine de quel secours eût été en ce moment l'escadre de Ganteaume, si, comptant un peu plus sur la fortune, cet amiral avait apporté les quatre mille soldats d'élite qui se trouvaient à bord de ses vaisseaux.

Le général Friant, dans le dénûment où il était, se bornait à demander deux bataillons de plus, et un régiment de cavalerie. Par le fait, cette force eût suffi, mais il était bien téméraire, dans une

ÉVACUATION DE L'ÉGYPTE.

telle conjoncture, de se confier en un renfort d'un millier d'hommes. Il faut le dire, la confiance de l'armée en elle-même contribua beaucoup à la perdre. Elle avait pris l'habitude de se battre en Égypte, un contre quatre, quelquefois un contre huit, et elle ne se faisait pas une idée exacte des moyens des Anglais, en fait de débarquement. Elle croyait qu'ils ne pourraient jamais descendre à terre plus de quelques centaines d'hommes à la fois, sans artillerie et sans cavalerie, et elle imaginait qu'elle en viendrait facilement à bout avec ses baïonnettes. C'était une fatale illusion. Néanmoins le renfort demandé par Friant, ce renfort, quelque faible qu'il fût, aurait tout sauvé : on va en juger par les événements.

Le 28 février 1801 (9 ventôse an IX), on aperçut, non loin d'Alexandrie, un canot anglais, qui semblait occupé à faire une reconnaissance. On mit des chaloupes à sa poursuite, on le prit ainsi que les officiers qu'il contenait, et qui étaient chargés de préparer le débarquement. Les notes trouvées sur eux ne laissèrent plus aucun doute. Immédiatement après, la flotte anglaise, composée de 70 voiles, parut en vue d'Alexandrie; mais, écartée par un gros temps, elle prit le large. La fortune laissait encore une chance pour préserver l'Égypte des Anglais, car il était probable que leur descente à terre ne serait pas exécutée avant plusieurs jours. La nouvelle transmise par Friant au Kaire, y arriva le 4 mars (13 ventôse), dans l'après-midi. Si Menou avait pris sur-le-champ une résolution prompte et sensée, tout pouvait être réparé. S'il

Avril 1801.

Nouvelle certaine du débarquement prochain, par un canot fait prisonnier.

avait fait refluer l'armée entière vers Alexandrie, la cavalerie y serait arrivée en quatre jours, l'infanterie en cinq, c'est-à-dire que le 8 et le 9 mars (17 et 18 ventôse), on aurait pu avoir 10 mille hommes sur la plage d'Aboukir. Il était possible qu'à cette époque les Anglais eussent déjà débarqué leurs troupes, mais il était impossible qu'ils eussent trouvé le temps de débarquer leur matériel, de consolider leur position, et on arrivait encore assez tôt pour les jeter à la mer. Reynier, qui était au Kaire, écrivit le jour même à Menou la lettre la mieux raisonnée. Il lui conseillait de négliger le visir, qui ne prendrait pas l'initiative, de négliger Damiette, qui ne semblait pas le côté menacé, et de courir avec la masse de ses forces sur Alexandrie. Rien n'était plus juste. En tout cas, on ne compromettait rien en s'acheminant vers Ramanieh, car, arrivé en cet endroit, si on apprenait que le danger était vers Damiette ou vers la Syrie, on pouvait toujours se reporter facilement sur l'un ou l'autre de ces points. On n'avait pas perdu un seul jour, et on s'était rapproché d'Alexandrie, où se montrait le vrai danger. Mais il fallait se décider sur-le-champ, et marcher la nuit même. Menou ne voulut rien entendre, et devint absolu dans ses ordres, tout en restant incertain dans ses idées. Ne sachant pas discerner le point véritablement menacé, il envoya un renfort au général Rampon vers Damiette; il dirigea Reynier avec sa division vers Belbeïs, pour faire face au visir du côté de la Syrie. Il achemina la division Lanusse vers Ramanieh. Encore ne l'envoya-t-il pas tout entière, car il retint la 88ᵉ demi-brigade au Kaire. Il n'expédia sur-le-champ que le 17ᵉ de chasseurs. Le général Lanusse avait ordre de se diriger sur Ramanieh, et, suivant les nouvelles trouvées sur ce point, de se porter de Ramanieh sur Alexandrie. Menou demeura de sa personne au Kaire, avec une grosse partie de ses forces, attendant les nouvelles ultérieures dans cette position, si éloignée du littoral. On ne pouvait pousser plus loin l'incapacité.

Pendant ce temps, les événements marchaient avec rapidité. La flotte anglaise était composée de 7 vaisseaux de ligne, d'un grand nombre de frégates, de bricks et de gros bâtiments de la compagnie des Indes, en tout 70 voiles. Elle portait à bord une masse considérable de chaloupes. Comme nous l'avons dit ailleurs, lord Keith commandait les forces de mer, sir Ralph Abercromby celles de terre. Le point qu'ils choisirent pour débarquer, fut celui qu'on avait toujours choisi auparavant, c'est-à-dire la rade d'Aboukir. C'était là que notre escadre avait mouillé en 1798; ce fut là qu'elle fut trouvée et détruite par Nelson; c'est là que l'escadre turque avait déposé les braves janissaires, jetés à la mer par le général Bonaparte, dans la glorieuse journée d'Aboukir. La flotte anglaise, après avoir été obligée de tenir le large pendant plusieurs jours, retard funeste pour elle, bien heureux pour nous, si Menou avait su en profiter, vint se placer dans la rade d'Aboukir, le 6 mars (15 ventôse), à cinq lieues d'Alexandrie.

Avril 1801.

Caractères du sol dans la Basse-Égypte.

La Basse-Égypte, ainsi que la Hollande, ainsi que Venise, est un pays de lagunes. (Voir la carte n° 12.) Elle présente, comme tous les pays de cette espèce, un caractère qu'il faut s'attacher à saisir, si on veut bien comprendre les opérations militaires dont elle peut devenir le théâtre. Aux points où tous les grands fleuves entrent dans la mer, il se crée des bancs de sable, disposés tout autour de leur embouchure. Ces bancs proviennent des sables que le fleuve entraîne, que la mer repousse, et qui, pressés entre ces deux forces contraires, s'étendent parallèlement au rivage. Ils forment ces barres, si redoutées des navigateurs, et toujours si difficiles à franchir, quand on veut sortir du lit des fleuves, ou y entrer. Elles s'élèvent successivement jusqu'au niveau des eaux, puis, avec le temps, au-dessus, et présentent de longues plages sablonneuses, battues en dehors par les flots de la mer, baignées en dedans par les eaux fluviales, qu'elles gênent dans leur écoulement. Le Nil, en se jetant dans la Méditerranée, a formé, devant ses nombreuses embouchures, un vaste demi-cercle de ces bancs de sable. Ce demi-cercle, qui a un développement de soixante-dix lieues au moins, depuis Alexandrie jusqu'à Péluse, est à peine interrompu près de Rosette, de Bourloz, de Damiette, de Péluse, par quelques ouvertures, à travers lesquelles les eaux du Nil se rendent à la mer. Baigné d'un côté par la Méditerranée, il est baigné de l'autre par les lacs Maréotis et Madieh, par le lac d'Edko, par les lacs Bourloz et Menzaleh. Tout débarquement en Égypte devait s'effectuer nécessairement sur l'un de ces bancs de sable. Conduits par l'exemple et la nécessité, les Anglais avaient choisi celui qui forme la plage d'Alexandrie. (Voir la carte n° 18.) Ce banc, long d'environ quinze lieues, s'étendant entre la Méditerranée d'un côté, les lacs Maréotis et Madieh de l'autre, porte à l'une de ses extrémités la ville d'Alexandrie, et, à l'autre, présente un rentrant demi-circulaire, qui se termine à Rosette. C'est ce rentrant demi-circulaire, qui forme la rade d'Aboukir. L'un des côtés de cette rade était défendu par le fort d'Aboukir, ouvrage des Français, battant de ses feux la plage environnante. Venaient ensuite quelques monticules de sable, régnant autour du rivage, et allant expirer à l'autre côté de la rade, dans une plaine sablonneuse et unie. Le général Bonaparte avait ordonné de construire un ouvrage sur ces monticules. Si on lui avait obéi, tout débarquement eût été impossible.

C'est au milieu de cette rade que la flotte anglaise vint mouiller, rangée sur deux lignes. Elle attendit sur ses ancres que la houle, devenue moins forte, permit de mettre les chaloupes à la mer. Enfin, le 8 au matin (17 ventôse), le temps étant plus calme, lord Keith distribua 5 mille hommes d'élite, dans 320 chaloupes. Ces chaloupes, disposées sur deux rangs, et dirigées par le capitaine Cochrane, s'avancèrent, ayant à chacune de leurs ailes une division de canonnières. Ces canonnières recevaient et rendaient une canonnade fort vive.

Avril 1801.

La rade d'Aboukir.

Débarquement des Anglais, exécuté le 8 mars.

Avril 1801.

Le général Friant, accouru sur les lieux, s'était formé un peu en arrière du rivage, afin de mettre ses troupes à l'abri de l'artillerie anglaise. Il avait jeté, entre le fort d'Aboukir et le terrain qu'il occupait, un détachement de la 25ᵉ demi-brigade, avec quelques pièces de canon. A sa gauche même, il avait placé la 75ᵉ, forte de deux bataillons, et cachée par les monticules de sable; au centre, deux escadrons de cavalerie, l'un du 18ᵉ, l'autre du 20ᵉ de dragons; enfin, à sa droite, la 61ᵉ demi-brigade, forte aussi de deux bataillons, et chargée de défendre la partie basse du rivage. Ces divers corps ne s'élevaient pas à plus de 1,500 hommes. Quelques avant-postes occupaient le bord de la mer; l'artillerie française, placée sur les parties saillantes du terrain, balayait la plage de ses boulets.

Combat brillant, mais infructueux, pour repousser les Anglais.

Les Anglais s'avançaient à force de rames, les soldats couchés dans le fond des chaloupes, les matelots debout, maniant leurs avirons avec vigueur, et supportant avec sang-froid le feu de l'artillerie. Des matelots tombaient, d'autres les remplaçaient à l'instant. La masse, mue par une seule impulsion, s'approchait du rivage. Enfin, elle y touche; les soldats anglais se lèvent du fond des chaloupes, et s'élancent à terre. Ils se forment, et courent aux escarpements sablonneux qui bordaient la rade. Le général Friant, averti par ses avant-postes, qui se retiraient, arrive un peu tard. Cependant il lance la 75ᵉ à gauche, sur les monticules de sable; la 61ᵉ à droite, vers la partie basse du rivage. Celle-ci se précipite avec ardeur, et la baïonnette baissée, sur les Anglais, qui de ce côté se trouvaient sans appui. Elle les pousse avec vigueur, les accule à leurs chaloupes, et y entre avec eux. Les grenadiers de cette demi-brigade s'emparent de douze embarcations, et s'en servent pour faire un feu meurtrier sur l'ennemi. La 75ᵉ, qui, avertie trop tard, avait laissé le temps aux Anglais d'envahir les escarpements de gauche, s'avance avec précipitation pour les enlever. Découverte par ce mouvement, et exposée au feu des canonnières, elle reçoit une affreuse décharge à mitraille, qui d'un coup tue 32 hommes et en blesse 20. Elle est accueillie au même instant, par les redoutables feux de l'infanterie anglaise. Cette brave demi-brigade, un instant surprise, et placée d'ailleurs sur un terrain inégal, attaque avec une certaine confusion. Le général Friant veut la faire soutenir, en ordonnant une charge de cavalerie sur le centre des Anglais, qui se déployait déjà dans la plaine, après avoir franchi les premiers obstacles. Le commandant du 18ᵉ de dragons, plusieurs fois appelé pour recevoir les ordres du général, arrive après s'être fait attendre. Le général Friant, au milieu d'une grêle de balles, lui indique avec précision le point d'attaque. Cet officier, malheureusement peu résolu, n'aborde pas directement l'ennemi, perd du temps à faire un détour, lance mal son régiment, et fait tuer beaucoup de cavaliers et de chevaux, sans ébranler les Anglais, et sans dégager la 75ᵉ, qui s'acharnait à reprendre les hauteurs sablonneuses de gauche. Restait l'escadron du 20e. Un brave officier, nommé Boussart, qui le commandait, charge à la tête de ses dragons, et renverse tout ce qui se présente devant lui. Alors la 61e, qui, vers la droite, était demeurée maîtresse du rivage, sans pouvoir toutefois vaincre à elle seule la masse des ennemis, se ranime, se jette à la suite du 20e de dragons, pousse la gauche des Anglais sur leur centre, et déjà les oblige à se rembarquer. La 75e, de son côté, sous un feu épouvantable, fait de nouveaux efforts. Si, dans ce moment décisif, le général Friant avait eu les deux bataillons d'infanterie et le régiment de cavalerie, qu'il avait tant de fois demandés, c en était fait, et les Anglais étaient jetés à la mer. Mais une troupe de 1,200 hommes d'élite, composée de Suisses et d'Irlandais, tourne les monticules de sable, et déborde la gauche de la 75e. Celle-ci est de nouveau forcée de plier. Elle se retire, laissant à notre droite, la 61e, acharnée à vaincre, mais compromise par ses succès même.

Le général Friant, voyant que, la 75e étant obligée de rétrograder, la 61e pourrait être enveloppée, ordonne alors la retraite, et l'effectue en bon ordre. Les grenadiers de la 61e, animés par le carnage et le succès, obéissent avec peine aux ordres du général, et, en se retirant, contiennent encore les Anglais par des charges vigoureuses.

Cette malheureuse journée du 8 mars (17 ventôse), entraîna la perte de l'Égypte. Le brave général Friant avait peut-être choisi sa première position, un peu trop loin du rivage ; peut-être aussi avait-il trop compté sur la supériorité de ses soldats, et supposé trop facilement que les Anglais ne pourraient débarquer que peu de monde à la fois. Mais cette confiance était fort excusable, et, après tout, justifiée, car, s'il avait eu seulement un ou deux bataillons de plus, les Anglais eussent été repoussés, et l'Égypte sauvée. Mais que dire de ce général en chef, qui, depuis deux mois, averti du péril par toutes les voies, n'avait pas concentré ses forces à Ramanieh, ce qui lui aurait permis de réunir dix mille hommes devant Aboukir, le jour décisif? qui, averti encore le 4 mars, par une nouvelle positive parvenue ce jour-là au Kaire, n'avait pas fait partir des troupes, qui auraient pu arriver le matin même du 8, et seraient par conséquent arrivées à temps pour repousser les Anglais? Que dire aussi de cet amiral Ganteaume, qui aurait pu déposer quatre mille hommes dans Alexandrie, le jour même où la frégate la *Régénérée* en apportait 300, lesquels combattirent sur le rivage d'Aboukir? Que dire de tant de timidités, de négligences, de fautes de tout genre, sinon qu'il y a des jours où tout s'accumule pour perdre les batailles et les empires?

Le combat avait été meurtrier. Les Anglais comptaient 1,400 hommes morts ou blessés, sur 5 mille qui avaient débarqué. Nous en avions eu 400 hors de combat, sur 1,500. On s'était donc bien battu. Le général Friant se retira sous les murs d'Alexandrie, et donna les plus prompts avis, soit à Menou, soit aux généraux, ses voisins, pour qu'on vînt à son secours.

Avril 1801.

Cependant tout pouvait être réparé, si on profitait du temps qui restait encore, des forces qu'on avait à sa disposition, et des embarras dans lesquels les Anglais allaient se trouver placés, une fois descendus sur cette plage de sable.

Ils avaient d'abord à débarquer le gros de leur armée, puis à mettre à terre leur matériel, opération qui exigeait beaucoup de temps. Il leur fallait ensuite s'avancer le long de ce banc de sable, pour s'approcher d'Alexandrie, avec la mer à droite, les lacs Madieh et Maréotis à gauche, appuyés, il est vrai, par leurs canonnières, mais privés de cavalerie, et n'ayant d'autre artillerie de campagne, que celle qu'ils pourraient traîner à bras. Évidemment leurs opérations devaient être lentes, et bientôt difficiles, quand ils seraient en présence d'Alexandrie, réduits pour sortir de ce cul-de-sac, ou à prendre cette place, ou à cheminer sur les digues étroites, par lesquelles on communique avec l'intérieur de l'Égypte. Si on voulait réussir à les arrêter, il ne fallait plus leur livrer de ces combats partiels et inégaux, qui leur donnaient confiance, qui faisaient perdre à nos troupes leur assurance accoutumée, et réduisaient nos forces déjà trop peu nombreuses. Même sans combattre, on avait la certitude, en se plaçant bien, de leur barrer le chemin. Il n'y avait donc qu'une chose utile à faire, c'était d'attendre que Menou, dont l'aveuglement était maintenant vaincu par les faits, eût réuni l'armée tout entière sous les murs d'Alexandrie.

Mais le général Lanusse avait été dirigé avec sa division sur Ramanieh. Ayant appris là ce qui s'était passé du côté d'Aboukir, il se hâta de marcher vers Alexandrie. Il amenait environ 3 mille hommes. Friant en avait perdu 400 sur 1,500, dans la journée du 8 mars; mais, ayant rappelé tous les petits postes, répandus depuis Rosette jusqu'à Alexandrie, il en avait encore 17 ou 1,800. Les forts d'Alexandrie étaient gardés par les marins et les soldats des dépôts. Avec la division Lanusse qui arrivait, on avait donc à peu près 5 mille hommes à mettre en ligne. Les Anglais en avaient débarqué 16 mille, sans compter 2 mille marins. Il ne fallait donc pas combattre encore. Cependant une circonstance entraîna les deux généraux français.

Ce long banc de sable, sur lequel étaient descendus les Anglais, séparé par les lacs Madieh et Maréotis de l'intérieur de l'Égypte, ne s'y rattachait que par une longue digue, passant entre les deux lacs, et allant aboutir à Ramanieh. (Voir la carte n° 12 et la carte n° 18.) Cette digue portait à la fois le canal qui amène l'eau douce du Nil à Alexandrie, et la grande route qui unit Alexandrie et Ramanieh. En ce moment, elle courait le danger d'être occupée par les Anglais, car ils étaient près d'atteindre le point où elle se joint au banc de sable qui porte Alexandrie. Les Anglais avaient employé les 9, 10, 11 mars (18, 19, 20 ventôse) à débarquer et à s'organiser. Le 12, ils se mirent en route, cheminant péniblement dans les sables, faisant traîner leur artillerie par les marins de l'escadre, et appuyés de droite et de gauche par des chaloupes canonnières. Le 12 au soir, ils étaient tout près de l'endroit où la

Avril 1801.

Arrivée de la division Lanusse à Alexandrie.

digue vient se relier au sol d'Alexandrie. (Voir la carte n° 18.)

Les généraux Friant et Lanusse craignirent de laisser occuper ce point par les Anglais, et de leur livrer ainsi la route de Ramanieh, par laquelle Menou devait arriver. Cependant, cette route perdue, il en restait une, longue, il est vrai, difficile surtout pour l'artillerie, c'était le lac Maréotis lui-même. Ce lac, plus ou moins inondé, suivant la crue du Nil et la saison de l'année, laissait à découvert des bas-fonds marécageux, sur lesquels on pouvait se frayer un chemin sinueux, mais assuré. Dès lors il n'y avait pas de raison suffisante pour combattre, en ayant tant de chances contre soi.

Néanmoins les généraux Friant et Lanusse, s'exagérant le danger auquel leurs communications étaient exposées, se décidèrent à combattre. Il y avait moyen de diminuer beaucoup la gravité de cette faute, en restant sur des hauteurs sablonneuses, qui barraient dans sa largeur le banc de sable sur lequel on combattait, hauteurs qui venaient aboutir à la tête même de la digue. En demeurant dans cette position, en y employant bien l'artillerie dont on était beaucoup mieux pourvu que les Anglais, on se donnait les avantages de la défensive, on pouvait compenser ainsi l'infériorité du nombre, et probablement réussir à garder le point, pour la conservation duquel allait être livré un second et regrettable combat.

C'est ce qui fut convenu entre les généraux Friant et Lanusse. Lanusse était plein d'esprit naturel, de bravoure et d'audace. Malheureusement il était peu disposé à écouter les conseils de la prudence. Mêlé d'ailleurs aux divisions de l'armée, il eût été charmé de vaincre avant l'arrivée de Menou.

Avril 1801.

Le 13 mars au matin (22 ventôse), les Anglais parurent. Ils étaient distribués en trois corps : celui qui marchait à leur gauche, suivait le bord du lac Madieh, menaçant la tête de la digue, et appuyé par des chaloupes canonnières ; celui du milieu s'avançait dans la forme d'un carré, ayant des bataillons en colonne serrée sur ses flancs, afin de résister à la cavalerie française, que les Anglais redoutaient fort ; celui qui formait leur droite longeait la mer, appuyé comme le premier par des chaloupes canonnières.

Nouveau combat, livré le 13 mars, pour conserver la route de Ramanieh.

Le corps destiné à s'emparer de la tête de la digue, avait devancé les deux autres. Lanusse, voyant l'aile gauche anglaise aventurée seule le long du lac, ne résista pas au désir de s'y précipiter. Il fit la faute de descendre des hauteurs pour la joindre. Mais, au même instant, le redoutable carré du centre, caché d'abord par des dunes sablonneuses, parut tout à coup au delà de ces dunes, qu'il avait franchies. Lanusse alors, obligé de se détourner de son but, marcha droit à ce carré, qui était précédé à quelque distance par une première ligne d'infanterie. Il jeta en avant le 22ᵉ de chasseurs, qui se précipita au galop sur cette ligne d'infanterie, la coupa en deux, et fit mettre bas les armes à deux bataillons. La 4ᵉ légère s'avançant pour soutenir le 22ᵉ, acheva ce premier succès. Sur ces entrefaites, le carré, qui était arrivé à portée de fusil, commença ces feux de mousqueterie si bien nourris, dont notre armée avait déjà tant souffert au débarquement d'Aboukir. La 18ᵉ légère accourut, mais elle fut accueillie par des décharges meurtrières, qui mirent quelque désordre dans ses rangs. Dans ce moment, on voyait avancer le corps anglais de droite, qui abandonnait le bord de la mer, pour venir au soutien du centre. Lanusse alors, qui n'avait que la 69ᵉ pour appuyer la 18ᵉ, ordonna la retraite, craignant d'engager un combat trop inégal. De son côté, Friant, surpris de voir Lanusse descendre dans la plaine, y était descendu aussi pour l'appuyer, et s'était porté vers la tête de la digue, contre la gauche des Anglais. Il essuyait depuis assez long-temps un feu très-vif, auquel il répondait par un feu égal, lorsqu'il aperçut la retraite de son collègue. Il se retira dès lors à son tour, pour ne pas rester seul aux prises avec l'armée anglaise. Tous deux, après ce court engagement, regagnèrent la position, qu'ils avaient eu le tort de quitter.

Ce n'était qu'une véritable reconnaissance, mais très-superflue, et qu'on aurait dû épargner à l'armée, car il en résultait une nouvelle perte de 5 à 600 hommes, perte fort regrettable, puisqu'on n'avait pas, comme les Anglais, le moyen de recevoir des renforts, et qu'on était réduit à combattre avec des corps de cinq à six mille soldats. Si les pertes des Anglais avaient pu être un dédommagement suffisant pour les nôtres, elles étaient assez

ÉVACUATION DE L'ÉGYPTE.

grandes pour nous satisfaire. Ils avaient eu en effet 13 à 1,400 hommes hors de combat.

Il fut résolu qu'on attendrait Menou, lequel s'était enfin décidé à diriger l'armée sur Alexandrie. Il avait ordonné au général Rampon de quitter Damiette, pour se porter vers Ramanieh; il amenait avec lui la masse principale de ses forces. Cependant il restait encore dans la province de Damiette, aux environs de Belbeis et de Salahié, au Kaire même, et dans la Haute-Égypte, quelques troupes, qui n'étaient pas aussi utiles dans les postes où on les laissait, qu'elles l'eussent été en avant d'Alexandrie. Si Menou avait fait évacuer la Haute-Égypte en la confiant à Mourad-Bey, et qu'il eût abandonné la ville du Kaire, très-peu disposée à se soulever, aux hommes des dépôts, il aurait eu deux mille hommes de plus à présenter à l'ennemi. Un tel surcroît de forces n'était certainement pas à dédaigner, car ce qui pressait avant tout, c'était de vaincre les Anglais. Les Égyptiens, éloignés dans le moment de toute idée de révolte, ne méritaient pas les précautions qu'on prenait contre eux. Ils ne devaient être à craindre que lorsque les Français seraient décidément battus.

Menou, parvenu à Ramanieh, connut là toute la gravité du péril. Le général Friant avait envoyé au-devant de lui deux régiments de cavalerie. Ce général pensait avec raison, qu'enfermé pour quelques jours dans les murs d'Alexandrie, il n'avait pas grand besoin de ces régiments, et qu'ils seraient, au contraire, très-utiles à Menou pour éclairer sa marche.

Avril 1801.

Menou se décide enfin à marcher sur Alexandrie avec le gros de ses forces.

Menou fut obligé de faire d'assez longs circuits, dans le lit même du lac Maréotis, pour regagner la plage d'Alexandrie. Il y réussit cependant avec quelque fatigue, surtout pour son artillerie. Les troupes arrivèrent les 19 et 20 mars (28 et 29 ventôse). Il arriva de sa personne, le 19, et put apprécier de ses yeux, combien était grande la faute d'avoir laissé prendre terre aux Anglais.

Ceux-ci avaient reçu quelques renforts, et beaucoup de matériel. Ils s'étaient établis sur ces mêmes hauteurs sablonneuses, que Lanusse et Friant occupaient le 13 mars. Ils y avaient exécuté des travaux de campagne, et les avaient armées avec du gros canon. Les leur arracher était fort difficile.

D'ailleurs, les Anglais nous étaient de beaucoup supérieurs en nombre. Ils comptaient 17 ou 18 mille hommes, contre moins de 10 mille. Friant et Lanusse, depuis l'affaire du 22, en avaient à peine 4,500 en état de combattre; Menou en amenait tout au plus 5 mille. On n'avait donc pas 10 mille hommes à opposer à 18 mille, établis dans une position retranchée. Toutes les chances qu'on aurait eues pour soi, à la première, même à la seconde affaire, on les avait maintenant contre. Cependant la résolution la plus naturelle était de combattre. Après avoir, en effet, essayé de rejeter les Anglais à la mer, d'abord avec 4,500 hommes, puis avec 5 mille, il eût été extraordinaire de ne pas le tenter, quand on en avait 10 mille, lesquels étaient à peu près tout ce qu'on pouvait réunir sur un même point.

ÉVACUATION DE L'ÉGYPTE.   85

Il ne faut pas méconnaître qu'il y aurait eu un autre parti à prendre, meilleur surtout si on l'avait pris après le débarquement, et avant l'inutile combat livré par les généraux Lanusse et Friant : c'était de laisser les Anglais dans l'impasse qu'ils occupaient; de faire rapidement autour d'Alexandrie des travaux qui en rendissent l'attaque difficile; d'en confier la garde aux marins, aux hommes des dépôts, renforcés par un corps de 2 mille bons soldats, tirés des troupes actives; d'évacuer ensuite tous les postes, excepté le Kaire, où l'on aurait laissé 3 mille hommes de garnison, ayant pour réduit la citadelle; puis, de tenir la campagne avec le reste de l'armée, c'est-à-dire avec 9 à 10 mille hommes, dans le but de se jeter ou sur les Turcs, s'ils pénétraient par la Syrie, ou sur les Anglais, s'ils voulaient faire un pas dans l'intérieur, par les digues étroites qui traversent la Basse-Égypte. On avait sur eux l'avantage de réunir toutes les armes, cavalerie, artillerie, infanterie, et d'avoir la jouissance exclusive des vivres du pays. On les eût bloqués, et probablement contraints à se rembarquer. Mais, pour cela, il aurait fallu un général autrement habile que Menou, autrement versé qu'il ne l'était, dans l'art de remuer des troupes. Il aurait fallu enfin un chef différent de celui qui, ayant toutes les chances en sa faveur au début de la campagne, s'était comporté de telle façon, qu'il les avait maintenant toutes contre lui.

Cependant, combattre les Anglais débarqués,

Avril 1801.

Deux partis à prendre : combattre ou temporiser.

était dans le moment une résolution naturelle, conséquente avec tout ce qu'on avait fait, depuis l'ouverture de la campagne. Mais, une fois résolu à tenter un effort décisif, il fallait le tenter le plus tôt possible, pour ne pas donner aux Turcs venant de la Syrie le temps de nous serrer de trop près.

Pour livrer bataille, il était nécessaire de convenir d'un plan. Menou était incapable de le concevoir, et il ne se trouvait plus avec ses généraux dans des rapports qui lui rendissent facile le recours à leurs conseils. Néanmoins le chef d'état-major Lagrange demanda un plan à Lanusse et à Reynier, qui le rédigèrent en commun, et l'envoyèrent à l'approbation de Menou. Celui-ci l'adopta presque machinalement.

Les deux armées étaient en présence, occupant ce banc de sable, large d'une lieue, long de quinze ou dix-huit, sur lequel les Anglais avaient pris terre. (Voir la carte n° 18, et le plan particulier du champ de bataille de Canope.) L'armée française était en avant d'Alexandrie, sur un terrain assez élevé. Devant elle s'étendait une plaine sablonneuse, et çà et là des dunes, que l'ennemi avait soigneusement retranchées, de manière à former une chaîne continue de positions de la mer au lac Maréotis. A notre gauche, tout juste contre la mer, on voyait un vieux camp romain, espèce d'édifice carré, encore intact, et, un peu en avant de ce camp, un monticule de sable, sur lequel les Anglais avaient construit un ouvrage. C'est là qu'ils avaient établi leur droite, sous le double feu de cet ouvrage, et d'une division de chaloupes canonnières. Au milieu du champ de bataille, à distance égale de la mer et du lac Maréotis, se trouvait un autre monticule de sable, plus élevé, plus étendu que le précédent, et couronné de retranchements. Les Anglais en avaient fait l'appui de leur centre. Tout à fait à notre droite enfin, du côté des lacs, le terrain en s'abaissant allait aboutir à la tête de la digue, pour laquelle on avait combattu quelques jours auparavant. Une suite de redoutes liait la position du centre avec la tête de cette digue. Les Anglais avaient là leur gauche, protégée, comme l'était leur droite, par une division de chaloupes canonnières, introduites dans le lac Maréotis. Ce front d'attaque présentait, dans son ensemble, un développement d'une lieue à peu près; il était garni de grosse artillerie, qu'on y avait traînée à bras, et défendu par une partie de l'armée anglaise. Mais le gros de cette armée se trouvait en bataille sur deux lignes, en arrière des ouvrages.

Il fut convenu qu'on s'ébranlerait le matin du 21 mars (30 ventôse) avant le jour, afin de mieux cacher nos mouvements, et d'être moins exposé au feu des retranchements ennemis. L'intention des généraux français était de brusquer ces retranchements, de les enlever en courant, puis de les dépasser, afin d'aller attaquer de front l'armée anglaise, rangée en bataille en arrière. En conséquence, notre gauche, sous Lanusse, devait se porter en deux colonnes sur l'aile droite

Avril 1801.

Bataille de Canope, livrée le 21 mars.

des Anglais, appuyée à la mer. La première de ces deux colonnes devait aborder directement, et au pas de course, l'ouvrage tracé sur un monticule de sable, en avant du camp romain. La seconde, passant rapidement entre cet ouvrage et la mer, devait assaillir le camp romain, et l'enlever. Le centre de notre armée, commandé par le général Rampon, avait ordre de se porter bien au delà de cette attaque, de passer entre le camp romain et la grande redoute du milieu, et d'assaillir l'armée anglaise elle-même, par delà les ouvrages. Notre aile droite, composée des divisions Reynier et Friant, mais commandée par Reynier, était chargée de se déployer dans la plaine à droite, et d'y feindre une grande attaque vers le lac Maréotis, pour persuader aux Anglais que le véritable péril était de ce côté. Afin de les confirmer dans cette idée, les dromadaires devaient, en suivant le fond du lac Maréotis, faire une tentative sur la tête de la digue. On espérait que cette diversion rendrait plus facile la brusque attaque de Lanusse vers la mer.

Le 21 avant le jour (30 ventôse) on se mit en marche. Les dromadaires exécutèrent ponctuellement ce qui leur était prescrit. Ils traversèrent rapidement les parties desséchées du lac Maréotis, mirent pied à terre devant la tête de la digue, enlevèrent les redoutes, et en tournèrent l'artillerie contre l'ennemi. C'était assez pour tromper l'attention des Anglais, et l'attirer vers le lac Maréotis. Mais, pour exécuter avec succès le plan convenu du côté de la mer, il aurait fallu une précision difficile à obtenir, quand on opère la nuit, plus difficile encore lorsqu'il n'y a pas pour diriger les mouvements un chef unique, qui calcule exactement le temps et les distances.

Avril 1801.

La division Lanusse, manœuvrant dans l'obscurité, s'avança sans ordre, et coudoya souvent nos troupes du centre. La première colonne, sous les ordres du général Silly, marcha résolument à la redoute, qui était placée en avant du camp des Romains. Lanusse la dirigeait de sa personne, et la conduisit sur la redoute même. Mais tout à coup il s'aperçut que la seconde colonne faisait fausse route, et, au lieu de longer la mer pour assaillir le camp romain, se rapprochait trop de la première. Il courut à elle, afin de la ramener au but. Malheureusement il tomba frappé à la cuisse d'une blessure mortelle; funeste événement qui allait avoir de déplorables conséquences! Cet énergique officier enlevé soudainement à ses troupes, l'attaque se ralentit. Le jour qui commençait à poindre, indiquait aux Anglais où devaient porter leurs coups. Nos soldats, assaillis à la fois par le feu des canonnières, du camp romain et des redoutes, montrèrent une constance admirable. Mais bientôt, tous leurs officiers supérieurs se trouvant atteints, ils restèrent sans direction, et se replièrent derrière quelques mamelons de sable, à peine suffisants pour les couvrir. Pendant ce temps, la première colonne, que Lanusse avait quittée pour courir à la seconde, venait d'enlever le premier redan de la redoute placée sur une

Attaque malheureuse du général Lanusse sur le camp des Romains.

éminence à droite. Elle marcha ensuite directement sur le corps de l'ouvrage, mais elle échoua dans son attaque de front, et se détourna pour attaquer par le flanc. Le centre de l'armée, sous Rampon, voyant l'embarras de cette colonne, se détourna aussi de son but pour la seconder. La 32ᵉ demi-brigade, détachée du centre, vint assaillir la fatale redoute. Ce concours d'efforts amena une sorte de confusion. On s'acharna contre cet obstacle, et la brusque opération, qui devait d'abord consister à enlever en courant la ligne des ouvrages, se changea en une attaque longue, obstinée, qui fit perdre un temps précieux. La 21ᵉ demi-brigade, qui appartenait au centre, laissant la 32ᵉ occupée devant la redoute si vivement disputée, exécuta seule le plan projeté, dépassa la ligne des retranchements, et vint audacieusement se déployer en face de l'armée anglaise. Elle essuya et rendit un feu épouvantable. Mais il fallait la soutenir, et Menou, pendant ce temps, incapable de commander, se promenait sur le champ de bataille, n'ordonnant rien, laissant Reynier s'étendre inutilement dans la plaine à droite, avec une force considérable, demeurée sans emploi.

On conseille alors à Menou de faire avec la cavalerie, qui était forte de 1,200 chevaux, d'une valeur incomparable, une charge à fond, sur la masse de l'infanterie anglaise, que la 21ᵉ était venue seule affronter. Menou, accueillant ce conseil, donne l'ordre de charger. Le brave général Roize se met aussitôt à la tête de ces 1,200 cavaliers, traverse rapidement le coupe-gorge, formé de droite et de gauche par des redoutes que notre infanterie attaquait vainement, débouche au delà, trouve la 21ᵉ demi-brigade aux prises avec les Anglais, et fond impétueusement sur eux. Cette cavalerie héroïque franchit d'abord un fossé, qui la séparait de l'ennemi, puis s'élance avec ardeur sur la première ligne de l'infanterie anglaise, la renverse, la culbute, et sabre un grand nombre de fantassins. Elle la force ainsi à reculer. Si Menou, dans ce moment, ou bien Reynier, suppléant son chef, avait porté notre aile droite à l'appui de notre cavalerie, le centre de l'armée anglaise, culbuté, entraîné au delà des ouvrages, nous eût laissé une victoire assurée. Les ouvrages, isolés, séparés de tout appui, seraient tombés en nos mains. Mais il n'en fut rien. La cavalerie française, après avoir renversé une première ligne ennemie, voyant d'autres lignes à renverser encore, et n'ayant que la 21ᵉ demi-brigade pour appui, revint en arrière, repassant sous le feu meurtrier des redoutes.

Dès ce moment, la bataille ne pouvait plus avoir de résultat. La gauche, privée de tout élan depuis la mort de son général, faisait un feu inutile sur les positions retranchées, qui le lui rendaient plus meurtrier. La droite, déployée dans la plaine, près du lac Maréotis, pour faire une diversion qui n'avait plus d'objet, depuis que l'engagement devenu général avait fixé chacun dans sa position, la droite ne rendait aucun service. Sans doute un général vigoureux, qui l'aurait rabattue sur le centre, et qui, renouvelant avec elle l'attaque du général

Avril 1801.

Retraite
de l'armée.

Conséquences
malheureuses
de la bataille
de Canope.

Roize, aurait essayé de faire une seconde irruption sur le gros des Anglais, aurait peut-être changé le destin de la bataille. Mais le général Menou ne commandait pas, et Reynier, qui aurait pu en cette occasion prendre une initiative, qu'il prenait si souvent hors de propos dans les affaires civiles, Reynier se bornait à se plaindre de ne pas recevoir de direction du général en chef. Dans cette situation, la seule chose qui restât à faire, était de se retirer. Menou en donna l'ordre, et les divisions se replièrent, en faisant bonne contenance, mais en essuyant de nouvelles pertes par le feu des ouvrages.

Quel spectacle que la guerre, quand la vie des hommes, quand le sort des États, sont ainsi confiés à des chefs, incapables ou divisés, et que le sang coule, à proportion de l'ineptie, ou de la mauvaise volonté de ceux qui commandent !

On ne pouvait pas dire que la bataille fût perdue, l'ennemi n'ayant pas fait un seul pas en avant ; mais elle était perdue, dès qu'elle n'était pas complétement gagnée, car il aurait fallu qu'elle le fût complétement, pour ramener les Anglais vers Aboukir, et les contraindre à se rembarquer. Les pertes étaient grandes des deux côtés. Les Anglais avaient eu environ 2 mille hommes hors de combat, et entre autres le brave général Abercromby, transporté mourant à bord de la flotte. La perte des Français était à peu près égale. Placés toute une journée sous un feu plongeant de front et de flanc, ils avaient eu beaucoup à souffrir. Les troupes avaient montré un rare sang-froid. L'élan de la cavalerie avait rempli les Anglais de surprise et d'admiration. Le nombre d'officiers et de généraux frappés en combattant, était plus qu'ordinaire. Les généraux Lanusse et Roize étaient morts ; le général de brigade Silly, commandant une des colonnes de Lanusse, avait eu la cuisse emportée ; le général Baudot était blessé de manière à ne laisser aucune espérance. Le général Destaing était atteint gravement. Rampon avait eu ses habits criblés de balles.

L'effet moral était encore plus fâcheux que la perte matérielle. Il ne restait aucun espoir d'obliger l'ennemi à se rembarquer. On allait avoir sur les bras, outre les Anglais débarqués vers Alexandrie, les Turcs venant de Syrie, le capitan-pacha arrivant avec l'escadre turque, et s'apprêtant à mettre à terre 6 mille Albanais du côté d'Aboukir ; enfin 6 mille Cipayes amenés de l'Inde par la mer Rouge, et prêts à toucher à Cosséir, sur les côtes de la Haute-Égypte. Que faire au milieu de tant d'ennemis, avec une armée dont la vigueur, sans doute, était la même au feu, mais qui, lorsque les affaires de la colonie allaient mal, était toujours prête à dire, que l'expédition avait été une brillante folie, et qu'on la sacrifiait inutilement à une pure chimère ?

Dans les trois engagements du 8, du 13, du 21 mars, on avait eu près de 3,500 hommes hors de combat, dont un tiers mort, un tiers gravement blessé, un tiers incapable de rentrer dans les rangs avant quelques semaines. Quoique l'armée fût très-affaiblie, on pouvait encore aujourd'hui, comme au début de la campagne, manœuvrer rapidement entre les divers corps ennemis tendant à se réunir, battre le visir s'il entrait par la Syrie, le capitan-pacha s'il essayait de pénétrer par Rosette, les Anglais s'ils voulaient cheminer sur les langues étroites de terre, qui communiquent avec l'intérieur de l'Égypte. Mais les 3,500 hommes qu'on avait perdus, rendaient ce plan plus difficile que jamais. Si on laissait 3 mille hommes au Kaire, 2 à 3 mille dans Alexandrie, il restait à peine 7 à 8 mille hommes pour manœuvrer en rase campagne, en supposant qu'on réunît tout ce qui était disponible, et qu'on évacuât les postes secondaires, sans aucune exception. Avec un général très-résolu et très-habile, cela eût été d'un succès incertain, mais possible : qu'attendre de Menou, et de ses lieutenants?

Toutefois il restait une ressource. On n'en désespérait pas, et elle était tous les jours annoncée. Cette ressource c'était Ganteaume avec ses vaisseaux, et les troupes de débarquement qu'il avait à son bord. Quatre mille hommes, arrivant en ce moment, pouvaient sauver l'Égypte. On avait envoyé à l'amiral un aviso, pour lui indiquer un point de la côte d'Afrique, à vingt ou trente lieues à l'ouest d'Alexandrie, sur lequel il était possible de débarquer, loin de la vue des Anglais. On pouvait alors laisser 3 mille hommes dans Alexandrie, et, réunissant ce qu'il y avait de trop au Kaire, manœuvrer avec 10 ou 11 mille hommes, en rase campagne.

Mais Ganteaume, quoique fort supérieur à Menou, n'agissait pas mieux dans les circonstances présentes.

Après avoir réparé à Toulon les avaries essuyées en quittant Brest, il était, comme on l'a vu, sorti de Toulon le 19 mars (28 ventôse), rentré une seconde fois à cause de l'échouage du vaisseau la *Constitution*, et sorti de nouveau le 22 mars (1ᵉʳ germinal). En ce moment, il faisait voile vers la Sardaigne. Un souffle de vent favorable, une inspiration hardie, pouvaient le porter vers les parages de l'Égypte, car il avait échappé adroitement à l'amiral Warren, en faisant fausse route. Déjà il était à quinze lieues du cap Carbonara, point extrême de la Sardaigne, prêt à s'engager dans le canal qui sépare la Sicile de l'Afrique. Malheureusement dans la soirée du 26 mars (5 germinal), l'un de ses capitaines commandant le *Dix-Août*, en l'absence du capitaine Bergeret malade, eut la maladresse d'aborder le *Formidable*, reçut une grosse avarie, et en causa une non moins grave au vaisseau abordé. Effrayé de ces avaries, Ganteaume ne crut pas pouvoir tenir la mer plus longtemps, et rentra dans Toulon le 5 avril (15 germinal), quinze jours après la bataille de Canope.

On ignorait ces détails en Égypte, et malgré le temps écoulé, on conservait encore un reste d'espérance. A la vue de la moindre voile, on accourait pour s'assurer si ce n'était pas Ganteaume. Dans cette anxiété, on ne prenait aucun parti, on attendait dans une inaction funeste. Menou faisait seulement exécuter des travaux autour d'Alexandrie, pour résister à une attaque des Anglais. Il avait donné ordre qu'on évacuât la Haute-Égypte, et qu'on en tirât la brigade Donzelot, pour la réunir au Kaire.

Avril 1801.

sorties de Ganteaume.

Avril 1801.

Il avait porté quelques troupes d'Alexandrie à Ramanieh, pour veiller aux mouvements qui se faisaient du côté de Rosette. Par surcroît de malheur, Mourad-Bey, dont la fidélité n'avait pas été un instant ébranlée, venait de mourir de la peste, et livrait ses Mamelucks à Osman-Bey, sur lequel on ne pouvait plus compter. La peste commençait à ravager le Kaire. Tout allait donc au plus mal, et tendait à un dénoûment funeste.

Opération des Anglais sur Rosette.

Les Anglais de leur côté, craignant l'armée qu'ils avaient devant eux, ne voulaient rien hasarder. Ils aimaient mieux marcher lentement, mais sûrement. Ils attendaient surtout que leurs alliés les Turcs, dont ils se défiaient beaucoup, fussent en mesure de les seconder. Il y avait un mois qu'ils avaient débarqué, sans avoir tenté d'autre entreprise que celle de prendre le fort d'Aboukir, lequel s'était défendu bravement, mais avait succombé sous le feu écrasant de leurs vaisseaux. Enfin vers le commencement d'avril (milieu de germinal), ils songèrent à sortir de leur inaction, et de cette espèce d'état de blocus, dans lequel ils étaient réduits à vivre. Le colonel Spencer fut chargé, avec un corps de quelques mille Anglais, et les 6 mille Albanais du capitan-pacha, de traverser par mer la rade d'Aboukir, et d'aller débarquer devant Rosette. Leur intention était de s'ouvrir ainsi un accès dans l'intérieur du Delta, de s'y procurer les vivres frais dont ils manquaient, et de tendre la main au visir, qui s'avançait à l'autre extrémité du Delta, par la frontière de Syrie. Il n'y avait à Rosette que quelques centaines de Français, lesquels ne purent opposer aucune résistance à cette tentative, et se replièrent en remontant le Nil. Ils se réunirent à El-Aft, un peu en avant de Ramanieh, à un petit corps de troupes envoyé d'Alexandrie. Ce corps était composé de la 21ᵉ légère et d'une compagnie d'artillerie. Les Anglais et les Turcs, maîtres d'une bouche du Nil, d'où les vivres pouvaient leur parvenir, ayant accès dans l'intérieur de l'Égypte, songèrent enfin à profiter de leurs succès, mais sans trop se hâter, car ils attendirent encore plus de vingt jours avant de marcher en avant. Pour un ennemi prompt et avisé, c'était là une belle occasion de les battre. Le général Hutchinson, successeur d'Abercromby, n'avait pas osé dégarnir son camp devant Alexandrie. Il avait à peine dirigé 6 mille Anglais et 6 mille Turcs vers Rosette, quoiqu'il lui fût arrivé des renforts qui couvraient ses pertes, et portaient à 20 mille hommes les forces dont il aurait pu disposer. Si le général Menou, employant bien son temps, consacrant le mois écoulé à faire autour d'Alexandrie les travaux de défense indispensables, s'était ainsi ménagé les moyens de n'y laisser que peu de monde, s'il avait dirigé sur Ramanieh environ 6 mille hommes, et attiré sur ce point tout ce qui n'était pas nécessaire au Kaire, il aurait pu opposer 8 à 9 mille combattants aux Anglais, qui venaient de pénétrer par Rosette. C'était assez pour les rejeter aux bouches du Nil, pour remonter l'esprit de l'armée, assurer la soumission des Égyptiens ébranlée, retarder la marche du visir, replacer les Anglais dans un véritable état de blocus sur la

Avril 1801.

plage d'Alexandrie, et ramener enfin la fortune. Cette occasion fut la dernière. Ce mouvement lui fut conseillé; mais toujours timide, il ne suivit qu'à moitié le conseil qu'on lui avait donné. Il envoya le général Valentin à Ramanieh, avec un renfort qui fut déclaré insuffisant. Alors il en envoya un second, avec son chef d'état-major, le général Lagrange. Tout cela réuni ne composait pas plus de 4 mille hommes. Mais il ne fit pas descendre les troupes du Kaire; et le général Lagrange, qui était d'ailleurs un brave officier, n'était pourtant pas homme à se soutenir avec de tels moyens, en présence de 6 mille Anglais et de 6 mille Turcs. Menou aurait dû réunir là 8 mille hommes au moins, avec son meilleur général. Il le pouvait par une forte concentration de ses forces, et en sacrifiant partout l'accessoire au principal.

Le général Morand, qui commandait le premier détachement dirigé sur Rosette, s'était établi à El-Aft, sur les bords du Nil, près de la ville de Foûéh, dans une position qui présentait quelques avantages défensifs. C'est là que le général Lagrange vint le rejoindre. Les Anglais et les Turcs, maîtres de Rosette et de l'embouchure du Nil, avaient couvert le fleuve de leurs chaloupes canonnières, et ils eurent bientôt enlevé la petite ville ouverte de Foûéh. Il fallut donc se replier sur Ramanieh dans la nuit du 8 mai (18 floréal). Le site de Ramanieh ne présentait pas de grands avantages défensifs, et on ne pouvait guère y contre-balancer, par la force du lieu la supériorité numérique de l'ennemi. Cependant, s'il avait fallu opposer quelque part une résistance dés

ÉVACUATION DE L'ÉGYPTE.

espérée, c'était à Ramanieh même ; car, cette position perdue, le corps détaché du général Lagrange était séparé d'Alexandrie, et contraint de se replier sur le Kaire. L'armée française était ainsi coupée en deux, une moitié confinée à Alexandrie, une moitié au Kaire. Si, lorsqu'elle était réunie tout entière, elle n'avait pas pu disputer le terrain aux Anglais, il était bien impossible, que, coupée en deux, elle leur opposât une résistance efficace. Dans ce cas, elle ne devait plus avoir d'autre ressource que celle de signer une capitulation. La perte de Ramanieh était donc la perte définitive de l'Égypte. Menou écrivit au général Lagrange, qu'il allait arriver à son secours avec 2 mille hommes, ce qui prouve qu'il pouvait au moins disposer de ce nombre. Il y en avait bien 3 mille au Kaire ; on aurait pu par conséquent se trouver au nombre de 9 mille, et de 8 mille au moins à Ramanieh. Alors, en rase campagne, ayant une excellente cavalerie et une belle artillerie légère, et avec la résolution de vaincre ou de mourir, on était assuré de triompher. Mais Menou ne parut pas, et Belliard, qui commandait au Kaire, n'avait reçu aucun ordre. Le général Lagrange, à la tête des 4 mille hommes dont il disposait, appuyait ses derrières à Ramanieh, et au Nil, qui baigne en passant les habitations de cette petite ville. Dans cette position il avait à dos les canonnières anglaises, qui occupaient le fleuve, et lançaient une grêle de boulets dans le camp des Français ; il avait en face, dans la plaine, sans autre abri pour se couvrir que quelques ouvrages de campagne très-

Mai 1801.

Perte de Ramanieh et des communications d'Alexandrie avec le Kaire.

7

médiocres, le gros des ennemis, composé de Turcs et d'Anglais. Ceux-ci étaient environ douze mille contre quatre. Le danger était grand; cependant mieux valait combattre, et, si on était vaincu, se rendre prisonniers le soir sur le champ de bataille, après avoir lutté toute la journée, que d'abandonner une telle position, sans l'avoir disputée. Quatre mille hommes de pareilles troupes, voulant se bien défendre, avaient encore des chances de succès. Mais le chef d'état-major de Menou, quoique fort dévoué aux idées de son général, et à la conservation de la colonie, ne jugeant pas la portée de cette retraite, abandonna Ramanieh le 10 mai (20 floréal) au soir, pour se retirer sur le Kaire. Il y arriva le 14 au matin (24 floréal). Il avait perdu à Ramanieh un convoi d'une immense valeur, et, ce qui était plus grave, les communications de l'armée.

A partir de ce jour, plus rien en Égypte ne fut digne de critique, ou même d'intérêt. Les hommes y descendirent bientôt avec la fortune, au-dessous d'eux-mêmes. Ce fut partout la plus honteuse faiblesse, avec la plus déplorable incapacité. Et, quand nous parlons des hommes, c'est des chefs seuls que nous entendons parler; car les soldats et les simples officiers, toujours admirables en présence de l'ennemi, étaient prêts à mourir jusqu'au dernier. On ne les vit pas manquer une seule fois à leur ancienne gloire.

Au Kaire comme à Alexandrie il ne restait plus rien à faire, si ce n'est de capituler. Il n'y avait d'autre mérite à déployer que de retarder la capitulation;

ÉVACUATION DE L'ÉGYPTE.

mais c'est quelque chose que de retarder une capitulation. On semble en apparence ne défendre que son honneur, et souvent, en réalité, on sauve son pays! Masséna, en prolongeant la défense de Gênes, avait rendu possible la victoire de Marengo. Les généraux qui occupaient le Kaire et Alexandrie, en faisant durer une résistance sans espoir, pouvaient seconder encore très-utilement les graves négociations de la France avec l'Angleterre. Ils ne le savaient pas, il est vrai; c'est pourquoi, dans l'ignorance des services qu'on peut rendre en prolongeant une défense, il faut écouter la voix de l'honneur, qui commande de résister jusqu'à la dernière extrémité. De ces deux généraux bloqués, le plus malheureux, car il avait commis le plus de fautes, Menou, en s'obstinant à retarder la reddition d'Alexandrie, fut encore utile, comme on va le voir, aux intérêts de la France. Ce fut plus tard sa consolation, ce fut son excuse auprès du Premier Consul.

Mai 1801.

Lorsque les troupes détachées à Ramanieh rentrèrent dans le Kaire, il y eut à délibérer sur la conduite à suivre. Le général Belliard était, par son grade, le commandant en chef. C'était un esprit avisé, mais plus avisé que résolu. Il convoqua un conseil de guerre. Il restait environ 7 mille hommes de troupes actives, plus 5 à 6 mille individus malades, blessés, et employés de l'armée. La peste sévissait; on avait peu d'argent et de vivres, et une ville, d'un immense circuit, à défendre. Sept mille hommes étaient insuffisants pour garder ce circuit. L'enceinte n'était nulle part faite pour résis-

Le général Belliard renfermé au Kaire. — Délibération sur le parti à prendre.

ter à l'art des ingénieurs européens. La citadelle présentait, il est vrai, un réduit, mais insuffisant pour recevoir 12 mille Français, et ne pouvant tenir contre le gros canon des Anglais. Un tel poste était bon uniquement, pour s'abriter contre la populace du Kaire. Il n'y avait évidemment que deux choses à faire : ou d'essayer, par une marche hardie, de descendre dans la Basse-Égypte, d'y surprendre le passage du Nil, et de rejoindre Menou vers Alexandrie, ou bien de se retirer à Damiette, ce qui était plus sûr, plus facile, surtout à cause de la multitude qu'on était obligé de traîner après soi. On devait se trouver là, au milieu de lagunes, qui ne communiquaient avec le Delta que par des langues de terre fort étroites, et que sept mille soldats de l'armée d'Égypte suffisaient à défendre bien longtemps, contre un ennemi deux ou trois fois supérieur. On était assuré de vivre dans une grande abondance de toutes choses, car la province était couverte de bestiaux, la ville de Damiette regorgeait de grains, et le lac Menzaleh abondait en poissons les meilleurs, les plus propres à la nourriture des troupes. Puisqu'il ne s'agissait plus que de capituler, Damiette permettait de retarder de six mois au moins ce triste résultat. L'officier du génie d'Hautpoul proposa cette sage résolution; mais, pour la suivre, il fallait prendre un parti difficile, celui d'évacuer le Kaire. Le général Belliard, qui fut capable quelques jours après de rendre cette ville aux ennemis, par une déplorable capitulation, ne le fut point ce jour-là de l'évacuer volontairement, en conséquence d'une résolution militaire, forte et habile. Il se décida donc à rester dans cette capitale de l'Égypte, sans savoir ce qu'il allait y faire. Par la rive gauche du Nil, les Anglais et les Turcs remontaient de Ramanieh au Kaire; par la rive droite, le grand-visir, suivi de 25 à 30 mille hommes, ramassis de mauvaises troupes orientales, venait du côté de la Syrie, et s'avançait aussi sur le Kaire par la route de Belbeïs. Le général Belliard, se souvenant des trophées d'Héliopolis, voulut marcher au-devant du visir, par la route qu'avait suivie Kléber. Il sortit à la tête de 6 mille hommes, et s'avança jusqu'à la hauteur d'Elmenaïr, à peu près la valeur de deux marches. Enveloppé souvent par une nuée de cavaliers, il envoyait après eux son artillerie légère, qui, çà et là, en atteignait quelques-uns avec ses boulets. Mais c'était le seul résultat qu'il put obtenir. Les Turcs, bien dirigés cette fois, ne voulaient pas accepter une bataille d'Héliopolis. Il n'y avait qu'une manière de les joindre, c'était d'aller prendre leur camp à Belbeïs. Mais le général Belliard, accueilli devant tous les villages par des coups de fusil, voyait à chaque pas augmenter le nombre de ses blessés, et s'agrandir la distance qui le séparait du Kaire. Il craignait que les Anglais et les Turcs n'y entrassent en son absence. Il aurait fallu prévoir ce danger avant d'en sortir, et se demander si on aurait le temps de faire le trajet de Belbeïs. Sorti du Kaire sans savoir ce qu'il ferait, le général Belliard y rentra de même, après une opération sans résultat, et qui le fit passer pour vaincu aux yeux de toute la population. A l'imitation des peuples récemment soumis, les Égyptiens tournaient avec la fortune, et, quoique n'étant pas mécontents des Français, ils se disposaient à les abandonner. Cependant il n'y avait pas d'insurrection à craindre, à moins qu'on ne voulût condamner la ville du Kaire aux horreurs d'un siége.

L'armée française, dégoûtée des humiliations auxquelles l'exposait l'incapacité des généraux, était complétement revenue aux idées qui amenèrent la convention d'El-Arisch. Elle se consolait de ses malheurs en rêvant le retour en France. Si un général résolu et habile lui eût donné les exemples qui furent donnés à la garnison de Gênes par Masséna, elle les eût suivis; mais il ne fallait rien attendre de pareil du général Belliard. Serré sur la rive gauche du Nil par l'armée anglo-turque venue de Ramanieh, sur la rive droite par le grand visir qui l'avait accompagné pas à pas, il offrit à l'ennemi une suspension d'armes, qui fut acceptée avec empressement, car les Anglais cherchaient moins ici l'éclat que l'utilité. Ce qu'ils souhaitaient avant tout, c'était l'évacuation de l'Égypte, n'importe par quel moyen. Le général Belliard assembla un conseil de guerre, au sein duquel la discussion fut fort orageuse. On élevait de graves plaintes contre ce commandant de la division du Kaire. On lui disait qu'il n'avait su ni abandonner le Kaire à temps, pour aller prendre position à Damiette, ni se maintenir dans cette capitale de l'Égypte, par des opérations bien concertées; qu'il n'avait trouvé à faire qu'une ridicule sortie, pour combattre le visir, sans réussir à le

joindre, et qu'aujourd'hui, ne sachant où donner de
la tête, il venait demander à ses officiers s'il fallait
négocier ou se faire tuer, lorsqu'il avait déjà résolu la
question lui-même, par l'ouverture spontanée des
négociations. Tous ces reproches lui furent adressés
avec amertume, surtout par le général Lagrange,
ami de Menou, et partisan fort chaud de la conservation de l'Égypte. Au général Lagrange se joigni-
rent les généraux Valentin, Duranteau, Dupas,
soutenant vivement tous trois, que, pour l'honneur
du drapeau, il fallait absolument combattre. Malheureusement on ne le pouvait plus sans cruauté
pour l'armée, sans cruauté surtout pour la nombreuse population de malades et d'employés, attachée
à ses pas. On avait devant soi plus de quarante mille
ennemis, sans compter les Cipayes, qui, débarqués à
Cosséir, allaient descendre le Nil avec les Mamelucks, devenus infidèles depuis la mort de Murad-
Bey. On avait derrière soi une population à demi
barbare, de trois cent mille âmes, atteinte par la peste,
menacée par la disette, et toute prête aujourd'hui à
se soulever contre les Français. L'enceinte à défendre était trop étendue pour être gardée par sept mille
hommes, et trop faible pour résister à des ingénieurs européens. On pouvait être enlevé, et égorgé
avec la colonie, à la suite d'un assaut. Vainement
quelques braves officiers faisaient-ils entendre le cri
de l'honneur indigné : se rendre était la seule ressource. Le général Belliard, voulant se montrer prêt
à tout, fit examiner de nouveau la question de savoir si on se retirerait à Damiette, question aujour-

d'hui fort tardive, et une autre question au moins étrange, celle de savoir si on se retirerait dans la Haute-Égypte. Ce dernier parti était insensé. Ce n'étaient là que les ruses de la faiblesse, cherchant à cacher sa confusion, sous un faux semblant de témérité. Il fut donc résolu que l'on capitulerait; et on ne pouvait faire autre chose, si on ne voulait être égorgés tous ensemble, à la suite d'une attaque de vive force.

On envoya des commissaires au camp des Anglais et des Turcs afin de négocier une capitulation. Les généraux ennemis acceptèrent cette proposition avec joie, tant ils craignaient, même encore en ce moment, un retour de fortune. Ils accédèrent aux conditions les plus avantageuses pour l'armée. On convint qu'elle se retirerait avec les honneurs de la guerre, avec armes et bagages, avec son artillerie, ses chevaux, tout ce qu'elle possédait enfin, qu'elle serait transportée en France, et nourrie pendant la traversée, aux frais de l'Angleterre. Ceux des Égyptiens qui voudraient suivre l'armée (et il y en avait un certain nombre de compromis par leurs liaisons avec les Français), étaient autorisés à se joindre à elle. Ils avaient en outre la faculté de vendre leurs biens.

Cette capitulation fut signée le 27 juin 1801, et ratifiée le 28 (8 et 9 messidor an IX). L'orgueil des vieux soldats d'Égypte et d'Italie souffrait cruellement. Ils allaient rentrer en France, non pas comme ils y rentrèrent en 1798, après les triomphes de Castiglione, d'Arcole et de Rivoli, fiers de leur gloire et des services rendus à la République : ils allaient y rentrer vaincus, mais ils allaient y rentrer, et, pour ces cœurs souffrant d'un long exil, c'était une joie involontaire qui les étourdissait sur leurs revers. Il y avait au fond des âmes une satisfaction qu'on ne s'avouait pas, mais qui perçait sur les visages. Les chefs seulement étaient soucieux, en songeant au jugement que le Premier Consul porterait de leur conduite. Les dépêches dont ils accompagnaient la capitulation étaient empreintes de la plus humiliante anxiété. On choisit, pour porter ces dépêches, les hommes qui, par leurs actes personnels, étaient le plus exempts de tout blâme : ce furent l'officier du génie d'Hautpoul, et le directeur des poudres Champy, qui avaient été si utiles à la colonie.

Menou était enfermé dans Alexandrie, et, comme Belliard, il ne lui restait qu'à se rendre. Il ne pouvait y avoir entre l'un et l'autre qu'une différence de temps. La peste faisait quelques victimes dans Alexandrie; les vivres y manquaient, par suite de la faute qu'on avait commise de ne pas faire les approvisionnements de siége. Il est vrai que les caravanes arabes, attirées par le gain, y apportaient encore de la viande, du laitage et quelques grains. Mais on manquait de froment, et il fallait mettre du riz dans le pain. Le scorbut diminuait chaque jour le nombre d'hommes en état de servir. Les Anglais, pour isoler complétement la place, avaient imaginé de verser le lac Madieh dans le lac Maréotis à moitié desséché, d'envelopper ainsi Alexandrie d'une masse d'eau continue, et d'une ceinture de chaloupes canonnières.

Pour cela ils avaient pratiqué une coupure dans la digue qui va d'Alexandrie à Ramanieh, et qui forme la séparation des deux lacs. (Voir la carte n° 48.) Mais, comme la différence de niveau n'était que de neuf pieds, le versement des eaux d'un lac dans l'autre, se faisait lentement, et, du reste, l'opération, bonne s'il eût importé de séparer le général Belliard du général Menou, n'avait plus la même utilité, depuis les événements du Kaire. Si elle étendait l'action des chaloupes canonnières, elle avait pour les Français l'avantage de resserrer le front d'attaque, sans même les priver de leurs communications avec les caravanes; car la longue plage de sable sur laquelle Alexandrie est située, communique par son extrémité occidentale avec le désert de Libye. Aussi les Anglais voulurent-ils bientôt compléter l'investissement; et pour cela ils embarquèrent des troupes sur leurs chaloupes, et vinrent, vers le milieu d'août (fin de thermidor), exécuter un débarquement non loin de la tour du Marabout. Ils entreprirent même le siége en règle du fort de ce nom. A partir de ce moment, la place, complétement investie, ne pouvait tarder à se rendre.

L'infortuné Menou réduit ainsi à l'inaction, ayant le loisir de penser à ses fautes, entouré du blâme universel, se consolait cependant par l'idée d'une résistance héroïque, comme celle de Masséna dans Gênes. Il l'écrivait au Premier Consul, et lui annonçait une défense mémorable. Les généraux Damas et Reynier étaient restés sans troupes à Alexandrie. Ils y tenaient un fâcheux langage, et n'avaient pas même, dans ces derniers instants, une attitude convenable. Menou les fit arrêter pendant une nuit, avec un grand éclat, et ordonna leur embarquement pour la France. Cet acte de vigueur après coup, produisit peu d'effet. L'armée, dans son bon sens, blâmait sévèrement Reynier et Damas, mais n'estimait guère Menou. La seule grâce qu'elle lui faisait, c'était de ne le point haïr. Écoutant froidement ses proclamations, dans lesquelles il annonçait la résolution de mourir plutôt que de se rendre, elle était prête, s'il le fallait, à se battre à outrance, mais elle ne croyait plus guère à cette nécessité. Elle comprenait trop bien les conséquences de ce qui s'était passé au Kaire, pour ne pas entrevoir une capitulation prochaine; et dans Alexandrie comme au Kaire, elle se consolait de ses revers, par l'espoir de revoir bientôt la France.

A compter de ce jour, plus rien d'important ne signala la présence des Français en Égypte, et l'expédition fut en quelque sorte terminée. Admirée comme un prodige d'audace et d'habileté par les uns, cette expédition a été considérée comme une brillante chimère par les autres, par ceux notamment qui affectent de peser toutes choses, dans les balances d'une froide raison.

Ce dernier jugement, avec les apparences de la sagesse, est au fond peu sensé et peu juste.

Napoléon, dans sa longue et prodigieuse carrière, n'a rien imaginé qui fût plus grand, et qui pût être plus véritablement utile. Sans doute, si on songe que nous n'avons pas même conservé le Rhin et les

Août 1801.

Alpes, on doit se dire que l'Égypte, l'eussions-nous occupée quinze ans, nous aurait été plus tard enlevée, comme nos frontières continentales, comme cette antique et belle possession de l'île de France, que nous ne devions pas aux guerres de la révolution. Mais, à juger ainsi les choses, on pourrait aller jusqu'à se demander si la conquête de la ligne du Rhin n'était pas elle-même une folie et une chimère. Il faut, pour juger sainement une telle question, il faut supposer un instant nos longues guerres, autrement terminées qu'elles ne l'ont été, et se demander si, dans ce cas, la possession de l'Égypte était possible, désirable, et d'une grande conséquence. A la question ainsi posée, la réponse ne saurait être douteuse. D'abord l'Angleterre était presque résignée en 1801 à nous concéder l'Égypte, moyennant des compensations. Ces compensations, qu'on avait fait connaître à notre négociateur, n'avaient rien d'exorbitant. Il est hors de doute, que, pendant la paix maritime qui suivit, et dont nous ferons bientôt connaître la conclusion, le Premier Consul, prévoyant la brièveté de cette paix, eût envoyé aux bouches du Nil d'immenses ressources, en hommes et en matériel, et que la belle armée expédiée à Saint-Domingue, où l'on alla chercher un dédommagement de l'Égypte perdue, aurait mis pour long-temps notre nouvel établissement à l'abri de toute attaque. Un général comme Decaen, ou Saint-Cyr, joignant à l'expérience de la guerre l'art d'administrer, ayant, outre les vingt-deux mille hommes qui restaient en Egypte de la première expédition, les trente mille qui périrent inutilement à Saint-Domingue, placé avec cinquante mille Français et un immense matériel, sous un climat parfaitement sain, sur un sol d'une fertilité inépuisable, cultivé par des paysans soumis à tous les maîtres, et n'ayant jamais leur fusil à côté de leur charrue, un général, disons-nous, comme Decaen ou Saint-Cyr, aurait pu avec de tels moyens défendre victorieusement l'Égypte, et y fonder une superbe colonie.

Le succès était incontestablement possible. Nous ajouterons que, dans la lutte maritime et commerciale, que soutenaient l'une contre l'autre la France et l'Angleterre, la tentative était en quelque sorte commandée. L'Angleterre venait, en effet, de conquérir le continent des Indes, et de se donner ainsi la suprématie dans les mers de l'Orient. La France, jusque-là sa rivale, pouvait-elle céder, sans la disputer, une semblable suprématie? Ne devait-elle pas à sa gloire, à sa destinée, de lutter? Les politiques ne peuvent pas répondre ici autrement que les patriotes. Oui, il fallait qu'elle essayât de lutter dans ces régions de l'Orient, vaste champ de l'ambition des peuples maritimes, et qu'elle essayât d'y faire une acquisition, qui pût contre-balancer celles des Anglais. Cette vérité admise, qu'on cherche sur le globe, et qu'on nous dise, s'il y avait une acquisition mieux adaptée que l'Égypte au but qu'on se proposait? Elle valait en elle-même les plus belles contrées, elle touchait aux plus riches, aux plus fécondes, à celles qui fournissent la plus ample matière au négoce lointain. Elle ramenait dans la Méditerranée, qui était notre mer alors,

Août 1804.

le commerce de l'Orient; elle était, en un mot, un équivalent de l'Inde, et en tout cas elle en était la route. La conquête de l'Égypte était donc pour la France, pour l'indépendance des mers, pour la civilisation générale, un service immense. Aussi, comme on pourra le voir ailleurs, notre succès fut-il souhaité plus d'une fois en Europe, dans ces courts intervalles de temps où la haine ne troublait pas l'esprit des cabinets. Pour un tel but, il valait la peine de perdre une armée, et non pas seulement celle qu'on envoya la première fois en Égypte, mais celles qu'on envoya depuis périr inutilement à Saint-Domingue, dans les Calabres et en Espagne. Plût au ciel que, dans les élans de sa vaste imagination, Napoléon n'eût rien conçu de plus téméraire!

FIN DU LIVRE DIXIÈME.

LIVRE ONZIÈME.

PAIX GÉNÉRALE.

Dernière et infructueuse sortie de Gantcaume. — Il touche à Derne, n'ose débarquer deux mille hommes qu'il avait à son bord, et rebrousse chemin vers Toulon. — Prise en route du vaisseau le *Swiftsure*. — L'amiral Linois, envoyé de Toulon à Cadix, est obligé de jeter l'ancre dans la baie d'Algésiras. — Beau combat d'Algésiras. — Une escadre composée de Français et d'Espagnols sort de Cadix, pour venir au secours de la division Linois. — Rentrée des flottes combinées dans Cadix. — Combat d'arrière-garde avec l'amiral anglais Saumarez. — Affreuse méprise de deux vaisseaux espagnols, qui, trompés par la nuit, se prennent pour ennemis, se combattent à outrance, et sautent en l'air tous les deux. — Beau fait d'armes du capitaine Troude. — Courte campagne du prince de la Paix contre le Portugal. — La cour de Lisbonne se hâte d'envoyer un négociateur à Badajos, pour se soumettre aux volontés de la France et de l'Espagne réunies. — Marche des affaires européennes depuis le traité de Lunéville. — Influence croissante de la France. — Séjour à Paris des infants d'Espagne, destinés à régner en Étrurie. — Reprise de la négociation de Londres, entre M. Otto et lord Hawkesbury. — Nouvelle manière de poser la question du côté des Anglais. — Ils demandent Ceylan dans les Indes, la Martinique ou la Trinité dans les Antilles, Malte dans la Méditerranée. — Le Premier Consul répond à ces prétentions, en menaçant de conquérir le Portugal, et au besoin d'exécuter une descente en Angleterre. — Vive polémique entre *le Moniteur* et les journaux anglais. — Le cabinet britannique renonce à Malte, et résume toutes ses prétentions en demandant l'île espagnole de la Trinité. — Le Premier Consul, pour sauver les possessions d'une cour alliée, offre l'île française de Tabago. — Le cabinet britannique refuse. — Folle conduite du prince de la Paix, qui fournit une solution inattendue. — Ce prince traite avec la cour de Lisbonne, sans se concerter avec la France, et prive ainsi la légation française de l'argument qu'on tirait des dangers du Portugal. — Irritation du Premier Consul, et menaces de guerre à la cour de Madrid. — M. de Talleyrand propose au Premier Consul de terminer la négociation aux dépens des Espagnols, en livrant aux Anglais l'île de la Trinité. — M. Otto reçoit l'autorisation de faire cette concession, mais seulement à la dernière extrémité. — Pendant qu'on négocie, Nelson tente les plus grands efforts pour détruire la flottille de Boulogne. — Beaux combats devant Boulogne, soutenus par l'amiral Latouche-Tré-

Mai 1801.

ville contre Nelson. — Défaite des Anglais. — Joie en France, inquiétudes en Angleterre, à la suite de ces deux combats. — Dispositions réciproques à un rapprochement. — On passe par-dessus les dernières difficultés, et la paix se conclut, sous forme de préliminaires, par le sacrifice de l'île de la Trinité. — Joie inouïe en Angleterre et en France. — Le colonel Lauriston, chargé de porter à Londres la ratification du Premier Consul, est conduit en triomphe pendant plusieurs heures. — Réunion d'un congrès dans la ville d'Amiens pour conclure la paix définitive. — Suite de traités signés coup sur coup. — Paix avec le Portugal, la Porte-Ottomane, la Bavière, la Russie, etc. — Fête à la paix, fixée au 18 brumaire. — Lord Cornwallis, plénipotentiaire au congrès d'Amiens, assiste à cette fête. — Accueil qu'il reçoit du peuple de Paris. — Banquet de la Cité à Londres. — Témoignages extraordinaires de sympathie que se donnent en ce moment les deux nations.

Troisième sortie de Ganteaume.

Pendant que l'armée d'Égypte succombait, faute d'un chef habile, et faute aussi d'un secours apporté à propos, l'amiral Ganteaume tentait sa troisième sortie du port de Toulon. Le Premier Consul lui avait à peine laissé le temps de réparer les avaries, provenant de l'abordage du *Dix-Août* et de l'*Indomptable*, et il l'avait obligé à repartir presque immédiatement. L'amiral Ganteaume avait remis à la voile le 25 avril (5 floréal). Il avait l'ordre de longer les parages de l'île d'Elbe, afin d'exécuter en passant une démonstration sur Porto-Ferraio, et d'en faciliter l'occupation par les troupes françaises. Le Premier Consul tenait à reprendre cette île, dont les traités avec Naples et l'Étrurie assuraient la possession à la France, et dans laquelle se trouvait une petite garnison moitié toscane, moitié anglaise. L'amiral obéit, se montra devant l'île d'Elbe, jeta quelques boulets sur Porto-Ferraio, et passa outre, pour ne pas s'exposer à des dommages, qui l'auraient réduit à l'impossibilité de remplir sa mission. S'il eût fait voile directement, il aurait pu être encore utile à l'armée d'Égypte, car, ainsi qu'on l'a vu, la position de Ramanieh ne fut perdue que le 10 mai (20 floréal). Il était donc encore temps, en partant le 25 avril, d'empêcher l'armée d'être coupée en deux, et réduite à capituler une division après l'autre. Il aurait fallu, pour cela, ne pas perdre un instant. Mais une sorte de fatalité s'attachait à toutes les opérations de l'amiral Ganteaume. On l'a vu, sorti heureusement de Brest, entré plus heureusement encore dans la Méditerranée, manquer tout à coup de confiance, prendre quatre vaisseaux pour huit, et rentrer dans Toulon. On l'a vu, sorti de ce port en mars, échapper à l'amiral Warren, dépasser la pointe méridionale de la Sardaigne, et s'arrêter encore une fois, par suite de l'abordage du *Dix-Août* et de l'*Indomptable*. Il n'était pas au terme de ses malheurs. A peine allait-il quitter les eaux de l'île d'Elbe, qu'une maladie contagieuse se déclara sur son escadre. Soit fatigue des troupes embarquées depuis long-temps, soit mauvaise fortune, cette maladie atteignit subitement une grande partie des soldats et des équipages. On jugea imprudent et inutile de porter en Égypte un tel nombre de malades, et l'amiral Ganteaume prit le parti de diviser son escadre. Confiant au contre-amiral Linois trois vaisseaux, il plaça sur ces trois vaisseaux les matelots et soldats malades, et les achemina sur Toulon. Il continua sa mission avec quatre vaisseaux et deux frégates, portant deux mille hommes de troupes seulement, et

Mai 1801.

se dirigea vers l'Égypte. Mais il n'était plus temps, car on touchait au milieu de mai, et, à cette époque, l'armée française était perdue, puisque les généraux Belliard et Menou se trouvaient séparés l'un de l'autre, par suite de l'abandon de Ramanieh. L'amiral Ganteaume l'ignorait. Il dépassa la Sardaigne et la Sicile, se montra dans le canal de Candie, parvint à se dérober plusieurs fois à l'ennemi, s'avança même jusque dans l'Archipel pour lui échapper, et vint enfin mouiller sur la côte d'Afrique, à quelques marches à l'ouest d'Alexandrie. Le point qu'il avait choisi était celui de Derne, désigné dans ses instructions comme propre à un débarquement. En donnant aux troupes des vivres, et de l'argent pour louer les chameaux des Arabes, on croyait qu'elles pourraient traverser le désert, et atteindre Alexandrie en quelques marches. Ce n'était là qu'une conjecture très-hasardée. L'amiral Ganteaume venait de jeter l'ancre depuis quelques heures, et de mettre à la mer une partie de ses chaloupes, lorsque les habitants accoururent sur le rivage, et firent sur nos embarcations une vive fusillade. Le plus jeune frère du Premier Consul, Jérôme Bonaparte, se trouvait au milieu des troupes de débarquement. On fit de vains efforts pour attirer à soi les habitants, et pour se les concilier. Il aurait fallu détruire leur petite ville de Derne, et marcher sur Alexandrie sans eau, presque sans vivres, en combattant toujours. C'était une entreprise folle, et d'ailleurs sans objet, car mille hommes tout au plus sur deux mille, seraient arrivés au terme du voyage. Il ne valait plus la peine de faire périr tant de braves gens, pour un si faible secours. Du reste, un événement, facile à prévoir, termina tous les doutes. L'amiral crut apercevoir la flotte anglaise; dès lors il ne délibéra plus, hissa ses chaloupes à bord, ne prit pas même le temps de lever ses ancres, et coupa ses câbles, pour n'être pas attaqué au mouillage. Il mit à la voile, et ne fut pas joint par l'ennemi.

La fortune qui l'avait mal servi, car elle ne seconde, comme on l'a dit souvent, que les esprits assez audacieux pour se confier à elle, la fortune lui réservait un dédommagement. En traversant le canal de Candie, il rencontra un vaisseau anglais de haut bord : c'était le *Swiftsure*. Lui donner la chasse, l'envelopper, le canonner, le prendre, fut l'affaire de quelques instants. C'était le 24 juin, (5 messidor) que lui advint cette heureuse rencontre. L'amiral Ganteaume entra dans Toulon, avec cette espèce de trophée, faible compensation pour tant de mauvais succès. Le Premier Consul, enclin à l'indulgence pour les hommes qui avaient traversé avec lui de grands périls, voulut bien accepter cette compensation, et la publier dans *le Moniteur*.

Cependant tous ces mouvements d'escadre devaient finir d'une manière moins triste pour notre marine. Pendant que l'amiral Ganteaume rentrait dans Toulon, l'amiral Linois, qui était venu y déposer ses soldats et ses matelots atteints de la fièvre, en était reparti sur l'ordre formel du Premier Consul. Se hâtant de faire laver à la chaux

Juin 1801.

Subite rentrée de l'amiral Ganteaume.

Prise du vaisseau anglais le *Swiftsure*.

Juillet 1804.

les murailles intérieures de ses bâtiments, de changer les troupes malades contre des troupes fraîches, de renouveler ses équipages avec des matelots valides, il avait appareillé, pour se diriger vers sa nouvelle destination. Une dépêche qu'il ne devait ouvrir qu'à la mer, lui prescrivait d'aller sur-le-champ à Cadix, joindre les six vaisseaux armés dans ce port par l'amiral Dumanoir, les cinq vaisseaux espagnols du Ferrol, ce qui, avec les trois qu'il amenait, devait former une division de quatorze grands bâtiments. Il était possible que l'escadre de Rochefort, sous l'amiral Bruix, y fût arrivée. On pouvait alors réunir une flotte de plus de vingt vaisseaux, qui devait être maîtresse de la Méditerranée pendant quelques mois, prendre les troupes d'Otrante, et porter d'immenses secours en Égypte. On ignorait encore en France qu'il était trop tard, et qu'il ne restait à défendre que la place d'Alexandrie. Sauver ce dernier point n'était pourtant pas une chose indifférente.

Sortie de Toulon de l'amiral Linois.

L'amiral Linois s'empressa d'obéir, et fit voile vers Cadix. En route, il chassa quelques frégates anglaises, qu'il faillit prendre, fut contrarié par les vents à l'entrée du détroit, et enfin réussit à y pénétrer, vers le commencement de juillet (milieu de messidor). La flotte anglaise de Gibraltar, qui observait Cadix, lui ayant été signalée, il vint mouiller dans le port espagnol d'Algésiras, le 4 juillet au soir (15 messidor).

Il mouille à Algésiras.

Baie d'Algésiras.

Près du détroit de Gibraltar, c'est-à-dire vers la pointe méridionale de la Péninsule, les côtes montagneuses de l'Espagne s'entr'ouvrent, et, prenant la figure d'un fer à cheval, forment une baie profonde dont l'ouverture est tournée au midi. (Voir la carte n° 49.) Sur l'un des côtés de cette baie se trouve Algésiras, sur l'autre Gibraltar; de manière qu'Algésiras et Gibraltar sont placés vis-à-vis, et à quatre mille toises de distance, à peu près une lieue et demie. D'Algésiras on voit distinctement ce qui se passe à Gibraltar, au moyen d'une lunette ordinaire. Il n'y avait pas un seul vaisseau anglais dans la baie, mais le contre-amiral Saumarez n'était pas loin. Il observait avec sept vaisseaux le port de Cadix, où étaient réunies dans ce moment plusieurs divisions navales, soit françaises, soit espagnoles. Averti de ce qui se passait, il se hâta de profiter de l'occasion qui s'offrait à lui de détruire la division Linois, car il pouvait opposer sept vaisseaux à trois. Toutefois, sur les sept il en avait détaché un, le *Superbe*, pour observer l'embouchure du Guadalquivir. Il lui fit le signal de ralliement; mais le vent ne favorisant pas le retour du *Superbe*, il s'achemina vers Algésiras, avec six vaisseaux et une frégate.

L'amiral Linois, de son côté, avait reçu des autorités espagnoles avis du danger qui le menaçait, et il eut recours aux seules précautions que la nature des lieux lui permit de prendre. La côte d'Algésiras, dans la baie de ce nom, située, comme nous venons de le dire, vis-à-vis de Gibraltar, présente un mouillage plutôt qu'un port. C'est une côte peu saillante, toute droite, qui se prolonge du sud au nord, sans aucun renfoncement où les vaisseaux puissent s'abriter.

Juillet 1801.

Seulement, aux deux extrémités de ce mouillage, se trouvaient deux batteries : l'une au nord d'Algésiras, sur un point élevé de la côte, connue sous le nom de batterie Saint-Jacques ; l'autre au midi d'Algésiras, sur un îlot appelé l'île Verte. La batterie de Saint-Jacques était armée de cinq pièces de 18, celle de l'île Verte de sept pièces de 24. Ce n'était pas là un grand secours, surtout à cause de la négligence espagnole, qui avait laissé tous les postes de la côte sans artilleurs et sans munitions. Cependant l'amiral Linois se mit en rapport avec les autorités locales, qui firent de leur mieux pour secourir les Français. Il rangea ses trois vaisseaux et sa frégate le long du rivage, en appuyant les extrémités de cette ligne si courte aux deux positions fortifiées de Saint-Jacques et de l'île Verte. Venait d'abord le *Formidable*, qui, placé le plus au nord, s'appuyait à la batterie Saint-Jacques ; puis le *Desaix*, qui se trouvait au milieu ; enfin l'*Indomptable*, qui était le plus au midi, vers la batterie de l'île Verte. Entre le *Desaix* et l'île Verte se trouvait la frégate la *Muiron*. Quelques chaloupes canonnières espagnoles étaient entremêlées avec les vaisseaux français.

Le 6 juillet 1801 (17 messidor an IX), vers sept heures du matin, le contre-amiral Saumarez, venant de Cadix par un vent d'ouest-nord-ouest, s'achemina vers la baie d'Algésiras, doubla le cap Carnero, entra dans la baie, et se porta vers la ligne d'embossage des Français. Le vent, qui n'était pas favorable à la marche des vaisseaux anglais, les sépara les uns des autres, et heureusement ne leur

permit pas d'agir avec tout l'ensemble désirable.
(Voir la carte n° 19.) Le *Vénérable*, qui était en tête
de la colonne, resta en arrière; le *Pompée* prit sa
place. Celui-ci, remontant le long de notre ligne, dé-
fila successivement sous le feu de la batterie de l'île
Verte, de la frégate la *Muiron*, de l'*Indomptable*, du
Desaix, du *Formidable*, lâchant ses bordées à chacun
d'eux. Il vint prendre position à portée de fusil de
notre vaisseau amiral le *Formidable*, monté par Linois. Il s'engagea entre ces deux adversaires un combat acharné, presque à bout portant. Le *Vénérable*,
éloigné d'abord du lieu de l'action, tâcha de s'en
rapprocher pour joindre ses efforts à ceux du *Pompée*. L'*Audacieux*, le troisième des vaisseaux anglais, destiné à combattre le *Desaix*, ne put pas
arriver à sa hauteur, s'arrêta devant l'*Indomptable*, qui était le dernier au sud, et commença contre
celui-ci une vive canonnade. Le *César* et le *Spencer*,
quatrième et cinquième vaisseaux anglais, étaient
l'un en arrière, l'autre entraîné au fond de la baie
par le vent, qui soufflait de l'ouest à l'est. Enfin
le sixième, l'*Hannibal*, porté d'abord vers Gibraltar, mais parvenu après beaucoup de manœuvres
à se rapprocher d'Algésiras, manœuvra pour tourner notre vaisseau amiral le *Formidable*, et se placer entre lui et la côte. Le combat, entre les vaisseaux qui avaient pu se joindre était fort opiniâtre.
Pour n'être pas emportés d'Algésiras vers Gibraltar,
les Anglais avaient chacun jeté une ancre. Notre
vaisseau amiral, le *Formidable*, avait deux ennemis à combattre, le *Pompée* et le *Vénérable*, et

Juillet 1801.

allait en avoir trois, si l'*Hannibal* réussissait à prendre position entre lui et la côte. Le capitaine du *Formidable*, le brave Lalonde, venait d'être emporté par un boulet. La canonnade continuait avec une extrême vivacité aux cris de *Vive la République! Vive le Premier Consul!* L'amiral Linois qui était à bord du *Formidable*, montrant à propos le travers au *Pompée*, qui ne lui présentait que l'avant, avait réussi à le démâter, et à le mettre à peu près hors de combat. Profitant en même temps du changement de la brise, qui avait passé à l'est, et portait sur Algésiras, il avait fait signal à ses capitaines de couper leurs câbles, et de se laisser échouer, de manière à ne pas permettre aux Anglais de passer entre nous et la côte, et de nous mettre entre deux feux, comme autrefois Nelson avait fait à la bataille d'Aboukir. Cet échouage ne pouvait pas avoir de grands inconvénients pour la sûreté des bâtiments français, car on était à la marée basse, et à la marée haute ils étaient certains de se relever facilement. Cet ordre, donné à propos, sauva la division. Le *Formidable*, après avoir mis le *Pompée* hors de combat, vint s'échouer sans secousse, car la brise en tournant avait faibli. Se dérobant ainsi au danger dont le menaçait l'*Hannibal*, il acquit à l'égard de celui-ci une position redoutable. En effet, l'*Hannibal*, en voulant exécuter sa manœuvre, avait échoué lui-même, et il était immobile sous le double feu du *Formidable* et de la batterie Saint-Jacques. Dans cette situation périlleuse, l'*Hannibal* fait effort pour se relever; mais, la marée baissant, il se trouve irrévocablement fixé à sa position. Il reçoit de tous côtés d'épouvantables décharges d'artillerie, tant de la terre que du *Formidable*, et des canonnières espagnoles. Il coule une ou deux de ces canonnières, mais il essuie plus de feux qu'il ne peut en rendre. L'amiral Linois, ne jugeant pas que la batterie Saint-Jacques fût assez bien servie, débarque le général Devaux avec un détachement des troupes françaises qu'il avait à bord. Le feu de cette batterie redouble alors, et l'*Hannibal* est accablé. Mais un nouvel adversaire vient achever sa défaite. Le second vaisseau français, le *Desaix*, qui était placé après le *Formidable*, obéissant à l'ordre de se jeter à la côte, et ayant, à cause de la faiblesse de la brise, exécuté lentement sa manœuvre, se trouvait ainsi un peu en dehors de la ligne, également en vue de l'*Hannibal* et du *Pompée*, que le *Formidable*, en s'échouant, avait découvert à ses feux. Le *Desaix*, profitant de cette position, lâche une première bordée au *Pompée*, qu'il maltraite au point de lui faire abattre son pavillon; puis dirige tous ses coups sur l'*Hannibal*. Ses boulets, rasant les flancs de notre vaisseau amiral le *Formidable*, vont porter sur l'*Hannibal* un affreux ravage. Celui-ci, ne pouvant plus tenir, amène aussi son pavillon. C'étaient par conséquent deux vaisseaux anglais sur six, réduits à se rendre. Les quatre autres, à force de manœuvres, étaient rentrés en ligne, et assez pour combattre à bonne portée le *Desaix* et l'*Indomptable*. Le *Desaix*, avant de s'échouer, leur avait fait tête, tandis que l'*Indomptable* et la frégate la *Muiron*, en se retirant lentement vers la côte, leur répondaient par un feu bien dirigé. Ces deux derniers bâtiments étaient venus se placer sous la batterie de l'île Verte, dont quelques soldats français débarqués dirigeaient l'artillerie.

Le combat durait depuis plusieurs heures, avec la plus grande énergie. L'amiral Saumarez, ayant perdu deux vaisseaux sur six, et n'espérant plus aucun résultat de cette action, car pour aborder les Français de plus près il aurait fallu courir la chance de s'échouer avec eux, donna le signal de la retraite, nous laissant l'*Hannibal*, mais voulant nous enlever le *Pompée*, qui, tout démâté, restait immobile sur le champ de bataille. L'amiral Saumarez avait fait venir de Gibraltar des embarcations, qui réussirent à remorquer la carcasse du *Pompée*, que nos vaisseaux échoués ne pouvaient plus reprendre. L'*Hannibal* nous resta.

Tel fut ce combat d'Algésiras, où trois vaisseaux français combattirent contre six anglais, en détruisirent deux, et sur les deux en gardèrent un prisonnier. Les Français étaient remplis de joie, quoiqu'ils eussent essuyé des pertes sensibles. Le capitaine Lalonde, du *Formidable*, était tué; Moncousu, capitaine de l'*Indomptable*, était mort glorieusement. Nous comptions environ 200 morts et 300 blessés, en tout 500 officiers et marins hors de combat, sur 2 mille qui montaient l'escadre. Mais les Anglais avaient eu 900 hommes atteints par le feu; leurs vaisseaux étaient criblés.

PAIX GÉNÉRALE. 425

Quelque glorieuse que fût cette action, tout n'était pas fini. Il fallait, dans l'état de délabrement où se trouvaient nos vaisseaux, se tirer du mouillage d'Algésiras. L'amiral Saumarez, furieux, jurant de se venger dès que Linois quitterait son asile pour se rendre à Cadix, faisait de grands préparatifs. Il employait les vastes ressources du port de Gibraltar à remettre sa division en état de combattre, et préparait même des brûlots, résolu à incendier au moins les vaisseaux français, s'il ne pouvait les attirer en pleine mer. L'amiral Linois n'avait, pour réparer ses avaries, que les ressources à peu près nulles d'Algésiras. L'arsenal de Cadix, à la vérité, se trouvait près de là; mais il était peu aisé d'en tirer des matières par mer à cause des Anglais, par terre à cause de la difficulté des transports; et cependant les hautes manœuvres des vaisseaux français étaient détruites, plusieurs de leurs grands mâts se trouvaient ou coupés, ou fortement endommagés. L'amiral Linois fit de son mieux pour se mettre en mesure de reprendre la mer. C'est à peine si on avait de quoi panser les blessés. Il avait fallu que les consuls français des ports voisins amenassent en poste des médecins et des médicaments.

Il y avait en ce moment à Cadix l'escadre espagnole venue du Ferrol, plus les six vaisseaux donnés à la France, et équipés à la hâte par l'amiral Dumanoir. La force de ces deux divisions, sous le rapport du nombre, était fort rassurante sans doute; mais la marine espagnole, toujours digne, par sa

Juillet 1801.

Péril de Linois au mouillage d'Algésiras.

L'escadre franco-espagnole de Cadix sort pour venir au secours de la division Linois à Algésiras.

bravoure, de l'illustre nation à laquelle elle appartenait, se ressentait de la négligence générale, qui paralysait toutes les ressources de la monarchie. La division de l'amiral français Dumanoir, à peine équipée avec des marins de toute origine, ne pouvait pas inspirer une grande confiance. Aucun des vaisseaux qui la composaient ne valait ceux de la division Linois, exercés par de longues croisières, exaltés par leur dernière victoire.

Il fallut de vives instances pour décider l'amiral Massarédo, commandant à Cadix, et de fort mauvaise volonté pour nous, à venir au secours de l'amiral Linois. Le 9 juillet (20 messidor) il détacha l'amiral Moréno, excellent officier, plein de bravoure et d'expérience, et le dirigea sur Algésiras, avec les cinq vaisseaux espagnols tirés du Ferrol, avec un des six vaisseaux donnés à Dumanoir, le *Saint-Antoine*, avec trois frégates. Cette escadre portait le matériel destiné à la division Linois. Elle fut rendue dans une journée au mouillage d'Algésiras.

On travailla jour et nuit à réparer les trois vaisseaux qui avaient livré un combat si glorieux. Ces trois vaisseaux s'étaient trouvés à flot à la première marée. On refit leur gréement le mieux, et le plus tôt possible ; on leur composa des mâts de hune avec des mâts de perroquet, et le 12 au matin ils étaient prêts à tenir la mer. On se donna les mêmes soins pour le vaisseau l'*Hannibal*, qui avait été pris sur les Anglais, et qu'on voulait aussi transférer à Cadix.

Le 12 au matin, l'escadre combinée appareilla, par un vent d'est-nord-est, qui la poussa hors de la baie d'Algésiras, dans le détroit. Elle marchait en ordre de bataille, les deux plus gros vaisseaux espagnols, le *San-Carlos* et le *Saint-Herménégilde*, qui étaient de 112 canons, formant l'arrière-garde. Les deux amiraux étaient, suivant l'usage de la marine espagnole, montés sur une frégate. C'était la *Sabine*. Vers la chute du jour, les vents tombèrent. On ne voulut pas rentrer au mouillage d'Algésiras, parce que cette position était dangereuse à prendre, en présence d'une division ennemie, et que de plus il fallait craindre l'arrivée des renforts, attendus à chaque instant par l'escadre anglaise. On se décida cependant à laisser en arrière l'*Hannibal*, qui ne pouvait plus marcher, quoique remorqué par la frégate l'*Indienne*. On le renvoya au mouillage d'Algésiras. L'escadre combinée se mit en panne, espérant que dans le courant de la nuit les vents reprendraient quelque force. L'amiral Saumarez avait, de son côté, ordonné de mettre à la voile. Il avait perdu l'*Hannibal*; le *Pompée* était désormais hors de service ; il n'avait donc plus que quatre des six vaisseaux qui avaient combattu à Algésiras. Mais il avait été rejoint par le *Superbe*, ce qui lui formait une division de cinq vaisseaux, outre plusieurs frégates et quelques bâtiments légers pourvus de matières incendiaires. Il avait poussé l'acharnement jusqu'à placer sur ses vaisseaux des fourneaux à rougir les boulets. Quoiqu'il n'eût que cinq grands bâtiments, et que les alliés en eussent neuf, il voulait tout

Juillet 1801.

Combat d'arrière-garde entre la flotte anglaise et la flotte franco-espagnole.

braver pour réparer l'échec humiliant d'Algésiras, et s'épargner un redoutable jugement de l'Amirauté anglaise. Il suivait à très-petite distance l'escadre franco-espagnole, attendant le moment de se jeter sur l'arrière-garde, s'il en trouvait l'occasion.

Vers le milieu de la nuit le vent avait fraîchi, et l'escadre combinée se dirigeait de nouveau vers Cadix. Son ordre de marche était un peu changé. L'arrière-garde était formée par trois vaisseaux, rangés sur une seule ligne, le *San-Carlos* à droite, le *Saint-Herménégilde* au milieu, et le *Saint-Antoine*, vaisseau de 74 devenu français, à gauche. Ils marchaient ainsi à côté les uns des autres, séparés par une très-petite distance. L'obscurité était profonde. L'amiral Saumarez enjoignit au *Superbe*, excellent marcheur, de forcer de voiles, et d'attaquer notre arrière-garde. Le *Superbe* eut bientôt joint la flotte franco-espagnole. Il avait éteint ses feux, pour être moins aperçu. Se plaçant un peu en arrière du *San-Carlos*, et par côté, il lui envoya toute sa bordée; puis, continuant sans relâche, il lui en envoya une seconde, une troisième, en tirant à boulets rouges. Le feu prit aussitôt à bord du *San-Carlos*. Le *Superbe*, s'en apercevant, s'arrêta, et, diminuant sa voilure, se tint à quelque distance. Le *San-Carlos*, en proie aux flammes, manœuvré avec confusion, tomba sous le vent, et au lieu de rester en ligne, se trouva bientôt en arrière de ses deux voisins. Il tirait dans toutes les directions; ses boulets arrivèrent au *Saint-Herménégilde*, qui, le prenant pour la tête de la colonne anglaise, lui envoya tout son feu. Alors une affreuse erreur s'empara des deux équipages espagnols, qui se prirent pour ennemis. Ils s'abordèrent avec fureur, et s'approchant jusqu'à mêler leurs vergues, engagèrent un combat opiniâtre. L'incendie, devenu plus violent sur le *San-Carlos*, se communiqua bientôt au *Saint-Herménégilde*, et ces deux vaisseaux, dans cet état, continuèrent à se canonner avec violence. Les escadres opposées étaient également dans les ténèbres et l'ignorance de ce qui se passait ; et, sauf le *Superbe*, qui devait comprendre cette funeste méprise, puisqu'il en était l'auteur, aucun bâtiment n'osait approcher, ne sachant lequel était espagnol ou anglais, lequel il fallait secourir ou attaquer. Le vaisseau français le *Saint-Antoine* s'était éloigné de ce voisinage dangereux. Bientôt l'embrasement devint immense, et jeta sur la mer une sinistre lueur. Il paraît que l'illusion funeste qui armait ces braves Espagnols les uns contre les autres, fut alors dissipée, mais trop tard ; le *San-Carlos* sauta en l'air avec un fracas épouvantable. Quelques instants après le *Saint-Herménégilde* sauta aussi, et répandit la terreur dans les deux escadres, qui ne savaient à qui arrivait ce désastre.

Le *Superbe*, voyant le *Saint-Antoine* séparé des deux autres, se dirigea vers lui, et l'attaqua hardiment. Ce vaisseau, récemment armé, se défendit sans l'ordre et le sang-froid, qui sont indispensables pour mouvoir ces vastes machines de guerre. Il fut horriblement maltraité, et deux nouveaux adver-

Juillet 1801.

Une erreur de nuit met aux prises les deux vaisseaux espagnols le *San-Carlos* et le *Saint-Herménégilde*.

Ces deux vaisseaux sautent en l'air.

saires, le *César*, le *Vénérable*, accourant à l'instant, rendirent sa défaite inévitable. Il amena son pavillon après avoir été ravagé.

L'amiral Saumarez s'était cruellement vengé, sans beaucoup de gloire pour lui, mais avec un grand dommage pour la flotte espagnole. Les deux amiraux Linois et Moreno, montés sur la *Sabine*, s'étaient tenus le plus près possible de cette scène affreuse. Ne pouvant, au milieu de l'obscurité, ni distinguer ce qui se passait, ni donner un ordre à propos, ils étaient en proie aux plus vives inquiétudes. Au point du jour, ils se trouvaient à quelque distance de Cadix, avec leur escadre ralliée, mais diminuée de trois vaisseaux, le *San-Carlos* et le *Saint-Herménégilde* qui avaient sauté, le *Saint-Antoine* qui avait été pris.

Un quatrième vaisseau de la flotte combinée était demeuré en arrière, c'était le *Formidable*, vaisseau amiral de Linois, qui s'était couvert de gloire au combat d'Algésiras, mais qui se ressentait des coups reçus dans cette journée. Privé d'une partie de sa voilure, marchant lentement, voisin d'ailleurs des deux vaisseaux embrasés, et redoutant les funestes méprises de la nuit, il s'était tenu en arrière, ne croyant pouvoir être utile à aucun des combattants. C'est ainsi qu'il s'était trouvé un peu séparé de l'escadre. Aperçu le matin dans son isolement, il fut enveloppé par les Anglais, et attaqué par une frégate et trois vaisseaux. L'amiral Linois, ayant passé à bord de la frégate la *Sabine*, avait laissé à l'un de ses lieutenants, le capitaine Troude, le commandement du *Formidable*. Cet habile et vaillant officier, jugeant avec une rare présence d'esprit, que, s'il voulait se sauver à force de voiles, il serait devancé par des vaisseaux qui étaient mieux gréés que le sien, résolut de chercher son salut dans une bonne manœuvre, et dans un combat vigoureux. Son équipage partageait ses sentiments, et personne ne voulait perdre les lauriers d'Algésiras. C'étaient de vieux matelots, exercés par une longue navigation, et ayant l'habitude de la guerre, plus nécessaire encore sur mer que sur terre. Leur digne capitaine Troude n'attend pas que les adversaires qui le poursuivent soient tous réunis contre le *Formidable*, il va droit à celui qui était le plus près placé, c'était la frégate la *Tamise*. Il s'approche, et dirige sur elle un feu supérieur et terrible, qui la dégoûte bientôt de cette lutte inégale. Après elle, venait à toutes voiles, le *Vénérable*, vaisseau anglais de 74. Le capitaine Troude, se sentant encore supérieur à celui-ci (le *Formidable* était un vaisseau de 80), l'attend pour le combattre, tandis que les deux autres vaisseaux anglais, cherchant à le gagner de vitesse, vont fermer le chemin de Cadix. Manœuvrant habilement, il présente son redoutable flanc, armé de canons, à la proue dégarnie de feux du *Vénérable*, et, joignant à la supériorité de son artillerie l'avantage de la manœuvre, il le crible de boulets, lui abat d'abord un mât, puis un second, puis un troisième, et, après l'avoir rasé comme un ponton, le perce encore à fleur d'eau de plusieurs coups dangereux, qui l'exposent au péril

Juillet 1801.

132　　　　　　　LIVRE XI.

Juillet 1801.

prochain de couler à fond. Ce malheureux navire, horriblement maltraité, excite les alarmes du reste de la division anglaise. La frégate la *Tamise* revient pour lui porter secours; les deux autres vaisseaux anglais qui avaient cherché à se placer entre Cadix et le *Formidable*, rebroussent aussitôt chemin. Ils veulent à la fois sauver l'équipage du *Vénérable*, qui craignait de couler bas, et accabler le vaisseau français qui faisait une si belle résistance. Celui-ci, confiant dans sa manœuvre et sa bonne fortune, leur lâche coup sur coup les bordées les plus rapides et les mieux dirigées; il les décourage, et les renvoie au secours du *Vénérable*, prêt à sombrer si on ne venait s'occuper activement de son salut.

Le brave capitaine Troude, débarrassé de ses nombreux ennemis, s'achemine triomphalement vers le port de Cadix. Une partie de la population espagnole, attirée par la canonnade et les explosions de la nuit, était accourue sur le rivage. Elle avait vu le péril et le triomphe du vaisseau français, et malgré une douleur bien naturelle, car le malheur des deux vaisseaux espagnols était connu, elle poussait des acclamations à l'aspect du *Formidable*, rentrant victorieux dans la rade.

Résultat de ces combats.

Les Anglais ne pouvaient nous disputer la gloire de ces combats; et quant aux dommages matériels, ils étaient partagés également. Si les Français avaient perdu un vaisseau, et les Espagnols deux, les Anglais avaient laissé en notre pouvoir un vaisseau, et en avaient eu deux maltraités au point de ne pouvoir plus servir. Sans un accident de nuit, ils auraient pu être considérés comme tout à fait battus, dans ces différentes rencontres. Le combat d'Algésiras, et la rentrée du *Formidable*, étaient au nombre des plus beaux faits d'armes connus dans les annales de la marine. Mais les Espagnols étaient tristes, car, quoique leur amiral Moreno se fût bien conduit, ils n'étaient pas dédommagés, par une action brillante, de la perte du *San-Carlos* et du *Saint-Herménégilde*.

Cependant les événements du Portugal leur offraient une consolation. Nous avons laissé le prince de la Paix s'apprêtant à commencer la guerre du Portugal, à la tête des forces combinées des deux nations, dans le dessein, déjà longuement exposé, d'influer sur les négociations de Londres.

D'après le plan convenu, les Espagnols devaient opérer sur la gauche du Tage, et les Français sur la droite. Trente mille Espagnols étaient réunis en avant de Badajos, sur la frontière de l'Alentejo. Quinze mille Français marchaient, par Salamanque, sur le Tras-os-Montes. Grâce à des efforts précipités, à des emprunts sur le clergé, et au sacrifice de tous les services, on avait pourvu à l'équipement des trente mille Espagnols. Mais le train d'artillerie était fort en arrière. Toutefois le prince de la Paix, comptant avec raison sur l'effet moral de la réunion des Français et des Espagnols, voulut brusquer les hostilités, et se hâter de cueillir les premiers lauriers. Il tenait à remporter tout l'honneur de cette campagne, et voulait se réserver les Français, uniquement comme ressource en cas de revers. On pouvait laisser une telle

Juillet 1801.

satisfaction au prince de la Paix. Les Français, dans le moment, ne couraient pas après la gloire, mais après les résultats utiles; et ces résultats consistaient à occuper une ou deux provinces du Portugal, pour avoir de nouveaux gages contre l'Angleterre. Bien que la guerre parût facile, il y avait cependant un danger à craindre, c'est qu'elle devînt nationale de la part des Portugais. La haine de ceux-ci contre les Espagnols aurait pu produire ce résultat fâcheux, si l'approche des Français, placés à quelques marches en arrière, n'avait fait tomber toutes les velléités de résistance. Le prince de la Paix se hâta donc de passer la frontière, et d'aborder les places du Portugal avec de l'artillerie de campagne, à défaut d'artillerie de siége. Il occupa sans difficulté Olivença et Jurumenha. Mais les garnisons d'Elvas et de Campo-Mayor se renfermèrent dans leurs murs, et firent mine de se défendre. Le prince de la Paix ordonna de les bloquer, et, pendant ce temps, il marcha au-devant de l'armée portugaise, commandée par le duc d'Alafoëns. Les Portugais ne tinrent nulle part, et s'enfuirent vers le Tage. Les places bloquées ouvrirent alors leurs portes. Campo-Mayor fit sa reddition; on entreprit le siége en règle d'Elvas, avec un parc arrivé de Séville. Le prince de la Paix suivit triomphalement l'ennemi, traversa rapidement Azumar, Alegrete, Portalegre, Castello-de-Vide, Flor-de-Rosa, et arriva enfin sur le Tage, derrière lequel les Portugais s'empressèrent de chercher asile. Il avait réussi à se rendre maître de la presque totalité de la province d'Alentejo. Les Français n'avaient pas encore franchi la frontière du Portugal, et il était évident que si les Espagnols seuls avaient obtenu de tels résultats, les Espagnols et les Français, réunis, devaient être en très-peu de jours maîtres de Lisbonne et d'Oporto. La cour de Portugal, qui avait toujours refusé de croire que l'attaque dirigée contre elle fût sérieuse, voyant aujourd'hui ce qui arrivait, se hâta de faire sa soumission, et d'envoyer M. Pinto de Souza au quartier-général espagnol, pour accepter toutes les conditions qu'il plairait aux deux armées combinées de lui imposer. Le prince de la Paix, voulant rendre ses maîtres témoins de sa gloire, fit venir le roi et la reine d'Espagne à Badajos, pour distribuer des récompenses à l'armée, et tenir une sorte de congrès. Ainsi cette cour, jadis si grande, aujourd'hui déshonorée par une reine dissolue, par un favori incapable et tout-puissant, cherchait à se donner l'illusion des grandes affaires. Lucien Bonaparte avait suivi le roi et la reine à Badajos. Tels étaient les événements à la fin de juin, et au commencement de juillet.

Les combats d'Algésiras et de Cadix, qui étaient faits pour rendre confiance à notre marine, la courte campagne du Portugal, qui prouvait l'influence décisive du Premier Consul sur la Péninsule, et le pouvoir qu'il avait de traiter le Portugal comme Naples, la Toscane ou la Hollande, compensaient jusqu'à un certain point les événements connus de l'Égypte. On ne savait d'ailleurs ni la bataille de Canope, ni la capitulation déjà signée du Kaire, ni la capitulation désormais inévitable

Juillet 1801.

d'Alexandrie. Les nouvelles de mer ne se transmettaient pas alors avec la même rapidité qu'aujourd'hui; il fallait un mois au moins, quelquefois davantage, pour connaître à Marseille un événement arrivé sur le Nil. On ne savait des affaires d'Égypte que le débarquement des Anglais, leurs premiers combats sur la plage d'Alexandrie; on ne se faisait aucune idée de ce qui avait suivi, et on était dans le plus grand doute sur le résultat définitif de la lutte. Le poids dont la France pesait dans la balance des négociations, n'était donc en rien diminué; il s'accroissait au contraire de l'influence qu'elle acquérait de jour en jour en Europe.

Influence de la France en Europe depuis la paix de Lunéville.

Le traité de Lunéville portait en effet ses inévitables conséquences. L'Autriche désarmée, et désormais impuissante à tous les yeux, laissait un libre cours à nos projets. La Russie, depuis la mort de Paul Ier et l'avénement d'Alexandre, n'était plus, il est vrai, disposée à des actes énergiques contre l'Angleterre, mais pas davantage à résister aux desseins de la France en Occident. Aussi le Premier Consul ne prenait-il plus aucune peine de cacher ses vues. Il venait de convertir, par un simple arrêté, le Piémont en départements français, sans paraître s'inquiéter des réclamations du négociateur russe. Il avait déclaré, quant à Naples, que le traité de Florence resterait la loi imposée à cette cour. Gênes venait de lui soumettre sa constitution, afin qu'il y apportât certains changements, destinés à rendre plus forte l'autorité du pouvoir exécutif. La République Cisalpine, composée de la Lombardie, du duché de Modène et des légations, constituée une première fois par le traité de Campo-Formio, une seconde fois par le traité de Lunéville, s'organisait de nouveau en État allié, et dépendant de la France. La Hollande, à l'exemple de la Ligurie, soumettait sa constitution au Premier Consul, pour y donner plus de force au gouvernement, espèce de réforme qui s'opérait, en ce moment, dans toutes les républiques filles de la République française. Enfin les petits négociateurs, qui naguère encore cherchaient un appui auprès de M. de Kalitcheff, l'orgueilleux ministre de Paul Ier, en étaient aujourd'hui aux regrets d'avoir recherché ce protectorat, et demandaient à la faveur seule du Premier Consul l'amélioration de leur condition. C'étaient surtout les représentants des princes d'Allemagne, qui montraient à cet égard le plus grand empressement. Le traité de Lunéville avait posé le principe de la sécularisation des États ecclésiastiques, et du partage de ces États entre les princes héréditaires. Toutes les ambitions étaient mises en éveil par ce futur partage. Les grandes comme les petites puissances aspiraient à obtenir la meilleure part. L'Autriche, la Prusse, quoiqu'elles eussent perdu bien peu de chose à la gauche du Rhin, voulaient participer aux indemnités promises. La Bavière, le Wurtemberg, Baden, la maison d'Orange, assiégeaient de leurs instances le nouveau chef de la France, parce que, partie principale au traité de Lunéville, il devait avoir la plus grande influence sur l'exécution de ce traité. La Prusse elle-même, représentée à Paris par M. de Lucchesini, ne dédaignait pas de descendre au rôle de solliciteuse, et de relever par ses sollicitations le pouvoir du Premier Consul. Ainsi les six mois écoulés depuis la signature donnée à Lunéville, quoique marqués par des revers en Égypte, revers, il est vrai, imparfaitement connus en Europe, avaient vu croître l'ascendant du gouvernement français, car le temps ne faisait que rendre sa puissance plus évidente et plus effective. Cet ensemble de circonstances devait influer sur la négociation de Londres, qu'on avait laissée languir un moment, mais que, d'un commun accord, on allait reprendre avec une activité nouvelle, par une singulière conformité de pensées chez les deux gouvernements. Le Premier Consul, en voyant les premiers actes de Menou, avait jugé la campagne perdue, et il voulait, avant le dénoûment qu'il devinait, signer un traité à Londres. Les ministres anglais, incapables de prévoir comme lui le résultat des événements, craignaient néanmoins quelque coup de vigueur de cette armée d'Égypte, si renommée par sa vaillance, et voulaient profiter d'une première apparence de succès pour traiter : de manière qu'après avoir été d'accord pour temporiser, on était maintenant d'accord pour conclure.

Mais, avant de nous engager de nouveau dans le dédale de cette vaste négociation, où les plus grands intérêts de l'univers allaient être débattus, il faut rapporter un événement qui occupait, en cet instant, la curiosité de Paris, et qui complète le singulier spectacle que présentait alors la France consulaire.

Les infants de Parme, destinés à régner sur la Toscane, avaient quitté Madrid, au moment où leur royale famille partait pour Badajos, et ils venaient d'arriver à la frontière des Pyrénées. Le Premier Consul avait tenu beaucoup à leur faire traverser Paris, avant de les envoyer à Florence, prendre possession du nouveau trône d'Étrurie. Tous les contrastes plaisaient à l'imagination vive et grande du général Bonaparte. Il aimait cette scène vraiment romaine, d'un roi fait par lui, de ses mains républicaines; il aimait surtout à montrer qu'il ne craignait pas la présence d'un Bourbon, et que sa gloire le mettait au-dessus de toute comparaison avec l'antique dynastie, dont il occupait la place. Il aimait aussi, aux yeux du monde, à étaler dans ce Paris, tout récemment encore le théâtre d'une révolution sanglante, une pompe, une élégance dignes des rois. Tout cela devait marquer mieux encore quel changement subit s'était opéré en France, sous son gouvernement réparateur.

Cette prévoyance attentive et minutieuse, qu'il savait apporter dans une grande opération militaire, il ne dédaignait pas de la déployer dans ces représentations d'apparat, où devaient figurer sa personne et sa gloire. Il tenait à régler les moindres détails, à pourvoir à toutes les convenances, à mettre chaque chose à sa place; et cela était nécessaire dans un ordre social entièrement nouveau, créé sur les dé-

Juillet 1801.

Les infants d'Espagne à Paris.

bris d'un monde détruit. Tout y était à refaire, jusqu'à l'étiquette, et il en faut une, même dans les républiques.

Juillet 1801.

Le roi et la reine d'Étrurie reçus sous le titre du comte et de la comtesse de Livourne.

Les trois Consuls délibérèrent assez longuement sur la manière dont le roi et la reine d'Étrurie seraient reçus en France, et sur le cérémonial qui serait observé à leur égard. Pour prévenir beaucoup de difficultés, il fut convenu qu'on les recevrait sous le nom emprunté du comte et de la comtesse de Livourne, et qu'on les traiterait comme des hôtes illustres, ainsi qu'on avait fait dans le dernier siècle à l'égard du jeune czar, depuis Paul Ier, et de l'empereur d'Autriche, Joseph II. On supprimait ainsi, au moyen de l'*incognito*, les embarras qu'aurait suscités la qualité officielle de roi et de reine. Les ordres furent donnés en conséquence sur toute la route, aux autorités civiles et militaires des départements.

La nouveauté charme les peuples dans tous les temps. C'en était une, et des plus surprenantes, qu'un roi et qu'une reine, après douze années d'une révolution, qui avait renversé, ou menacé tant de trônes : c'en était une surtout, bien flatteuse pour le peuple français, car ce roi et cette reine étaient l'ouvrage de ses victoires. Partout de vifs transports éclatèrent à la vue des infants. Ils furent reçus avec des égards et des respects infinis. Aucun désagrément ne put leur faire sentir qu'ils voyageaient au milieu d'un pays naguère bouleversé de fond en comble. Les royalistes, que rien ne flattait dans cette œuvre monarchique de la Révolution française, furent les seuls à saisir l'occasion de montrer quelque malice. Au théâtre de Bordeaux ils crièrent avec violence et affectation : *Vive le roi!* on répondit par ce cri : *A bas les rois!*

Le Premier Consul modéra lui-même, par des lettres émanées de son cabinet, le zèle un peu excessif des préfets, et ne voulut pas qu'on fît de cette apparition royale un trop grand événement. Ces jeunes princes arrivèrent à Paris en juin, pour y passer un mois entier. Ils devaient loger chez l'ambassadeur d'Espagne. Le Premier Consul, quoique simple magistrat temporaire d'une république, représentait la France ; devant cette prérogative tombaient tous les priviléges du sang royal. Il fut convenu que les deux jeunes majestés, prévenant le Premier Consul, lui feraient la première visite, et qu'il la leur rendrait le lendemain. Le second et le troisième Consul, qui ne pouvaient pas se dire au même degré les représentants de la France, durent faire la première visite aux infants. Ainsi se trouvait rétablie, quant à ceux-ci, la distance de la naissance et du rang. Le lendemain même de leur arrivée, le comte et la comtesse de Livourne furent conduits à la Malmaison par l'ambassadeur d'Espagne, comte d'Azara. Le Premier Consul les reçut à la tête de cette maison toute militaire, qu'il s'était composée. Le comte de Livourne, un peu embarrassé de sa contenance, se jeta naïvement dans les bras du Premier Consul, qui, de son côté, le serra dans les siens. Il traita ces jeunes époux avec une bonté paternelle, et des égards délicats, mais au travers des-

Juillet 1801.

Diverses
manières
d'interpréter
la présence
à Paris
des princes
d'Espagne.

Fêtes bril-

quels perçaient néanmoins toutes les supériorités de la puissance, de la gloire et de l'âge. Le lendemain, le Premier Consul leur rendit visite à l'hôtel de l'ambassadeur. Les consuls Cambacérès et Lebrun accomplirent de leur côté les devoirs prescrits, et obtinrent des jeunes princes les témoignages qui leur étaient dus.

Le Premier Consul devait, à l'Opéra, présenter le comte et la comtesse de Livourne au public de Paris. Le jour convenu pour cette présentation, il se trouva indisposé. Le consul Cambacérès le suppléa, et conduisit les infants à l'Opéra. Entré dans la loge des Consuls, il prit le comte de Livourne par la main, et le présenta au public, qui répondit par des applaudissements unanimes, mais sans aucune intention malicieuse ou blessante. Cependant les oisifs, habitués à s'épuiser en interprétations subtiles à l'occasion des événements les plus ordinaires, interprétaient de cent façons le voyage à Paris des princes d'Espagne. Ceux qui ne cherchaient que le plaisir des bons mots, disaient que le consul Cambacérès venait de présenter les Bourbons à la France. Les royalistes, qui s'obstinaient à espérer du général Bonaparte ce qu'il ne pouvait ni ne voulait faire, prétendaient que c'était de sa part une manière de préparer les esprits au retour de l'ancienne dynastie. Les républicains, au contraire, disaient qu'il voulait, par ces pompes royales, habituer la France au rétablissement de la monarchie, mais à son propre profit.

Les ministres eurent ordre de prodiguer les fêtes

aux princes voyageurs. M. de Talleyrand n'avait pas besoin qu'on lui en intimât l'ordre. Modèle du goût et de l'élégance sous l'ancien régime, il l'était à bien plus juste titre sous le nouveau, et il donna au château de Neuilly une fête magnifique, où la plus belle société de France accourut, où figurèrent des noms depuis long-temps écartés des cercles de la capitale. La nuit, au milieu d'une illumination brillante, la ville de Florence apparut tout à coup, représentée avec un art surprenant. Le peuple toscan, dansant et chantant sur la célèbre place du *Palazzo Vecchio*, offrit des fleurs aux jeunes souverains, et des couronnes triomphales au Premier Consul. Cette magnificence avait coûté des sommes considérables. C'était la prodigalité du Directoire, mais avec l'élégance d'un autre temps, et cette décence toute nouvelle, qu'un maître sévère s'efforçait d'imprimer aux mœurs de la France révolutionnaire. Le ministre de la guerre se joignit au ministre des affaires étrangères, et donna une fête militaire, consacrée à célébrer l'anniversaire de la bataille de Marengo. Le ministre de l'intérieur, les second et troisième Consuls, s'appliquèrent aussi à recevoir magnifiquement les princes voyageurs, et pendant un mois entier la capitale présenta l'aspect d'une réjouissance continuelle. Le Premier Consul ne voulait cependant pas que les infants assistassent aux solennités républicaines du mois de juillet, et il fit les dispositions nécessaires pour qu'ils eussent quitté Paris avant l'anniversaire du 14 juillet.

Au milieu de ces représentations brillantes, il avait

Juillet 1801.

lantes données au comte et à la comtesse de Livourne.

Juillet 1801.

essayé de donner quelques conseils au couple royal, qui allait régner sur la Toscane. Mais il fut frappé de l'incapacité du jeune prince, qui, lorsqu'il était à la Malmaison, se livrait dans le salon des aides-de-camp à des jeux dignes tout au plus d'un adolescent. La princesse parut seule intelligente, et attentive aux conseils du Premier Consul. Ce dernier augura mal de ces nouveaux souverains, donnés à une partie de l'Italie, et comprit bien qu'il aurait à se mêler souvent des affaires de leur royaume. — Vous voyez, dit-il assez publiquement à plusieurs membres du gouvernement, vous voyez ce que sont ces princes, issus d'un vieux sang, et surtout ceux qui ont été élevés dans les cours du Midi. Comment leur confier le gouvernement des peuples! Du reste, il n'est pas mal d'avoir montré à la France cet échantillon des Bourbons. On aura pu juger si ces anciennes dynasties sont au niveau des difficultés d'un siècle comme le nôtre. — Tout le monde, en effet, en voyant le jeune prince, avait fait la même remarque que le Premier Consul. Le général Clarke fut donné pour mentor à ces jeunes souverains, sous le titre de ministre de France auprès du roi d'Étrurie.

Reprise des négociations de Londres.

Au milieu de ce vaste mouvement d'affaires, au milieu de ces fêtes, qui elles-mêmes étaient presque des affaires, le grand ouvrage de la paix maritime n'avait point été négligé. Les négociations entamées à Londres, entre lord Hawkesbury et M. Otto, étaient devenues publiques. On se cachait moins depuis qu'on était pressé d'en finir. Comme nous l'avons dit ailleurs, au désir de temporiser avait succédé le désir de conclure, car le Premier Consul augurait mal des événements qui se passaient aux bords du Nil, et le gouvernement britannique craignait toujours un exploit inattendu de la part de l'armée d'Égypte. Le nouveau ministère anglais surtout voulait la paix, parce qu'elle était la seule raison de son existence. Si, en effet, la guerre devait continuer, M. Pitt valait beaucoup mieux que M. Addington, à la tête des affaires. Tous les événements survenus, soit dans le Nord, soit en Orient, bien qu'ils eussent amélioré la situation relative de l'Angleterre, leur semblaient des moyens de faire une paix meilleure, plus facile à défendre dans le Parlement, mais non des motifs de la désirer moins. Ils regardaient au contraire l'occasion comme bonne, et ne voulaient pas imiter la faute, tant reprochée à M. Pitt, de n'avoir pas traité avant Marengo et Hohenlinden. Le roi d'Angleterre, ainsi qu'on l'a vu, était revenu aux idées pacifiques, par estime pour le Premier Consul, et même par un peu d'humeur contre M. Pitt. Le peuple, opprimé par la disette, amoureux de changement, espérait de la fin de la guerre une amélioration à son sort. Les gens raisonnables, sans exception, trouvaient que c'était assez de dix ans de lutte sanglante, qu'il ne fallait pas, en s'obstinant davantage, fournir à la France une occasion de s'agrandir encore. D'ailleurs on ne laissait pas que d'être inquiet à Londres des préparatifs de descente, aperçus le long des côtes de la Manche. Une seule espèce d'hommes en Angleterre, ceux qui se livraient aux grandes spéculations maritimes, et qui avaient

Juillet 1801.

Motifs de toutes les classes en Angleterre pour désirer la paix.

Juillet 1801.

souscrit les énormes emprunts de M. Pitt, voyant que la paix, en ouvrant les mers au pavillon de toutes les nations, et à celui de la France en particulier, leur enlèverait le monopole du commerce, et qu'elle ferait cesser les grandes opérations financières, avaient peu de penchant pour le système de M. Addington. Ils étaient tout dévoués à M. Pitt, et à sa politique; ils étaient encore portés pour la guerre, quand M. Pitt commençait lui-même à regarder la paix comme nécessaire. Mais ces riches spéculateurs de la Cité étaient obligés de se taire devant les cris du peuple et des fermiers, et surtout devant l'opinion unanime des hommes raisonnables de la nation.

Le ministère anglais était donc résolu non-seulement à négocier, mais à négocier promptement, afin de pouvoir présenter le résultat de ses négociations, à la prochaine réunion du Parlement, c'est-à-dire à l'automne. On venait de traiter avec la Russie, à des conditions avantageuses. L'Angleterre n'avait à régler avec cette cour qu'une question de droit maritime. Elle avait fait quelques concessions au nouvel empereur, et elle en avait exigé quelques-unes aussi, que ce prince, jeune, inexpérimenté, pressé de satisfaire le parti qui l'avait placé sur le trône, plus pressé encore de se livrer tranquillement à ses idées de réforme intérieure, avait eu la faiblesse de se laisser arracher. Sur les quatre principes essentiels du droit maritime, soutenus par la ligue du Nord et par la France, la Russie en avait abandonné deux, et fait prévaloir deux. Par une convention signée le

Traité entre l'Angleterre et la Russie relativement au droit des neutres.

17 juin, entre le vice-chancelier Panin et le lord Saint-Helens, on avait arrêté les stipulations suivantes.

1° Les neutres pouvaient naviguer librement entre tous les ports du globe, même ceux des nations belligérantes. Ils pouvaient, suivant l'usage, y apporter tout, excepté la contrebande dite de guerre. La définition de cette contrebande était faite dans les intérêts russes. Ainsi les céréales, les matières navales, autrefois interdites aux neutres, n'étaient plus comprises dans la contrebande de guerre, ce qui était fort important pour la Russie, qui produit des chanvres, des goudrons, des fers, des bois de mâture, des blés. Sur ce point, l'un des plus importants du droit maritime, la Russie avait défendu les libertés du commerce général, en défendant les intérêts de son commerce particulier.

2° Le pavillon ne couvrait pas la marchandise, à moins que cette marchandise n'eût été acquise pour le compte du commerçant neutre. Ainsi du café provenant des colonies françaises, des lingots exportés des colonies espagnoles, n'étaient pas saisissables, s'ils étaient devenus la propriété d'un Danois ou d'un Russe. Il est bien vrai que cette réserve sauvait, dans la pratique, une partie du commerce neutre; mais la Russie sacrifiait le premier principe du droit maritime, *le pavillon couvre la marchandise*; et ne soutenait pas le noble rôle qu'elle avait entrepris de jouer, sous Paul et sous Catherine. Cette protection du faible, si anbitionnée par elle sur le continent, était tristement abandonnée sur les mers.

3° Les neutres, quoique pouvant naviguer librement, devaient s'arrêter, suivant l'usage, à l'entrée d'un port bloqué, mais *bloqué réellement*, avec *danger imminent de forcer le blocus*. Sous ce rapport, le grand principe du blocus réel était rigoureusement maintenu.

4° Enfin le droit de visite, sujet de tant de contestations, cause déterminante de la dernière ligue du Nord, était entendu d'une manière peu honorable pour le pavillon neutre. Ainsi on n'avait jamais voulu admettre que des bâtiments de commerce, convoyés par un vaisseau de l'État, lequel attestait par sa présence leur nationalité, et surtout l'absence de toute contrebande à leur bord, pussent être visités. La dignité du pavillon militaire n'admettait pas en effet qu'un capitaine de vaisseau, peut-être un amiral, pussent être arrêtés par un corsaire, pourvu d'une simple lettre de marque. Le cabinet russe crut sauver la dignité du pavillon au moyen d'une distinction. Il fut décidé que le droit de visite, à l'égard des bâtiments de commerce convoyés, ne s'exercerait plus par tous les navires indistinctement, mais par les navires de guerre seuls. Un corsaire muni d'une simple lettre de marque n'avait pas le droit d'arrêter et d'interpeller un convoi, escorté par un vaisseau de guerre. Le droit de visite ne pouvait plus, par conséquent, s'exercer que d'égal à égal. Sans doute par ce moyen une partie de l'inconvenance était évitée, mais le fond du principe était sacrifié, et la chose était d'autant moins honorable pour la cour de Saint-Pétersbourg, que c'était celui des quatre principes contestés, pour lequel Copenhague venait d'être bombardé trois mois auparavant, et pour lequel Paul Ier avait voulu soulever toute l'Europe contre l'Angleterre.

Juillet 1801.

Ainsi la Russie avait fait prévaloir deux des grands principes du droit maritime, et en avait sacrifié deux. Mais l'Angleterre, il faut le reconnaître, avait fait des concessions, et, dans son désir d'obtenir la paix, s'était désistée d'une partie des orgueilleuses prétentions de M. Pitt. Les Danois, les Suédois, les Prussiens étaient invités à adhérer à cette convention.

Délivrée de la Russie, ayant obtenu un premier succès en Égypte, l'Angleterre ne voulait tirer de cette amélioration de situation, qu'une paix plus prompte avec la France. Lord Hawkesbury fit appeler M. Otto au Foreing-Office, et le chargea de présenter au Premier Consul la proposition suivante. L'Égypte est en ce moment envahie par nos troupes, lui dit-il; de grands secours doivent leur arriver; leur succès est probable. Cependant la lutte n'est pas terminée, nous l'avouons. Faisons cesser l'effusion du sang; convenons que de part et d'autre nous ne chercherons pas à rester en Égypte, et que nous l'évacuerons pour la rendre à la Porte.

Nouvelle proposition de lord Hawkesbury à M. Otto.

A cette proposition lord Hawkesbury ajoutait la prétention de garder Malte; car Malte, disait-il, n'avait dû être évacuée par l'Angleterre, qu'en retour de l'abandon volontaire de l'Égypte par la France.

Juillet 1801.

Cet abandon étant aujourd'hui, de la part de la France, non plus une concession volontaire, mais une conséquence forcée des événements de la guerre, il n'y avait plus de raison de la payer par la restitution de Malte.

Dans les Indes orientales, le ministre anglais voulait toujours Ceylan; mais il s'en contentait. Il offrait de rendre le cap de Bonne-Espérance à la Hollande, plus les parties du continent de l'Amérique méridionale qu'on lui avait prises, telles que Surinam, Demerari, Berbice, Essequibo. Mais il demandait dans les Antilles une grande île, la Martinique ou la Trinité, l'une ou l'autre, au choix de la France.

L'Angleterre veut l'Indostan et Ceylan dans les Indes, la Martinique ou la Trinité dans les Antilles, Malte dans la Méditerranée.

Ainsi le résultat définitif de ces dix ans de guerre eût été pour l'Angleterre, indépendamment de l'Indostan, l'île de Ceylan dans la mer des Indes, l'île de la Trinité ou de la Martinique dans la mer des Antilles, l'île de Malte dans la Méditerranée. Le cabinet avait de la sorte un beau présent à faire à l'orgueil anglais, dans chacune des trois mers principales.

Le Premier Consul répondit sur-le-champ aux offres britanniques. On se faisait fort des événements d'Égypte pour élever de grandes prétentions, il se faisait fort, pour les repousser, des événements du Portugal. Lisbonne et Oporto, répondit-il à lord Hawkesbury, par l'organe de M. Otto, Lisbonne et Oporto vont nous appartenir, si nous le voulons. On traite en ce moment à Badajos, pour sauver les provinces du plus fidèle allié de l'Angleterre. Le Portugal propose, pour racheter ses États, d'ex-

Réponse du Premier Consul. Il ne concède ni

clure les Anglais de tous ses ports, de payer en
outre une forte contribution de guerre, et l'Espagne
paraît assez disposée à consentir à cette concession.
Mais tout dépend du Premier Consul. Il peut accorder ou refuser ce traité; et il va le rejeter, il va
faire occuper les principales provinces du Portugal,
si l'Angleterre ne consent pas à la paix, à des conditions raisonnables et modérées. On demande,
ajouta-t-il, que la France évacue l'Égypte, soit;
mais l'Angleterre, de son côté, abandonnera Malte;
elle n'exigera ni la Martinique, ni la Trinité, et se
contentera de l'île de Ceylan, acquisition assez belle,
et qui complète assez grandement le superbe empire des Indes.

Le négociateur anglais, en réponse à ces propositions, s'expliqua d'une manière peu satisfaisante
pour le Portugal, et qui prouvait, ce que d'ailleurs
on savait déjà, que l'Angleterre se souciait médiocrement des alliés qu'elle avait compromis. Si le
Premier Consul envahit les États du Portugal en Europe, répondit lord Hawkesbury, l'Angleterre en-
vahira les États du Portugal au delà des mers. Elle
prendra les Açores, le Brésil, et se pourvoira de
gages, qui, dans ses mains, vaudront beaucoup
mieux que le continent portugais dans les mains de
la France. Ce qui signifiait qu'au lieu de défendre
un allié, l'Angleterre songeait à se venger, sur cet
allié même, des nouvelles acquisitions que pouvait
faire sa rivale.

Le Premier Consul vit qu'il fallait prendre en
cette occasion un ton énergique, et montrer ce qui

Juillet 1801.

la Martinique, ni la Trinité, ni Malte.

était dans le fond de son cœur, c'est-à-dire la résolution de lutter corps à corps avec l'Angleterre, jusqu'à ce qu'il l'eût amenée à des prétentions modérées. Il déclara que jamais, à aucune condition, il ne concéderait Malte; que la Trinité appartenait à un allié, dont il défendrait les intérêts comme les siens même; qu'il ne laisserait pas cette dernière colonie aux Anglais, qu'ils devaient se contenter de Ceylan, complément bien suffisant de la conquête des Indes, et que du reste aucun des points contestés, sauf l'île de Malte, ne valait une seule des douleurs qu'on allait causer au monde, une seule goutte du sang qu'on allait répandre.

A ces explications diplomatiques, il ajouta des déclarations publiques au *Moniteur*, et le récit détaillé des armements qui se faisaient sur la côte de Boulogne.

Des divisions de chaloupes canonnières sortaient, en effet, des ports du Calvados, de la Seine-Inférieure, de la Somme, de l'Escaut, pour se rendre à Boulogne en côtoyant, et y avaient déjà réussi plusieurs fois, malgré les croisières anglaises. Le Premier Consul n'était pas encore fixé, comme il le fut plus tard[1], sur le plan d'une descente en Angleterre; mais il voulait intimider cette puissance par l'éclat de ses préparatifs, et enfin il était résolu à compléter ses dispositions, et à passer des menaces aux effets, si la rupture devenait définitive. Il s'expliqua longuement à cet

---

[1] Il faut bien distinguer ce premier essai de flottille, qui est de 1801, de la grande organisation navale et militaire, connue sous le nom si célèbre de Camp de Boulogne, et se rapportant à l'année 1804.

égard dans une délibération du Conseil, à laquelle n'assistaient que les Consuls mêmes. Plein de confiance dans le dévouement de ses collègues Lebrun et Cambacérès, il leur dévoila toute sa pensée. Il leur déclara qu'avec les armements actuellement existants à Boulogne, il n'avait pas encore le moyen de tenter une descente, opération de guerre des plus difficiles; qu'il voulait uniquement par ces armements faire comprendre à l'Angleterre de quoi il s'agissait, c'est-à-dire d'une attaque directe, pour le succès de laquelle, lui, général Bonaparte, n'hésiterait pas à risquer sa vie, sa gloire et sa fortune; que s'il ne réussissait pas à obtenir du cabinet britannique des sacrifices raisonnables, il prendrait son parti, compléterait la flottille de Boulogne, au point de porter cent mille hommes, et s'embarquerait lui-même sur cette flottille, pour tenter les chances d'une opération terrible, mais décisive.

Juillet 1801.

Voulant appeler à son secours l'opinion de l'Angleterre et de l'Europe elle-même, il joignait aux notes de son négociateur, qui ne s'adressaient qu'aux ministres anglais, des articles au *Moniteur*, qui s'adressaient au public européen tout entier. Dans ces articles, modèles de polémique nette et pressante, qui étaient écrits par lui, et dévorés par les lecteurs de toutes les nations attentives à cette scène singulière, il caressait les ministres anglais actuels, les présentait comme des hommes sages, raisonnables, bien intentionnés, mais intimidés par les violences des ministres déchus, M. Pitt, et surtout M. Wind-

Articles insérés dans *le Moniteur* au sujet de cette négociation.

ham. C'est particulièrement sur ce dernier qu'il jetait les sarcasmes à pleine main, parce qu'il le considérait comme le chef du parti de la guerre. Dans ces articles, il cherchait à rassurer l'Europe sur l'ambition de la France ; il s'attachait à montrer que ses conquêtes étaient à peine un équivalent des acquisitions que la Prusse, l'Autriche et la Russie avaient faites lors du partage de la Pologne ; que cependant elle avait rendu trois ou quatre fois plus de territoire qu'elle n'en avait retenu ; que l'Angleterre, en retour, devait restituer une grande partie de ses conquêtes ; qu'en gardant le continent de l'Inde elle restait en possession d'un empire superbe, auprès duquel les îles contestées n'étaient rien ; qu'il ne valait pas la peine pour ces îles de verser plus long-temps le sang des hommes ; que si la France, à la vérité, semblait y tenir si fortement, c'était par honneur, pour défendre ses alliés, pour garder tout au plus quelques relâches dans les mers lointaines ; que, du reste, si on voulait continuer la guerre, l'Angleterre pourrait bien, sans doute, conquérir encore d'autres colonies, mais qu'elle en avait déjà plus qu'il n'en fallait à son commerce ; que la France avait, tout autour de ses frontières, des acquisitions bien autrement précieuses à faire, entrevues par tout le monde sans les désigner, puisque ses troupes occupaient la Hollande, la Suisse, le Piémont, Naples, le Portugal ; et qu'enfin on pourrait encore simplifier la lutte, la rendre moins onéreuse aux nations, en la réduisant à un combat corps à corps, entre la France et l'Angleterre. Le général écrivain se gardait de blesser l'orgueil britannique; mais il faisait entendre qu'une descente serait enfin sa dernière ressource, et que si les ministres anglais voulaient que la guerre finît par la destruction de l'une des deux nations, il n'y avait pas un Français qui ne fût disposé à faire un dernier et vigoureux effort, pour vider cette longue querelle, à l'éternelle gloire, à l'éternel profit de la France. Mais pourquoi, disait-il, placer la question dans ces termes extrêmes? pourquoi ne pas mettre fin aux maux de l'humanité? pourquoi risquer ainsi le sort de deux grands peuples? — Le Premier Consul terminait l'une de ces allocutions, par ces paroles si singulières et si belles, qui devaient avoir un jour une si triste application à lui-même : « Heureuses, s'écriait-il, heureuses les » nations, lorsqu'arrivées à un haut point de pros- » périté, elles ont des gouvernements sages, qui » n'exposent pas tant d'avantages aux caprices et » aux vicissitudes d'un seul coup de la fortune! »

Ces articles, remarquables par une logique vigoureuse, par un style passionné, attiraient l'attention générale, et produisaient sur les esprits une sensation profonde. Jamais gouvernement n'avait tenu ce langage ouvert et saisissant.

Le langage du Premier Consul, accompagné de démonstrations très sérieuses sur les côtes de France, devait agir, et agit en effet beaucoup de l'autre côté de la Manche. La déclaration formelle que la France ne concéderait jamais Malte, avait fait grande impression, et le gouvernement britannique répondit qu'il voulait bien y renoncer, à condition que cette île serait restituée à l'ordre de Saint-Jean-de-Jérusalem, mais qu'alors il demandait le Cap de Bonne-Espérance. Il renonçait encore à la Trinité, même à la Martinique, s'il obtenait une partie du continent hollandais d'Amérique, c'est-à-dire Demerari, Berbice ou Essequibo.

C'était un pas dans la négociation que l'abandon de Malte. Le Premier Consul insista pour ne céder ni Malte, ni le Cap, ni les possessions continentales des Hollandais en Amérique. A ses yeux, Malte n'avait dû être que la compensation de l'Égypte cédée aux Français : puisqu'il n'était plus question de l'Égypte pour les Français, il ne devait plus être question de Malte pour les Anglais, ni de semblables équivalents.

Le cabinet anglais cessa enfin d'insister sur Malte, et sur le Cap, comme compensation de Malte. Il se résuma, et demanda une des grandes Antilles ; et, comme on n'osait plus parler de l'île française de la Martinique, il demanda l'île espagnole de la Trinité.

Le Premier Consul ne voulait pas plus céder la Trinité que la Martinique. C'était une colonie espagnole, qui procurait aux Anglais un pied-à-terre dangereux sur le vaste continent de l'Amérique du sud. Il poussa la loyauté envers l'alliée de la France, jusqu'à offrir la petite île française de Tabago pour racheter la Trinité. Elle n'était pas très-importante, mais elle intéressait l'Angleterre, parce que tous les planteurs en étaient anglais. Avec un noble orgueil, qui n'est permis que lorsqu'on a comblé son pays de gloire et de grandeur, il ajouta : C'est une colonie française; cette acquisition devra toucher l'orgueil britannique, qui sera flatté d'obtenir l'une de nos dépouilles coloniales, et la conclusion de la paix en deviendra sans doute plus facile [1].

On en était là, vers la fin de juillet, et au commencement d'août 1801. L'animation était grande de part et d'autre. Les préparatifs faits sur la côte de France, étaient imités sur la côte d'Angleterre. On y exerçait les milices; on y faisait construire des chars

---

[1] Le ministre des relations extérieures à M. Otto, commissaire de la République française à Londres.

20 thermidor an IX (8 août 1801).

..... Quant à l'Amérique, aux observations péremptoires que contient la note, je joins celles-ci.

Le gouvernement britannique demande à conserver dans les Antilles une des îles qu'il y a nouvellement acquises, et cela sous le prétexte qu'elle serait nécessaire à la conservation de ses anciennes possessions. Or, sous aucun rapport, cette convenance ne peut s'entendre de l'île de la Trinité. Éloignez donc toute discussion à cet égard. La Trinité serait, par sa position, non un moyen de défense pour les colonies anglaises, mais un moyen d'attaque contre le continent espagnol. L'acquisition serait d'ailleurs, pour le gouvernement britannique, d'une importance et d'une valeur qui passeraient toute mesure. La discussion ne peut porter que sur Curaçao, Tabago, Sainte-Lucie, ou quelque autre île de la même espèce. Quoique ces deux dernières soient françaises, le gouvernement pourrait être amené à en abandonner une, et peut-être l'orgueil national en Angleterre serait-il flatté de conserver ainsi quelqu'une de nos dépouilles coloniales. Vous ne manquerez pas, citoyen, de relever la valeur des îles dont la cession peut être consentie par nous, et particulièrement de Tabago. Cette île, naguère anglaise, n'est encore habitée que par des planteurs anglais, toutes ses relations sont anglaises. Son sol est neuf, et son commerce est susceptible d'un grand développement.

pour transporter les troupes en poste, afin d'accourir plus rapidement sur le point menacé. Les journaux anglais du parti de la guerre tenaient un langage violent. Quelques-uns, dont la rédaction était, disait-on, inspirée par M. Windham, se permirent d'exciter le peuple anglais contre M. Otto, et contre les prisonniers français. M. Otto demanda ses passe-ports sur-le-champ, et le Premier Consul fit aussitôt insérer dans le *Moniteur* les réflexions les plus menaçantes.

Lord Hawkesbury accourut chez M. Otto, insista pour le retenir, et y réussit, quoique avec beaucoup de peine, en lui faisant espérer un prompt rapprochement. Cependant l'animosité nationale semblait réveillée, et on craignait une rupture. Tous les hommes raisonnables d'Angleterre la redoutaient, et cherchaient à la prévenir. On désespérait du succès de leurs efforts, car le Premier Consul ne voulait céder à aucun prix les possessions de ses alliés, qu'on s'obstinait à lui demander.

Mais tandis qu'il défendait si loyalement les colonies espagnoles, le prince de la Paix, avec l'inconséquence d'un favori vain et léger, faisait tenir à son maître la plus malheureuse conduite, et dégageait le Premier Consul de tout devoir d'amitié envers l'Espagne.

On n'a point oublié que M. de Pinto, envoyé de Portugal, était arrivé au quartier espagnol, pour s'y soumettre aux volontés de la France et de l'Espagne. Le prince de la Paix était pressé de terminer une campagne, dont les débuts avaient été brillants et faciles, mais dont la continuation pouvait présenter des difficultés, qui ne seraient surmontables qu'avec le concours des Français. S'il fallait, par exemple, occuper Lisbonne ou Oporto, le secours de nos soldats était indispensable. L'entreprise, d'une simple affaire d'ostentation, pourrait devenir une affaire sérieuse, et demander un nouveau corps de troupes françaises. Prévoyant même ce besoin, le Premier Consul faisait spontanément avancer dix mille hommes de plus, ce qui allait porter le nombre total des Français présents en Espagne à vingt-cinq mille. Or le prince de la Paix, qui avait appelé nos soldats sans réflexion, s'effrayait, sans réflexion, de leur arrivée. Cependant ils avaient observé une exacte discipline, et témoigné pour le clergé, les églises, les cérémonies du culte, un respect qui ne leur était pas ordinaire, et que le général Bonaparte pouvait seul obtenir de leur part. Mais aujourd'hui qu'on les avait auprès de soi, on était, en Espagne, ridiculement épouvanté de leur présence. Il fallait ou ne pas les faire venir, ou, les ayant appelés, s'en servir pour atteindre le but proposé. Or, ce but ne pouvait consister à disperser quelques bandes portugaises, à obtenir quelques millions de contributions, ou même à fermer aux vaisseaux anglais les ports du Portugal : il devait consister évidemment à s'emparer de gages précieux, dont on pût se servir pour arracher aux Anglais les restitutions qu'ils ne voulaient pas faire. Pour cela, il fallait occuper certaines provinces du Portugal, celle notamment dont Oporto était la ca-

Août 1801.

au Premier
Consul
la solution
des dernières
difficultés.

pitale. C'était le moyen le plus sûr d'agir sur le cabinet britannique, en agissant sur les gros marchands de la Cité, fort intéressés dans le commerce d'Oporto. La chose avait été ainsi convenue, entre les gouvernements de Paris et de Madrid. Cependant, malgré tout ce qui avait été stipulé, le prince de la Paix imagina d'accepter les conditions du Portugal, et de se contenter, pour l'Espagne de la place d'Olivença, pour la France de quinze à vingt millions, et pour les deux puissances alliées, de la clôture des ports du Portugal à tous les vaisseaux anglais, soit de guerre, soit de commerce. A ces conditions, la campagne qu'on venait de faire était puérile. Elle n'était plus qu'un passe-temps, inventé pour distraire un favori rassasié de faveurs royales, et cherchant la gloire militaire par des voies ridicules, comme il convenait à sa coupable et folle légèreté.

Le prince de la Paix fit valoir auprès de ses maîtres les sentiments paternels faciles à émouvoir chez eux, mais il faut le dire, émus ou trop tard, ou trop tôt. Il fit craindre la présence des Français, crainte, il faut le dire encore, bien tardive et bien chimérique, car il ne pouvait guère entrer dans l'esprit de personne que quinze mille Français voulussent conquérir l'Espagne, ou même y prolonger leur séjour d'une manière inquiétante. Tout cela supposait des projets, qui n'existaient même pas en germe dans la tête du Premier Consul, et qui n'y sont entrés depuis, qu'après des événements inouïs, que ni lui ni personne ne prévoyait alors. Dans le moment, il ne voulait qu'une chose, arracher à l'Angleterre une île de plus, et cette île était espagnole.

En acceptant les conditions proposées par la cour de Lisbonne, qui consistaient uniquement à concéder Olivença aux Espagnols, vingt millions aux Français, et l'exclusion du pavillon anglais des ports du Portugal, on avait eu soin de préparer deux copies du traité, une que devait signer l'Espagne, une autre que devait signer la France. Le prince de la Paix revêtit de sa signature celle qui était destinée à sa cour, et qui fut datée de Badajos, parce que tout se passait dans cette ville. Il fit ensuite donner la ratification par le roi qui se trouvait sur les lieux. Lucien signa de son côté la copie destinée à la France, et la fit partir pour la soumettre à la ratification de son frère.

Le Premier Consul reçut ces communications, au moment même de la plus grande chaleur des négociations de Londres. L'irritation qu'il en ressentit est facile à deviner. Quoiqu'il fût sensible aux affections de famille, souvent jusqu'à la faiblesse, il contenait son irritabilité moins avec ses parents qu'avec toute autre personne, et assurément on pouvait en cette occasion lui pardonner de s'y laisser aller. Aussi le fit-il sans réserve, et se livra-t-il contre son frère Lucien à un violent emportement.

Toutefois il espérait que le traité ne serait pas encore ratifié. Des courriers extraordinaires furent envoyés à Badajos, pour annoncer que la France refusait sa ratification, et pour prévenir celle de l'Espagne. Mais ces courriers trouvèrent le traité ratifié par Charles IV, et l'engagement devenu irrévocable. Lucien fut consterné du rôle embarrassant, humiliant même, qui lui était réservé en Espagne, au lieu du rôle brillant qu'il avait espéré y jouer. Il répondit à la colère de son frère par un accès de mauvaise humeur, accès assez fréquent chez lui, et envoya sa démission au ministre des affaires étrangères. De son côté le prince de la Paix devint arrogant. Il se permit un langage, qui était ridicule et insensé à l'égard d'un homme tel que celui qui gouvernait alors la France. Il annonça d'abord la cessation de toute hostilité envers le Portugal, puis demanda la retraite des Français, et ajouta même cette déclaration fort imprudente, que, si de nouvelles troupes passaient la frontière des Pyrénées, leur passage serait considéré comme une violation de territoire. Il réclama de plus la restitution de la flotte enfermée à Brest, et une prompte conclusion de la paix générale, pour faire cesser le plus tôt possible une alliance devenue onéreuse à la cour de Madrid[1]. Cette conduite était aussi inconvenante que contraire aux véritables intérêts de l'Espagne. Il faut dire cependant que l'affreux malheur qui venait de frapper deux vaisseaux espagnols, avait jeté quelque tristesse dans l'esprit de la nation, et avait contribué à cette disposition chagrine, qui se manifestait d'une manière si intempestive et si nuisible à la politique des deux cabinets.

---

[1] Note du 26 juillet.

PAIX GÉNÉRALE.   163

Le Premier Consul, parvenu au comble de l'irritation, fit répondre sur-le-champ que les Français resteraient dans la Péninsule, jusqu'à la paix particulière de la France avec le Portugal; que si l'armée du prince de la Paix faisait un seul pas pour se rapprocher des quinze mille Français qui étaient à Salamanque, il considérerait cela comme une déclaration de guerre, et que, si à un langage inconvenant on se permettait d'ajouter un seul acte hostile, la dernière heure de la monarchie espagnole aurait sonné[1]. Il enjoignit à Lucien de re-

Août 1801.

---

[1] Le Premier Consul écrivait des notes courtes et vives, destinées à fournir la pensée des instructions que ses ministres devaient transmettre aux ambassadeurs. Voici la note envoyée au cabinet des affaires étrangères, pour servir à la rédaction de la dépêche qu'on allait expédier à Madrid. M. de Talleyrand, parti pour les eaux, était remplacé par M. Caillard.

Au ministre des relations extérieures.

21 messidor an IX (10 juillet 1801).

Faites connaître, citoyen-ministre, à l'ambassadeur de la République à Madrid, qu'il doit se rendre à la cour, et y déployer le caractère nécessaire dans cette circonstance. Il fera connaître:

Que j'ai lu le billet du général prince de la Paix; qu'il est si ridicule qu'il ne mérite pas une sérieuse réponse; mais que si ce prince, acheté par l'Angleterre, entraînait le roi et la reine dans des mesures contraires à l'honneur et aux intérêts de la République, la dernière heure de la monarchie espagnole aurait sonné;

Que mon intention est que les troupes françaises restent en Espagne jusqu'au moment où la paix de la République sera faite avec le Portugal;

Que le moindre mouvement des troupes espagnoles, ayant pour but de se rapprocher des troupes françaises, serait considéré comme une déclaration de guerre;

Que cependant je désire faire ce qu'il est possible, pour concilier les intérêts de la République, avec la conduite et les inclinations de Sa Majesté catholique;

11.

tourner à Madrid, d'y déployer son caractère d'ambassadeur, et d'attendre des ordres ultérieurs. C'en était assez pour intimider et contenir l'indigne courtisan, qui compromettait si légèrement les plus grands intérêts qu'il y eût dans l'univers. Bientôt, en effet, il écrivit les lettres les plus soumises, afin de rentrer en grâce auprès de l'homme dont il craignait l'influence et l'autorité personnelles sur la cour d'Espagne.

Cependant il fallait prendre un parti sur cette étrange et inconcevable conduite du cabinet de Madrid. M. de Talleyrand était absent alors pour raison de santé. Il se trouvait aux eaux. Le Premier Consul lui communiqua toutes les pièces, et en reçut en réponse une lettre fort sensée, contenant son avis sur cette grave affaire.

<blockquote>
Que, quelque chose qu'il puisse arriver, je ne consentirai jamais aux articles trois et six;

Que je ne m'oppose point à ce que les négociations recommencent entre l'ambassadeur de la République et M. Pinto, et qu'un protocole de négociations soit tenu tous les jours;

Que l'ambassadeur doit s'attacher à faire bien comprendre au prince de la Paix, et même au roi et à la reine, que des paroles et des notes même injurieuses, lorsqu'on est amis au point où nous le sommes, peuvent être considérées comme des querelles de famille, mais que la moindre action ou le moindre éclat serait irrémédiable;

Que quant au roi d'Étrurie, on lui a offert un ministre parce qu'il n'a personne autour de lui, et que pour gouverner les hommes il faut y entendre quelque chose; que cependant, sur ce qu'il a espéré trouver à Parme des hommes capables de l'aider, je n'ai plus insisté;

Que relativement aux troupes françaises en Toscane, il fallait bien en laisser pendant deux ou trois mois, jusqu'à ce que le roi d'Étrurie eût lui-même organisé ses troupes;

Que les affaires d'État peuvent se traiter sans passion, et que, du reste, mon désir de faire quelque chose d'agréable à la maison d'Es-
</blockquote>

Une guerre de notes, suivant M. de Talleyrand, ne mènerait à rien, quelque succès de raison qu'on pût se promettre, en se fondant sur les engagements pris, sur les promesses faites de part et d'autre. La guerre contre l'Espagne, outre qu'elle éloignait du but, qui était la pacification générale de l'Europe, outre qu'elle était contraire à la véritable politique de la France, devenait une chose risible dans l'état pitoyable de la monarchie espagnole, avec nos troupes au milieu de ses provinces, avec ses escadres à Brest. Il y avait un moyen bien plus naturel de la punir; c'était de céder aux Anglais l'île espagnole de la Trinité, seule et dernière difficulté pour laquelle on retardait la paix du monde. L'Espagne nous avait en effet dispensés de tout devoir, de tout dévouement envers elle. Dans

pagne serait bien mal payé, si le roi souffrait que l'or corrupteur de l'Angleterre pût parvenir, au moment où nous touchons au port après tant d'angoisses et de fatigues, à désunir nos deux grandes nations; que les conséquences en seraient terribles et funestes;

Que, dans ce moment-ci, moins de précipitation à faire la paix avec le Portugal, aurait considérablement servi pour accélérer la paix avec l'Angleterre, etc., etc.

Vous connaissez ce cabinet; vous direz donc dans votre dépêche tout ce qui peut servir à gagner du temps, empêcher des mesures précipitées, faire recommencer les négociations, et en même temps imposer, en leur mettant sous les yeux la gravité des circonstances et les conséquences d'une démarche inconsidérée.

Faites sentir à l'ambassadeur de la République, que si le Portugal consentait à laisser à l'Espagne la province d'Alentejo jusqu'à la paix, cela pourrait être un *mezzo termine*, puisque par là l'Espagne se trouverait exécuter à la lettre le traité préliminaire.

J'aime autant ne rien avoir que quinze millions en quinze mois.

Expédiez le courrier que je vous envoie, directement à Madrid.

BONAPARTE.

Août 1801.

Le Premier Consul, pour punir l'Espagne, abandonne la Trinité.

ce cas, ajoutait M. de Talleyrand, il faut perdre du temps à Madrid et en gagner à Londres, en accélérant la négociation avec l'Angleterre, par la concession de la Trinité[1].

Cet avis était fondé en raison, et parut tel au Premier Consul. Cependant, tenant à honneur de défendre même un allié devenu infidèle, il informa M. Otto de ses nouvelles dispositions relativement à la Trinité, et se montra prêt à la sacrifier, mais pas tout de suite, seulement à la dernière extrémité,

---

[1] Nous citons cette curieuse lettre de M. de Talleyrand :

29 messidor an IX (2 juillet 1801).

Général,

Je viens de lire avec toute l'attention dont je suis capable les lettres d'Espagne. Si l'on veut faire une réponse de controverse, il nous est facile d'avoir raison, même en nous en rapportant à la lettre des trois ou quatre traités que nous avons faits cette année avec cette puissance; mais ce sont là des pages de factum. Il faut voir si ce ne serait pas le moment d'adopter un plan définitif de conduite avec ce triste allié.

Je pars des données suivantes : L'Espagne a fait, pour me servir d'une de ses expressions, *avec hypocrisie* la guerre contre le Portugal; elle veut définitivement faire la paix. — Le prince de la Paix est, à ce qu'on nous mande et à ce que je crois aisément, en pourparlers avec l'Angleterre; le Directoire le croyait acheté par cette puissance. — Le roi et la reine dépendent du prince; il n'était que favori, le voilà pour eux établi homme d'État, et grand homme de guerre. — Lucien est dans une position embarrassante dont il faut absolument le tirer. — Le prince emploie assez habilement dans ses notes cette phrase : *Le roi s'est décidé à faire la guerre à ses enfants*. Ce mot sera quelque chose pour l'opinion. — Une rupture avec l'Espagne est une menace risible quand nous avons ses vaisseaux à Brest, et que nos troupes sont dans le cœur du royaume. — Il me semble que voilà notre position tout entière avec l'Espagne : cela posé, qu'avons-nous à faire?

Voilà le moment où je m'aperçois bien que depuis deux ans je ne suis plus accoutumé à penser seul. Ne pas vous voir laisse mon imagi-

quand on ne pourrait pas faire autrement, à moins d'amener une rupture. Il lui ordonna d'insister encore pour faire accepter en échange de la Trinité l'île française de Tabago.

Malheureusement l'étrange conduite du prince de la Paix avait beaucoup affaibli notre négociateur. Une nouvelle arrivée depuis peu, celle de la capitulation du général Belliard au Kaire, l'affaiblissait davantage encore. Toutefois, la persistance du général Menou dans Alexandrie maintenait un dernier

nation et mon esprit sans guide; aussi vais-je probablement écrire de bien pauvres choses, mais ce n'est pas ma faute, je ne suis pas complet quand je suis loin de vous.

Il me semble que l'Espagne, qui à toutes les paix a gêné le cabinet de Versailles par ses énormes prétentions, nous a extrêmement dégagés dans cette circonstance. Elle nous a elle-même tracé la conduite que nous avons à tenir : nous pouvons faire avec l'Angleterre ce qu'elle fait avec le Portugal; elle sacrifie les intérêts de son allié, c'est mettre à notre disposition l'île de la Trinité dans les stipulations avec l'Angleterre. Si vous adoptez cette opinion, il faudrait alors presser un peu la négociation à Londres et s'en tenir à faire de la diplomatie ou plutôt de l'ergoterie à Madrid, en restant toujours dans des discussions douces, dans des explications amicales, en rassurant sur le sort du roi de Toscane, en ne parlant que des intérêts de l'alliance, etc., etc. En tout, perdre du temps à Madrid et précipiter à Londres.

Changer d'ambassadeur dans ces circonstances, ce serait donner de l'éclat, et il faut l'éviter si vous adoptez, comme je le propose, la temporisation. Pourquoi ne permettriez-vous pas à Lucien d'aller à Cadix voir les armements, de voyager dans les ports? Pendant cette course, les affaires avec l'Angleterre marcheraient; vous ne laisseriez pas l'Angleterre stipuler pour le Portugal, et il reviendrait à Madrid pour traiter définitivement de cette paix.

Je crains bien, général, que vous ne trouviez que mon opinion ne se sente un peu des douches et des bains que je prends bien exactement. Dans dix-sept jours je vaudrai mieux. Je serai bien heureux de vous renouveler l'assurance de mon dévouement et de mon respect.

Ch.-Maur. Talleyrand.

doute favorable à nos prétentions. C'était à notre flottille de Boulogne que devait appartenir l'honneur de terminer toutes les difficultés de cette longue négociation.

En Angleterre les esprits n'avaient cessé de se préoccuper des préparatifs faits sur les côtes de la Manche. Pour les rassurer, l'amirauté anglaise avait rappelé Nelson de la Baltique, et lui avait donné le commandement des forces navales placées dans ces parages. Ces forces se composaient de frégates, bricks, corvettes, bâtiments légers de toute dimension. L'esprit entreprenant du célèbre marin anglais faisait espérer qu'il aurait bientôt détruit, par quelque coup hardi, la flottille française. Le 4 août (16 thermidor), il se présenta vers la pointe du jour devant la plage de Boulogne, avec une trentaine de petits bâtiments. Son pavillon était arboré sur la frégate la *Méduse*. Il prit position à 1,900 toises de notre ligne, c'est-à-dire hors de la portée de notre artillerie, et seulement à la portée des gros mortiers. Son intention était de bombarder notre flottille. Elle avait pour commandant un brave marin, plein de génie naturel et d'ardeur pour la guerre, et appelé, s'il avait vécu, aux plus belles destinées : c'était l'amiral Latouche-Tréville. Il exerçait tous les jours nos chaloupes canonnières, il accoutumait nos soldats et nos marins à monter rapidement à bord des bâtiments, à en descendre de même, à manœuvrer ensemble, avec célérité et précision. Le 4, notre flottille était formée en trois divisions, sur une seule ligne d'embossage parallèle au rivage, à 500 toises de la côte, et à l'ancre. Elle se composait de gros bateaux canonniers, soutenus de distance en distance par des bricks. Trois bataillons d'infanterie étaient embarqués sur ces bâtiments de toutes sortes, pour seconder la bravoure de nos marins.

Août 1801.

Nelson rangea en avant de son escadrille une division de bombardes, et commença le feu dès cinq heures du matin. Il espérait, en l'accablant de ses bombes, détruire notre flottille, ou l'obliger du moins à rentrer dans le port. Il en fit donc jeter une quantité infinie, et pendant toute la journée. Ces projectiles, lancés par de gros mortiers, passaient pour la plupart au delà de notre ligne, et allaient tomber sur la grève. Nos soldats et nos matelots, immobiles sous ce feu incessant, et du reste plus effrayant que meurtrier, montraient un sang-froid, une gaieté rares. Malheureusement ils n'avaient pas les moyens de riposter. Nos bombardes, construites à la hâte, ne pouvaient pas résister à l'ébranlement des mortiers, et tiraient à peine quelques coups mal dirigés. La poudre, prise dans les vieux approvisionnements de nos arsenaux, était sans force; elle n'envoyait pas les projectiles à la distance nécessaire. Les équipages français demandaient qu'on se portât en avant, soit pour être à la portée du canon, soit afin de s'élancer à l'abordage. Mais nos bateaux canonniers, lourdement construits, et sans l'expérience qu'on acquit plus tard dans ce genre de construction, n'étaient pas faciles à manœuvrer, sous le vent du nord-est qui soufflait en ce moment. Ils auraient été

Nelson bombarde notre flottille pendant seize heures sans lui causer aucun dommage.

poussés par le vent et le courant sur la ligne anglaise, et obligés, pour revenir à la côte, de lui montrer le travers, ce qui les aurait laissés sans feux, car leurs canons étaient placés à l'avant. Il fallut donc rester immobiles sous cette pluie de projectiles, qui dura seize heures. Nos soldats de terre et de mer, la supportant courageusement, regardaient en riant les bombes passer sur leurs têtes. Le brave commandant, Latouche-Tréville, était au milieu d'eux avec le colonel Savary, aide-de-camp du Premier Consul. On leur jeta un millier de bombes, et, par une sorte de miracle, il n'y eut personne de grièvement blessé. Deux de nos bâtiments furent coulés, sans qu'il pérît un seul homme. Une canonnière, la *Méchante*, commandée par le capitaine Margoli, fut percée par le milieu. Ce brave officier jeta son équipage sur d'autres bateaux, puis, gardant deux marins avec lui, ramena sa canonnière faisant eau de toute part, et l'échoua sur le sable, avant qu'elle eût le temps de couler à fond.

Les Anglais, malgré le désavantage de notre position, et la mauvaise qualité de notre poudre, avaient été plus maltraités que nous. Ils avaient eu trois ou quatre hommes tués ou blessés par les éclats de nos bombes.

Nelson s'éloigna très-mortifié, promettant de se venger dans quelques jours, et de revenir avec des moyens certains de destruction.

On s'attendait donc à tout moment à le voir reparaître, et l'amiral français se mettait en mesure de le bien recevoir. Il renforça sa ligne, la pourvut de meilleures munitions, anima de son esprit ses matelots et ses soldats, qui du reste se montraient pleins d'ardeur, et tout fiers d'avoir bravé les Anglais sur leur élément. Trois bataillons d'élite, pris dans les 46°, 57°, et 108° demi-brigades, avaient été placés sur la flottille, pour y servir comme dans la journée du 4.

Août 1804.

Douze jours après, le 16 août (28 thermidor), Nelson parut avec une division navale, beaucoup plus considérable que la première. Tout annonçait de sa part l'intention d'une attaque sérieuse, et à l'abordage. C'était ce que désiraient les Français.

Seconde attaque sur la flottille, le 16 août, celle-ci à l'abordage.

Nelson avait 35 voiles, beaucoup de chaloupes et deux mille hommes d'élite. Vers la chute du jour, il avait rangé ses chaloupes autour de la *Méduse*, y avait distribué son monde, et donné ses instructions. Ces chaloupes, montées par des soldats de la marine anglaise, devaient pendant la nuit s'avancer à la rame, et enlever notre ligne à l'abordage. Elles étaient formées en quatre divisions. Une cinquième division, composée de bombardes, devait se placer, non plus en face de notre flottille, position qui avait procuré peu de résultats dans le bombardement du 4 août, mais sur le côté, de manière à pouvoir la prendre d'enfilade.

Vers minuit, ces quatre divisions, commandées par quatre officiers intrépides, les capitaines Sommerville, Parker, Cotgrave et Jones, s'avancèrent rapidement vers la côte de Boulogne. Une petite embarcation française, montée par huit hommes seulement, avait été laissée en sentinelle avancée. Elle fut abordée et enveloppée, mais elle se défendit bravement avant de succomber, et le bruit de sa mousqueterie servit à signaler la présence de l'ennemi.

Les quatre divisions anglaises s'approchaient de toute la force de leurs rames. Dès qu'elles eurent été aperçues, on ouvrit sur elles un feu nourri de mousqueterie et de mitraille. La première division, celle que commandait le capitaine Sommerville, entraînée par le mouvement de la marée vers l'est, fut contrariée dans sa marche, et emportée bien au delà de notre aile droite, qu'elle était chargée d'attaquer. Les deux divisions du centre, conduites par les capitaines Parker et Cotgrave, dirigées directement sur le milieu de notre ligne d'embossage, y arrivèrent les premières, vers une heure du matin, et l'attaquèrent franchement. Celle qui se trouvait sous les ordres du capitaine Parker, après avoir échangé avec nos bâtiments une fusillade fort vive, se jeta sur l'un des gros bricks, qu'on avait entremêlés avec nos chaloupes pour les soutenir. C'était l'*Etna*, que commandait le capitaine Pevrieu. Six péniches l'entourèrent afin de le prendre à l'abordage. Les Anglais l'escaladèrent hardiment, leurs officiers en tête; mais ils furent reçus par deux cents hommes d'infanterie, et jetés à la mer à coups de baïonnette. Le brave Pevrieu, ayant successivement affaire à deux matelots anglais, quoique blessé d'un coup de poignard et d'un coup de pique, les tua tous les deux. En peu d'instants on eut culbuté les assaillants, et on fit sur les péniches un feu qui abattit le plus grand nombre des matelots employés à les diriger. Nos chaloupes reçurent tout aussi vaillamment les assaillants qui les voulurent aborder, et s'en défirent à coups de hache ou de baïonnette. Un peu plus loin, la division commandée par le capitaine Cotgrave aborda bravement la ligne des bateaux français, mais sans plus de résultat. Une grosse chaloupe canonnière la *Surprise*, entourée par quatre péniches, coula la première de ces péniches, prit la seconde, et mit les deux autres en fuite. Les soldats rivalisèrent avec les matelots dans ce genre de combat, qui allait parfaitement à leur caractère vif et audacieux.

Pendant que la seconde et la troisième divisions anglaises étaient ainsi accueillies, la première, qui aurait dû aborder notre aile droite, entraînée à l'est par la marée, comme on vient de le voir, n'avait pu arriver que très-tard sur le lieu de l'action. Faisant effort pour revenir de l'est à l'ouest, elle semblait menacer l'extrémité de notre ligne d'embossage, et vouloir passer entre la terre et nos bâtiments, suivant une manœuvre fort ordinaire aux Anglais. C'était, au surplus, un effet de sa position plutôt qu'un calcul. Mais des détachements de la 108e, postés sur le rivage, firent sur elle un feu meurtrier. Les marins anglais, sans se laisser rebuter, se jetèrent sur la canonnière le *Volcan*, qui gardait l'extrême droite de notre ligne. L'enseigne qui la commandait, nommé Guéroult, officier plein d'énergie, reçut l'abordage à la tête de ses matelots, et de quelques soldats d'infanterie. Il eut un combat opiniâtre à soutenir. Tandis qu'il se défendait sur le pont de sa canonnière, les embarcations anglaises qui l'enveloppaient, essayèrent de couper les câbles pour emmener la canonnière elle-même. Heureusement l'une des attaches était en fer, et put résister à tous les efforts qu'on fit pour la rompre. Le feu, parti des autres bateaux français et du rivage, obligea enfin les Anglais à lâcher prise. L'attaque sur ce point avait donc été aussi heureusement repoussée que sur les deux autres.

L'aurore commençait à poindre. La quatrième division ennemie, destinée à se porter vers notre gauche, et ayant à faire un grand mouvement vers l'ouest, malgré la marée qui portait à l'est, n'était point arrivée à temps. De leur côté, les bombardes de Nelson, grâce à la nuit, ne nous avaient pas fait grand mal. Les Anglais se voyaient partout repoussés; la mer était couverte de leurs cadavres flottants, et bon nombre de leurs embarcations étaient coulées ou prises. La clarté du jour, devenant à chaque instant plus vive, rendait leur retraite nécessaire. Ils la firent vers quatre heures du matin. Le soleil parut pour éclairer leur fuite. Cette fois ce n'était plus de leur part une tentative infructueuse, c'était une véritable défaite.

Nos équipages étaient tout joyeux; ils n'avaient pas perdu beaucoup de monde, et les Anglais, au contraire, avaient fait des pertes assez notables. Ce qui ajoutait encore à la satisfaction produite par cette action brillante, c'était d'avoir battu Nelson en personne, et d'avoir rendu vaines toutes les menaces de destruction, qu'il avait publiquement proférées contre notre flottille.

Août 1801.

L'effet contraire devait être produit de l'autre côté du détroit ; et, bien que ce combat à l'ancre ne prouvât pas encore ce qu'une semblable flottille pourrait faire en mer, quand il faudrait porter cent mille hommes, toutefois la confiance des Anglais dans le génie entreprenant de Nelson était fort diminuée, et le danger inconnu dont ils étaient menacés les préoccupait bien davantage.

Mais les vicissitudes de cette grande négociation touchaient à leur terme. Décidé par la conduite du cabinet espagnol, le Premier Consul avait enfin autorisé M. Otto à concéder la Trinité. Cette concession et les deux combats de Boulogne devaient faire cesser les hésitations du cabinet britannique. Il consentit donc aux bases proposées, sauf quelques difficultés de détail restant encore à vaincre. Le cabinet anglais voulait, en rendant Malte à l'ordre de Saint-Jean-de-Jérusalem, stipuler que l'île serait placée sous la protection d'une puissance garante; car il ne comptait guère sur la force de l'ordre pour la défendre, quand même on réussirait à le constituer. On n'était pas d'accord avec nous sur la puissance garante. Le pape, la cour de Naples, la Russie étaient successivement mis en discussion et repoussés. Enfin la forme même de la rédaction présentait certains embarras. Comme l'effet de ce traité sur l'opinion publique devait être grand dans les deux pays, on tenait, des deux côtés, à l'apparence autant qu'à la

Les deux combats de Boulogne, et l'abandon de la Trinité, amènent le terme de la négociation.

réalité. L'Angleterre consentait bien à énumérer, dans le traité, les nombreuses possessions qu'elle restituait à la France et à ses alliés, mais elle voulait énumérer aussi celles qui lui étaient définitivement acquises. Cette prétention était juste, plus juste que celle du Premier Consul, qui voulait que les objets restitués à la France, à la Hollande, à l'Espagne, fussent énumérés, et que le silence observé à l'égard des autres fût pour l'Angleterre la seule manière d'en acquérir la propriété.

A ces difficultés peu graves au fond, s'en joignaient d'accessoires, relativement aux prisonniers, aux dettes, aux séquestres, surtout aux alliés des deux parties contractantes, et au rôle qu'on leur assignerait dans le protocole. Cependant on était pressé d'en finir, et de mettre un terme aux anxiétés du monde. D'une part, le cabinet anglais voulait avoir conclu avant la réunion du Parlement, de l'autre, le Premier Consul craignait à tout moment d'apprendre la reddition d'Alexandrie, car la résistance prolongée de cette place laissait planer un doute utile à la négociation. Impatient de grands résultats, il soupirait après le jour où il pourrait faire entendre à la France le mot si nouveau, si magique, non pas de paix avec l'Autriche, avec la Prusse, avec la Russie, mais de paix générale avec le monde entier.

En conséquence, on convint de consacrer immédiatement les grands résultats obtenus, et de remettre à une négociation ultérieure les difficultés de forme et de détail. Pour cela on imagina de rédiger des préliminaires de paix, et, tout de suite après la signature de ces préliminaires, de charger des plénipotentiaires de rédiger à loisir un traité définitif. Toute difficulté qui n'était pas fondamentale, et dont la solution entraînait des lenteurs, devait être renvoyée à ce traité définitif. Pour être plus certain d'en finir bientôt, le Premier Consul voulut enfermer les négociateurs dans un délai déterminé. On était au milieu de septembre 1801 (fin de fructidor an IX); il accorda jusqu'au 2 octobre (10 vendémiaire an X). Après ce terme, il était décidé, disait-il, à profiter des brumes de l'automne, pour exécuter ses projets contre les côtes d'Irlande et d'Angleterre. Tout cela fut dit avec les égards dus à une nation grande et fière, mais avec ce ton péremptoire qui ne laisse aucun doute.

Sept. 1801.

Les deux négociateurs, M. Otto et lord Hawkesbury, étaient d'honnêtes gens, et voulaient la paix. Ils la voulaient pour elle-même, et aussi par l'ambition bien naturelle et bien légitime, de placer leur nom au bas de l'un des plus grands traités de l'histoire du monde. Aussi toutes facilités compatibles avec leurs instructions, furent par eux apportées dans la rédaction des préliminaires.

Il fut convenu que l'Angleterre restituerait à la France et à ses alliés, c'est-à-dire à l'Espagne et à la Hollande, toutes les conquêtes maritimes qu'elle avait faites, *à l'exception des îles de Ceylan et de la Trinité, qui lui étaient définitivement acquises.*

Telle avait été la forme admise pour concilier le juste amour-propre des deux nations. En définitive,

Sept. 1801.

l'Angleterre gardait le continent de l'Inde, qu'elle avait conquis sur les princes indiens; l'île de Ceylan, enlevée aux Hollandais, et appendice nécessaire de ce vaste continent; enfin l'île de la Trinité, prise dans les Antilles sur les Espagnols. Il y avait là de quoi satisfaire la plus grande ambition nationale. Elle restituait le Cap, Demerari, Berbice, Essequibo, Surinam, aux Hollandais; la Martinique, la Guadeloupe, aux Français; Minorque aux Espagnols, Malte à l'ordre de Saint-Jean-de-Jérusalem. Quant à ce dernier point, la puissance garante devait être désignée dans le traité définitif. L'Angleterre évacuait Porto-Ferraio, qui revenait avec l'île d'Elbe aux Français. En compensation, les Français devaient évacuer l'État de Naples, c'est-à-dire le golfe de Tarente.

Enfin l'Égypte était abandonnée par les troupes des deux nations, et restituée à la Porte. Les États de Portugal étaient garantis.

Résultats de la guerre pour les deux nations.

Si on veut considérer seulement les grands résultats, que ces restitutions tant débattues de quelques îles, ne diminuaient ni n'augmentaient beaucoup, voici ce qui ressortait du traité. Dans cette lutte de dix années, l'Angleterre avait acquis l'empire des Indes, sans que l'acquisition de l'Égypte par la France en devînt le contre-poids. Mais en retour la France avait changé la face du continent à son profit; elle avait conquis la formidable ligne des Alpes et du Rhin, éloigné à jamais l'Autriche de ses frontières, par l'acquisition des Pays-Bas; arraché à cette puissance l'objet éternel de sa convoitise, c'est-à-dire l'Italie, qui avait passé presque tout entière sous la domination française. Elle avait, par le principe posé des sécularisations, affaibli considérablement la maison impériale en Allemagne, au profit de la maison de Brandebourg. Elle avait fait subir à la Russie de désagréables échecs, pour avoir voulu se mêler des affaires de l'Occident. Elle dominait la Suisse, la Hollande, l'Espagne et l'Italie. Aucune puissance n'exerçait dans le monde un prestige égal au sien; et si l'Angleterre s'était agrandie sur mer, la France avait cependant ajouté à l'étendue de ses rivages les côtes de la Hollande, de la Flandre, de l'Espagne, de l'Italie, pays complètement soumis à sa domination ou à son influence. C'étaient là de vastes moyens de puissance maritime.

Sept. 1801.

Grandeur extraordinaire de la France.

Voilà tout ce que consacrait l'Angleterre, en signant les préliminaires de Londres, pour prix, il est vrai, du continent de l'Inde. La France y pouvait consentir. Nos alliés vigoureusement défendus recouvraient presque tout ce que la guerre leur avait fait perdre. L'Espagne était privée de la Trinité, par sa faute, mais elle gagnait Olivença en Portugal, la Toscane en Italie. La Hollande abandonnait Ceylan, mais elle recouvrait ses colonies de l'Inde, le Cap, les Guyanes; elle était délivrée du stathouder.

Telles étaient les conséquences de cette paix si belle, la plus glorieuse que la France ait jamais conclue. Il était naturel que le négociateur français fût impatient d'en finir. On était arrivé au 30 septembre,

Octob. 1801.

Signature donnée le 1er octobre.

et on était encore arrêté par quelques difficultés de rédaction. On les leva toutes, et enfin, le 1er octobre au soir, veille du jour fixé comme terme fatal par le Premier Consul, M. Otto eut la joie de placer sa signature au bas des préliminaires de paix, joie profonde, sans égale, car jamais négociateur n'avait eu le bonheur d'assurer par sa signature tant de grandeurs à sa patrie!

On convint de laisser cette nouvelle secrète à Londres pendant vingt-quatre heures, afin que le courrier de la légation française pût l'annoncer le premier au gouvernement. Cet heureux courrier partit le 1er octobre dans la nuit, et arriva le 3 (11 vendémiaire), à quatre heures de l'après-midi à la Malmaison. Dans ce moment les trois Consuls y tenaient conseil de gouvernement. A l'ouverture des dépêches la sensation fut vive; on abandonna le travail, on s'embrassa. Le Premier Consul, qui mettait volontiers toute retenue de côté avec les hommes de sa confiance, laissa percer les sentiments dont il était plein. Tant de résultats obtenus en si peu de temps, l'ordre, la victoire, la paix, rendus à la France par son génie et un travail opiniâtre, en deux années, c'étaient là des bienfaits dont il devait être assurément bien heureux, et bien fier! Dans ces épanchements d'une satisfaction commune, M. Cambacérès lui dit : Maintenant que nous avons fait un traité de paix avec l'Angleterre, il faut faire un traité de commerce, et tout sujet de division sera écarté entre les deux pays. — N'allons pas si vite, lui répondit le Premier Consul avec vivacité. La paix politique est faite, tant mieux, jouissons-en. Quant à la paix commerciale, nous la ferons si nous pouvons. Mais je ne veux à aucun prix sacrifier l'industrie française, je me souviens des malheurs de 1786. — Il fallait que cette singulière et instinctive passion pour les intérêts de l'industrie française fût bien forte, pour éclater dans un tel moment. Mais le consul Cambacérès, avec sa sagacité ordinaire, avait touché la difficulté qui, plus tard, devait brouiller de nouveau les deux peuples.

La nouvelle fut à l'instant envoyée à Paris, pour y être publiée. Vers la chute du jour, le canon retentissait dans les rues, et tout le monde se demandait quel était l'heureux événement qui motivait ces manifestations. On courait le savoir dans les lieux publics, où les commissaires du gouvernement avaient ordre de faire connaître la signature des préliminaires. Dans le moment, en effet, la conclusion de la paix était proclamée sur tous les théâtres, au milieu d'une allégresse dont on n'avait pas eu depuis long-temps l'exemple. Cette allégresse était naturelle, car la paix avec l'Angleterre était la véritable paix générale, elle consolidait le repos du continent, supprimait la cause des coalitions européennes, et ouvrait le monde à l'essor de notre commerce et de notre industrie. Paris fut soudainement illuminé dans cette soirée.

Le Premier Consul donna immédiatement sa ratification au traité des préliminaires, et chargea son aide-de-camp Lauriston de porter à Londres cette ratification. Si le contentement était vif et général en

Octob. 1801.

Le colonel Lauriston chargé de porter à Londres la ratification

France, il était poussé en Angleterre jusqu'au délire. La nouvelle, d'abord cachée par les négociateurs, avait enfin transpiré, et on avait été obligé de l'annoncer au lord-maire de Londres, par un message. Ce message fit d'autant plus d'effet, que, depuis quelques heures, on répandait le bruit de la rupture des négociations. Sur-le-champ le peuple se livra sans retenue à ces transports violents, qui sont particuliers au caractère passionné de la nation anglaise. Les voitures publiques partant de Londres portaient ces mots, écrits à la craie et en grosses lettres : Paix avec la France. Partout on les arrêtait, on les dételait, on les traînait en triomphe. On se figurait que tous les maux de la disette, de la cherté, allaient finir à la fois. On rêvait des biens inconnus, immenses, impossibles. Il y a des jours où les peuples, comme les individus, fatigués de se haïr, éprouvent le besoin d'une réconciliation, même passagère, même trompeuse. Dans cet instant, malheureusement si court, le peuple anglais croyait presque aimer la France; il adorait le héros, le sage qui la gouvernait: il criait *Vive Bonaparte*, avec transport.

Telle est la joie humaine : elle n'est vive, elle n'est profonde, qu'à la condition d'ignorer l'avenir. Remercions la sagesse de Dieu d'avoir fermé aux hommes le livre du destin! Combien tous les cœurs eussent été glacés ce jour-là, si, le voile qui cachait l'avenir, venant à tomber tout à coup, les Anglais et les Français avaient pu voir devant eux, quinze ans d'une haine atroce, d'une guerre acharnée, le continent et les mers inondés du sang des deux peuples! Et la France, combien elle eût été consternée, si, tandis qu'elle se croyait grande, grande à jamais, elle eût entrevu, dans une page de ce redoutable livre du destin, les traités de 1815! Et ce héros, victorieux et sage, qui la gouvernait, combien il eût été surpris, épouvanté, si, au milieu de ses plus belles œuvres, il avait pu apercevoir ses immenses fautes; si, au milieu de sa prospérité la plus pure, il avait entrevu sa chute effroyable, et son martyre! Oh! oui, la Providence, dans la profondeur de ses desseins, a bien fait de ne découvrir que le présent à l'homme; c'est bien assez pour son faible cœur! Et nous, aujourd'hui, qui savons tout, et ce qui se passait alors, et ce qui s'est accompli depuis, tâchons de nous rendre un moment l'ignorance de ce temps, pour en comprendre, pour en partager les vives et profondes émotions.

Un léger doute restait encore à Londres, et troublait un peu la joie anglaise; car les ratifications du Premier Consul n'étaient pas arrivées, et on craignait quelque résolution soudaine de ce caractère si prompt, si fier, si exigeant pour sa nation. Ce doute était pénible; mais tout à coup on apprend à Londres qu'un propre aide-de-camp du Premier Consul, un de ses compagnons d'armes, le colonel Lauriston, est descendu à l'hôtel de M. Otto, et qu'il apporte le traité ratifié. Dégagée du dernier doute qui la contenait encore, la joie n'a plus de bornes. On court chez M. Otto, on le trouve

Octob. 1801

Transports du peuple anglais en recevant la nouvelle des ratifications.

Octob. 1801.

Le colonel Lauriston traîné en triomphe par le peuple, dans les rues de Londres.

qui montait en voiture avec le colonel Lauriston, pour se rendre chez lord Hawkesbury, et faire l'échange des ratifications. Le peuple dételle les chevaux, et traîne ces deux Français chez lord Hawkesbury.

De chez lord Hawkesbury les deux négociateurs devaient se rendre chez le premier ministre M. Addington, et ensuite à l'Amirauté, chez lord Saint-Vincent. Le peuple s'obstine; on veut traîner la voiture, d'un ministre chez un autre. Enfin, à l'hôtel de l'Amirauté, la foule était devenue telle, la confusion si étrange, que lord Saint-Vincent, craignant quelque accident, se mit lui-même à la tête du cortège, de peur que la voiture ne fût renversée, et qu'un accident fâcheux ne fût la suite involontaire de cette joie convulsive. Plusieurs jours s'écoulèrent en transports de ce genre, en témoignages d'un contentement extraordinaire.

La nouvelle de la reddition d'Alexandrie arrive huit heures après la signature du traité.

Un fait digne de remarque, c'est que, quelques heures après la signature des préliminaires, il arriva un courrier d'Égypte, apportant la nouvelle de la reddition d'Alexandrie, laquelle avait eu lieu le 30 août 1801 (12 fructidor). — Ce courrier, dit lord Hawkesbury à M. Otto, nous est arrivé huit heures après la signature du traité : tant mieux! s'il fût arrivé plus tôt, nous aurions été forcés par l'opinion publique d'être plus exigeants, et la négociation eût été probablement rompue. La paix vaut mieux qu'une île de plus ou de moins.— Ce ministre, honnête homme, avait raison. Mais c'est une preuve que la résistance d'Alexandrie avait été utile, et que, même dans une cause désespérée, la voix de l'honneur, qui conseille de résister le plus long-temps possible, est toujours bonne à écouter.

Il fut convenu que des plénipotentiaires se réuniraient dans la ville d'Amiens, point intermédiaire entre Londres et Paris, pour y rédiger le traité définitif. Le cabinet britannique fit choix d'un vieux et respectable militaire, qui s'était honoré en portant long-temps les armes pour sa patrie, mais qui croyait le moment venu de mettre un terme aux maux du monde, c'était lord Cornwallis, l'un des personnages les plus estimés de la Grande-Bretagne. Lord Cornwallis avait commandé les armées anglaises en Amérique et dans l'Inde. Il avait été gouverneur-général du Bengale et vice-roi d'Irlande pendant la fin du dernier siècle. Il fut convenu que lord Cornwallis se rendrait à Paris, pour complimenter le Premier Consul, avant de se transporter sur le lieu des négociations.

Le Premier Consul, de son côté, fit choix de son frère Joseph, qu'il chérissait particulièrement, et qui, par l'aménité de ses formes, la douceur de son caractère, était parfaitement propre au rôle de pacificateur, qui lui était habituellement réservé. Joseph avait signé la paix avec l'Amérique à Morfontaine, avec l'Autriche à Lunéville; il allait la signer avec l'Angleterre à Amiens. Le Premier Consul faisait ainsi cueillir par son frère les fruits qu'il avait cultivés lui-même de ses mains triomphantes. M. de Talleyrand, en voyant tout l'honneur apparent de

Octob. 1801.

On convient de réunir des plénipotentiaires dans la ville d'Amiens pour conclure un traité définitif.

Choix de lord Cornwallis pour représenter l'Angleterre au congrès d'Amiens.

Choix de Joseph Bonaparte pour représenter la France.

ces traités, dévolu à un personnage étranger aux travaux de notre diplomatie, ne put se défendre d'un mouvement de dépit, mouvement passager, fortement contenu, saisi néanmoins par l'œil observateur et méchant des diplomates résidant à Paris, lesquels en remplirent plus d'une dépêche. Mais l'habile ministre savait qu'il ne fallait pas s'aliéner la famille du Premier Consul, et que d'ailleurs, si, après avoir fait la part du général Bonaparte, il restait une portion de gloire à décerner à quelqu'un dans ces belles négociations, le public européen ne la décernerait qu'au ministre des affaires étrangères.

Les négociations entamées avec divers États, et non conclues encore, furent terminées presque immédiatement. Le Premier Consul entendait l'art de produire de grands effets sur l'imagination des hommes, parce qu'il avait lui-même beaucoup d'imagination. Il brusqua les difficultés avec toutes les cours, et voulut, coup sur coup, accabler la France de satisfactions de tout genre, l'étourdir, l'enivrer, à force de résultats extraordinaires.

Il en finit avec le Portugal, et fit signer à Madrid, par son frère Lucien, les conditions d'abord refusées de Badajos, sauf quelques modifications peu importantes. On n'insista plus sur l'occupation de l'une des provinces portugaises, car les bases de la paix avec l'Angleterre étant arrêtées depuis l'abandon de la Trinité, il n'y avait plus aucun intérêt à retenir les gages dont on avait d'abord voulu se munir. On convint d'une indemnité pour les frais de la guerre, de quelques avantages commerciaux pour notre industrie, tels, par exemple, que l'introduction immédiate de nos draps, et le traitement de la nation la plus favorisée, à l'égard de tous nos produits. L'exclusion des vaisseaux anglais de guerre et de commerce fut stipulée formellement, jusqu'à la conclusion de la paix.

L'évacuation de l'Égypte terminait toutes les difficultés avec la Porte-Ottomane. M. de Talleyrand conclut à Paris, avec un ministre du sultan, des préliminaires de paix, qui stipulaient la restitution de l'Égypte à la Porte, le rétablissement des anciens rapports de la France avec elle, et la mise en vigueur de tous les traités antérieurs de commerce, et de navigation.

Des conventions semblables furent faites avec les régences de Tunis et d'Alger.

Un traité fut signé avec la Bavière pour la replacer, à l'égard de la République, dans les rapports d'alliance qui avaient existé autrefois entre cette cour et la vieille monarchie française, lorsque celle-ci protégeait toutes les puissances allemandes de second ordre, contre l'ambition de la maison d'Autriche. C'était un véritable renouvellement des traités de Westphalie et de Teschen. La Bavière faisait à la France l'abandon direct de tout ce qu'elle avait possédé jadis sur la rive gauche du Rhin. En retour, la France promettait d'employer son influence, dans les négociations dont les affaires germaniques seraient bientôt le sujet, pour procurer à la Bavière une indemnité suffisante, et convenablement située. La France, en outre, lui garantissait l'intégrité de ses États.

Enfin, pour achever l'œuvre de cette pacification générale, le traité avec la Russie, qui rétablissait de droit une paix existant déjà de fait, fut signé après de longs débats, entre M. de Markoff et M. de Talleyrand. Le nouvel empereur avait montré, comme on l'a vu, moins d'énergie dans sa résistance aux prétentions maritimes de l'Angleterre, mais aussi moins d'ostentation et d'exigence dans la protection accordée aux petits États allemands et italiens, qui avaient fait partie de la coalition contre la France. Alexandre n'avait jamais élevé de difficultés quant à l'Égypte; mais, en tout cas, elles étaient toutes supprimées par les derniers événements. Il ne prétendait plus à la qualité de grand-maître des chevaliers de Malte, ce qui rendait facile la reconstitution de l'ordre sur son ancien pied, ainsi qu'on en était convenu avec l'Angleterre. Il n'y avait eu de différend sérieux avec Alexandre, que sur Naples et sur le Piémont. En persistant, en gagnant du temps, on avait vaincu les principales difficultés relativement à ces deux États. L'évacuation de la rade de Tarente venait d'être promise aux Anglais. La Russie s'en tenait pour satisfaite, et y voyait l'accomplissement d'une condition essentielle à son honneur, l'intégrité des États de Naples. Elle avait cessé de parler de l'île d'Elbe. Quant au Piémont, chaque jour ajouté au silence de l'Angleterre, pendant la négociation de Londres, avait enhardi le Premier Consul à ne pas rendre cette importante province au roi de Sardaigne. La Russie invoquait les promesses qui lui avaient été faites à ce sujet. Le Premier Consul répondait, en disant qu'on lui avait promis aussi de défendre le vrai droit maritime dans toute sa teneur, et qu'on en avait abandonné une partie à l'Angleterre. On convint d'un article, par lequel on se promettait de s'occuper à l'amiable, et de gré à gré, des intérêts de S. M. le roi de Sardaigne, et d'*y avoir les égards compatibles avec l'état actuel des choses*. C'était se donner une grande liberté relativement à ce prince, et notamment celle de l'indemniser un jour, avec le duché de Parme ou de Plaisance, comme le Premier Consul en avait alors la pensée. La conduite du roi de Sardaigne, son dévouement aux Anglais pendant la dernière campagne d'Égypte, avaient profondément irrité le chef du gouvernement français. Celui-ci, néanmoins, avait de meilleures raisons que la colère : il tenait au Piémont comme à la plus belle des provinces italiennes pour nous, car elle nous permettait de déboucher toujours en Italie, et d'y avoir sans cesse une armée. Elle devenait enfin pour la France ce que le Milanais avait été si long-temps pour l'Autriche.

On avait été constamment d'accord avec la Russie sur les affaires d'Allemagne ; il n'y avait par conséquent aucune difficulté sur ce dernier sujet.

On rédigea donc le traité d'après ces bases, de concert avec le nouveau négociateur, M. de Markoff, récemment arrivé de Pétersbourg. On signa un premier traité patent, où il fut dit purement et simplement, que la bonne intelligence était rétablie entre les deux gouvernements, et qu'ils ne souffriraient pas que les sujets émigrés de l'un ou de l'autre pays, entretinssent des menées coupables dans leur ancienne patrie. Cet article avait trait aux Polonais d'une part, aux Bourbons de l'autre. A ce traité patent fut jointe une convention secrète, dans laquelle il était dit, que, les deux empires s'étant bien trouvés de leur intervention dans les affaires d'Allemagne, à l'époque du traité de Teschen, ils réuniraient de nouveau leur influence, pour amener en Allemagne les arrangements territoriaux les plus favorables au bon équilibre de l'Europe; que la France notamment s'emploierait à procurer une indemnité avantageuse à l'électeur de Bavière, au grand-duc de Wurtemberg, au granc-duc de Baden (ce dernier avait été ajouté à la liste des protégés de la Russie, à cause de la nouvelle impératrice, qui était une princesse badoise); que les États de Naples seraient évacués à la paix maritime, et jouiraient de la neutralité en cas de guerre, et enfin qu'on s'entendrait à l'amiable sur les intérêts du roi de Sardaigne, quand il y aurait lieu, *et de la manière la plus compatible avec l'état actuel des choses.*

Le Premier Consul envoya sur-le-champ son aide-de-camp Caulaincourt à Pétersbourg, pour porter au jeune empereur une lettre adroite et caressante, dans laquelle il se félicitait de la paix conclue, l'informait avec une sorte de complaisance d'une multitude de détails, et paraissait désormais vouloir conduire de moitié avec lui les grandes affaires du monde. M. de Caulaincourt, en attendant l'envoi d'un ambassadeur, devait remplacer Duroc, qui s'était un peu trop hâté de revenir de Pétersbourg. Le Premier Consul avait envoyé à ce dernier une somme considérable, avec ordre d'assister au couronnement de l'empereur, et d'y représenter la France avec éclat. Duroc n'ayant pas eu le temps de recevoir cette lettre, était reparti. Une autre cause l'y avait décidé. Alexandre lui avait fait adresser l'invitation d'assister à son couronnement, mais M. de Panin ne lui avait pas transmis cette invitation. Plus tard une explication ayant eu lieu à ce sujet, l'empereur, blessé de l'inexécution de ses ordres, enjoignit à M. de Panin de se rendre dans ses terres, et le remplaça par M. de Kotschoubey, l'un des membres de son conseil occulte. Le jeune empereur commençait ainsi à se débarrasser des hommes qui avaient contribué à son avénement, et qui voulaient l'entraîner dans leur politique exclusivement anglaise. Tout faisait donc présager de bonnes relations avec la Russie. Les égards délicats et flatteurs du Premier Consul ne pouvaient que rendre ce résultat plus certain.

Octob. 1801.

Ces divers traités, qui complétaient la paix du monde, furent signés à peu près en même temps que les préliminaires de Londres. La satisfaction publique était au comble, et il fut décidé qu'on donnerait une grande fête, pour célébrer la paix générale. Elle fut fixée au 18 brumaire. On ne pouvait mieux en choisir le jour, car c'était à la révolution du 18 brumaire, qu'il fallait attribuer tant de beaux résultats. Lord Cornwallis dut y

Fête pour la paix générale.

Nov. 1801.

Lord Cornwallis à Paris.

assister. Il arriva le 16 brumaire (7 novembre) à Paris avec un grand nombre de ses compatriotes. A peine la signature des préliminaires avait-elle été donnée, que les demandes de passe-ports pour la France s'étaient multipliées chez M. Otto. On en avait envoyé trois cents. Cela ne suffit pas, il fallut en envoyer un nombre illimité. Les bâtiments destinés à venir chercher des denrées françaises, et à nous apporter des marchandises anglaises, mirent le même empressement à obtenir des sauf-conduits. Toutes ces demandes furent accordées avec la plus parfaite bonne volonté, et les relations se trouvèrent rétablies sur-le-champ avec une promptitude et une ardeur incroyables. Le 18 brumaire Paris était déjà rempli d'Anglais, impatients de voir cette France si nouvelle, et devenue tout à coup si brillante, de voir surtout l'homme qui dans ce moment faisait l'admiration de l'Angleterre et du monde. L'illustre Fox était du nombre des Anglais impatients de visiter la France. Le jour de cette fête, qui fut belle par la joie paisible et profonde de toutes les classes de citoyens, la circulation des voitures était interdite. On n'avait fait d'exception que pour lord Cornwallis. La foule s'ouvrait avec empressement et respect devant cet honorable représentant des armées anglaises, qui venait faire la paix de sa nation avec la nôtre. Il était surpris de trouver cette France si différente des tableaux hideux qu'en traçaient à Londres les émigrés. Tous ses compatriotes partageaient le même sentiment, et l'exprimaient avec une naïve admiration.

Tandis que cette fête avait lieu à Paris, un banquet superbe était donné à Londres dans la Cité, et on y portait, au milieu des acclamations les plus vives, les toasts suivants :

Au roi de la Grande-Bretagne!

Au prince de Galles!

A la liberté, à la prospérité des royaumes-unis de la Grande-Bretagne et de l'Irlande!

Au Premier Consul Bonaparte, à la liberté, au bonheur de la République française.

Des acclamations bruyantes et unanimes accompagnèrent ce dernier toast.

La paix de la France était faite avec toutes les puissances de la terre. Il restait une seule paix à conclure, plus difficile peut-être que les précédentes, car elle exigeait un tout autre génie que celui des batailles, et elle était fort désirable aussi, puisqu'elle devait rétablir le repos dans les âmes, l'union dans les familles. Cette paix était celle de la République avec l'Église. Le moment est donc venu de raconter les négociations laborieuses dont elle était l'objet, avec le représentant du Saint-Siége.

FIN DU ONZIÈME LIVRE.

LIVRE DOUZIÈME.

CONCORDAT.

L'Église catholique pendant la Révolution française. — Constitution civile du clergé décrétée par l'Assemblée Constituante. — Cette constitution avait voulu assimiler l'administration des cultes à celle du royaume, établir un diocèse par département, faire élire les évêques par les fidèles, et les dispenser de l'institution canonique. — Serment à cette constitution exigé de la part du clergé. — Refus de serment, et schisme. — Diverses catégories de prêtres, leur rôle et leur influence. — Inconvénients de cet état de choses. — Moyens qu'il fournit aux ennemis de la Révolution, pour troubler l'État et les familles. — Divers systèmes proposés pour porter remède au mal. — Le système de l'inaction. — Le système d'une Église française, dont le Premier Consul serait le chef. — Le système d'un fort encouragement au protestantisme. — Opinions du Premier Consul sur les divers systèmes proposés. — Il forme le projet de rétablir la religion catholique, en appropriant sa discipline aux nouvelles institutions de la France. — Il veut la déposition des évêques anciens titulaires, une circonscription comprenant 60 siéges au lieu de 158, la création d'un nouveau clergé composé de prêtres respectables de toutes les sectes, l'attribution à l'État de la police des cultes, un salaire aux prêtres au lieu d'une dotation territoriale, enfin la consécration par l'Église de la vente des biens nationaux. — Relations amicales du pape Pie VII avec le Premier Consul. — Monsignor Spina, chargé de négocier à Paris, retarde la négociation dans un intérêt temporel du Saint-Siége. — Désir secret de recouvrer les Légations. — Monsignor Spina sent enfin le besoin de se hâter. — Il s'abouche avec l'abbé Bernier, chargé de traiter pour la France. — Difficultés du plan proposé à la cour romaine. — Le Premier Consul envoie son projet à Rome, et demande au Pape de s'expliquer. — Trois cardinaux consultés. — Le Pape, après cette consultation, veut que la religion catholique soit déclarée religion de l'État, qu'on le dispense de déposer les anciens titulaires, et de consacrer autrement que par son silence la vente des biens d'Église, etc. — Débats avec M. de Cacault, ministre de France à Rome. — Le Premier Consul, fatigué de ces lenteurs, ordonne à M. de Cacault de quitter Rome sous cinq jours, si le Concordat n'est pas adopté dans ce délai. — Terreurs du Pape et du cardinal Consalvi. — M. de Cacault suggère au cabinet pontifical l'idée d'envoyer à Paris le cardinal Consalvi. — Départ de celui-ci pour la France, et

CONCORDAT.

ses frayeurs. — Son arrivée à Paris. — Accueil bienveillant du Premier Consul. — Conférences avec l'abbé Bernier. — On s'entend sur le principe d'une religion d'État. — On déclare la religion catholique, religion de la majorité des Français. — Toutes les autres conditions du Premier Consul, relativement à la déposition des anciens titulaires, à la nouvelle circonscription, à la vente des biens d'Église, sont acceptées, sauf quelques changements de rédaction. — Accord définitif sur tous les points. — Efforts tentés au dernier moment par les adversaires du rétablissement des cultes, afin d'empêcher le Premier Consul de signer le Concordat. — Il persiste. — Signature donnée le 15 juillet 1801. — Retour du cardinal Consalvi à Rome. — Satisfaction du Pape. — Solennité des ratifications. — Choix du cardinal Caprara, comme légat *a latere*. — Le Premier Consul aurait voulu célébrer le 18 brumaire la paix de l'Église, en même temps que la paix avec toutes les puissances de l'Europe. — La nécessité de s'adresser aux anciens titulaires, pour avoir leur démission, entraîne des retards. — Demande de leur démission adressée par le Pape à tous les anciens évêques, constitutionnels ou non constitutionnels. — Sage soumission des constitutionnels. — Noble résignation des membres de l'ancien clergé. — Admirables réponses. — Il n'y a de résistance que de la part des évêques retirés à Londres. — Tout est prêt pour le rétablissement du culte en France, mais une vive opposition dans le sein du Tribunat fait naître de nouveaux délais. — Nécessité de vaincre cette opposition avant de passer outre.

Mars 1801.

Le Premier Consul aurait voulu que le jour anniversaire du 18 brumaire, consacré à célébrer la réconciliation de la France avec l'Europe, pût l'être aussi à célébrer la réconciliation de la France avec l'Église. Il avait fait les plus grands efforts pour que les négociations avec le Saint-Siége fussent terminées en temps utile, et que les cérémonies religieuses vinssent se mêler aux fêtes populaires. Mais il est encore moins facile de traiter avec les puissances spirituelles qu'avec les puissances temporelles, car les batailles gagnées n'y suffisent pas ; et c'est l'honneur de la pensée humaine de ne pouvoir être vaincue que par la force accompagnée de la persuasion.

Négociations avec le Saint-Siége.

C'est ce difficile travail de la persuasion jointe à la force, que le vainqueur de Rivoli et de Marengo avait entrepris auprès de l'Église romaine, pour la réconcilier avec la République française.

La Révolution, comme nous l'avons déjà dit bien des fois, avait dépassé le but en beaucoup de choses. La ramener en arrière, quant à ces choses seulement, et pas plus en deçà qu'au delà du but, était une réaction légitime, salutaire, que le Premier Consul avait entreprise, et qu'alors il rendait admirable, par la sagesse et l'habileté des moyens qu'il y employait.

La religion était évidemment une des choses à l'égard desquelles la Révolution avait dépassé toutes les bornes justes et raisonnables. Nulle part il n'y avait autant à réparer.

Il avait existé sous l'ancienne monarchie un clergé puissant, en possession d'une grande partie du sol, ne supportant aucune des charges publiques, faisant seulement quand il lui plaisait des dons volontaires au trésor royal, constitué en pouvoir politique, et formant l'un des trois ordres qui, dans les États-Généraux, exprimaient les volontés nationales. La Révolution avait emporté le clergé avec sa fortune, son influence et ses priviléges; elle l'avait emporté avec la noblesse, les parlements, et le trône lui-même. Il était impossible qu'elle fît autrement. Un clergé propriétaire, et constitué en pouvoir politique, pouvait convenir dans la société du moyen âge, être utile alors à la civilisation, mais il était inadmissible au dix-huitième siècle. L'Assemblée Constituante avait bien fait de l'abolir, et de mettre à la place un clergé voué uniquement aux fonctions du culte, étranger aux délibérations de l'État, salarié au lieu d'être propriétaire. Mais c'était exiger beaucoup du Saint-Siége, que de lui demander l'approbation de tels changements. Si on voulait réussir, il fallait s'en tenir là, et ne pas lui fournir un prétexte légitime de dire, qu'on attaquait la religion elle-même, dans ce qu'elle avait d'immuable et de sacré. L'Assemblée Constituante, poussée par ce goût de régularité, si naturel à l'esprit des réformateurs, assimila, sans hésiter, l'administration de l'Église à celle de l'État. Il y avait des diocèses trop vastes, d'autres trop restreints ; elle voulut que la circonscription ecclésiastique fût la même que la circonscription administrative, et créa un diocèse par département. Rendant électives toutes les fonctions civiles et judiciaires, elle voulut rendre électives aussi les fonctions ecclésiastiques. Cette disposition lui paraissait d'ailleurs un retour aux temps de la primitive Église, où les évêques étaient élus par les fidèles. Elle supprima du même coup l'institution canonique, c'est-à-dire la confirmation des évêques par le Pape ; et de toutes ces dispositions, elle composa ce qu'on a nommé la Constitution civile du clergé. Les hommes qui agissaient de la sorte étaient animés d'intentions fort pieuses. C'étaient des croyants véritables, des jansénistes fervents, mais des esprits étroits, entêtés de disputes théologiques, esprits, par conséquent, fort dangereux dans les affaires humaines. Pour compléter la faute, ils exigèrent du clergé français, qu'il prêtât serment

<small>Mars 1801.</small>

<small>Constitution civile du clergé.</small>

Mars 1801.

Ce que c'était que le serment.

à la Constitution civile. C'était faire naître un cas de conscience pour les prêtres sincères, et un prétexte pour les prêtres malveillants : c'était, en un mot, préparer un schisme. Rome, déjà blessée des malheurs du trône, fut bientôt irritée des malheurs de l'autel. Elle interdit le serment. Une partie du clergé, fidèle à sa voix, refusa de le prêter; une autre partie y consentit, et forma, sous le titre de clergé *assermenté*, ou constitutionnel, le clergé reconnu par l'État, et seul admis à exercer les fonctions du culte. On ne proscrivit pas encore les prêtres; on se contenta d'interdire l'exercice du sacerdoce aux uns, et d'en investir les autres. Mais les prêtres mis à l'écart furent généralement préférés par les fidèles, parce que la conscience religieuse est susceptible, prompte à s'alarmer, défiante surtout du pouvoir. Elle se tournait vers les ecclésiastiques qui passaient pour orthodoxes, et qui semblaient persécutés. Elle s'éloignait par instinct de ceux dont l'orthodoxie était contestée, et qui avaient pour eux l'appui du gouvernement. Il y eut

Schisme et persécution sous la Législative et la Convention.

donc alors un culte public et un culte clandestin, celui-ci plus suivi que celui-là. Les passions ennemies de la Révolution se liguèrent avec la religion offensée, et la précipitèrent dans les fautes de l'esprit de faction. D'un schisme on en vint bientôt, dans les campagnes de la Vendée, à une guerre civile effroyable. La Révolution ne resta pas en arrière, et de la simple privation des fonctions ecclésiastiques, elle arriva en peu de temps à la persécution. Elle proscrivit les prêtres et les déporta.

Puis vint l'abolition de tous les cultes, et la proclamation de l'Être suprême. Alors, prêtres soumis ou insoumis aux lois, *assermentés* ou *non-assermentés*, furent traités à l'égal les uns des autres, et envoyés tous à ce même échafaud, où royalistes, constituants, girondins, montagnards, allaient mourir ensemble.

Mars 1804.

Sous le Directoire, la proscription sanglante cessa. Un régime variable, inclinant tantôt à l'indifférence, tantôt à la rigueur, maintint encore l'Église proscrite dans un état d'anxiété. Le Premier Consul, par sa puissance, et par l'évidence de ses intentions réparatrices, rassurant tous ceux qui avaient souffert, à quelque titre que ce fût, fit sortir de leurs retraites cachées, ou revenir de l'exil, les ministres du culte. Mais, en les attirant à la lumière, il rendit le schisme plus sensible, plus choquant peut-être. Pour supprimer la difficulté du serment, il cessa de l'exiger, et mit à la place une simple promesse de soumission aux lois. Cette promesse, qui ne pouvait alarmer la conscience des prêtres, avait facilité leur retour, mais avait ajouté, en quelque sorte, de nouvelles divisions à celles qui existaient déjà, en créant dans le sein du clergé une catégorie de plus.

État des cultes sous le Directoire.

Il y avait les prêtres constitutionnels ou *assermentés*, légalement investis des fonctions sacerdotales, et jouissant de l'usage des édifices religieux, qui leur avaient été rendus en vertu d'un arrêté des Consuls. Il y avait les prêtres *non-assermentés*, n'ayant jamais voulu prêter aucun serment, qui

Différentes classes de prêtres, par suite du schisme.

après avoir vécu dans l'exil, dans les prisons, venaient de reparaître en masse dès les premiers jours du Consulat, mais qui officiaient dans des maisons particulières, et déclaraient mauvais le culte public, pratiqué dans les églises. Enfin, ces prêtres *non-assermentés* se divisaient en prêtres qui n'avaient pas fait la *promesse*, et en prêtres qui s'étaient résignés à la faire. Ces derniers n'étaient pas complétement approuvés des orthodoxes. On s'était adressé à Rome, qui, ménageant le Premier Consul, avait refusé de s'expliquer. Mais le cardinal Maury, retiré dans les États du Saint-Siége, où il était devenu évêque de Montefiascone, intermédiaire auprès du Pape du parti royaliste, et ne voulant pas, du moins alors, favoriser la soumission des prêtres au nouveau gouvernement, avait interprété le silence de Rome, et fait parvenir en France, au sujet de la *promesse*, des lettres improbatives, qui jetaient un nouveau trouble dans les consciences.

Tous ces prêtres, ainsi divisés, avaient chacun leur hiérarchie. Les prêtres constitutionnels obéissaient aux évêques, élus sous le régime de la Constitution civile. Parmi ces évêques, il y en avait de morts, les uns naturellement, les autres violemment. Ceux qui étaient morts avaient été remplacés par des évêques, qui, n'ayant pas été régulièrement élus, au milieu de la proscription qui frappait également tous les cultes, avaient usurpé leurs pouvoirs, ou s'étaient fait élire par des chapitres clandestins, espèces de coteries religieuses sans aucune autorité, ni légale ni morale. Ainsi les pouvoirs des évêques constitutionnels eux-mêmes, du point de vue de la Constitution civile, étaient chez quelques-uns d'entre eux contestés, et frappés de discrédit. Il y avait dans ce clergé un certain nombre de sujets respectables; mais, en général, ils avaient perdu la confiance des fidèles, parce qu'on les savait en désaccord avec Rome, et parce qu'ils avaient, en se mêlant aux disputes religieuses et politiques du temps, perdu la dignité du sacerdoce. Plusieurs, en effet, étaient des clubistes violents, et sans mœurs. Les meilleurs étaient des prêtres sincères, que la fureur du jansénisme avait jetés dans le schisme.

Mars 1801.

Le clergé prétendu orthodoxe avait aussi ses évêques, exerçant une autorité moins publique, mais plus réelle, et fort dangereuse. Les évêques *non-assermentés* avaient presque tous émigré. Il y en avait en Italie, en Espagne, en Allemagne, surtout en Angleterre, où ils étaient attirés par les subsides du gouvernement britannique. Correspondant avec leur diocèse, par le moyen de grands-vicaires choisis par eux et approuvés par Rome, ils gouvernaient leur église du sein de l'exil, sous l'inspiration des passions que l'exil fait naître, souvent même au profit des ennemis de la France. Ceux qui étaient morts, et le nombre en était grand depuis dix années, ceux-là étaient partout remplacés par des administrateurs cachés, revêtus des pouvoirs de la cour de Rome. De manière que l'une des précautions les plus sages, les plus anciennes de l'Église gallicane, celle de faire administrer les siéges vacants par les chapitres, et non par les agents du Saint-Siége, était complétement abandonnée. L'Église française avait ainsi perdu son indépendance, car elle était directement gouvernée par Rome, quand elle cessait de l'être par des évêques complices de l'émigration. Avec encore un peu de temps, les évêques émigrés devant être presque tous morts, l'Église entière de France eût été placée sous l'autorité ultramontaine.

Il y a des hommes que cet aspect moral d'une société déchirée par mille sectes, touche peu; ils veulent que le gouvernement dédaigne comme lui étant étrangères, ou respecte comme sacrées pour lui, ces divergences religieuses. Cependant il y a quelque chose qui ne permet pas cette superbe indifférence, c'est le trouble profond de la société, surtout quand ce trouble est toujours prêt à se changer en désordre matériel.

Ces clergés divers s'efforçaient d'attirer à eux les consciences. Le clergé constitutionnel avait peu de pouvoir; il était seulement un sujet de récriminations pour les Jacobins, qui avaient l'habitude de dire que la Révolution était partout sacrifiée, notamment dans la personne des seuls prêtres qui se fussent attachés à sa cause; à quoi le gouvernement ne pouvait évidemment rien, car il ne dépendait pas de lui de disposer des fidèles, en faveur d'un clergé ou d'un autre. Mais le clergé réputé orthodoxe agissait sur les esprits dans un sens entièrement contraire à l'ordre établi. Il cherchait à tenir éloignés du gouvernement, tous ceux que la fatigue des dissensions civiles tendait à ramener au Premier Consul. S'il eût été possible de réveiller les passions de la Vendée, il l'eût fait. Il y entretenait encore de sourdes défiances, et une sorte de mécontentement. Il troublait le Midi, moins soumis que la Vendée, et dans les montagnes du centre de la France, réunissait tumultueusement la population autour des curés orthodoxes. Partout ce clergé inquiétait les consciences, agitait les familles, en persuadant à tous ceux qui avaient été ou baptisés, ou mariés de la main des *assermentés*, qu'ils n'étaient pas dans le sein de la véritable communion catholique, et qu'ils devaient de nouveau se faire baptiser ou marier, s'ils voulaient devenir de vrais chrétiens, ou sortir du concubinage. Ainsi l'état des familles, non pas du point de vue légal, mais du point de vue religieux, était mis en question. Il existait plus de dix mille prêtres mariés, qui, entraînés par le vertige du temps, ou poussés même par la terreur, avaient cherché dans le mariage, les uns la satisfaction de passions qu'ils n'avaient pas su contenir, les autres une abjuration qui les sauvât de l'échafaud. Ils étaient époux, pères de familles nombreuses, et flétris par le préjugé public, tant qu'on ne leur procurait pas le pardon de l'Église.

Les acquéreurs de biens nationaux, ceux de tous les citoyens que le gouvernement avait le plus d'intérêt à protéger, vivaient aussi dans un état de trouble et d'oppression. Ils étaient assiégés au lit de mort de suggestions perfides, et menacés d'une damnation éternelle, s'ils ne consentaient à des arrangements spoliateurs. La confession devenait ainsi une arme puissante dont se servaient les émigrés,

Mars 1801.

pour porter atteinte à la propriété, au crédit public, en un mot à l'un des principes les plus essentiels de la Révolution, l'inviolabilité des ventes nationales. La police de l'État, et les lois, étaient également impuissantes contre les maux de ce genre.

Tous ces désordres n'étaient pas de ceux qu'un gouvernement doit regarder avec indifférence. Quand les sectes religieuses n'ont d'autre conséquence que de pulluler sur un vaste sol comme celui de l'Amérique, que de se succéder à l'infini, en ne laissant après elles que le souvenir passager d'inventions ridicules, ou de pratiques indécentes, on conçoit, jusqu'à un certain point, que l'État demeure indifférent et inactif. La société présente un triste aspect moral, mais l'ordre public n'est pas sérieusement troublé. Il n'en était pas ainsi, au milieu de la vieille société française en 1801. On ne pouvait pas, sans un immense péril, livrer aux factions ennemies le gouvernement des âmes. On ne pouvait pas laisser dans leurs mains les torches de la guerre civile, avec faculté de les secouer quand elles voudraient, sur la Vendée, sur la Bretagne, sur les Cévennes. On ne pouvait pas leur permettre de troubler le repos des familles, d'assiéger le lit des mourants pour extorquer des stipulations iniques, de mettre en doute le crédit de l'État, d'ébranler enfin toute une classe de propriétés, celles mêmes que la Révolution avait promis de rendre à jamais inviolables.

La manière de penser du Premier Consul sur la constitution des sociétés, était trop juste et trop profonde, pour qu'il pût voir d'un œil indifférent les désordres religieux de la France à cette époque; et il avait d'ailleurs, pour y porter la main, des motifs plus élevés encore que ceux que nous venons d'indiquer, s'il y en a de plus élevés que l'ordre public et le repos des familles.

Il faut une croyance religieuse, il faut un culte à toute association humaine. L'homme, jeté au milieu de cet univers, sans savoir d'où il vient, où il va, pourquoi il souffre, pourquoi même il existe, quelle récompense ou quelle peine recevront les longues agitations de sa vie; assiégé des contradictions de ses semblables, qui lui disent, les uns qu'il y a un Dieu, auteur profond et conséquent de toutes choses, les autres qu'il n'y en a pas; ceux-ci, qu'il y a un bien, un mal, qui doivent servir de règle à sa conduite; ceux-là, qu'il n'y a ni bien ni mal, que ce sont là les inventions intéressées des grands de la terre : l'homme, au milieu de ces contradictions, éprouve le besoin impérieux, irrésistible, de se faire sur tous ces objets une croyance arrêtée. Vraie ou fausse, sublime ou ridicule, il s'en fait une. Partout, en tout temps, en tout pays, dans l'antiquité comme dans les temps modernes, dans les pays civilisés comme dans les pays sauvages, on le trouve au pied des autels, les uns vénérables, les autres ignobles ou sanguinaires. Quand une croyance établie ne règne pas, mille sectes, acharnées à la dispute comme en Amérique, mille superstitions honteuses comme en Chine, agitent, ou dégradent l'esprit humain. Ou bien, si, comme en France en quatre-vingt-treize, une commotion passagère a emporté l'antique reli-

Mars 1801.

Besoin d'une religion chez tous les peuples.

gion du pays, l'homme, à l'instant même où il avait fait vœu de ne plus rien croire, se dément après quelques jours, et le culte insensé de la déesse Raison, inauguré à côté de l'échafaud, vient prouver que ce vœu était aussi vain qu'il était impie.

A en juger donc par sa conduite ordinaire et constante, l'homme a besoin d'une croyance religieuse. Dès lors que peut-on souhaiter de mieux à une société civilisée, qu'une religion nationale, fondée sur les vrais sentiments du cœur humain, conforme aux règles d'une morale pure, consacrée par le temps, et qui, sans intolérance et sans persécution, réunisse, sinon l'universalité, au moins la grande majorité des citoyens, au pied d'un autel antique et respecté?

Une telle croyance, on ne saurait l'inventer, quand elle n'existe pas depuis des siècles. Les philosophes, même les plus sublimes, peuvent créer une philosophie, agiter par leur science le siècle qu'ils honorent : ils font penser, ils ne font pas croire. Un guerrier couvert de gloire peut fonder un empire, il ne saurait fonder une religion. Que dans les temps anciens, des sages, des héros, s'attribuant des relations avec le ciel, aient pu soumettre l'esprit des peuples, et lui imposer une croyance, cela s'est vu. Mais, dans les temps modernes, le créateur d'une religion serait tenu pour un imposteur; et, entouré de terreur comme Robespierre, ou de gloire comme le jeune Bonaparte, il aboutirait uniquement au ridicule.

On n'avait rien à inventer en 1800. Cette croyance pure, morale, antique, existait : c'était la vieille religion du Christ, ouvrage de Dieu suivant les uns, ouvrage des hommes suivant les autres, mais suivant tous, œuvre profonde d'un réformateur sublime; réformateur commenté pendant dix-huit siècles par les conciles, vastes assemblées des esprits éminents de chaque époque, occupées à discuter, sous le titre d'hérésies, tous les systèmes de philosophie, adoptant successivement sur chacun des grands problèmes de la destinée de l'homme les opinions les plus plausibles, les plus sociales, les adoptant pour ainsi dire à la majorité du genre humain, arrivant enfin à produire ce corps de doctrine invariable, souvent attaqué, toujours triomphant, qu'on appelle UNITÉ CATHOLIQUE, et au pied duquel sont venus se soumettre les plus beaux génies! Elle existait, cette religion, qui avait rangé sous son empire tous les peuples civilisés, formé leurs mœurs, inspiré leurs chants, fourni le sujet de leurs poésies, de leurs tableaux, de leurs statues, empreint sa trace dans tous leurs souvenirs nationaux, marqué de son signe leurs drapeaux, tour à tour vaincus ou victorieux! Elle avait disparu un moment dans une grande tempête de l'esprit humain; mais, la tempête passée, le besoin de croire revenu, elle s'était retrouvée au fond des âmes, comme la croyance naturelle et indispensable de la France et de l'Europe.

Quoi de plus indiqué, de plus nécessaire en 1800, que de relever cet autel de saint Louis, de Charlemagne et de Clovis, un instant renversé? Le général Bonaparte, qui eût été ridicule s'il avait voulu se faire prophète ou révélateur, était dans le vrai rôle

Mars 1801.

Motifs qui portent le Premier Consul à rétablir le culte catholique.

que lui assignait la Providence, en relevant de ses mains victorieuses cet autel vénérable, en y ramenant par son exemple les populations quelque temps égarées. Et il ne fallait pas moins que sa gloire pour une telle œuvre! De grands génies, non pas seulement parmi les philosophes, mais parmi les rois, Voltaire et Frédéric, avaient déversé le mépris sur la religion catholique, et donné le signal des railleries pendant cinquante années. Le général Bonaparte, qui avait autant d'esprit que Voltaire, plus de gloire que Frédéric, pouvait seul, par son exemple et ses respects, faire tomber les railleries du dernier siècle.

Sur ce sujet, il ne s'était pas élevé le moindre doute dans sa pensée. Ce double motif de rétablir l'ordre dans l'État et la famille, et de satisfaire au besoin moral des âmes, lui avait inspiré la ferme résolution de remettre la religion catholique sur son ancien pied, sauf les attributions politiques, qu'il regardait comme incompatibles avec l'état présent de la société française.

Est-il besoin, avec des motifs tels que ceux qui le dirigeaient, de rechercher s'il agissait par une inspiration de la foi religieuse, ou bien par politique et par ambition? Il agissait par sagesse, c'est-à-dire par suite d'une profonde connaissance de la nature humaine, cela suffit. Le reste est un mystère, que la curiosité, toujours naturelle quand il s'agit d'un grand homme, peut chercher à pénétrer, mais qui importe peu. Il faut dire cependant, à cet égard, que la constitution morale du général Bonaparte le portait aux idées religieuses. Une intelligence supérieure est saisie, à proportion de sa supériorité même, des beautés de la création. C'est l'intelligence qui découvre l'intelligence dans l'univers, et un grand esprit est plus capable qu'un petit de voir Dieu à travers ses œuvres. Le général Bonaparte controversait volontiers sur les questions philosophiques et religieuses, avec Monge, Lagrange, Laplace, savants qu'il honorait et qu'il aimait, et les embarrassait souvent, dans leur incrédulité, par la netteté, la vigueur originale de ses arguments. A cela il faut ajouter encore, que, nourri dans un pays inculte et religieux, sous les yeux d'une mère pieuse, la vue du vieil autel catholique éveillait chez lui les souvenirs de l'enfance, toujours si puissants sur une imagination sensible et grande. Quant à l'ambition, que certains détracteurs ont voulu donner comme unique motif de sa conduite en cette circonstance, il n'en avait pas d'autre alors que de faire le bien, en toutes choses ; et sans doute, s'il voyait, comme récompense de ce bien accompli, une augmentation de pouvoir, il faut le lui pardonner. C'est la plus noble, la plus légitime ambition, que celle qui cherche à fonder son empire sur la satisfaction des vrais besoins des peuples.

La tâche qu'il s'était proposée, facile en apparence, puisqu'il s'agissait de satisfaire à un besoin public très-réel, était cependant fort épineuse. Les hommes qui l'entouraient, presque sans exception, étaient peu disposés au rétablissement de l'ancien culte ; et ces hommes, magistrats, guerriers, littérateurs ou savants, étaient les auteurs de la Révolution française, les vrais, les uniques défenseurs de cette Révolution alors décriée, ceux avec lesquels il fallait la terminer, en réparant ses fautes, en consacrant définitivement ses résultats raisonnables et légitimes. Le Premier Consul avait donc à contrarier vivement ses collaborateurs, ses soutiens, ses amis. Ces hommes, pris dans les rangs des révolutionnaires modérés, n'avaient pas, avec Robespierre et Saint-Just, versé le sang humain, et il leur était facile de désavouer les grands excès de la Révolution; mais ils avaient partagé les erreurs de l'Assemblée Constituante, répété en souriant les plaisanteries de Voltaire, et il n'était pas facile de leur faire avouer qu'ils avaient long-temps méconnu les plus hautes vérités de l'ordre social. Des savants comme Laplace, Lagrange, et surtout Monge, disaient au Premier Consul qu'il allait abaisser devant Rome la dignité de son gouvernement et de son siècle. M. Rœderer, le plus fougueux monarchiste du temps, celui qui voulait le plus promptement, le plus complétement possible, le retour à la monarchie, voyait cependant avec peine le projet de rétablir l'ancien culte. M. de Talleyrand lui-même, le prôneur assidu de tout ce qui pouvait rapprocher le présent du passé, et la France de l'Europe, M. de Talleyrand, l'ouvrier en second, mais l'ouvrier utile et zélé de la paix générale, voyait néanmoins avec assez de froideur ce qu'on appelait la paix religieuse. Il voulait bien qu'on ne persécutât plus les prêtres; mais, gêné par des souvenirs personnels, il ne désirait guère qu'on rétablît l'ancienne Église catholique, avec ses règles et sa discipline. Les compagnons d'armes du général Bonaparte, les généraux qui avaient combattu sous ses ordres, dépourvus la plupart d'éducation première, nourris des vulgaires railleries des camps, quelques-uns des déclamations des clubs, répugnaient à la restauration du culte. Quoique entourés de gloire, ils semblaient craindre le ridicule qui pouvait les atteindre au pied des autels. Enfin, les frères du général Bonaparte, vivant beaucoup avec les lettrés du temps, encore imbus des écrits du dernier siècle, craignant pour le pouvoir de leur frère tout ce qui avait l'apparence d'une résistance sérieuse, et ne sachant pas voir qu'au delà de cette résistance intéressée ou peu éclairée des hommes qui approchaient le gouvernement, il y avait le besoin réel, et déjà senti des masses populaires, lui déconseillaient fortement ce qu'ils regardaient comme une réaction imprudente, ou prématurée.

On assiégeait donc le Premier Consul de conseils de toute espèce. Les uns lui disaient de ne pas se mêler des affaires religieuses, de se borner à ne plus persécuter les prêtres, et de laisser les *assermentés* et les *insermentés* s'entendre comme ils pourraient. Les autres, reconnaissant le danger de l'indifférence et de l'inaction, l'engageaient à saisir l'occasion au vol, à se faire sur-le-champ le chef d'une Église française, et à ne plus laisser ainsi dans les mains d'une autorité étrangère l'immense pouvoir de la religion. D'autres enfin lui proposaient de pousser la France vers le protestantisme, et lui disaient que s'il donnait l'exemple en se faisant protestant, elle suivrait cet exemple avec empressement.

Le Premier Consul résistait de toutes les forces et de sa raison et de son éloquence, à ces vulgaires conseils. Il s'était formé une bibliothèque religieuse, composée de peu de livres, mais bien choisis, relatifs pour la plupart à l'histoire de l'Église, et surtout aux rapports de l'Église avec l'État; il s'était fait traduire les écrits latins de Bossuet sur cette matière; il avait dévoré tout cela, dans les courts instants que lui laissait la direction des affaires, et suppléant par son génie à ce qu'il ignorait, comme dans la composition du Code civil, il étonnait tout le monde par la justesse, l'étendue, la variété de son savoir sur la matière des cultes. Suivant sa coutume quand il était plein d'une pensée, il s'en expliquait tous les jours avec ses collègues, avec ses ministres, avec les membres du Conseil d'État ou du Corps Législatif, avec tous les hommes enfin dont il croyait utile de redresser l'opinion. Il réfutait successivement les systèmes erronés qu'on lui proposait, et le faisait par des arguments précis, nets, décisifs.

Au système qui consistait à ne pas se mêler du tout des affaires religieuses, il répondait que l'indifférence, tant prônée par certains esprits dédaigneux, était peu de mise chez un peuple que l'on venait de voir, par exemple, envahir une église, et menacer de la saccager, parce qu'on avait refusé la sépulture à une actrice chérie du public. Comment rester indifférent dans un pays qui, avec la prétention d'être indifférent, l'était si peu? Le Premier Consul demandait d'ailleurs comment on ferait pour ne pas s'en mêler, quand les prêtres *assermentés* ou *non-assermentés* se disputaient entre eux les édifices du culte, et venaient invoquer à chaque instant l'intervention de l'autorité publique pour saisir les uns et dessaisir les autres. Il demandait comment on ferait, lorsque le clergé constitutionnel, déjà peu suivi par la population croyante, serait abandonné tout à fait par elle, et que le clergé qui avait refusé le serment, seul écouté et suivi, serait exclusivement en possession d'exercer le culte, comme il arrivait déjà, et le pratiquerait dans des réunions clandestines. Ne faudrait-il pas restituer enfin le temporel du culte, à ceux qui en auraient conquis le spirituel? Ne serait-ce pas là s'en mêler? Et puis, ces prêtres dont la Révolution avait pris la dotation territoriale, il fallait bien les faire vivre, et pour cela leur donner des appointements sur le budget de l'État, ou souffrir qu'ils organisassent, à titre de contributions volontaires, un vaste système d'impôt, dont le produit s'élèverait à une somme de 30 ou 40 millions, dont la distribution appartiendrait à eux seuls, peut-être à une autorité étrangère, et peut-être même irait un jour, à l'insu du gouvernement, alimenter en Vendée les vieux soldats de la guerre civile. Quoi qu'on fît, le gouvernement serait donc arraché malgré lui à son inaction, soit qu'il eût à maintenir le bon ordre, soit qu'il eût à disposer des édifices du culte, soit enfin qu'il eût à payer lui-même les prêtres, ou à surveiller leur mode de payement. Il aurait ainsi la charge de

Mars 1801.

qu'il ne faut pas se mêler des affaires du culte.

214 LIVRE XII.

Mars 1804.

gouverner, sans en avoir les avantages, sans pouvoir, en s'emparant de l'administration religieuse par un sage accord avec le Saint-Siége, ramener le clergé au gouvernement, l'associer à ses intentions réparatrices, rétablir le repos dans les familles, tranquilliser les mourants, les acquéreurs de biens nationaux, les prêtres mariés, etc., tous les hommes enfin compromis au service de la Révolution.

L'inaction était donc un pur rêve, suivant le Premier Consul, et de plus une duperie, imaginée par des gens qui n'avaient aucune idée pratique en fait de gouvernement.

Opinion du Premier Consul sur la création d'une Église française indépendante de Rome, et dont il serait le chef.

Quant à la pensée de créer une Église française, indépendante, comme l'Église anglaise, de toute suprématie étrangère, et au lieu d'un chef spirituel placé au dehors, ayant un chef temporel placé à Paris, qui ne serait autre que le gouvernement lui-même, c'est-à-dire le Premier Consul, il la trouvait aussi vaine que digne de mépris. Lui, homme de guerre, portant l'épée et les éperons, livrant des batailles, se ferait chef d'église, espèce de pape, réglant la discipline et le dogme! Mais on voulait le rendre aussi odieux que Robespierre, l'inventeur du culte de l'Être suprême, ou aussi ridicule que Laréveillère-Lepeaux, l'inventeur de la théophilanthropie! Qui donc le suivrait? qui donc lui composerait un troupeau de fidèles? Ce ne seraient pas les chrétiens orthodoxes assurément, formant d'ailleurs le grand nombre des catholiques, et ne voulant pas suivre même de saints prêtres, qui n'avaient eu d'autre tort que celui de prêter le serment ordonné par les lois. Ce seraient quelques mauvais ecclésiastiques, quelques moines échappés de leurs couvents, habitués des clubs, ayant vécu de scandale ou voulant en vivre encore, et attendant du chef de la nouvelle Église qu'il permît le mariage des prêtres! Il n'aurait pas même pour lui l'abbé Grégoire, qui, tout en demandant le retour à la primitive Église, tenait cependant à rester en communion avec le successeur de saint Pierre! Il n'aurait pas même Laréveillère-Lepeaux, qui voulait réduire le culte à quelques chants religieux, à quelques fleurs déposées sur un autel! Et c'est là l'Église dont on prétendait le faire le chef! c'était là le rôle auquel on voulait réduire le vainqueur de Marengo et de Rivoli, le restaurateur de l'ordre social! Et c'étaient les amis ombrageux de la liberté qui lui proposaient un tel projet!... Mais, en supposant que ce projet réussît, ce qui d'ailleurs était impossible, et qu'à son pouvoir temporel déjà immense, le Premier Consul réunît le pouvoir spirituel, il deviendrait le plus redoutable des tyrans, il serait le maître des corps et des âmes, il ne serait pas moins que le sultan de Constantinople, qui est à la fois chef de l'État, de l'armée et de la religion! Du reste, c'était là une vaine hypothèse; il ne serait qu'un tyran dérisoire, car il ne réussirait qu'à produire le schisme le plus sot de tous. Lui, qui voulait être le pacificateur de la France et du monde, terminer toutes les divisions politiques et religieuses, serait l'auteur d'un nouveau schisme, un peu plus absurde et pas moins dangereux que les précédents. Oui, sans doute,

Mars 1801.

disait le Premier Consul, il me faut un pape, mais il me faut un pape qui rapproche au lieu de diviser, qui réconcilie les esprits, les réunisse, et les donne au gouvernement sorti de la Révolution, pour prix de la protection qu'il en aura obtenue. Et, pour cela, il me faut le vrai Pape, catholique, apostolique et romain, celui qui siége au Vatican. Avec les armées françaises et des égards, j'en serai toujours suffisamment le maître. Quand je relèverai les autels, quand je protégerai les prêtres, quand je les nourrirai et les traiterai comme les ministres de la religion méritent de l'être en tous pays, il fera ce que je lui demanderai, dans l'intérêt du repos général. Il calmera les esprits, les réunira sous sa main, et les placera sous la mienne. Hors de là, il n'y a que continuation et aggravation du schisme désolant qui nous dévore, et pour moi un immense, un ineffaçable ridicule.

Le Premier Consul écarte l'idée de pousser la France au protestantisme.

Quant à l'idée de pousser la France au protestantisme, elle paraissait au Premier Consul plus que ridicule, elle lui paraissait odieuse. D'abord il croyait qu'il n'y réussirait pas davantage. On s'imaginait à tort, suivant lui, qu'en France on pouvait tout ce qu'on voulait. C'était une erreur peu honorable pour ceux qui la commettaient, car ils supposaient la France sans conscience et sans opinion. Il ferait, disait-on, tout ce qu'il voudrait; oui, répondait-il, mais dans le sens des besoins, vrais et sentis de la France. Elle était dans un trouble profond, et il lui avait apporté le calme le plus parfait; il l'avait trouvée en proie à des anarchistes, qui commençaient même à ne plus savoir la défendre contre l'étranger, et il avait dispersé ces anarchistes, rétabli l'ordre, renvoyé loin des frontières les Autrichiens et les Russes, donné la paix dont on était avide ; il avait fait cesser, en un mot, les scandales d'un gouvernement faible et dissolu : était-il bien étonnant qu'on lui laissât faire de telles choses? Et encore, tout récemment, les opposants du Tribunat avaient voulu lui refuser le moyen de purger les grandes routes des brigands qui les infestaient! Et on prétendait après cela qu'il pourrait tout ce qui lui plairait! C'était une erreur. Il pouvait ce qui était dans le sens des besoins et des opinions régnant dans le moment en France, mais pas davantage. Il le pouvait mieux, plus puissamment qu'un autre, mais il ne pourrait rien contre le mouvement actuel des esprits. Ce mouvement portait vers le rétablissement de toutes les choses essentielles dans une société : la religion était la première. Je suis bien puissant aujourd'hui, s'écriait le Premier Consul ; eh bien! si je voulais changer la vieille religion de la France, elle se dresserait contre moi, et me vaincrait. Savez-vous quand le pays était hostile à la religion catholique? C'est quand le gouvernement, d'accord avec elle, brûlait des livres, envoyait à la roue Calas et Labarre ; mais, soyez-en sûrs, si je me faisais l'ennemi de la religion, tout le pays se mettrait avec elle. Je changerais les indifférents en croyants, en catholiques sincères. Je serais un peu moins raillé peut-être en voulant pousser au protestantisme qu'en voulant me faire le patriarche d'une Église gallicane, mais je deviendrais bientôt l'objet de la haine publique. Est-ce que le protestantisme est la vieille religion de la France? Est-ce qu'il est la religion qui, après de longues guerres civiles, après mille combats, l'a définitivement emporté comme plus conforme aux mœurs, au génie de notre nation? Ne voit-on pas ce qu'il y a de violent à vouloir se mettre à la place d'un peuple, pour lui créer des goûts, des habitudes, des souvenirs même qu'il n'a pas? Le principal charme d'une religion, c'est celui des souvenirs. Pour moi, disait un jour le Premier Consul à l'un de ses interlocuteurs, je n'entends jamais à la Malmaison la cloche du village voisin, sans être ému; et qui pourrait être ému en France, dans ces prêches où personne n'est allé dans son enfance, et dont l'aspect froid et sévère convient si peu aux mœurs de notre nation? On croit peut-être que c'est un avantage de ne pas dépendre d'un chef étranger. On se trompe. Il faut un chef partout, en toutes choses. Il n'y a pas une plus admirable institution que celle qui maintient l'unité de la foi, et prévient, autant du moins qu'il est possible, les querelles religieuses. Il n'y a rien de plus odieux qu'une foule de sectes se disputant, s'invectivant, se combattant à main armée si elles sont dans leur première chaleur, ou, si elles ont pris l'habitude de vivre à côté les unes des autres, se regardant d'un œil jaloux, formant dans l'État des coteries qui se soutiennent, poussent leurs sujets, écartent ceux des sectes rivales, et donnent au gouvernement des embarras de toute espèce. Les querelles de sectes sont les plus insupportables que l'on connaisse. La dispute est le propre de la science; elle l'anime, la soutient, la conduit aux découvertes. La dispute en fait de religion, à quoi conduit-elle, sinon à l'incertitude, à la ruine de toute croyance? D'ailleurs, lorsque l'activité des esprits se dirige vers les controverses théologiques, ces controverses sont tellement absorbantes, qu'elles détournent la pensée de l'homme de toutes les recherches utiles. On rencontre rarement ensemble une grande controverse théologique, et de grands travaux de l'esprit. Les querelles religieuses sont ou cruelles et sanguinaires, ou sèches, stériles, amères : il n'y en a pas de plus odieuses. L'examen en fait de science, la foi en matière de religion, voilà le vrai, l'utile. L'institution qui maintient l'unité de la foi, c'est-à-dire le Pape, gardien de l'unité catholique, est une institution admirable. On reproche à ce chef d'être un souverain étranger. Ce chef est étranger, en effet, et il faut en remercier le ciel. Quoi! dans le même pays, se figure-t-on une autorité pareille à côté du gouvernement de l'État? Réunie au gouvernement, cette autorité deviendrait le despotisme des sultans; séparée, hostile peut-être, elle produirait une rivalité affreuse, intolérable. Le Pape est hors de Paris, et cela est bien; il n'est ni à Madrid ni à Vienne, et c'est pourquoi nous supportons son autorité spirituelle. A Vienne, à Madrid, on est fondé à en dire autant. Croit-on que, s'il était à Paris, les Viennois, les Espagnols, consentiraient à recevoir ses décisions? On est donc trop heureux qu'il réside hors de chez soi, et qu'en résidant hors de chez soi, il ne réside pas chez des rivaux, qu'il habite dans cette vieille Rome, loin de la main des empereurs d'Allemagne, loin de celle des rois de France ou des rois d'Espagne, tenant la balance entre les souverains catholiques, penchant toujours un peu vers le plus fort, et se relevant bientôt si le plus fort devient oppresseur. Ce sont les siècles qui ont fait cela, et ils l'ont bien fait. Pour le gouvernement des âmes, c'est la meilleure, la plus bienfaisante institution qu'on puisse imaginer. Je ne soutiens pas ces choses, ajoutait le Premier Consul, par entêtement de dévot, mais par raison. Tenez, disait-il un jour à Monge, celui des savants de cette époque qu'il aimait le plus, et qu'il avait sans cesse auprès de lui, tenez, ma religion, à moi, est bien simple. Je regarde cet univers si vaste, si compliqué, si magnifique, et je me dis qu'il ne peut être le produit du hasard, mais l'œuvre quelconque d'un être inconnu, tout-puissant, supérieur à l'homme autant que l'univers est supérieur à nos plus belles machines. Cherchez, Monge, aidez-vous de vos amis, les mathématiciens et les philosophes, vous ne trouverez pas une raison plus forte, plus décisive, et, quoi que vous fassiez pour la combattre, vous ne l'infirmerez pas. Mais cette vérité est trop succincte pour l'homme; il veut savoir sur lui-même, sur son avenir, une foule de secrets que l'univers ne dit pas. Souffrez que la religion lui dise tout ce qu'il éprouve le besoin de savoir, et respectez ce qu'elle aura dit. Il est vrai que ce qu'une religion avance, d'autres le nient. Quant à moi, je conclus autrement que M. de Volney. De ce qu'il y a des religions différentes, qui naturellement se contredisent, il conclut contre toutes; il prétend qu'elles sont toutes mauvaises. Moi, je les trouverais plutôt toutes bonnes, car toutes au fond disent la même chose. Elles n'ont tort que lorsqu'elles veulent se proscrire ; mais c'est là ce qu'il faut empêcher par de bonnes lois. La religion catholique est celle de notre patrie, celle dans laquelle nous sommes nés ; elle a un gouvernement profondément conçu, qui empêche les disputes, autant qu'il est possible de les empêcher avec l'esprit disputeur des hommes ; ce gouvernement est hors de Paris, il faut nous en applaudir ; il n'est pas à Vienne, il n'est pas à Madrid, il est à Rome, c'est pourquoi il est acceptable. Si, après l'institution de la papauté, il y a quelque chose d'aussi parfait, ce sont les rapports avec le Saint-Siége de l'Église gallicane, soumise et indépendante tout à la fois : soumise dans les matières de foi, indépendante quant à la police des cultes. L'unité catholique et les articles de Bossuet, voilà le vrai régime religieux ; c'est celui qu'il faut rétablir. Quant au protestantisme, il a droit à la protection la plus ferme du gouvernement ; ceux qui le professent ont un droit absolu au partage égal des avantages sociaux ; mais il n'est pas la religion de la France. Les siècles en ont décidé. En proposant au gouvernement de le faire prévaloir, on propose une violence et une impossibilité. D'ailleurs, qu'y a-t-il de plus hideux que le schisme ? qu'y a-t-il de plus affaiblissant pour une nation ? Quelle est de toutes les guerres civiles celle qui entre le plus profondément dans les cœurs, qui trouble plus douloureusement les familles? c'est la guerre religieuse. Il nous faut la finir. La paix avec l'Europe est faite; maintenons-la tant que nous pourrons; mais la paix religieuse est la plus urgente de toutes. Celle-là conclue, nous n'avons plus rien à craindre. Il est douteux que l'Europe nous laisse tranquilles bien long-temps, ni qu'elle nous souffre toujours aussi puissants que nous le sommes; mais, quand la France sera unie comme un seul homme, quand les Vendéens, les Bretons, marcheront dans nos armées avec les Bourguignons, les Lorrains, les Franc-Comtois, nous n'aurons plus à craindre l'Europe, fût-elle tout entière réunie contre nous.

C'étaient là les discours que le Premier Consul tenait sans cesse à ses conseillers intimes, à MM. Cambacérès et Lebrun, qui partageaient son avis, à MM. de Talleyrand, Fouché, Rœderer, qui ne le partageaient pas, à une foule de membres du Conseil d'État, du Corps Législatif, qui en général étaient dans d'autres idées. Il y mettait une chaleur, une constance sans égales. Il ne voyait rien de plus utile, de plus urgent que de finir les divisions religieuses, et s'y appliquait avec cette ardeur qu'il apportait dans les choses regardées par lui comme capitales.

Il avait arrêté son plan, qui était simple, sagement conçu, et qui a réussi à terminer les divisions religieuses de la France; car les disputes malheureuses que le Premier Consul devenu empereur, eut plus tard avec la cour de Rome, se passèrent entre lui, le Pape, les évêques, et n'altérèrent jamais la paix religieuse rétablie parmi les populations. On ne vit plus renaître, même quand le Pape fut prisonnier à Fontainebleau, deux cultes, deux clergés, deux classes de fidèles.

Mars 1801.

Le Premier Consul forma le projet de réconcilier la République française et l'Église romaine, en traitant avec le Saint-Siége sur la base même des principes posés par la Révolution. Plus de clergé constitué en pouvoir politique, plus de clergé propriétaire, c'était chose impossible en 1800 : un clergé uniquement voué aux fonctions du culte, salarié par le gouvernement, nommé par lui, confirmé par le Pape : une circonscription nouvelle des diocèses, qui comprendrait soixante siéges au lieu de cent cinquante-huit, existant jadis sur le territoire de l'ancienne et de la nouvelle France : la police des cultes déférée à l'autorité civile, la juridiction sur le clergé au Conseil d'État, en place des parlements abolis : tel était le plan du Premier Consul. C'était la constitution civile décrétée en 1790, avec les modifications qui pouvaient la rendre acceptable à Rome, c'est-à-dire avec des évêques nommés par le gouvernement, et institués par le Pape, au lieu d'évêques élus par les fidèles, avec une promesse générale de soumission aux lois, au lieu d'un serment à telle ou telle institution religieuse, serment qui avait servi de prétexte aux prêtres malveillants ou timorés pour élever des cas de conscience; c'était, en un mot, la véritable réforme du culte, la réforme à laquelle la Révolution aurait dû se borner, pour la rendre supportable au Pape, condition qu'il ne fal-

Plan du Premier Consul pour le rétablissement du culte catholique.

lait pas mépriser, car tout établissement religieux était impossible sans un accord sincère avec Rome.

On a dit[1] qu'il y manquait quelque chose de capital : c'était d'exiger que les évêques nommés par le pouvoir civil, fussent acceptés bon gré mal gré par le Pape. Dans ce cas, le gouvernement spirituel de Rome eût été gravement infirmé, et c'est ce qu'il ne fallait pas vouloir. Le pouvoir civil, en nommant un évêque, désigne le sujet auquel il reconnaît, avec les qualités morales d'un pasteur, les qualités politiques d'un bon citoyen, qui respecte et fera respecter les lois du pays. C'est au Pape à dire si, dans ce sujet, il reconnaît le prêtre orthodoxe, qui enseignera les vraies doctrines de l'Église catholique. Vouloir fixer un délai de quelques mois, après lequel l'institution du Pape aurait été considérée comme accordée, c'eût été forcer l'institution même, enlever au Pape son autorité spirituelle, et renouveler pas moins que la mémorable et terrible querelle des investitures. En fait de religion, il y a deux autorités : l'autorité civile du pays dans lequel le culte s'exerce, chargée de veiller au maintien des lois et des pouvoirs établis : l'autorité spirituelle du Saint-Siége, chargée de veiller au maintien de l'unité de croyance. Il faut que toutes deux concourent dans la composition du clergé. L'autorité religieuse du Saint-Siége refuse quelquefois, il est vrai, l'institution aux évêques choisis; elle se sert de ce moyen pour violenter le gouvernement temporel. Cela s'est vu en effet, et c'est un abus, mais passager, mais inévitable. L'au-

[1] L'abbé de Pradt, dans *les Quatre Concordats*.

torité civile aussi peut faillir, et cela s'est vu sous Napoléon même, ce restaurateur si éclairé, si courageux, de l'ancienne Église catholique.

Mars 1801.

Le plan du Premier Consul ne laissait donc rien à désirer pour l'établissement définitif du culte; mais il fallait s'occuper de la transition, c'est-à-dire du passage de l'état présent à l'état prochain, qu'on voulait créer. Comment faire à l'égard des siéges existants? Comment s'entendre avec ces ecclésiastiques de toute espèce, évêques ou simples prêtres, les uns *assermentés* et attachés à la Révolution, pratiquant publiquement le culte dans les églises, les autres *insermentés*, émigrés ou rentrés, exerçant clandestinement les fonctions de leur ministère, et la plupart hostiles? Le général Bonaparte imagina un système, dont l'adoption était d'une immense difficulté à Rome, car, depuis dix-huit siècles de durée, l'Église n'avait jamais fait ce qu'on allait lui proposer. D'après ce système, on devait abolir tous les diocèses existants. Pour cela, on s'adresserait aux titulaires anciens qui vivaient encore, et le Pape leur demanderait leur démission. S'ils la refusaient, il prononcerait leur déposition; et, quand on aurait ainsi fait table rase, alors on tracerait sur la carte de France soixante nouveaux diocèses, dont quarante-cinq évêchés et quinze archevêchés. Pour les remplir, le Premier Consul nommerait soixante prélats, pris indistinctement dans les *assermentés* ou *insermentés*, mais plutôt dans ces derniers, qui étaient les plus nombreux, les plus considérés, les plus chers aux fidèles. Il choisirait les uns et

Système du Premier Consul pour passer de l'ancien état au nouveau.

Il veut la suppression des anciens siéges, et la déposition par le Pape des titulaires de ces siéges.

les autres parmi les ecclésiastiques dignes de la confiance du gouvernement, respectables par leurs mœurs et réconciliés avec la Révolution française. Ces prélats, nommés par le Premier Consul, seraient institués par le Pape, et entreraient sur-le-champ en fonctions, sous la surveillance de l'autorité civile et du Conseil d'État.

Un salaire proportionné à leurs besoins leur serait alloué sur le budget de l'État. Mais en retour le Pape reconnaîtrait comme valable l'aliénation des biens de l'Église, interdirait les suggestions que les prêtres se permettaient au lit des mourants, réconcilierait avec Rome les ecclésiastiques mariés, aiderait, en un mot, le gouvernement à mettre fin à toutes les calamités du temps.

Ce plan était complet, et, à quelques détails près, excellent pour le présent comme pour l'avenir. Il réorganisait l'Église autant que possible sur le même modèle que l'État; il procédait à l'égard des individus par voie de fusion, en prenant, dans tous les partis, les hommes sages, modérés, qui mettaient le bien public au-dessus de leur entêtement révolutionnaire ou religieux. Mais on va voir à quel point le bien est difficile à exécuter, même quand il est nécessaire, même quand il est un besoin réel et pressant; car malheureusement, de ce qu'il est un besoin, il n'en résulte pas qu'il soit une notion claire, évidente, non susceptible de contestation.

A Paris, il y avait le parti des railleurs, des sectateurs encore vivants de la philosophie du dix-huitième siècle, des anciens jansénistes devenus prêtres constitutionnels, et enfin des généraux imbus de préjugés vulgaires : c'était l'obstacle du côté de la France. Mais à Rome, il y avait la fidélité aux précédents antiques, la crainte de toucher au dogme en touchant à la discipline, des scrupules religieux sincères ou affectés, surtout des ressentiments contre notre Révolution, et en particulier une sorte de complaisance à l'égard du parti royaliste français, composé d'émigrés, prêtres ou nobles, les uns résidant à Rome, les autres correspondant avec elle, tous ennemis passionnés de la France et du nouvel ordre de choses qui commençait à s'y établir : c'était l'obstacle du côté du Saint-Siége.

Le Premier Consul persista dans son plan avec une fermeté, une patience invincibles, pendant l'une des plus longues et des plus difficiles négociations connues dans l'histoire de l'Église. Jamais les pouvoirs temporel et spirituel ne s'étaient rencontrés en de plus grandes circonstances, jamais ils n'avaient été plus dignement représentés.

Ce jeune homme si sensé, si profond dans ses vues, mais si impétueux dans ses volontés, qui gouvernait la France, ce jeune homme, par un singulier dessein de la Providence, se trouvait placé sur la scène du monde, en présence d'un pontife d'une vertu rare, d'une physionomie et d'un caractère angéliques, mais d'une ténacité capable de braver jusqu'au martyre, lorsqu'il croyait compromis les intérêts de la foi ou ceux de la cour romaine.

Mars 1801.

Pie VII et le Premier Consul ; leurs dispositions l'un pour l'autre.

Sa figure, vive et douce à la fois, exprimait bien la sensibilité un peu exaltée de son âme. Agé d'environ soixante ans, faible de santé quoiqu'il ait vécu long-temps, portant la tête inclinée, doué d'un regard fin et pénétrant, d'un langage touchant et gracieux, il était le digne représentant, non plus de cette religion impérieuse qui, sous Grégoire VII, commandait et méritait de commander à l'Europe barbare, mais de cette religion persécutée, qui, n'ayant plus dans ses mains les foudres de l'Église, ne pouvait exercer sur les hommes d'autre puissance que celle d'une douce persuasion.

Un attrait secret l'attachait au général Bonaparte. Ils s'étaient rencontrés tous deux, comme nous l'avons dit ailleurs, pendant les guerres d'Italie, et, au lieu de ces farouches guerriers vomis par la Révolution française, qu'on dépeignait en Europe comme des profanateurs de l'autel, comme des assassins des prêtres émigrés, Pie VII, alors évêque d'Imola, avait trouvé un jeune homme plein de génie, parlant comme lui la langue italienne, montrant les sentiments les plus modérés, maintenant l'ordre, faisant respecter les temples, et, loin de poursuivre les prêtres français, usant de son pouvoir pour obliger les églises italiennes à les recevoir et à les nourrir. Surpris et charmé, l'évêque d'Imola contint l'esprit insubordonné des Italiens de son diocèse, et rendit au général Bonaparte les services que son Église en avait reçus. L'impression produite par ces premières relations ne s'effaça jamais du cœur du pontife, et influa sur toute sa conduite envers le général devenu Consul et Empereur : preuve frappante qu'en toutes choses, petites ou grandes, un bien n'est jamais perdu. Plus tard, en effet, lorsque le conclave était assemblé à Venise pour donner un successeur à Pie VI, mort prisonnier à Valence, le souvenir des premiers actes du général de l'armée d'Italie avait influé, d'une manière pour ainsi dire providentielle, sur le choix du nouveau Pape.

On se souvient qu'au moment même où Pie VII était préféré par le conclave, dans l'espérance de trouver en lui un conciliateur, qui rapprocherait Rome de la France, et terminerait peut-être les maux de l'Église, le Premier Consul gagnait la bataille de Marengo, devenait du même coup maître de l'Italie, dominateur de l'Europe, et envoyait un émissaire, le neveu de l'évêque de Verceil, pour annoncer ses intentions au pontife récemment élu. Il lui faisait dire qu'en attendant des arrangements ultérieurs, la paix entre la France et Rome existerait de fait, sur le pied de traité de Tolentino, signé en 1797 ; qu'il ne serait plus parlé de la République romaine inventée par le Directoire, que le Saint-Siége serait rétabli et reconnu par les Français, comme dans les temps anciens. Quant à la question de savoir si on rendrait à l'Église les trois grandes provinces perdues, Bologne, Ferrare, la Romagne, on n'en avait pas dit un mot. Mais le Pape était replacé sur son trône, il avait la paix. Le reste, il l'abandonnait à la Providence. Le Premier Consul avait de plus ordonné aux Napolitains d'évacuer les États romains, qu'ils avaient évacués en effet, sauf les enclaves de Bénévent et Ponte-Corvo. En outre, dans tous les mouvements de ses armées, autour de Naples et d'Otrante, le Premier Consul avait prescrit de ménager les États romains. Il avait même envoyé Murat, qui commandait l'armée française de la Basse-Italie, s'agenouiller au pied du trône pontifical. Monsignor Consalvi avait donc deviné juste, et il en était amplement récompensé, car, arrivé à Rome, le Pape l'avait nommé cardinal secrétaire d'État, premier ministre du Saint-Siège, poste qu'il a conservé pendant la plus grande partie du pontificat de Pie VII.

C'est à la suite de ces événements, en quelque sorte miraculeux, que le Pape, sur la demande du Premier Consul, avait envoyé à Paris monsignor Spina, prêtre génois, fin, dévot, avide, pour traiter de toutes les affaires tant politiques que religieuses. D'abord monsignor Spina n'avait pris aucun titre officiel, tant le Saint-Père, malgré son goût pour le général Bonaparte, malgré son désir ardent d'un rapprochement, craignait d'avouer ses relations avec la République française. Mais bientôt en voyant arriver à Paris, à la suite des ministres de Prusse et d'Espagne qui s'y trouvaient déjà, ceux d'Autriche, de Russie, de Bavière, de Naples, de toutes les cours enfin, le Saint-Père n'hésita plus, et permit à monsignor Spina de revêtir un caractère officiel, et d'avouer le but de sa mission. Le parti émigré français poussa de grands cris, et fit d'inutiles efforts pour empêcher, par ses remontrances, le rapprochement de l'Église avec la France, sachant bien que si le moyen de la religion lui manquait pour agiter les esprits, il perdrait bientôt la meilleure de ses armes. Mais Pie VII, quoique chagriné, quelquefois même intimidé par ces remontrances, se montra décidé à placer l'intérêt de la religion et du Saint-Siége au-dessus de toute considération de parti. Une seule raison ralentissait un peu ses excellentes résolutions, c'était l'espoir vague et peu sensé de recouvrer les Légations perdues lors du traité de Tolentino [1].

Mars 1801.

Monsignor Spina, rendu à Paris, avait ordre de gagner du temps, pour voir si le Premier Consul, maître de l'Italie, pouvant en disposer à volonté, n'aurait pas la bienheureuse pensée de restituer les Légations au Saint-Siége. Une parole qu'on trouvait fréquemment dans la bouche du Premier Consul, avait fait naître plus d'espérance qu'il n'en voulait donner. Que le Saint-Père, disait-il souvent, s'en fie à moi, qu'il se jette dans mes

Secret désir de la Cour romaine de recouvrer les Légations. — Lenteurs dont ce désir est la cause.

---

[1] Il n'existe pas une négociation plus curieuse, plus digne d'être inédite, que la négociation du Concordat; il n'en existe pas une sur laquelle les archives françaises soient plus riches, car, outre la correspondance diplomatique de nos agents, et surtout la propre correspondance de l'abbé Bernier, nous possédons la correspondance de monsignor Spina et du cardinal Caprara avec le Pape et le cardinal Consalvi. La dernière nous a été conservée en vertu d'un article du Concordat, d'après lequel les archives de la légation romaine, en cas de rupture, devaient rester en France. Les lettres de monsignor Spina et du cardinal Caprara, écrites en italien, sont un des monuments les plus curieux du temps, et donnent seules le secret des négociations religieuses de cette époque, secret encore fort mal connu aujourd'hui, même après les divers ouvrages publiés sur cette matière.

bras, et je serai pour l'Église un nouveau Charlemagne. — S'il est un nouveau Charlemagne, répondaient ces prêtres peu instruits des affaires du siècle, qu'il le prouve, en nous rendant le patrimoine de saint Pierre. — On était malheureusement assez loin de compte, car le Premier Consul croyait avoir beaucoup fait en rétablissant le Pape à Rome, en lui rendant avec son trône pontifical l'État romain, en offrant de traiter avec lui pour le rétablissement du culte catholique. Et en effet, il avait beaucoup fait, vu l'état des esprits en France, vu leur état en Italie. Si les patriotes français, tout pleins encore des idées du dix-huitième siècle, voyaient avec peu de satisfaction le prochain rétablissement de l'Église catholique, les patriotes italiens voyaient avec désespoir relever chez eux le gouvernement des prêtres. Il était donc impossible au Premier Consul de pousser la complaisance jusqu'à rendre au Saint-Siége les Légations, qui ne pouvaient supporter le gouvernement clérical, et qui étaient d'ailleurs une portion promise de la République Cisalpine. Mais la cour de Rome, se trouvant à la gêne depuis qu'elle avait été privée du revenu de Bologne, de Ferrare, de la Romagne, raisonnait autrement. Du reste le Pape, qui, au milieu des pompes du Vatican, vivait en anachorète, songeait moins à cet intérêt terrestre que le cardinal Consalvi, et le cardinal Consalvi moins que monsignor Spina. Celui-ci marchait à pas de loup dans la négociation, écoutant tout ce qu'on lui disait relativement aux questions religieuses, ayant l'air d'y attacher une importance exclusive, et néanmoins par quelques paroles lancées de temps en temps sur la misère du Saint-Siége, essayant d'amener l'entretien sur les Légations. Il n'avait pas réussi à se faire comprendre, et traînait en longueur, jusqu'à ce qu'il eût obtenu quelque chose qui répondît aux fausses espérances imprudemment inspirées à sa cour.

Mars 1801.

Pour traiter avec monsignor Spina, le Premier Consul avait fait choix, comme nous l'avons dit, du fameux abbé Bernier, le pacificateur de la Vendée. Ce prêtre, simple curé dans la province d'Anjou, dépourvu des dehors que procure une éducation soignée, mais doué d'une profonde connaissance des hommes, d'une prudence supérieure, longtemps exercée au milieu des difficultés de la guerre civile, fort instruit dans les matières canoniques, était l'auteur principal du rétablissement de la paix dans les provinces de l'Ouest. Attaché à cette paix qui était son ouvrage, il désirait naturellement tout ce qui pouvait la raffermir, et regardait un rapprochement de la France avec Rome, comme l'un des moyens les plus assurés de la rendre complète et définitive. Aussi ne cessait-il d'adresser au Premier Consul les plus vives instances pour hâter les négociations avec l'Église. Muni de ses instructions, il fit connaître à l'archevêque de Corinthe les propositions du gouvernement français, déjà énoncées: démission imposée à tous les évêques, anciens titulaires; nouvelle circonscription diocésaine; soixante siéges au lieu de cent cinquante-huit; composition d'un clergé nouveau, formé d'ecclésiastiques

L'abbé Bernier et monsignor Spina s'abouchent, afin de commencer les négociations.

de tous les partis; nomination de ce clergé par le Premier Consul, institution par le Pape; promesse de soumission au gouvernement établi; salaire sur le budget de l'État; renonciation aux biens de l'Église, et reconnaissance complète de la vente de ces biens; police des cultes déférée à l'autorité civile, représentée par le Conseil d'État; enfin pardon de l'Église aux prêtres mariés, et leur réunion à la communion catholique.

Monsignor Spina se récria beaucoup en entendant énoncer ces conditions, les qualifia d'exorbitantes, de contraires à la foi, et soutint que le Saint-Père ne consentirait jamais à les admettre.

D'abord il exigeait que, dans le préambule du Concordat, on déclarât la religion catholique *religion de l'État* en France, que les Consuls en fissent profession publique, et que les lois et actes contraires à cette déclaration d'une *religion d'État* fussent abrogés.

Quant à une nouvelle circonscription des diocèses, il admettait le nombre des siéges, mais il prétendait que le Pape n'avait pas le droit de déposer un évêque, que jamais aucun de ses prédécesseurs n'avait osé le faire, depuis l'existence de l'Église romaine, et que, si le Saint-Père se permettait une telle innovation, il créerait un second schisme, dirigé cette fois contre le Saint-Père lui-même; que tout ce qu'il pouvait à ce sujet, c'était de s'entendre à l'amiable avec le Premier Consul; que ceux des anciens titulaires qui montraient de bons sentiments à l'égard du gouvernement français, seraient rappelés purement et simplement dans leur diocèse, ou du moins dans le diocèse correspondant à celui qu'ils avaient occupé jadis; que ceux, au contraire, qui s'étaient conduits ou se conduisaient encore de manière à ne pas mériter la confiance de ce gouvernement, seraient laissés de côté, et qu'en attendant leur mort, certainement prochaine si on songeait à leur âge, des administrateurs choisis par le Pape et le Premier Consul gouverneraient leur siége par intérim.

Monsignor Spina n'admettait donc l'idée de la composition d'un nouveau clergé, pris dans toutes les classes de prêtres, et dans tous les partis, que pour les siéges vacants. Encore ne voulait-il pas que les constitutionnels y eussent part, à moins qu'ils ne fissent l'une de ces rétractations solennelles, qui pour Rome sont un triomphe, et un dédommagement du pardon qu'elle accorde.

Quant à la nomination des évêques par le chef de la République, et à leur institution par le Pape, il y avait peu de difficulté. On partait naturellement du principe, que le nouveau gouvernement aurait en cour de Rome toutes les prérogatives de l'ancien, et que le Premier Consul représenterait en tout les rois de France. Dès lors la nomination des évêques devait lui appartenir. Cependant la charge de Premier Consul, au moins pour le moment, était élective; le général Bonaparte, actuellement revêtu de cette charge, était catholique, mais ses successeurs pourraient ne pas l'être; et on n'admettait pas à Rome qu'un prince protestant pût nommer des évêques. Monsignor Spina demandait que cette exception fût prévue.

On était d'accord sur les curés. L'évêque devait les nommer, en les faisant agréer par l'autorité civile.

La promesse de soumission aux lois était admise, sauf la rédaction.

La consécration par le Pape, de la vente des biens d'églises, coûtait beaucoup au négociateur romain. Il reconnaissait bien l'impossibilité absolue de revenir sur ces ventes; mais il demandait qu'on épargnât au Saint-Siége une déclaration, qui pourrait impliquer l'approbation morale de ce qui s'était passé à cet égard. Il concédait une renonciation à toute recherche ultérieure, en refusant la reconnaissance formelle du droit d'aliénation. Ces biens, disait monsignor Spina, appelés *vota fidelium, patrimonium pauperum, sacrificia peccatorum*, ces biens, l'Église elle-même n'aurait pas le droit de les aliéner. Cependant elle peut renoncer à en faire poursuivre le recouvrement. En revanche il demandait la restitution des domaines non encore aliénés, et la faculté accordée aux mourants de tester en faveur des établissements religieux, ce qui impliquait le renouvellement des biens de main-morte, et recommençait l'ancien ordre de choses, c'est-à-dire un clergé propriétaire.

Enfin, le pardon accordé aux prêtres mariés, et leur réconciliation avec l'Église, était une affaire d'indulgence, facile de la part de la cour de Rome, qui est toujours disposée à pardonner, quand la faute est reconnue par celui qui l'a commise. Elle exceptait toutefois du pardon deux classes de prêtres, les anciens religieux qui avaient fait certains vœux, et les prélats. Ce n'était pas une manière de concilier au Saint-Siége la bonne volonté du ministre des affaires étrangères, M. de Talleyrand.

Mars 1801.

Ces prétentions de la cour de Rome, bien qu'elles n'impliquassent pas une véritable impossibilité de s'entendre avec le gouvernement français, laissaient apercevoir néanmoins de graves dissentiments.

Le Premier Consul en éprouvait, et en témoignait une vive impatience. Il avait vu plusieurs fois monsignor Spina, et lui avait déclaré lui-même qu'il ne se départirait jamais du principe fondamental de son projet, qui consistait à faire table rase, à composer une nouvelle circonscription et un nouveau clergé, à déposer les anciens titulaires, à prendre leurs successeurs dans toutes les classes de prêtres. Il lui avait dit que la fusion des hommes honnêtes et sages de tous les partis, était son principe de gouvernement, qu'il appliquerait ce principe à l'Église comme à l'État, que c'était pour lui le seul moyen de terminer les troubles de la France, et qu'il y persisterait invariablement.

Persévérance du Premier Consul dans ses idées.

L'abbé Bernier, qui, à l'ambition très-avouable d'être le principal instrument du rétablissement de la religion, joignait un sincère amour du bien, adressait à monsignor Spina les plus vives instances pour lever les difficultés qu'on opposait, de la part

Efforts de l'abbé Bernier pour amener à bien la négociation entreprise avec le Saint-Siége.

de la cour de Rome, au projet du Premier Consul. Déclarer, disait-il, la religion catholique *religion de l'État*, était impossible, contraire aux idées reçues en France, et ne serait jamais admis, par le Tribunat et le Corps Législatif, dans la rédaction d'une loi. On pouvait, suivant lui, remplacer cette déclaration par la mention d'un fait, c'est que la religion catholique était la religion de la majorité des Français. La mention de ce fait était aussi utile que la déclaration désirée. Insister sur une chose impossible, plutôt d'orgueil que de principe, c'était compromettre le véritable intérêt de l'Église. Le Premier Consul pourrait assister de sa personne aux cérémonies solennelles du culte, et c'était un grand acte que la présence à ces cérémonies d'un homme tel que lui; mais il fallait renoncer à lui demander certaines pratiques, comme la confession ou la communion, qui dépassaient la mesure dans laquelle il convenait de se renfermer avec le public français. Il fallait ramener les esprits, ne pas les choquer, surtout ne pas leur donner à rire. La demande de leur démission, adressée aux anciens titulaires, était toute simple; elle était la conséquence de la démarche qu'ils avaient faite envers Pie VI en 1790. A cette époque, les prélats français, afin de paraître résister dans l'intérêt de la foi, non dans leur intérêt particulier, avaient déclaré qu'ils acceptaient le Pape pour arbitre, et qu'ils remettaient leurs siéges dans ses mains; que s'il croyait devoir en faire l'abandon en faveur de la Constitution civile, ils se soumettraient. Il n'y avait donc aujourd'hui qu'à les prendre au mot, et à exiger l'accomplissement de cette offre solennelle. Si quelques-uns d'entre eux, par des motifs personnels, empêchaient un aussi grand bien que la restauration du culte en France, il fallait ne plus les regarder comme titulaires, et les considérer comme démissionnaires depuis 1790. L'abbé Bernier ajoutait qu'il y avait un exemple de ce genre dans l'Église, c'était la résignation en masse des trois cents évêques d'Afrique, consentie pour mettre fin au schisme des Donatistes. Il est vrai qu'on ne les avait pas déposés. Quant aux nouveaux choix à faire, il fallait concéder le principe de la fusion au Premier Consul. Ce principe, le Premier Consul l'appliquerait surtout au profit des prêtres *insermentés*; il choisirait deux ou trois constitutionnels, uniquement pour l'exemple, mais en masse il n'appellerait que des orthodoxes. Le négociateur français s'avançait ici pour son propre compte, plus qu'il n'aurait dû. Il est vrai que le Premier Consul estimait peu les évêques constitutionnels, qui étaient pour la plupart des jansénistes étroits ou des déclamateurs de clubs; il est vrai qu'il n'estimait dans ce clergé que les simples prêtres, lesquels, en général, avaient prêté serment par soumission aux lois, par désir de continuer leur saint ministère, et n'avaient pas profité de l'agitation du temps, pour s'élever dans la hiérarchie sacerdotale. Néanmoins, s'il avait peu de considération pour les évêques constitutionnels, il tenait à son principe de fusion, et ne faisait pas aussi bon marché, que semblait l'annoncer l'abbé Bernier, des droits du

Mars 1801.

clergé *assermenté*. Mais l'abbé Bernier le disait ainsi pour faire réussir la négociation. Quant à la nomination des évêques par le Premier Consul, il fallait, suivant l'abbé Bernier, passer par-dessus une difficulté fort éloignée, fort improbable, celle d'avoir un jour un Premier Consul protestant. Ce n'était pas la peine, suivant lui, de regarder à un avenir si peu vraisemblable. Relativement aux biens du clergé, il fallait se hâter de s'entendre sur la rédaction, puisqu'on était d'accord sur le principe. Relativement à la restitution des biens non vendus, et aux donations testamentaires en biens fonds, elles étaient inconciliables avec les principes politiques aujourd'hui reconnus en France, principes absolument contraires aux biens de main-morte. On devait se contenter à cet égard d'une concession, celle de donations constituées en rentes sur l'État.

Le temps, disait enfin l'abbé Bernier, le temps était venu de conclure, car le Premier Consul commençait à être mécontent. Il croyait que le Pape n'avait pas la force de rompre avec le parti émigré, pour se donner tout à fait à la France. Il finirait par renoncer au bien dont il avait eu d'abord la pensée, et, sans persécuter les prêtres, les livrant à eux-mêmes, il laisserait l'Église devenir en France ce qu'elle pourrait, sans compter qu'il tiendrait en Italie une conduite hostile à la cour de Rome. C'était, suivant l'abbé Bernier, c'était avoir perdu tout discernement, que de ne pas profiter des dispositions d'un si grand homme, seul capable de sauver la religion. Lui aussi avait de grandes difficultés à vaincre à l'égard du parti révolutionnaire; et, loin de le contrarier, on devait l'aider à surmonter ces difficultés, en lui faisant les concessions dont il avait besoin pour regagner les esprits, peu disposés en France en faveur du culte catholique.

Monsignor Spina commençait à être fort embarrassé. Il était croyant, et plus avide encore que croyant. Demandant sans cesse de l'argent à sa cour, son vœu le plus ardent était de la rendre riche et prodigue comme jadis. Mais le peu de succès de ses insinuations relativement aux provinces perdues le décourageait singulièrement. Il s'apercevait que le Premier Consul, aussi rusé que les prêtres italiens, ne voulait pas s'expliquer avec des gens qui ne s'expliquaient pas eux-mêmes. Il voyait en outre toutes les cours pour ainsi dire à ses pieds; il voyait le négociateur russe, M. de Kalitscheff, qui avait voulu protéger si insolemment les petits princes d'Italie, molesté et parti, toute l'Allemagne dépendante de la France pour le partage des indemnités territoriales, le Portugal soumis, et l'Angleterre elle-même amenée à la paix par la fatigue. En présence d'un tel état de choses, il était convaincu qu'il n'y avait plus d'autre ressource que de se soumttre, et d'attendre ce qu'on désirait de la seule volonté du Premier Consul. Disposé à céder, monsignor Spina n'osait pas toutefois adhérer aux conditions si absolues que le cabinet français avait posées avec la résolution évidente de ne pas s'en départir, parce qu'elles étaient établies d'après les nécessités impérieuses de la situation.

Le Premier Consul, avec sa vigueur accoutumée, tira d'embarras le négociateur romain. C'était le moment, déjà décrit plus haut, où toutes les négociations marchaient à la fois, notamment avec l'Angleterre. Pensant avec une sorte de joie à l'effet prodigieux d'une paix générale, qui comprendrait jusqu'à l'Église elle-même, il voulut en finir par une marche prompte et décidée. Il fit rédiger un projet de Concordat pour l'offrir définitivement à monsignor Spina. C'étaient deux ecclésiastiques sortis des ordres, M. de Talleyrand et M. d'Hauterive, qui, dans les bureaux des affaires étrangères, se mêlaient de cette question. Heureusement, entre eux et monsignor Spina, se trouvait l'habile et orthodoxe Bernier. Le projet écrit par M. d'Hauterive, revu par l'abbé Bernier, était simple, clair, absolu. Il contenait, rédigé en style de loi, tout ce qu'avait proposé la légation française. Ce projet fut présenté à monsignor Spina, qui en fut fort troublé, et qui offrit de l'envoyer à sa cour, mais déclara ne pouvoir le signer lui-même. — Pourquoi, lui dit-on, refusez-vous de le signer? Serait-ce que vous n'avez pas de pouvoirs? Alors que faites-vous à Paris depuis six mois? Pourquoi affectez-vous un rôle de négociateur, que vous ne pouvez pas remplir jusqu'à son terme nécessaire, c'est-à-dire à une conclusion? Ou bien trouvez-vous le projet inadmissible? Alors osez le déclarer; et le cabinet français, qui ne peut accorder d'autres conditions, cessera de négocier avec vous. Il rompra ou ne rompra pas avec le Saint-Siége; mais il en finira avec monsignor Spina. —

L'astucieux prélat ne savait que répondre. Il affirma qu'il avait des pouvoirs. N'osant pas avouer qu'il jugeait les propositions françaises inadmissibles, il allégua qu'en matière de religion, le Pape, entouré des cardinaux, pouvait seul accepter un traité. Et en conséquence il renouvela l'offre d'envoyer le projet du Premier Consul à Sa Sainteté. — Soit, lui dit-on; mais déclarez du moins en l'envoyant que vous l'approuvez. — Monsignor Spina se refusa encore à toute formule approbative, et répondit qu'il adresserait ses instances au Saint-Père, pour l'adoption d'un traité qui devait opérer en France le rétablissement de la foi catholique.

Avril 1801.

On fit partir un courrier pour Rome avec le projet de Concordat, et avec ordre à M. de Cacault, ambassadeur de France auprès du Saint-Siége, de le soumettre à l'acceptation immédiate et définitive du Pape. Ce courrier était porteur d'un présent qui devait causer une grande joie en Italie, c'était la fameuse Vierge en bois de Notre-Dame-de-Lorette, enlevée du temps du Directoire à Lorette même, et déposée depuis à la Bibliothèque nationale de Paris, comme un objet de curiosité. Le Premier Consul savait que, pour beaucoup de croyants sincères et irritables, c'était un sujet de scandale que le dépôt d'une telle relique à la Bibliothèque royale, et il fit précéder le Concordat de cette restitution pieuse.

Ce présent fut accueilli dans la Romagne avec une joie difficile à comprendre en France. Le Pape reçut le Concordat mieux qu'on ne l'espérait. Ce digne

Accueil fait par le Pape au projet de Concordat.

pontife, préoccupé des intérêts de la foi plus que de ses intérêts temporels, ne voyait dans le projet rien d'absolument inadmissible, et croyait qu'avec quelques changements de rédaction il arriverait à satisfaire le Premier Consul, ce qu'il regardait comme très-important; car le rétablissement de la religion en France était à ses yeux la plus grande, la plus essentielle des affaires de l'Église.

Il désigna les trois cardinaux Cavandini, Antonelli et Gerdil, pour faire un premier examen du projet envoyé de Paris. Les cardinaux Antonelli et Gerdil passaient pour les deux plus savants personnages de l'Église. Le cardinal Gerdil était même devenu Français, car il appartenait par sa naissance à la Savoie. On leur enjoignit à tous trois de se hâter. Le premier examen terminé, ils durent faire leur rapport à une congrégation de douze cardinaux, choisis parmi ceux qui se trouvaient à Rome, et qui comprenaient le mieux les intérêts de l'Église romaine. On leur fit promettre le secret sur les saints Évangiles. Le Pape, craignant les menées, les cris des émigrés français, cherchait à soustraire la décision du sacré collége à toute influence de parti. De son côté donc, les efforts furent d'une parfaite sincérité. Il avait auprès de lui un ministre français entièrement de son goût : c'était M. de Cacault, homme de cœur et d'esprit, partagé entre les souvenirs du dix-huitième siècle, auquel il appartenait par son âge et son éducation, et les sentiments que Rome inspire à tous ceux qui vivent au milieu de sa grandeur ruinée, et de ses pompes religieuses. En partant de Paris,

M. de Cacault avait demandé au Premier Consul ses instructions. Celui-ci lui avait répondu par ce mot superbe : Traitez le Pape comme s'il avait deux cent mille soldats. — M. de Cacault aimait Pie VII et le général Bonaparte, et, par ses rapports bienveillants, les disposait à s'aimer l'un l'autre. — Fiez-vous au Premier Consul, disait-il sans cesse au Pape ; il arrangera vos affaires. Mais faites ce qu'il vous demande, car il a besoin de ce qu'il vous demande pour réussir. — Il disait au Premier Consul : Prenez un peu de patience. Le Pape est le plus saint, le plus attachant des hommes. Il veut vous satisfaire, mais donnez-lui-en le temps. Il faut habituer son esprit et celui des cardinaux, aux propositions absolues que vous envoyez ici. On est à Rome plus croyant que vous ne le pensez. Il faut mener cette cour avec douceur. Si nous la brusquons, nous lui ferons perdre la tête. Elle se jettera dans une résolution de martyre, comme la seule ressource de sa situation. — Ces sages conseils tempéraient l'impétuosité du Premier Consul, et le disposaient à souffrir patiemment le méticuleux examen de la cour de Rome.

Enfin, quand le travail fut achevé, le Pape et le cardinal Consalvi eurent plusieurs entretiens avec M. de Cacault. Ils lui communiquèrent le projet romain. M. de Cacault, le trouvant trop distant du projet français, fit des efforts réitérés pour obtenir des modifications. Il fallut recourir une seconde fois à la congrégation des douze cardinaux, ce qui prit encore beaucoup de temps, de manière que, sans-

obtenir de notables résultats, M. de Cacault contribua lui-même à faire perdre un mois entier. Enfin, on se mit d'accord autant que possible, et on aboutit à un projet, dont les différences avec le projet du Premier Consul étaient les suivantes.

La religion catholique serait déclarée en France *religion de l'État*; les Consuls la pratiqueraient publiquement; il y aurait une nouvelle circonscription diocésaine, et seulement soixante siéges, comme le voulait le Premier Consul. Le Pape s'adresserait aux anciens titulaires pour leur demander leur renonciation volontaire, en s'autorisant de l'offre de démission par eux faite à Pie VI en 1790. Il était probable qu'un très-grand nombre la donneraient, et alors les siéges vacants par mort ou par démission fourniraient au gouvernement français une ample liste de nominations à faire. Quant à ceux qui la refuseraient, le Pape prendrait les mesures convenables, pour que l'administration de leurs siéges ne restât pas dans leurs mains.

L'excellent pontife disait au Premier Consul, dans une lettre touchante qu'il lui adressait : Dispensez-moi de déclarer publiquement, que je destituerai de vieux prélats, qui ont souffert de cruelles persécutions pour la cause de l'Église. D'abord, mon droit est douteux ; secondement, il m'en coûte de traiter ainsi des ministres de l'autel, malheureux et exilés. Que répondriez-vous à ceux qui vous demanderaient de sacrifier ces généraux dont vous êtes entouré, et dont le dévouement vous a rendu tant de fois victorieux?... Le résultat que vous désirez obtenir sera le même au fond, car la plupart des siéges, par mort ou par démission, deviendront vacants. Vous les remplirez, et, quant au petit nombre de ceux qui resteront occupés, par suite de quelques refus de démission, nous n'y nommerons pas encore de titulaires; mais nous les ferons administrer par des vicaires, dignes de votre confiance et de la nôtre. —

Sur les autres points, le projet romain était à peu près conforme au projet français. Il accordait les nominations au Premier Consul, sauf le cas où le Premier Consul serait protestant; il contenait la consécration des ventes nationales, mais en persistant à demander qu'on pût faire au clergé des dons testamentaires en biens-fonds; il concédait aux prêtres mariés les indulgences de l'Église.

Évidemment, la difficulté la plus sérieuse était la déposition des anciens évêques qui refuseraient leur démission. Un tel sacrifice coûtait au Pape, car c'était immoler aux pieds mêmes du Premier Consul l'ancien clergé français. Cependant cette immolation était indispensable, pour que le Premier Consul pût supprimer à son tour le clergé constitutionnel, et des divers clergés n'en faire qu'un seul, composé des sujets estimables de toutes les sectes. C'était l'une de ces occasions, où, dans tous les siècles, la papauté n'avait pas hésité à prendre de grandes résolutions pour sauver l'Église. Mais, au moment de se résoudre, l'âme bienveillante et timorée du pontife était en proie aux plus douloureuses perplexités.

Mai 1801.

Démarche du Premier Consul pour terminer les hésitations de la cour de Rome.

Tandis que l'on employait ainsi le temps à Rome, soit en conférences des cardinaux entre eux, soit en conférences de la secrétairerie d'État avec M. de Cacault, le Premier Consul à Paris avait perdu patience. Il commençait à craindre que la cour de Rome ne fût en intrigue, ou avec les émigrés, ou avec les cours étrangères, l'Autriche notamment. A sa défiance naturelle, se joignaient les suggestions des ennemis de la religion, qui cherchaient à lui persuader qu'on le trompait, et que lui, si pénétrant, si habile, était dupe de la finesse italienne. Il était peu disposé à croire qu'on pût être plus fin que lui, mais il voulut cependant jeter la sonde dans cette mer qu'on lui disait si profonde, et, le jour même (13 mai), où le courrier porteur des dépêches du Saint-Siége quittait Rome, il fit à Paris une démarche menaçante.

Il manda l'abbé Bernier, monsignor Spina, et M. de Talleyrand à la Malmaison. Il leur déclara qu'il n'avait plus confiance dans les dispositions de la cour de Rome; que chez elle le désir de ménager les émigrés l'emportait évidemment sur le désir de se réconcilier avec la France, et l'intérêt de parti sur l'intérêt de la religion; qu'il n'entendait pas que l'on consultât des cours ennemies, et peut-être même les chefs de l'émigration, pour savoir si on traiterait avec la République française; que l'Église, pouvant recevoir de lui d'immenses bienfaits, devait les accepter ou les refuser sur-le-champ, et ne pas retarder le bien des peuples, par d'inutiles hésitations, ou par des consultations plus déplacées encore; qu'il se passerait du Saint-Siége, puisqu'on ne voulait pas le seconder; que sans doute il ne rendrait pas à l'Église les jours de la persécution, mais qu'il livrerait les prêtres à eux-mêmes, en se bornant à châtier les turbulents, et en laissant les autres vivre comme ils pourraient; qu'il se considérerait, relativement à la cour romaine, comme libre envers elle de tout engagement, même des engagements contenus dans le traité de Tolentino, puisque, de fait, ce traité avait disparu le jour de la guerre déclarée entre Pie VII et le Directoire. En disant ces paroles, le ton du Premier Consul était froid, positif, atterrant. Il fit entendre, par les développements ajoutés à cette déclaration, que sa confiance dans le Saint-Père était toujours la même, mais qu'il imputait les lenteurs qui le blessaient, au cardinal Consalvi et à l'entourage du Pape.

Le Premier Consul avait atteint son but, car le malheureux Spina avait quitté la Malmaison dans un véritable désordre d'esprit, et s'était rendu en hâte à Paris, pour écrire à sa cour des dépêches toutes pleines de l'épouvante dont il était rempli lui-même. M. de Talleyrand, de son côté, écrivit à M. de Cacault une dépêche conforme à l'entretien de la Malmaison. Il lui enjoignit de se rendre auprès du Pape et du cardinal Consalvi, de leur déclarer que le Premier Consul, plein de confiance dans le caractère personnel du Saint-Père, n'en avait pas autant dans son gouvernement; qu'il était résolu à interrompre une négociation trop peu sin-

Mai 1801.

Ordre à M. de Cacault de quitter Rome sous cinq jours, si le projet de Concordat n'est pas accepté.

cère, et que lui, M. de Cacault, avait ordre de quitter Rome sous cinq jours, si le projet de Concordat n'était pas adopté immédiatement, ou n'était adopté qu'avec des modifications. M. de Cacault, en effet, avait pour instruction de se retirer dans ce délai à Florence, et d'attendre là que le Premier Consul lui fît connaître ses volontés.

Cette dépêche parvint à Rome dans les derniers jours de mai. Elle chagrina fort M. de Cacault, qui craignait, par les nouvelles dont il était porteur, de troubler, peut-être de pousser à des résolutions désespérées, le gouvernement romain, qui craignait surtout d'affliger un pontife pour lequel il n'avait pu se défendre de concevoir un véritable attachement. Cependant les ordres du Premier Consul étaient tellement absolus, qu'il n'y avait aucun moyen d'en éluder l'exécution. M. de Cacault se rendit donc auprès du Pape et du cardinal Consalvi, leur montra ses instructions, qui leur causèrent à tous deux une vive douleur. Le cardinal Consalvi en particulier, qui se voyait clairement désigné dans les dépêches du Premier Consul, comme l'auteur des interminables délais de cette négociation, se sentait mourir d'épouvante. Il avait peu de torts néanmoins, et les formes surannées de cette chancellerie, la plus vieille du monde, étaient la seule cause des lenteurs dont se plaignait le Premier Consul, au moins depuis que l'affaire était portée à Rome. M. de Cacault proposa au Pape et au cardinal Consalvi une idée, qui les surprit et les troubla d'abord, mais qui leur parut ensuite la seule voie de salut. — Vous ne voulez pas, leur dit-il, adopter le Concordat venu de Paris, dans toutes ses expressions ; eh bien ! que le cardinal lui-même se rende en France, revêtu de vos pouvoirs. Il se fera connaître au Premier Consul, il lui inspirera confiance ; il en obtiendra les changements de rédaction indispensables. Si quelque difficulté se rencontre, il sera là pour la lever. Il préviendra, par sa présence sur les lieux, les pertes de temps, qui blessent surtout le caractère impatient du chef de notre gouvernement. Vous serez tirés ainsi d'un grand péril, et les affaires de la religion seront sauvées. — C'était pour le Pape une grande douleur de se séparer d'un ministre dont il ne savait plus se passer, et qui seul lui donnait la force de supporter les peines de la souveraineté. Il était plongé dans des perplexités affreuses, trouvant très-sage l'idée de M. de Cacault, mais cruelle la séparation qu'on lui proposait.

Cette faction implacable, composée non-seulement des émigrés, mais de tous les gens qui, en Europe, détestaient la Révolution française, cette faction, qui aurait désiré une guerre éternelle avec la France, qui avait vu avec douleur la fin de la guerre civile en Vendée, et qui voyait avec non moins de douleur la fin prochaine du schisme, assiégeait Rome de lettres, la remplissait de propos, couvrait ses murs de placards. On disait, par exemple, dans l'un de ces placards, que Pie VI pour sauver la foi avait perdu le Saint-Siége, et que Pie VII pour sauver le Saint-Siége perdrait

Mai 1801.

Le cardinal Consalvi se décide à se rendre à Paris.

Agitations du Pape, et terreurs du cardinal Consalvi.

la foi¹. Les invectives dont il était l'objet, n'ébranlaient pas chez ce pontife sensible, mais dévoué à ses devoirs, la résolution de sauver l'Église, malgré tous les partis, malgré le parti de l'Église elle-même; mais il en souffrait cruellement. Le cardinal Consalvi était son confident, son ami; s'en séparer était pour lui une peine poignante. Le cardinal à son tour était effrayé de se voir à Paris, dans ce gouffre révolutionnaire, qui avait dévoré, lui disait-on, tant de victimes. Il tremblait à la seule idée de se trouver en présence de ce redoutable général, objet tout à la fois d'admiration et de crainte, que monsignor Spina lui dépeignait comme particulièrement irrité contre le secrétaire d'État. Ces malheureux prêtres se faisaient mille idées fausses sur la France, sur son gouvernement; et, tout amélioré qu'on le disait, ils frémissaient à la seule pensée d'être un moment entre ses mains. Le cardinal se décida donc, mais comme on se décide à braver la mort. — Puisqu'il faut une victime, dit-il, je me dévoue, et je m'en remets à la Providence. — Il eut même l'imprudence d'écrire à Naples des lettres conformes à ces paroles, lettres qui furent connues de notre ministre à Naples, et communiquées au Premier Consul. Celui-ci heureusement les jugea plutôt risibles qu'irritantes.

Mais le voyage à Paris du secrétaire d'État, était

---

¹   Pio VI per conservar la fede
        Perde la sede.
    Pio VII per conservar la sede
        Perde la fede.

loin de lever toutes les difficultés, et de prévenir tous les dangers. Le départ de M. Cacault et sa retraite à Florence, où résidait le quartier-général de l'armée française, allait être une manifestation funeste peut-être pour les deux gouvernements de Rome et de Naples. Ces deux gouvernements, en effet, étaient continuellement menacés par les passions comprimées, et toujours ardentes, des patriotes italiens. Celui du Pape était odieux aux hommes qui ne voulaient plus être gouvernés par des prêtres, et le nombre de ces hommes était grand dans l'État romain; celui de Naples était justement abhorré pour le sang qu'il avait répandu. Le départ de M. de Cacault pouvait être pris comme une sorte de permission, donnée aux mauvaises têtes italiennes, d'essayer quelque tentative dangereuse. Le Pape le craignait ainsi. On convint alors, pour prévenir toute interprétation fâcheuse, de faire partir ensemble M. de Cacault et le cardinal Consalvi, lesquels devaient voyager de concert jusqu'à Florence. M. de Cacault en quittant Rome y laissa son secrétaire de légation.

MM. Consalvi et de Cacault sortirent de Rome le 6 juin (17 prairial), et s'acheminèrent vers Florence. Ils voyageaient dans la même voiture, et partout le cardinal montrait aux populations M. de Cacault en leur disant: Voilà le ministre de France; tant il avait envie qu'on sût qu'il n'y avait pas rupture. L'agitation en Italie fut assez vive. Cependant elle ne produisit rien de fâcheux, dans le moment, car on attendait pour essayer quelque chose, que

Juin 1801.

Départ du cardinal Consalvi pour Paris.

LIVRE XII.

Juin 1801.

les dispositions du gouvernement français fussent plus claires. Le cardinal Consalvi se sépara de M. de Cacault à Florence, et s'achemina en tremblant vers Paris[1].

Dans cet intervalle, le Premier Consul, en recevant de Rome le projet amendé, et reconnaissant que les différences étaient plutôt de forme que de fond, s'était calmé. La nouvelle que le cardinal Consalvi venait lui-même, pour achever de mettre d'accord le Saint-Siège avec le cabinet français, le satisfit com-

---

[1] Florence, le 19 prairial an IX.

François Cacault, ministre plénipotentiaire de la République française à Rome, au citoyen ministre des relations extérieures.

CITOYEN MINISTRE,

Me voilà arrivé à Florence. Le cardinal secrétaire d'État est parti de Rome avec moi. Il est venu me prendre à mon logis. Nous avons fait route ensemble dans le même carrosse. Nos gens suivaient de la même manière dans la seconde voiture, et la dépense de chacun était payée par son courrier respectif.

Nous étions regardés partout d'un air ébahi. Le cardinal avait grande peur qu'on imaginât que je me retirais à l'occasion d'une rupture; il disait sans cesse à tout le monde : *Voilà le ministre de France*. Ce pays, écrasé des maux passés de la guerre, frissonne à la moindre idée de mouvements de troupes. Le gouvernement romain a plus de peur encore de ses propres sujets mécontents, surtout de ceux qui ont été alléchés à l'autorité et au pillage par l'espèce de révolution passée. Nous avons ainsi prévenu et dissipé à la fois les frayeurs mortelles et les espérances téméraires. Je pense que la tranquillité de Rome ne sera pas troublée.

Le cardinal a passé ici la journée du 18 en grande et ostensible amitié avec le général Murat, qui lui a fait donner un logement et une garde d'honneur. Il a fait la même chose pour moi. Je n'ai rien accepté, je suis logé à l'auberge.

Le cardinal est parti ce matin pour Paris. Il arrivera peu de temps après ma dépêche; il ira extrêmement vite. Le malheureux sent bien

plétement. Il y voyait la certitude d'un arrangement prochain, et en outre un grand lustre pour son gouvernement. Il s'apprêta donc à faire le meilleur accueil au premier ministre de la cour romaine.

Le cardinal Consalvi arriva le 20 juin (1er messidor) à Paris. L'abbé Bernier et monsignor Spina accoururent pour le recevoir, et le rassurer sur les dispositions du Premier Consul. On convint du costume dans lequel il serait présenté à la Malmaison, et il s'y rendit, fort ému de l'idée de voir le géné-

que s'il échouait il serait perdu sans ressource, et que tout serait perdu pour Rome. Il est pressé de savoir son sort. Je lui ai fait sentir qu'un grand moyen de tout sauver était d'user de diligence, parce que le Premier Consul avait des motifs graves de conclure vite et d'exécuter promptement.

J'avais essayé à Rome d'amener le Pape à signer seulement le Concordat, et s'il m'eût accordé ce point je ne serais pas parti de Rome; mais cette idée ne m'a pas réussi.

Vous jugez bien que le cardinal n'est pas envoyé à Paris pour signer ce que le Pape a refusé de signer à Rome; mais il est premier ministre de Sa Sainteté et son favori, c'est l'âme du Pape qui va entrer en communication avec vous. J'espère qu'il en résultera un accord concernant les modifications. Il s'agit de phrases, de paroles qu'on peut retourner de tant de manières qu'à la fin on saisira la bonne.

Le cardinal porte au Premier Consul une lettre confidentielle du Pape et le plus ardent désir de terminer l'affaire. C'est un homme qui a de la clarté dans l'esprit. Sa personne n'a rien d'imposant, il n'est pas fait à la grandeur; son élocution un peu verbeuse n'est pas séduisante; son caractère est doux et son âme s'ouvrira aux épanchements, pourvu qu'on l'encourage avec douceur à la confiance.

J'ai écrit à Madrid, à l'ambassadeur Lucien Bonaparte, en quoi consistait cet éclat du voyage à Paris du cardinal Consalvi et de ma retraite à Florence. J'ai également fait connaître aux ministres à Rome de l'Empereur et du roi d'Espagne qu'il n'y avait aucune apparence de guerre avec le Pape.

Je vous salue respectueusement.

CACAULT.

Juin 1801.

Arrivée du cardinal Consalvi, et entrevue avec le Premier Consul.

ral Bonaparte. Celui-ci, bien averti, n'eut garde d'ajouter au trouble du cardinal. Il déploya tout l'art de langage dont la nature l'avait doué, pour s'emparer de l'esprit de son interlocuteur, pour lui montrer à fond ses intentions franchement bienveillantes envers l'Église, pour lui rendre sensibles les difficultés graves attachées au rétablissement du culte public en France, et surtout pour lui faire comprendre que l'intérêt qu'on avait à ménager l'esprit français, était bien plus grand que celui qu'on pouvait avoir à ménager les ressentiments des prêtres, des émigrés, des princes déchus, méprisés et abandonnés de l'Europe en ce moment. Il déclara au cardinal Consalvi, qu'il était prêt à transiger sur certains détails de rédaction qui offusquaient la cour de Rome, pourvu qu'au fond on lui accordât ce qu'il regardait comme indispensable, la création d'un établissement ecclésiastique tout à fait nouveau, qui fût son ouvrage, et qui réunît les prêtres sages et respectables de tous les partis.

Le cardinal sortit pleinement rassuré de cette entrevue avec le Premier Consul. Il se montra peu dans Paris, observa une réserve convenable, également éloignée d'une sévérité outrée et de cette facilité italienne, tant reprochée aux prêtres romains. Il accepta quelques invitations chez les ministres et les Consuls, mais refusa constamment de se montrer dans les lieux publics. Il se mit à l'œuvre avec l'abbé Bernier, pour résoudre les dernières difficultés de la négociation. Deux points faisaient surtout obstacle à l'accord des deux gouvernements : l'un relatif au titre de *Religion d'État*, qu'on cherchait à obtenir pour la religion catholique, l'autre à la déposition des anciens titulaires. Le cardinal Consalvi voulait que pour justifier, aux yeux de la chrétienté, les grandes concessions faites au Premier Consul, on pût alléguer une solennelle déclaration de la République française, en faveur de l'Église catholique ; il voulait qu'on proclamât du moins la religion catholique *Religion dominante*, qu'on promît l'abrogation des lois qui lui étaient contraires, que le Premier Consul s'engageât à la professer publiquement de sa personne. On regardait son exemple comme devant être d'un effet tout-puissant sur l'esprit des populations.

Juin 1801.

Dernières prétentions de la cour romaine.

L'abbé Bernier répétait que proclamer une *religion d'État* ou une *religion dominante*, c'était alarmer les autres cultes, faire craindre le retour d'une religion envahissante, oppressive, intolérante, etc., etc.; qu'il était impossible d'aller au delà de la déclaration d'un fait, c'est que la majorité des Français était catholique. Il ajoutait que, pour abroger les lois antérieures, il fallait le concours du pouvoir législatif, ce qui jetterait le cabinet français dans des embarras inextricables ; que le gouvernement, comme gouvernement, ne pouvait professer une religion, que les Consuls pouvaient la professer de leur personne, mais que ce fait, tout individuel et en quelque sorte privé, n'était pas de nature à figurer dans un traité. Quant à la conduite personnelle du Premier Consul, l'abbé Bernier disait tout bas qu'il assisterait à un *Te*

Juin 1801.

Deum, à une messe, mais que les autres pratiques du culte, il ne fallait pas les attendre de lui, et qu'il y avait des choses que le discernement du cardinal devait renoncer à exiger, car elles produiraient un effet plutôt fâcheux que salutaire. On convint enfin d'un préambule, qui, se liant à l'article premier, remplissait à peu près les vues des deux légations.

La religion catholique déclarée religion de la majorité des Français.

Le gouvernement, disait-on, *reconnaissant que la religion catholique était la religion de la grande majorité des Français...*

Le Pape de son côté reconnaissant que cette religion avait retiré, et attendait encore dans ce moment le plus grand bien du rétablissement du culte catholique en France, et de la profession particulière qu'en faisaient les Consuls de la République, etc...

Par ce double motif les deux autorités, pour le bien de la religion et pour le maintien de la tranquillité intérieure, établissaient (article premier) *que la religion catholique serait exercée en France, et que son culte serait public, en se conformant aux règlements de police jugés nécessaires pour le maintien de la tranquillité;* (article second) *qu'il y aurait une nouvelle circonscription, etc.*

Ce préambule remplissait suffisamment l'intention de toutes les parties, car il proclamait hautement le rétablissement du culte, rendait sa profession publique en France comme autrefois, faisait de la profession de ce culte par les Consuls un fait particulier, personnel aux trois Consuls en exercice, plaçait cette allégation dans la bouche du Pape, et non dans celle du chef de la République. Ces premières difficultés paraissaient donc heureusement vaincues. Venaient ensuite les contestations relatives à la déposition des anciens titulaires. On était d'accord sur le fond, mais le cardinal Consalvi demandait qu'on épargnât au Pape la douleur de prononcer dans un acte public la déposition des anciens évêques français. Il promettait que ceux qui refuseraient leur démission, ne seraient plus considérés comme titulaires, et que le Pape consentirait à leur donner des successeurs; mais il ne voulait pas que cela fût formellement contenu dans le Concordat. Le Premier Consul se montra inflexible sur ce point, et sauf rédaction, exigea qu'il fût dit en termes positifs que le Pape s'adresserait aux anciens titulaires, qu'il leur demanderait la résignation de leurs siéges, laquelle il attendait avec confiance de leur amour de la religion, et que s'ils refusaient, *il serait pourvu par de nouveaux titulaires au gouvernement des évêchés de la circonscription nouvelle*. C'étaient les propres expressions du traité.

Juin 1801.

Le cardinal Consalvi demande qu'on dispense le Pape de déposer les anciens titulaires.

Les autres conditions n'étaient pas contestées. Le Premier Consul devait nommer, le Pape devait instituer les évêques. Cependant le cardinal Consalvi réclama, et le Premier Consul accorda une réserve, par laquelle il était dit que, dans le cas où le Premier Consul serait protestant, une convention nouvelle serait faite, pour régler le mode des nominations. Il était stipulé que les évêques nommeraient les curés, et les choisiraient parmi des sujets agréés par le gouvernement. La question du serment était résolue, par l'adoption pure et simple du serment que les évêques prêtaient anciennement aux rois de France. Le Saint-Siége avait réclamé avec raison, et on avait accordé sans difficulté, l'autorisation d'établir des séminaires pour le recrutement du clergé, mais sans obligation de les doter de la part de l'État. L'engagement de ne pas troubler les acquéreurs de biens nationaux était formel. La propriété des biens acquis leur était expressément reconnue. Il était dit que le gouvernement prendrait des mesures pour que le clergé fût convenablement salarié, pour que tous les anciens édifices du culte et tous les presbytères non encore aliénés lui fussent rendus. Il était convenu que la permission de faire des donations pieuses serait accordée aux fidèles, mais que l'État en réglerait la forme. On s'était secrètement mis d'accord sur cette forme, qui était celle de rentes sur le grand livre, vu que le Premier Consul ne voulait à aucun prix rétablir les biens de mainmorte. Cette disposition devait se trouver dans des règlements ultérieurs sur la police des cultes, que le gouvernement avait seul le pouvoir de faire.

Quant aux prêtres mariés, le cardinal avait donné sa parole qu'un bref d'indulgence serait immédiatement publié; mais il demandait qu'un acte de charité religieuse, émanant de la clémence du Saint-Père, conservât son caractère libre, spontané, et ne passât point pour une condition imposée au Saint-Siége. Cette considération fut accueillie.

On était enfin d'accord sur toutes choses, et d'après des bases raisonnables, qui garantissaient à la fois l'indépendance de l'Église française, et sa parfaite union avec le Saint-Siége. Jamais on n'avait fait avec Rome une convention plus libérale, et en même temps plus orthodoxe; et il faut reconnaître qu'on avait arraché au Pape une résolution grave, mais parfaitement justifiée par les circonstances, celle de déposer les anciens titulaires qui refuseraient de se démettre. Il fallait donc se tenir pour satisfait, et conclure.

Juin 1801.

Accord sur tous les points contestés.

Cependant on s'agitait autour du Premier Consul pour empêcher son consentement définitif. Les hommes qui l'approchaient ordinairement, et qui jouissaient du privilége de lui donner leurs conseils, combattaient sa détermination. Le parti du clergé constitutionnel se remuait beaucoup, dans la crainte d'être sacrifié au clergé *insermenté*. Il avait obtenu l'autorisation de s'assembler, et de former une espèce de concile national à Paris. Le Premier Consul avait accordé cette autorisation, pour stimuler le zèle du Saint-Siége, et lui faire sentir le danger de ses lenteurs. On débita dans cette réunion beaucoup de choses très-peu sensées sur les coutumes de l'Église primitive, auxquelles les auteurs de la Constitution civile avaient voulu ramener l'Église française. On y professa que les fonctions épiscopales devaient être conférées par l'élection, que, s'il n'en était pas ainsi complétement, il fallait au moins que le Premier Consul choisît les sujets sur une liste présentée par les fidèles de chaque diocèse; que la nomination des évêques devait être confirmée par les métropolitains, c'est-à-dire par les archevêques, et

Derniers efforts tentés par les adversaires du Concordat pour en empêcher la signature.

Concile du clergé constitutionnel.

celle de ces derniers seulement par le Pape ; mais que l'institution papale ne pouvait pas être laissée à l'arbitraire du Saint-Siége, et qu'après un délai déterminé il fallait qu'elle fut forcée : ce qui équivalait à l'anéantissement complet des droits de la cour de Rome. Tout ce qui fut dit dans cette espèce de concile n'était cependant pas aussi dépourvu de raison pratique. On y présenta quelques idées saines sur la circonscription des diocèses, sur l'émission des bulles, sur la nécessité de ne souffrir aucune publication émanée de l'autorité pontificale, sans la permission expresse de l'autorité civile. On se promit de réunir ces diverses observations sous la forme de vœux, qui seraient présentés au Premier Consul pour éclairer ses résolutions. Ce qu'on répéta aussi très-volontiers et très-fréquemment dans cette assemblée, c'est que, pendant la terreur, le clergé constitutionnel avait rendu de grands services à la religion proscrite, qu'il n'avait pas fui, pas abandonné les églises, et qu'il n'était pas juste de le sacrifier à ceux qui, pendant la persécution, avaient pris le prétexte de l'orthodoxie pour se soustraire aux dangers du sacerdoce. Tout cela était exact, surtout pour les simples prêtres, dont la plupart avaient eu véritablement les vertus qu'on leur attribuait. Mais les évêques constitutionnels, dont quelques-uns cependant méritaient le respect, étaient pour la plupart des hommes de dispute, de vrais sectaires, que l'ambition chez les uns, l'orgueil des querelles théologiques chez les autres, avaient entraînés, et qui ne valaient pas leurs subordonnés, gens simples et sans prétention.

Celui qui à leur tête se montrait le plus remuant, l'abbé Grégoire, était un chef de secte, dont les mœurs étaient pures, mais l'esprit étroit, la vanité excessive, et la conduite politique entachée d'un souvenir malheureux. Sans être exposé ni aux entraînements, ni aux terreurs, qui arrachèrent à la Convention un vote de mort contre l'infortuné Louis XVI, l'abbé Grégoire alors absent, et libre de se taire, avait adressé à cette assemblée une lettre qui respirait des sentiments peu conformes à l'humanité et à la religion. Il était l'un de ceux à qui le retour aux idées saines convenait le moins, et qui essayaient, quoique en vain, de lutter contre la tendance imprimée à toutes choses, par le gouvernement consulaire. Il avait eu soin de se créer des liaisons dans la famille Bonaparte, et faisait ainsi parvenir au chef de cette famille une multitude d'objections contre la résolution qui se préparait. Le Premier Consul laissait faire et dire les constitutionnels, prêt à les arrêter si leur agitation allait jusqu'au scandale ; mais il n'était pas fâché de rendre leur présence importune au Saint-Siége, et d'appliquer à sa lenteur ce genre de stimulant. Quoique ayant peu de goût pour les membres de ce clergé, parce qu'ils étaient en général des théologiens querelleurs, il voulait défendre leurs droits, et imposer au Pape, comme évêques, ceux qui étaient connus par des mœurs pures et un esprit soumis. Il n'en fallait pas davantage au plus grand nombre, car ils étaient fort loin de répugner à la réunion avec le Saint-Siége. Ils la désiraient même, comme le moyen le plus sûr et le plus hono-

Juin 1801.

L'abbé Grégoire.

rable pour eux de sortir d'une vie agitée, et d'un état de déconsidération fâcheux auprès des fidèles. La plupart en effet ne résistaient à un arrangement avec Rome, que dans la crainte d'être sacrifiés en masse aux anciens titulaires.

Opposition de M. de Talleyrand au Concordat.

Il y avait une opposition plus redoutable auprès du Premier Consul; c'était celle qui se produisait dans le ministère même. M. de Talleyrand, blessé par l'esprit de la cour de Rome, qui s'était montrée moins facile, moins indulgente qu'il ne l'avait cru d'abord, était devenu pour elle froid et malveillant. Il contrariait visiblement la négociation, après l'avoir commencée avec assez de bonne volonté, quand il n'y voyait qu'une paix de plus à conclure. Il était parti pour les eaux, comme nous l'avons déjà dit, laissant au Premier Consul un projet tout rédigé, projet absolu dans la forme, blessant sans utilité, et que la cour de Rome ne voulait admettre à aucun prix. M. d'Hauterive s'était chargé de continuer son rôle. Ce dernier, engagé à moitié dans les ordres, en étant sorti à l'époque de la Révolution, était peu favorable aux désirs du Saint-Siége. Il opposait mille difficultés de rédaction au projet convenu entre l'abbé Bernier et le cardinal Consalvi. On devait y énoncer, suivant lui, d'une manière plus expresse et plus patente la destitution des anciens titulaires, y mentionner la condition que les legs pieux ne pourraient être faits qu'en rentes, y spécifier enfin dans un article formel la réhabilitation catholique des prêtres mariés, etc. M. d'Hauterive faisait ainsi renaître les difficultés de rédaction, devant lesquelles la négociation avait failli échouer. Le jour même de la signature, il envoya encore sur ces divers points un mémoire des plus pressants au Premier Consul.

Tous ces débats terminés, il y eut une réunion des Consuls et des ministres, dans laquelle la question fut définitivement discutée et résolue. On y répéta les objections déjà connues; on y fit valoir l'inconvénient de froisser l'esprit français, d'ajouter au budget de nouvelles charges, de mettre même, disait-on, les biens nationaux en péril, en réveillant chez le clergé ancien, rétabli dans ses fonctions, plus d'espérances qu'on ne voulait en satisfaire. On parla d'un projet de simple tolérance, qui consisterait seulement à rendre les édifices religieux, tant aux prêtres *insermentés* qu'aux prêtres *assermentés*, et à demeurer spectateur paisible de leurs querelles, sauf à intervenir si l'ordre matériel venait à être troublé.

Le consul Cambacérès, fort partisan du Concordat, s'exprima sur ce sujet avec chaleur, et répondit victorieusement à toutes les objections. Il soutint que le danger de froisser l'esprit français n'était vrai qu'à l'égard de quelques beaux esprits frondeurs, mais que les masses accueilleraient volontiers le rétablissement du culte, et en éprouvaient déjà un vrai besoin moral; que la considération de la dépense était une considération méprisable en pareille matière; que les biens nationaux étaient, au contraire, garantis plus solidement que jamais par la consécration des ventes obtenue du Saint-

Siége. M. Cambacérès fut en cet endroit interrompu par le Premier Consul, qui, toujours inflexible quand il s'agissait des biens nationaux, déclara qu'il faisait le Concordat, précisément à cause des acquéreurs de ces biens, particulièrement dans leur intérêt, et qu'il écraserait de sa puissance les prêtres assez sots ou assez malveillants, pour abuser du grand acte qu'on allait faire. Le consul Cambacérès, reprenant son allocution, montra ce qu'il y avait de ridicule, d'inexécutable dans ce projet d'indifférence entre des partis religieux, qui se disputeraient la confiance des fidèles, les édifices du culte, les dons volontaires de la piété publique, qui donneraient au gouvernement les ennuis d'une intervention active, sans aucun de ses avantages, et aboutiraient peut-être à la réunion de toutes les sectes dans une seule Église ennemie, indépendante de l'État, et dépendante d'une autorité étrangère.

Le consul Lebrun parla dans le même sens, et enfin le Premier Consul se prononça en peu de mots, d'une manière nette, précise et péremptoire. Il connaissait les difficultés, les périls même de son entreprise; mais la profondeur de ses vues allait au delà de quelques difficultés du moment, et il était résolu. Il se montra tel dans ses paroles. Dès lors il n'y eut plus de résistance, sauf à désapprouver, à fronder même sa résolution hors de sa présence. On se soumit, et l'ordre fut donné de signer le Concordat, tel que l'abbé Bernier et le cardinal Consalvi l'avaient définitivement rédigé.

Suivant son usage de réserver à son frère aîné la

conclusion de tous les actes importants, le Premier Consul désigna pour plénipotentiaires Joseph Bonaparte, le conseiller d'État Cretet, et enfin l'abbé Bernier, à qui cet honneur était bien dû pour les peines qu'il s'était données, et l'habileté qu'il avait déployée dans cette longue et mémorable négociation. Le Pape eut pour plénipotentiaires le cardinal Consalvi, monsignor Spina, et le père Caselli, savant Italien qui avait suivi la légation romaine, afin de l'aider de ses connaissances théologiques. On se réunit pour la forme chez Joseph Bonaparte, on relut les actes, on fit ces petits changements de détail, toujours réservés pour le dernier moment, et, le 15 juillet 1801 (26 messidor), on signa ce grand acte, le plus important que la cour de Rome ait conclu avec la France, et peut-être avec aucune puissance chrétienne, car il terminait l'une des plus affreuses tourmentes que la religion catholique ait jamais traversées. Pour la France, il faisait cesser un schisme déplorable, et le faisait cesser en plaçant l'Église et l'État dans des rapports d'union et d'indépendance convenables.

Il restait beaucoup à faire après la signature de ce traité, qui a porté depuis le titre de Concordat. Il fallait en demander la ratification à Rome, puis obtenir les bulles qui devaient en accompagner la publication, ainsi que les brefs adressés à tous les anciens titulaires, pour réclamer leur démission; il fallait tracer ensuite la nouvelle circonscription, choisir les soixante nouveaux prélats,

Juillet 1801.

chargé de signer le Concordat.

Signature du Concordat le 15 juillet 1801.

et en toutes ces choses marcher d'accord avec Rome. C'était une négociation non interrompue, jusqu'au jour où l'on pourrait enfin chanter un *Te Deum* à Notre-Dame, pour y célébrer le rétablissement du culte. Le Premier Consul, toujours pressé d'arriver au résultat, aurait voulu que tout cela fût fini promptement, pour célébrer en même temps la paix avec les puissances européennes, et la paix avec l'Église. L'accomplissement d'un tel désir était difficile. On se hâta néanmoins dans l'expédition de ces détails, afin de retarder le moins possible le grand acte de la restauration religieuse.

Le Premier Consul ne publia point encore le traité signé avec le Pape, car auparavant il fallait avoir reçu les ratifications. Mais il en fit part au Conseil d'État, dans la séance du 6 août (18 thermidor). Il ne communiqua point l'acte dans sa teneur, il se contenta d'en donner une analyse substantielle, et accompagna cette analyse de l'énumération des motifs qui avaient décidé le gouvernement. Ceux qui l'entendirent ce jour-là furent frappés de la précision, de la vigueur, de la hauteur de son langage. C'était l'éloquence du magistrat chef d'empire. Cependant, s'ils furent saisis de cette éloquence simple et nerveuse, que Cicéron appelait chez César *vim Cæsaris*, ils furent peu ramenés à l'œuvre du Premier Consul[1].

---

[1] Lettre de Mgr Spina au cardinal Consalvi, secrétaire d'État :

Parigi, 8 agosto.

Giovedì scorso il Primo Console essendo al Consiglio di Stato, instruito che in Parigi si parla della convenzione da esso fatta con Sua

Ils restèrent mornes et muets, comme s'ils avaient vu périr avec le schisme une des œuvres les plus regrettables de la Révolution. L'acte n'étant pas soumis encore aux délibérations du Conseil d'État, il n'y avait ni à le discuter ni à le voter. Rien ne troubla la froideur silencieuse de cette scène. On se tut, on se sépara sans mot dire, sans exprimer un suffrage. Mais le Premier Consul avait montré sa volonté, désormais irrévocable, et c'était beaucoup pour une infinité de gens. C'était au moins le silence assuré de ceux qui ne voulaient pas lui déplaire, et de ceux aussi qui, respectant son génie, reconnaissant l'immensité des biens qu'il versait sur la France, étaient décidés à lui passer même des fautes.

Août 1801

Le Premier Consul, pensant qu'il avait maintenant assez stimulé la cour de Rome, jugea qu'il fallait mettre fin au prétendu concile des constitutionnels. En conséquence il leur ordonna de se séparer, et ils obéirent. Aucun d'eux n'aurait osé blesser l'au-

Dissolution du concile formé par le clergé constitutionnel.

Santità, e che ognuno ignorandone il preciso ne parla e fa dei comenti a seconda della propria immaginazione, prese da ciò ragione di communicarne al Consiglio medesimo l'intiero tenore. So che parlò un ora e mezza, dimostrandone la necessità et l'utilità, e mi vien riferito che parlasse eccellentemente. Siccome non richiese qual fosse il parere del suo Consiglio, ognuno si tacque. Non ho ancora potuto sapere quale impressione facesse nell'animo dei consiglieri in generale. I buoni ne godettero, ma il numero di questi è ben ristretto. Procurerò d'indagare qual sia l'impressione fatta in quelli che sono di diversa opinione. Pare che il Primo Console andar voglia preparando gli spiriti di quelli che sono nemici di questa operazione a non contrariarla, ma nulla otterrà fino a che non prende qualche misura più energica contro i costituzionali, e fino a che lascia il culto cattolico esposto alla sferza del ministro della polizia.

torité qui allait distribuer soixante siéges, relevés cette fois par l'institution pontificale. En se séparant, ils présentèrent au Premier Consul un acte convenable dans la forme, et qui contenait leurs vues, relativement au nouvel établissement religieux. Il renfermait les propositions que nous avons déjà fait connaître.

Le cardinal Consalvi était parti de Paris pour retourner à Rome, et ramener M. de Cacault auprès du Saint-Siége. Le Pape soupirait après ce double retour, car la Basse-Italie était dangereusement agitée. Les patriotes italiens de Naples et de l'État romain attendaient avec impatience l'occasion d'un nouveau bouleversement, et les bandits de l'ancien parti Ruffo, les sicaires de la reine de Naples, ne demandaient pas mieux qu'un prétexte pour se jeter sur les Français. Ces hommes, si différents d'intention, étaient prêts à unir leurs efforts, pour tout mettre en confusion. La nouvelle de l'accord établi entre les deux gouvernements français et romain, la certitude de l'intervention du général Murat placé dans le voisinage à la tête d'une armée, continrent les esprits, et prévinrent ces sinistres projets. Le Pape fut ravi en voyant revenir à Rome le cardinal Consalvi, et le ministre de France. Sur-le-champ il convoqua la congrégation des cardinaux afin de leur soumettre le nouvel ouvrage, et il fit préparer les bulles, les brefs, tous les actes enfin, suite nécessaire du Concordat. Le digne pontife était joyeux, mais agité. Il avait la certitude de bien faire, et de n'immoler que des intérêts de

CONCORDAT.   271

faction au bien général de l'Église. Mais le blâme
du vieux parti du trône et de l'autel éclatait avec
violence à Rome, et, bien que le Saint-Père eût
éloigné de lui tous les malveillants, il entendait
leurs paroles amères; il en était ému. Le cardinal Maury, jugeant avec la supériorité de son
esprit la cause de l'émigration perdue, et déjà
peut-être voyant avec une secrète satisfaction le
moment d'un rapatriement général pour tous les
hommes qui gémissaient loin de leur pays, le cardinal Maury se tenait à l'écart dans son évêché
de Montefiascone, s'occupant uniquement des soins
d'une bibliothèque qui charmait son exil. Le Pape,
pour ne donner aucun ombrage au Premier Consul, avait d'ailleurs fait sentir à ce cardinal, que
sa retraite absolue à Montefiascone était, dans le
moment, une convenance du gouvernement pontifical.

Le Pape était donc satisfait, mais plein d'émotion[1],

Août 1801.

---

[1] Lettre de M. de Cacault, ministre plénipotentiaire de la République française à Rome, au ministre des relations extérieures :

Rome, le 8 août 1801 (20 thermidor an IX).

Citoyen ministre,

Pour vous informer de l'état de l'affaire de la ratification du Pape attendue à Paris, je ne puis mieux faire que de vous transmettre en original la lettre que je viens de recevoir du cardinal Consalvi.

Ce cardinal étant obligé de garder le lit, Sa Sainteté est venue travailler aujourd'hui chez son secrétaire d'État.

Le Sacré-Collége entier doit concourir à la ratification ; tous les docteurs de premier ordre sont employés et en mouvement. Le Saint-Père est dans l'agitation, l'inquiétude et le désir d'une jeune épouse, qui n'ose se réjouir du grand jour de son mariage. Jamais on n'a vu la cour pontificale plus recueillie, plus sérieusement et plus secrètement oc-

Sept. 1801.

Adoption du Concordat par le Sacré-Collège.

Choix du cardinal Caprara comme légat du Pape en France.

et il pressait vivement l'achèvement de l'entreprise si heureusement commencée. La congrégation des cardinaux était toute favorable au Concordat depuis sa nouvelle rédaction, et elle se prononça d'une manière affirmative. Le Pape, pensant qu'il fallait désormais se jeter dans les bras du Premier Consul, et accomplir avec éclat une œuvre qui avait un aussi noble objet que le rétablissement du culte catholique en France, voulut que la cérémonie des ratifications fût entourée de beaucoup de solennité. En conséquence, il donna ces ratifications dans un grand consistoire, et, pour ajouter encore à l'éclat de cette fonction pontificale, il nomma trois cardinaux. Il reçut M. de Cacault en pompe, et déploya, malgré la gêne de ses finances, tout le luxe que cette circonstance comportait. Ayant à faire choix d'un légat pour l'envoyer en France, il désigna le diplomate le plus éminent

cupée de la nouveauté sur le point d'éclore, sans que la France, dont il s'agit, pour laquelle on travaille, intrigue, promette, donne, ni brille ici, suivant les anciens usages. Le Premier Consul jouira bientôt de l'accomplissement de ses vues à l'égard de l'accord avec le Saint-Siége, et cela sera arrivé d'une manière nouvelle, simple et vraiment respectable.

Ce sera l'ouvrage d'un héros et d'un saint, car le Pape est d'une piété réelle.

Il m'a dit plusieurs fois : « Soyez sûr que si la France, au lieu d'être puissance dominante, était dans l'abattement et la faiblesse à l'égard de ses ennemis, je n'en ferais pas moins tout ce que j'accorde aujourd'hui. »

Je ne crois pas qu'il soit arrivé souvent qu'un si grand résultat, d'où dépendra beaucoup désormais la tranquillité de la France et le bonheur de l'Europe, ait été obtenu sans violence comme sans corruption.

J'ai l'honneur de vous saluer respectueusement.

CACAULT.

de la cour romaine, c'était le cardinal Caprara, personnage distingué par sa naissance (il était de l'illustre famille des Montecuculli), distingué par ses lumières, son expérience, sa modération. Autrefois ambassadeur auprès de Joseph II, il avait vu les tribulations de l'Église dans le siècle dernier, et avait souvent, par son habileté et son esprit d'à-propos, épargné plus d'un désagrément au Saint-Siége. Le Premier Consul avait exprimé lui-même le désir d'avoir auprès de sa personne ce prince de l'Église. Le Pape se hâta de satisfaire à ce désir, et fit même de grands efforts pour vaincre la résistance du cardinal, âgé, malade, et peu disposé à recommencer la carrière laborieuse de sa première jeunesse. Cependant cette répugnance fut vaincue par les vives instances du Saint-Père, et par l'intérêt pressant de l'Église. Le Pape voulut conférer au cardinal Caprara la plus haute dignité diplomatique de la cour romaine, celle de légat *a latere*. Ce légat a les pouvoirs les plus étendus; il est précédé partout de la croix; il peut tout ce qui se peut loin du Pape. Pie VII renouvela en cette occasion les antiques cérémonies, dans lesquelles on remettait aux représentants de saint Pierre le signe vénéré de leur mission. Un grand consistoire fut convoqué de nouveau, et, en présence de tous les cardinaux, de tous les ministres étrangers, le cardinal Caprara reçut la croix d'argent, qu'il devait faire porter devant lui dans cette France républicaine, étrangère depuis long-temps aux pompes catholiques.

Le Premier Consul, sensible à la conduite cordiale du Pape, lui témoigna en retour les plus grands égards. Il prescrivit à Murat d'épargner aux États romains les passages de troupes; il fit évacuer par les Cisalpins le petit duché d'Urbin, que ces derniers avaient envahi sous le prétexte d'une contestation de limites. Il annonça la prochaine évacuation d'Ancône, et, en attendant, envoya des fonds pour en payer la garnison, afin de soulager le trésor pontifical de cette dépense. Les Napolitains s'obstinant à occuper deux enclaves appartenant au Saint-Siège, Bénévent et Ponte-Corvo, reçurent de nouveau l'injonction d'en sortir. Le Premier Consul fit enfin préparer et meubler avec luxe un des beaux hôtels de Paris, afin d'y loger, aux frais du trésor français, le cardinal Caprara.

Les ratifications avaient été échangées, les bulles approuvées, les brefs allaient être expédiés dans toute la chrétienté pour provoquer les démissions des anciens titulaires. Le cardinal Caprara, malgré son âge, avait hâté son voyage en France. Partout on avait ordonné aux autorités de l'accueillir d'une manière conforme à sa haute dignité. Elles l'avaient fait avec empressement, et la population des provinces, secondant leur zèle, avait donné au représentant du Saint-Siège des marques de respect, qui prouvaient l'empire du vieux culte sur le peuple des campagnes. Mais on craignait de mettre à une telle épreuve le peuple railleur de Paris, et tout fut disposé pour que le cardinal entrât de nuit dans la capitale. Il y fut reçu avec des soins empressés, et logé dans l'hôtel qu'on lui avait préparé. On lui fit savoir de la manière la plus délicate, qu'une partie des frais de sa mission était à la charge du gouvernement français, et que c'était un usage diplomatique qu'on entendait établir à l'égard du Saint-Siége. Le Premier Consul avait envoyé chez le légat deux voitures attelées de ses plus beaux chevaux.

Le cardinal Caprara fut reçu comme un ambassadeur étranger, mais point encore comme un représentant de l'Église. Cette réception était ajournée jusqu'à l'époque du rétablissement définitif du culte. On se réservait d'instituer, le même jour, les nouveaux évêques, de chanter un *Te Deum*, et de faire prêter au cardinal-légat le serment qu'il devait au Premier Consul.

Les formalités indispensables dont il fallait que la publication du Concordat fût précédée, avaient pris beaucoup plus de temps qu'on ne l'avait cru d'abord, et avaient conduit jusqu'à l'époque où les préliminaires de paix venaient d'être signés à Londres. Le Premier Consul aurait voulu pouvoir faire coïncider la fête consacrée le 18 brumaire à la paix générale, avec la grande solennité religieuse de la restauration du culte. Mais il fallait que les démissions des anciens titulaires fussent arrivées à Rome, avant d'y faire approuver la nouvelle circonscription diocésaine et les choix des nouveaux évêques. Ces démissions demandées par le Pape à l'ancien clergé français, étaient dans ce moment l'objet de l'attention générale. On désirait savoir de toutes parts, comment serait accueilli ce grand acte, du Pape et du Premier Consul, se tenant par la main, et demandant aux anciens ministres du culte, amis ou ennemis de la Révolution, répandus en Russie, en Allemagne, en Angleterre, en Espagne, leur demandant de sacrifier leur position, leurs affections de parti, l'orgueil même de leurs doctrines, pour faire triompher l'unité de l'Église, et rétablir la tranquillité intérieure de la France. Combien y en aurait-il qui seraient assez sensibles à ce double motif, pour immoler tant de sentiments et d'intérêts personnels à la fois? Le résultat prouva la sagesse du grand acte que faisaient en ce moment le Pape et le Premier Consul; il prouva l'empire que pouvait exercer sur les âmes l'amour du bien, noblement invoqué par un saint pontife et un héros.

Les brefs adressés aux évêques orthodoxes et aux évêques constitutionnels n'étaient pas les mêmes. Le bref destiné aux évêques qui s'étaient refusés à reconnaître la Constitution civile du clergé, les considérait comme légitimes titulaires de leurs siéges, leur demandait de se démettre au nom de l'intérêt de l'Église, en vertu d'une offre faite jadis à Pie VI, et, en cas de refus, les déclarait déchus. Le langage en était affectueux, affligé, mais plein d'autorité. Le bref adressé aux constitutionnels était paternel aussi, respirait l'indulgence la plus douce, mais ne parlait pas de démission, vu que l'Église n'avait jamais reconnu les constitutionnels comme évêques légitimes. Il leur demandait d'abjurer d'anciennes erreurs, de rentrer dans le sein de l'Église, et de terminer un schisme qui était à la fois un scandale et une calamité. C'était une manière de provoquer leur démission sans la réclamer, car la réclamer eût été une reconnaissance de leur titre que le Saint-Siège ne pouvait faire.

Il faut rendre une égale justice à tous les hommes qui facilitèrent ce grand acte de réunion. Les évêques constitutionnels, dont quelques-uns auraient voulu résister, mais dont la majorité, bien conseillée, désirait franchement seconder le Premier Consul, se démirent en masse. Le bref, quoique plein de cordialité, les blessait, parce qu'il ne parlait que de leurs erreurs, et non de leur démission. Ils imaginèrent une forme d'adhésion aux volontés du Pape, qui, sans impliquer aucune rétractation du passé, impliquait néanmoins leur soumission et leur démission. Ils déclarèrent qu'ils adhéraient au nouveau Concordat, et se dépouillaient en conséquence de leur dignité épiscopale. Ils étaient environ cinquante. Tous se soumirent, un seul excepté, l'évêque Saurine, homme d'une imagination fort vive, d'un zèle religieux plus ardent qu'éclairé, prêtre d'ailleurs de mœurs pures, que le Premier Consul appela plus tard à des fonctions épiscopales, après l'avoir fait agréer au Pape.

Cette partie de l'œuvre n'était pas la plus difficile. Elle était d'ailleurs la plus immédiatement réalisable, parce que les constitutionnels étaient presque tous à Paris, sous la main du Premier Consul, et sous l'influence des amis, qui s'étaient constitués leurs défenseurs et leurs guides.

Les évêques non assermentés étaient répandus dans toute l'Europe. Il y en avait cependant un certain nombre en France. L'immense majorité offrit un noble exemple de piété et de soumission évangéliques. Sept résidaient à Paris, huit dans les provinces, en tout quinze. Pas un n'hésita dans la réponse à faire au Pontife, et au nouveau chef de l'État. Ils la firent surtout dans un langage digne des plus beaux temps de l'Église. Le vieux évêque de Belloy, prélat vénérable, qui avait remplacé M. de Belsunce à Marseille, et qui était le modèle de l'ancien clergé, se hâta de donner à ses confrères le signal de l'abnégation. « Plein, disait-il, de vénération et
» d'obéissance pour les décrets de Sa Sainteté, et
» voulant toujours lui être uni de cœur et d'esprit, je
» n'hésite pas à remettre entre les mains du Saint-
» Père ma démission de l'évêché de Marseille. Il
» suffit qu'elle l'estime nécessaire à la conservation
» de la religion en France pour que je m'y résigne. »

L'un des plus savants évêques du clergé français, l'historien de Bossuet et de Fénélon, l'évêque d'Alais écrivait : « Heureux de pouvoir concourir
» par ma démission, autant qu'il est en moi, aux
» vues de sagesse, de paix et de conciliation, que
» Sa Sainteté s'est proposées, je prie Dieu de bé-
» nir ses pieuses intentions, et de lui épargner les
» contradictions qui pourraient affliger son cœur
» paternel. »

L'évêque d'Acqs écrivait au Saint-Père : « Je n'ai
» pas balancé un moment à m'immoler, dès que j'ai
» appris que ce douloureux sacrifice était néces-

» saire à la paix de la patrie et au triomphe de la
» religion... Qu'elle sorte glorieuse de ses ruines!
» qu'elle s'élève, je ne dirai pas seulement sur
» les débris de tous mes intérêts les plus chers,
» de tous mes avantages temporels, mais sur mes
» cendres mêmes, si je pouvais lui servir de vic-
» time expiatoire!... Que mes concitoyens revien-
» nent à la concorde, à la foi, et aux saintes mœurs!
» Jamais je ne formerai d'autres vœux pendant ma
» vie, et ma mort sera trop heureuse si je les vois
» accomplis. »

<small>Nov. 1801.</small>

Confessons-le, c'est une belle institution, que celle qui inspire ou commande de tels sacrifices, et un tel langage. Les plus grands noms de l'ancien clergé et de l'ancienne France, les Rohan, les Latour-du-Pin, les Castellane, les Polignac, les Clermont-Tonnerre, les Latour-d'Auvergne, se faisaient remarquer sur la liste des démissionnaires. Il y avait un entraînement général, qui rappelait les généreux sacrifices de l'ancienne noblesse française dans la nuit du 4 août. C'était le même empressement à faciliter, par un grand acte d'abnégation, l'exécution de ce Concordat, que M. de Cacault avait appelé l'œuvre d'un héros et d'un saint.

Les évêques réfugiés en Allemagne, en Italie, en Espagne, suivirent cet exemple pour la plupart. Restaient les dix-huit évêques retirés en Angleterre. On attendait ces derniers pour voir s'ils sauraient échapper aux influences ennemies qui les entouraient. Le gouvernement britannique, ramené dans le moment vers la France, voulut demeurer étranger à

<small>Résistances des évêques réfugiés en Angleterre.</small>

leur détermination. Mais les princes de la maison de Bourbon, les chefs de la chouannerie, les instigateurs de la guerre civile, les complices de la machine infernale, Georges et consorts, étaient à Londres, vivant des secours donnés aux émigrés. Ils entouraient les dix-huit prélats, bien résolus à les empêcher de compléter par leur adhésion la réunion de tout le clergé français autour du Pape et du général Bonaparte. De longues délibérations s'établirent. Parmi les récalcitrants se trouvaient l'archevêque de Narbonne, auquel on attribuait des intérêts très-temporels, car il devait perdre avec son siége d'immenses revenus, et l'évêque de Saint-Pol-de-Léon, qui s'était créé une charge, disait-on, avantageuse, celle d'administrer les subsides britanniques aux prêtres déportés. Ils agirent sur les évêques et en entraînèrent treize. Mais ils rencontrèrent une noble résistance dans cinq autres prélats, à la tête desquels se trouvaient deux des membres les plus illustres, les plus imposants du vieux clergé : M. de Cicé, archevêque de Bordeaux, ancien garde des sceaux sous Louis XVI, personnage auquel on reconnaissait un esprit politique supérieur; M. de Boisgelin, évêque savant et grand seigneur, qui avait montré jadis l'attitude d'un prêtre digne, fidèle à sa religion, mais nullement ennemi des lumières de son siècle. Ils envoyèrent leur adhésion, avec leurs trois collègues MM. d'Osmond, de Noé, et du Plessis d'Argentré.

Presque tout l'ancien clergé s'était donc soumis. L'œuvre du Pape était accomplie, avec moins d'amertume pour son cœur, qu'il ne l'avait craint d'abord. Toutes ces démissions, insérées successivement au *Moniteur*, à côté des traités signés avec les cours de l'Europe, avec la Russie, l'Angleterre, la Bavière, le Portugal, produisaient un effet immense, et dont les contemporains ont conservé un profond souvenir. Si quelque chose fit sentir l'influence entraînante du nouveau gouvernement, ce fut cette soumission respectueuse, empressée, des deux Églises ennemies, l'une dévouée à la Révolution, mais corrompue par le démon de la dispute; l'autre fière, orgueilleuse de son orthodoxie, de la grandeur de ses noms, infectée de l'esprit de l'émigration, animée d'un royalisme sincère, et croyant d'ailleurs qu'il suffisait du temps pour la rendre victorieuse. Ce triomphe fut l'un des plus beaux, des plus mérités, des plus universellement sentis.

Le 18 brumaire, consacré à la grande fête de la paix générale, approchait. Le Premier Consul fut saisi de l'un de ces sentiments personnels, qui souvent, chez les hommes, se mêlent aux plus nobles résolutions. Il voulait jouir de son ouvrage, et pouvoir célébrer le rétablissement de la paix religieuse dans la journée du 18 brumaire. Mais, pour cela, il fallait deux choses : premièrement, qu'on eût envoyé de Rome la bulle relative aux nouvelles circonscriptions, et secondement que le cardinal Caprara eût la faculté d'instituer les nouveaux évêques. Alors on aurait nommé et sacré les soixante titulaires, et chanté en leur présence, un *Te Deum* solennel dans l'église Notre-Dame. Par malheur, on avait attendu à Rome la réponse de cinq évêques français retirés dans le nord de l'Allemagne; et, quant à la faculté de donner l'institution canonique, on ne l'avait pas attribuée au cardinal Caprara, parce que jamais un tel pouvoir n'avait été déféré, même à un légat *a latere*. On était au 1ᵉʳ novembre (10 brumaire), il ne restait plus que quelques jours. Le Premier Consul manda le cardinal Caprara, lui parla de la manière la plus amère, se plaignit, avec une vivacité qui n'était ni digne ni méritée, du peu de concours qu'il obtenait de la part du gouvernement pontifical pour l'accomplissement de ses projets, et causa au respectable cardinal une vive émotion[1].

[1] Lettre du cardinal Caprara au cardinal Consalvi :

Parigi, 2 novembre 1801.

Ritornato da Malmaison verso le ore 11 della notte mi pongo a dettare il risultato dell'abboccamento avuto col Primo Console. In niun modo ha fatto il medesimo parola meco dei cinque articoli che in copia annetto alla mia del 1° novembre, ma immediatamente con quella vivacità che è propria del suo carattere, ed aggiungo anche, mostrando di essere indispettito, ha incominciato dal fare lagnanze le più amare contro tutti i Romani, dicendo che lo menano in barchetta, e che studiano di prenderlo alla trappola; che lo menano in barchetta colla eterna lungaggine nello spedire la bolla di circoscrizione, al cui ritardo hanno contribuito col non mandare i brevi ai vescovi nel tempo che dovevano, e col non spedirli per mezzo di corrieri, come avrebbe fatto ogni governo cui premeva un affare : che studiano di prenderlo alla trappola, perchè vorrebbero fargli fare la figura di bamboccio nell'indurre il papa a non ammettergli le nomine ch'egli farà di vescovi costituzionali, e proseguendo a parlare a guisa di torrente, ha ripetuto esattamente tutto ciò, che in presenza di monsignor Spina mi disse jeri sera il consigliere Portalis.

Mais il s'apercevait bien vite de ses fautes, et cherchait aussitôt à les réparer. Il sentit sur-le-champ qu'il avait tort, et, voulant adoucir l'effet produit par sa véhémence, il retint le cardinal toute une journée à la Malmaison, le charma par sa grâce et sa bonté, et le consola de ses emportements du matin.

On écrivit à Rome, on dépêcha en Allemagne un respectable prêtre, le curé de Saint-Sulpice, M. de Pancemont, depuis évêque de Vannes, pour aller chercher la réponse des cinq prélats qu'on attendait impatiemment. Cependant le 18 brumaire se passa sans que les actes désirés fussent arrivés. L'éclat de cette journée était du reste assez grand pour faire oublier au Premier Consul ce qui pouvait y manquer encore. Enfin les réponses de Rome arrivèrent. Le

Dopo un discorso sì veemente, e mescolato di espressioni assai agre io ho preso a giustificare i Romani accusati; al che egli interrompendomi, ha detto: Non accetto giustificazioni, e solo dal numero eccettuo il papa, per cui ho rispetto e tenerezza............
.... Parendomi in quel punto meno trasportato che in principio, mi sono studiato di fargli sentire che avendo tenerezza per nostro signore doveva dargliene un contrassegno col togliergli il dispiacere di nominare vescovi costituzionali. A questa proposizione, ha ripreso l'antico tuono, ed ha detto: I costituzionali saranno da me nominati, ed in numero di quindici. Ho fatto quel che potevo, e non recederò neppure di una linea dalla determinazione che ho presa............
.... Quanto ai capi di setta, il consigliere Portalis, che era presente, ha voluto assicurarmi che potevo vivere quieto, e che su i soggetti sarei stato contento; ma quanto alla sommissione il Primo Console ha ripreso, è superbia il dimandarla, ed è viltà il prestarla; e qui senza attendere risposta, si è aperto un campo vasto in ordine alla canonica istituzione, e non più come militare, ma a guisa di canonista ha tenuto un lunghissimo discorso, non dirò da persuadere, ma da tenere a bada, ed in fine ha detto: Ma i vescovi non fanno

Pape, toujours enclin à faire ce que désirait celui qu'il appelait son cher fils, envoya la bulle de circonscription, et le pouvoir d'instituer les nouveaux évêques, conféré au légat d'une manière tout à fait inusitée. Pour prix de tant de déférence, il désirait une chose confiée à l'habileté du cardinal Caprara, c'est qu'on lui épargnât le chagrin d'instituer des constitutionnels.

Plus rien ne s'opposait désormais à la proclamation du grand acte religieux, si laborieusement accompli. Mais on avait laissé passer le moment propice. La session de l'an x était ouverte, suivant l'usage, à partir du 1ᵉʳ frimaire (22 novembre 1801). Le Tribunat, le Corps Législatif, le Sénat, étaient assemblés : on annonçait une vive résistance et des discours scandaleux contre le Concordat. Le Premier Consul ne voulait point que de tels éclats vins-

---

la professione di fede, e prestano giuramento? Rispostogli di sì dallo stesso consigliere Portalis, ha conchiuso, questo tratto di ubbidienza al papa basta per mille sommissioni. E rivolgendosi a me, mi ha laconicamente ripetuto : Procurate che sollecitamente venga la bolla della circoscrizione, e che ciò che ne viene di seguito, e di cui vi ho parlato, non abbia per parte di Roma la stessa sorte che hanno avuto i brevi spediti ai vescovi, quali secondo le mie notizie non erano stati consegnati ad alcuno in Germania a tutto il 21 del passato.

Così è finito l'abboccamento, devo però soggiungerle, che finito il medesimo all' incirca un' ora dopo mezzogiorno' egli partì con Madama, stando fuori all' incirca un' altra ora : ma prima mi obbligò di rimanere presso di lui a pranzo non ostante che fossi impegnato dal fratello Giuseppe, alquale egli stesso spedì. Certamente senza esagerazione fuori del tempo del pranzo sino a dieci ore della notte volle trattenersi meco, passeggiando alla sua maniera la più parte del tempo e parlando di tutti gli oggetti economici e politici possibili in ordine a noi.

sent troubler une auguste cérémonie, et il résolut d'attendre, pour célébrer le rétablissement des cultes, qu'il eût ramené ou brisé le Tribunat. Maintenant les lenteurs devaient venir de lui, et c'est le Saint-Siége qui allait se montrer pressant. Du reste, les difficultés soudaines qu'il était exposé à rencontrer, prouvaient le mérite et le courage de sa résolution. Ce n'était pas seulement au Concordat qu'on annonçait une vive opposition, mais au Code civil lui-même, mais à quelques-uns des traités qui venaient d'assurer la paix du monde. Fier de ses œuvres, fort de l'assentiment public, le Premier Consul était résolu de se porter aux plus grandes extrémités. Il ne parlait que de briser les corps qui lui résisteraient. Ainsi les passions humaines allaient mêler leurs emportements aux plus belles œuvres d'un grand homme et d'une grande époque.

FIN DU LIVRE DOUZIÈME.

LIVRE TREIZIÈME.

LE TRIBUNAT.

Administration intérieure. — Les grandes routes purgées du brigandage, et réparées. — Renaissance du commerce. — Exportations et importations de l'année 1801. — Résultats matériels de la Révolution française, relativement à l'agriculture, à l'industrie, à la population. — Influence des préfets et sous-préfets sur l'administration. — Ordre et célérité dans l'expédition des affaires. — Conseillers d'État en tournée. — Discussion du Code civil au Conseil d'État. — Brillant hiver de 1801 à 1802. — Affluence extraordinaire des étrangers à Paris. — Cour du Premier Consul. — Organisation de sa maison militaire et civile. — La garde consulaire. — Préfets du palais et dames d'honneur. — Sœurs du Premier Consul. — Hortense de Beauharnais épouse Louis Bonaparte. — MM. Fox et de Calonne à Paris. — Bien-être et luxe de toutes les classes. — Approches de la session de l'an X. — Une vive opposition s'élève contre les plus belles œuvres du Premier Consul. — Causes de cette opposition, répandue non-seulement parmi les membres des assemblées délibérantes, mais parmi quelques chefs de l'armée. — Conduite des généraux Lannes, Augereau et Moreau. — Ouverture de la session. — Dupuis, l'auteur de l'ouvrage sur l'origine de tous les cultes, est nommé président du Corps Législatif. — Scrutins pour les places vacantes au Sénat. — Nomination de l'abbé Grégoire, contrairement aux propositions du Premier Consul. — Explosion violente au Tribunat, pour le mot *sujet*, inséré dans le traité avec la Russie. — Opposition au Code civil. — Irritation du Premier Consul. — Discussion au Conseil d'État sur la conduite à tenir dans ces circonstances. — On prend le parti d'attendre la discussion des premiers titres du Code civil. — Le Tribunat rejette ces premiers titres. — Suite des scrutins pour les places vacantes au Sénat. — Le Premier Consul a proposé d'anciens généraux, qui ne sont pas pris parmi ses créatures. — Le Tribunat et le Corps Législatif les repoussent, et se mettent d'accord pour proposer M. Daunou, connu par son opposition au gouvernement. — Vive allocution du Premier Consul à une réunion de sénateurs. — Menaces d'un coup d'État. — Les opposants intimidés se soumettent, et imaginent un subterfuge pour annuler l'effet de leurs premiers scrutins. — Le consul Cambacérès dissuade le Premier Consul de toute mesure illégale, et lui persuade de se débarrasser

LE TRIBUNAT. 287

des opposants, au moyen de l'article 38 de la Constitution, qui fixe en l'an X la sortie du premier cinquième du Corps Législatif et du Tribunal. — Le Premier Consul adopte cette idée. — Suspension de tous les travaux législatifs. — On en profite pour réunir à Lyon, sous le titre de Consulte, une diète italienne. — Avant de quitter Paris le Premier Consul expédie une flotte chargée de troupes à Saint-Domingue. — Projet de reconquérir cette colonie. — Négociations d'Amiens. — Objet de la Consulte convoquée à Lyon. — Diverses manières de constituer l'Italie. — Projets du Premier Consul à ce sujet. — Création de la République Italienne. — Le général Bonaparte proclamé Président de cette république. — Enthousiasme des Italiens et des Français réunis à Lyon. — Grande revue de l'armée d'Égypte. — Retour du Premier Consul à Paris.

Nov. 1801.

On vient de voir au moyen de quels efforts persévérants et habiles, le Premier Consul, après avoir vaincu l'Europe par ses victoires, avait réussi à la rapprocher de la France par sa politique : on vient de voir au moyen de quels efforts, non moins méritoires, il avait réconcilié l'Église romaine avec la République française, et mis fin aux malheurs du schisme. Ses efforts pour rétablir la sécurité et la viabilité sur les routes, pour rendre l'activité au commerce et à l'industrie, pour ramener l'aisance dans les finances, l'ordre dans l'administration, pour rédiger un code de lois civiles approprié à nos mœurs, pour organiser enfin dans toutes ses parties la société française, n'avaient été ni moins constants ni moins heureux.

Administration intérieure du Premier Consul.

Cette race de brigands qui s'était formée des déserteurs des armées, et des soldats licenciés de la guerre civile, qui poursuivait les propriétaires riches dans les campagnes, les voyageurs sur les grandes routes, pillait les caisses publiques, et ré-

Succès complet dans la répression du brigandage.

Nov. 1801.

pandait la terreur dans le pays, venait d'être réprimée avec la dernière rigueur. Ces brigands avaient choisi, pour se répandre, le moment où les armées portées presque toutes à la fois au dehors, avaient privé l'intérieur des forces nécessaires à sa sécurité. Mais depuis la paix de Lunéville, et le retour d'une partie de nos troupes en France, la situation n'était plus la même. De nombreuses colonnes mobiles, accompagnées d'abord de commissions militaires, et plus tard de ces tribunaux spéciaux dont nous avons raconté l'établissement, avaient parcouru les routes en tout sens, et châtié avec la plus impitoyable énergie ceux qui les infestaient. Plusieurs centaines d'entre eux avaient été fusillés en six mois, sans qu'aucune réclamation s'élevât en faveur de scélérats, restes impurs de la guerre civile. Les autres, complétement découragés, avaient remis leurs armes, et fait leur soumission. La sécurité était rétablie sur les grands chemins, et tandis qu'aux mois de janvier et de février 1801, on pouvait à peine voyager de Paris à Rouen, ou de Paris à Orléans, sans courir le danger d'être égorgé, on pouvait à la fin de cette même année traverser la France entière sans être exposé à aucun accident. C'est à peine si, dans le fond de la Bretagne ou dans l'intérieur des Cévennes, il subsistait encore quelques restes de ces bandes. Elles allaient être bientôt complétement dispersées.

Réparation des routes déjà fort avancée.

On a vu précédemment comment dix années de troubles avaient presque interrompu la viabilité en France ; comment l'ancienne corvée avait été remplacée par la taxe des barrières; comment, sous le régime de cette taxe incommode et insuffisante à la fois, les routes étaient tombées dans un état de complète dégradation; comment enfin le Premier Consul, en nivôse dernier, avait consacré un subside extraordinaire à réparer vingt des principales chaussées, qui traversaient le sol de la République. Il avait lui-même veillé à l'emploi de ce subside, et par une attention de tous les moments, excité au plus haut degré le zèle des ingénieurs. Chacun de ses aides-de-camp, ou des grands fonctionnaires qui voyageaient en France, était interrogé par lui pour savoir si ses ordres étaient exécutés. Les fonds avaient été votés cette année un peu tard; la fin de cette même année avait été pluvieuse, et de plus la main-d'œuvre manquait généralement. C'était la conséquence de défrichements soudains et immenses, et surtout d'une longue guerre civile. Ces causes diverses avaient retardé les travaux; mais l'amélioration était cependant remarquable. Le Premier Consul venait de consacrer un nouveau subside, pris sur l'an x (1801 et 1802), à la réparation de quarante-deux autres routes. Ce subside, emprunté aux fonds généraux du trésor, devait s'ajouter au produit de la taxe. En comptant 2 millions non employés en l'an ix, 10 millions d'extraordinaire imputés sur l'an x, 16 provenant de la taxe, la somme totale consacrée à l'entretien des routes pour l'année courante, devait être de 28 millions. C'était deux ou trois fois plus qu'on ne leur avait affecté aux époques antérieures. Aussi les réparations marchaient-elles

Nov. 1801.

Création de nouvelles routes entre la France et l'Italie, la France et la Belgique.

Canaux de Saint-Quentin, de l'Ourcq, et d'Aigues-Mortes.

avec une grande rapidité, et tout annonçait que, dans le courant de 1802, les chemins seraient ramenés en France à un état de parfaite viabilité.

Des ordres étaient donnés pour la création de nouvelles communications, entre les diverses parties de la France ancienne et nouvelle. Quatre grandes routes se préparaient entre l'Italie et la France. Celle du Simplon, mentionnée plusieurs fois, avançait rapidement. On avait déjà mis la main à celle qui devait réunir le Piémont et la Savoie par le Mont-Cenis. Une troisième par le Mont-Genèvre, unissant le Piémont et le midi de la France, était ordonnée. Les ingénieurs parcouraient les lieux, pour arrêter les projets. La réparation de la grande route du col de Tende, traversant les Alpes maritimes, était entreprise. Ainsi la barrière des Alpes allait se trouver comme abaissée, entre la France et l'Italie, au moyen de ces quatre voies, praticables pour les plus gros transports civils et militaires. Le miracle du passage du Saint-Bernard devenait inutile pour l'avenir, quand il faudrait courir au secours de l'Italie.

Le canal de Saint-Quentin s'exécutait. Le Premier Consul était allé voir lui-même le canal de l'Ourcq, et avait ordonné la reprise des travaux. Le canal d'Aigues-Mortes à Beaucaire, confié à une compagnie, était en cours d'exécution. Le gouvernement avait encouragé la compagnie en lui faisant de vastes concessions de terrain. Les ponts nouveaux sur la Seine, concédés à une association de capitalistes, étaient presque achevés. Ces nombreuses et belles entreprises attiraient vivement l'attention publique. Les esprits, toujours vifs en France, se détournaient avec une sorte d'entraînement des grandeurs de la guerre vers les grandeurs de la paix.

Déjà pendant l'an ix (1800-1801) le commerce avait repris un grand essor, bien que la guerre maritime eût encore régné pendant tout le cours de cette année. Les importations qui avaient été en l'an viii de 325 millions seulement, étaient montées en l'an ix, à 417. C'était presque une augmentation d'un quart, dans l'espace d'une seule année. Cette augmentation était due à deux causes : la consommation rapidement accrue des denrées coloniales, et l'introduction en quantité considérable des matières premières, propres aux fabriques, telles que cotons bruts, laines, huiles : ce qui était le signe évident de la renaissance de nos manufactures. Les exportations s'étaient ressenties beaucoup moins de ce mouvement général d'accroissement, parce que notre commerce extérieur n'était pas encore rétabli en l'an ix (1800-1801), et parce qu'il fallait bien d'ailleurs que la fabrication des produits en devançât l'exportation. Cependant la somme des exportations, qui ne s'était élevée en l'an viii qu'à 274 millions, montait en l'an ix à 305. Cette augmentation de 34 millions était due particulièrement à des sorties extraordinaires de nos vins et de nos eaux-de-vie, ce qui avait excité à Bordeaux une grande activité commerciale. On remarquera aussi quelle différence avaient produite, entre nos exportations et nos importations, ces dix années de guerre maritime,

Nov. 1801

Augmentation dans les importations et les exportations commerciales puisque nous venions de recevoir 417 millions de valeurs, et que nous n'en avions exporté que 305. Mais la restauration de nos manufactures devait bientôt combler cette différence.

Rétablissement de l'industrie des soieries. Les soieries du Midi commençaient à refleurir. Lyon, la ville favorite du Premier Consul, se livrait de nouveau à sa belle industrie. Sur quinze mille ateliers consacrés autrefois au tissage des soies, il n'en était resté que deux mille en activité, pendant le temps de nos troubles. Sept mille étaient déjà rétablis. Lille, Saint-Quentin, Rouen, participaient au même mouvement, et les ports de mer qui allaient être débloqués préparaient de nombreux armements. Le Premier Consul, de son côté, faisait, pour le rétablissement de nos colonies, des préparatifs dont on verra bientôt l'objet et l'étendue.

État numérique de la population après la Révolution française. On avait voulu se rendre compte de l'état dans lequel la Révolution laissait la France, sous le rapport de l'agriculture et de la population. Les recherches statistiques, impossibles lorsque des administrations collectives géraient les affaires provinciales, étaient devenues praticables depuis l'institution des préfectures et des sous-préfectures. On avait ordonné des recensements, qui avaient donné des résultats singuliers, confirmés d'ailleurs par les conseils généraux de départements, assemblés pour la première fois en l'an IX. Le travail relatif à la population était alors achevé pour 67 départements, sur les 102, dont la France se composait en 1801. La population qui, dans ces 67 départements, s'élevait à 21,476,243 habitants en 1789, s'élevait à 22,297,443 en 1800.

C'était une augmentation de onze cent mille âmes, c'est-à-dire d'environ un dix-neuvième. Ce résultat peu croyable, s'il n'avait été confirmé par les déclarations d'une foule de conseils généraux, prouvait qu'après tout, le mal produit par les grandes révolutions sociales est plus apparent que réel, sous le rapport matériel du moins, et que bientôt d'ailleurs le bien efface le mal avec une rapidité prodigieuse. L'agriculture était en progrès presque partout. La suppression des capitaineries avait été extrêmement utile dans la plupart des provinces. Si, en détruisant le gibier, elle avait détruit l'une des jouissances les plus avouables des classes riches, elle avait d'autre part délivré l'agriculture de vexations ruineuses. La vente d'une quantité de grandes terres avait amené des défrichements considérables, et mis en valeur une partie du sol auparavant improductive. Beaucoup de biens d'église, passés des mains d'un usufruitier négligent aux mains d'un propriétaire intelligent et actif, augmentaient chaque jour la masse des produits agricoles. La révolution qui s'est faite chez nous dans la propriété territoriale, et qui, en la divisant en mille mains, a si prodigieusement augmenté le nombre des propriétaires, ainsi que l'étendue des terrains cultivés, cette révolution s'accomplissait dans ce moment, et donnait déjà des résultats immenses. Sans doute les procédés de la culture n'étaient pas encore sensiblement améliorés, mais l'exploitation du sol s'était étendue d'une manière extraordinaire.

Les forêts, soit de l'État, soit des communes, se ressentaient du désordre administratif des derniers

Nov. 1801.

État de l'agriculture.

Défrichements considérables.

Répression des désordres dans l'admi-

temps. C'était un des objets auxquels il était urgent de pourvoir, car on défrichait les terres plantées en bois, et on ne respectait ni les propriétés de l'État ni celles des particuliers. L'administration des finances, saisie d'une grande quantité de forêts par la confiscation des biens des émigrés, ne savait pas encore les surveiller et les exploiter avec avantage. Beaucoup de propriétaires, ou absents, ou intimidés, abandonnaient la défense des bois dont ils étaient possesseurs, les uns réellement, les autres fictivement pour le compte des familles proscrites. C'était la conséquence d'un état de choses qui allait heureusement cesser. Le Premier Consul avait donné à la conservation de la richesse forestière de la France une attention particulière, et avait déjà commencé à rétablir l'ordre, et le respect des propriétés. Un code rural était demandé partout, afin de prévenir les dommages causés par les troupeaux.

La nouvelle institution des préfets et des sous-préfets, créée par la loi de pluviôse an VIII, avait produit des résultats immédiats. Au désordre, à la négligence des administrations collectives, avaient succédé la régularité, la promptitude d'exécution, conséquences prévues et nécessaires de l'unité du pouvoir. Les affaires de l'État et des communes en avaient également profité, car elles avaient enfin trouvé des agents qui s'en occupaient avec une application suivie. La confection des rôles et la perception de l'impôt, autrefois si négligées, n'étaient en retard nulle part. On commençait aussi à mettre de l'ordre dans les revenus et les dépenses

LE TRIBUNAT.   295

des communes. Cependant plusieurs parties de leur administration étaient encore en souffrance. Les hôpitaux, par exemple, étaient tombés dans un état déplorable. L'anéantissement d'une portion de leurs revenus, par la vente de leurs biens, par la privation de beaucoup de perceptions abolies, les réduisaient à la plus extrême détresse. On avait, pour quelques villes, imaginé l'octroi, et essayé en petit le rétablissement des contributions indirectes. Mais ces octrois, encore mal assis, n'étaient ni suffisants ni assez généralement employés. Le service des enfants trouvés se ressentait aussi de la perturbation générale. On voyait une quantité d'enfants abandonnés, que la charité publique ne recueillait plus, ou qui étaient confiés à de malheureuses nourrices, dont les gages n'étaient point payés. On redemandait presque partout les anciennes sœurs hospitalières, pour le service des hôpitaux.

Nov. 1801.

Les registres de l'état civil, enlevés aux prêtres et confiés aux officiers municipaux, étaient fort mal tenus. Il fallait, pour mettre l'ordre dans cette partie de l'administration, si importante pour l'état des familles, non-seulement le zèle et la vigilance des administrateurs, mais l'amélioration de la loi, encore insuffisante ou mal faite. C'était l'un des objets que devait régler le Code civil, actuellement en discussion au Conseil d'État.

Soins donnés aux registres de l'État civil.

On se plaignait de la trop grande division des communes, de leur nombre infini, et on demandait la réunion de beaucoup d'entre elles. Cette belle administration française, qui maintenant est

Conseillers d'État envoyés en tournée.

achevée, et surpasse en régularité, en précision, en vigueur, toutes les administrations de l'Europe, s'organisait ainsi rapidement, sous la main créatrice et toute-puissante du Premier Consul. Il avait imaginé un moyen des plus efficaces pour être instruit de tout, et pour apporter à cette vaste machine les perfectionnements dont elle était susceptible. Il avait chargé quelques-uns des conseillers d'État, les plus capables, de parcourir la France, et d'observer sur les lieux mêmes la marche de l'administration. Ces conseillers, arrivés dans les départements principaux, y appelaient les préfets des départements voisins, les chefs des divers services, et y tenaient des conseils, dans lesquels on leur révélait les difficultés qui n'avaient pu être prévues d'avance, les obstacles inattendus qui surgissaient de la nature des choses, les lacunes des lois ou des règlements qu'on avait faits depuis dix ans. Ils examinaient en même temps si cette hiérarchie de préfets, sous-préfets, maires, fonctionnait avec ordre et facilité; si les individus étaient bien choisis, s'ils se montraient pénétrés des intentions du gouvernement, s'ils étaient, comme lui, fermes, laborieux, impartiaux, dégagés de tout esprit de parti. Ces tournées produisaient le meilleur effet. Les conseillers en mission stimulaient le zèle des fonctionnaires, et rapportaient au Conseil d'État des lumières utiles, soit pour la décision des affaires courantes, soit pour la confection ou le perfectionnement des règlements administratifs. Encouragés surtout par l'énergie du Premier Consul, ils n'hésitaient pas à lui dénoncer les agents ou faibles, ou incapables, ou animés d'un mauvais esprit.

La sollicitude du Premier Consul ne se bornait pas à cette revue du pays par les conseillers d'État en tournée. Les nombreux aides-de-camp dépêchés par lui, tantôt aux armées, tantôt dans les ports de mer, pour y communiquer l'énergie de ses volontés, avaient ordre, chemin faisant, de tout observer, et de tout rapporter à leur général. Les colonels Lacuée, Lauriston, Savary, envoyés à Anvers, Boulogne, Brest, Rochefort, Toulon, Gênes, Otrante, avaient mission à leur retour de s'arrêter dans chaque lieu, de voir, d'écouter, et de prendre des notes sur toutes choses : état des routes, mouvement des affaires commerciales, conduite des fonctionnaires, vœux des populations, opinion publique. Aucun n'y manquait, aucun ne craignait de dire la vérité à un chef juste et tout-puissant. Ce chef, qui ne songeait alors qu'à faire le bien, parce que ce bien, infini dans son étendue et sa diversité, suffisait pour absorber l'ardeur de son âme, accueillait avec empressement la vérité qu'il avait provoquée, et en faisait courageusement son profit, soit qu'il fallût frapper un fonctionnaire coupable, réparer une lacune dans les institutions nouvelles, ou porter son attention sur un objet qui avait échappé jusqu'alors à ses infatigables regards[1].

[1] Voici quelques échantillons des instructions données à ses aides-de-camp en mission.

Au citoyen Lauriston, aide-de-camp.

Paris, 7 pluviôse an IX (27 janvier 1801).

Vous partirez, citoyen, pour vous rendre à Rochefort. Vous visiterez

Nov. 1801.

Discussion du Code civil dans le sein du Conseil d'État.

Un spectacle frappait en ce moment tous les yeux, c'était la discussion du Code civil dans le sein du Conseil d'État. Le besoin de ce code était certainement le plus urgent des besoins de la France. L'ancienne législation civile, composée de droit féodal, de droit coutumier, de droit romain, ne convenait plus à une société révolutionnée de fond en comble. Les anciennes lois sur le mariage, celles qu'on avait improvisées depuis sur le divorce et les successions, ne convenaient ni au nouvel état de la société, ni à

dans le plus grand détail le port et l'arsenal, en vous adressant à cet effet au préfet maritime.

Vous me rapporterez des mémoires sur les objets suivants :

1° Le nombre d'hommes, dans le plus exact détail, qui se trouvent sur les deux frégates qui partent, et l'inventaire de tous les objets d'artillerie ou autres que ces frégates auraient à bord. Vous resterez à Rochefort jusqu'à ce qu'elles soient parties.

2° Combien reste-t-il de frégates en rade?

3° Un rapport particulier sur chacun des vaisseaux le *Foudroyant*, le *Duguay-Trouin* et l'*Aigle*. Dans quel temps chacun de ces vaisseaux sera-t-il prêt à mettre à la voile?

4° Un rapport particulier sur chacune des frégates la *Vertu*, la *Cybèle*, la *Volontaire*, la *Thétis*, l'*Embuscade* et la *Franchise*.

5° L'état de tous les fusils, pistolets, sabres, boulets qui seraient arrivés dans ce port pour les expéditions maritimes.

6° Existe-t-il dans les magasins des vivres de la marine de quoi en donner pour six mois à six vaisseaux de guerre, indépendamment des trois ci-dessus nommés?

7° Enfin a-t-on pris toutes les mesures pour recruter les matelots et faire arriver de Bordeaux et Nantes les vivres, cordages et tout ce qui est nécessaire à l'armement d'une escadre?

Si vous prévoyiez rester à Rochefort plus de six jours, vous m'enverriez par la poste votre premier rapport. Vous ne manquerez pas de faire connaître au préfet que je suis dans l'opinion que le ministre de la marine a pris toutes les mesures pour que neuf vaisseaux puissent partir de Rochefort au commencement de ventôse. Vous sentez que ceci doit être dit en grand secret au préfet.

un ordre de choses moral et régulier. Une commission, composée de MM. Portalis, Tronchet, Bigot de Préameneu et Malleville, avait rédigé un projet de Code civil. Ce projet avait été envoyé à tous les tribunaux, pour qu'ils en fissent l'objet de leur examen et de leurs observations. En conséquence de cet examen et de ces observations, le projet avait été modifié, et soumis enfin au Conseil d'État, qui venait de le discuter article par article, pendant plusieurs mois. Le Premier Consul, assistant à chacune de ces séan-

Vous profiterez de toutes les circonstances pour recueillir dans tous les lieux où vous passerez des renseignements sur la marche des administrations et sur l'esprit public.

Si le départ des frégates est retardé, je vous autorise à aller à Bordeaux et à revenir par Nantes. Vous m'apporterez un mémoire sur les trois frégates en armement.

Je vous salue.　　　　　　　　　　　　　BONAPARTE.

Au citoyen Lacuée, aide-de-camp.

Paris, 9 ventôse an IX (28 février 1801).

Vous vous rendrez, citoyen, en toute diligence à Toulon. Vous remettrez la lettre ci-jointe au contre-amiral Ganteaume. Vous verrez tous les vaisseaux de l'escadre, ainsi que l'arsenal ; vous aurez soin de vous assurer par vous-même de la force et du nombre des vaisseaux anglais qui bloqueraient le port de Toulon. S'il est moindre que celui du contre-amiral Ganteaume, vous l'engagerez à ne se point laisser bloquer par une force inférieure.

Si les circonstances décident le général Ganteaume à continuer sa mission, vous l'engagerez à prendre à Toulon le plus de troupes qu'il pourra porter. Vous verrez à cet effet le commandant militaire pour lever tous les obstacles, et que les troupes lui soient fournies.

Vous ferez sentir au contre-amiral Ganteaume que l'on a, en général, un peu blâmé sa course sur Mahon, parce qu'elle a réveillé l'attention de l'amiral Warren, dont le seul but était de défendre Mahon.

Si le contre-amiral Ganteaume se décide à achever sa mission, vous resterez à Toulon quatre jours après son départ.

Si, au contraire, les nouvelles de la mer faisaient penser qu'il reste-

Nov. 1801.

ces, avait déployé, en les présidant, une méthode, une clarté, souvent une profondeur de vues, qui étaient pour tout le monde un sujet de surprise. Habitué à diriger des armées, à gouverner des provinces conquises, on n'était pas étonné de le trouver administrateur, car cette qualité est indispensable à un grand général; mais la qualité de législateur avait chez lui de quoi surprendre. Son éducation sous ce rapport avait été promptement faite. S'intéressant à tout parce qu'il comprenait tout, il avait demandé au consul Cambacérès quelques livres de

---

rait trop long-temps, vous reviendrez à Paris, *après avoir passé quinze jours à Toulon, six à Marseille, quatre à Avignon et cinq ou six à Lyon.*

Vous aurez soin de me rapporter l'état de tout ce qui est embarqué sur chaque vaisseau; l'état des bâtiments et frégates expédiés de Toulon depuis le 1er vendémiaire de l'an IX; l'état de l'arsenal, *et des notes sur les fonctionnaires publics du pays où vous passerez, ainsi que de l'esprit qui y règne.*

Vous profiterez de tous les courriers qu'expédiera le préfet maritime pour me donner des nouvelles de l'escadre, de la mer et des Anglais.

Vous encouragerez par vos discours tous les capitaines de vaisseau, en leur faisant sentir de quel immense intérêt pour la paix générale est leur expédition.

Je vous salue.   BONAPARTE.

Au citoyen Lauriston.

Paris, 30 pluviôse an X (19 février 1802).

J'ai reçu, citoyen, vos différentes lettres et votre dernière du 25 pluviôse. Je vous prie de prendre en secret des renseignements sur l'administration des vivres, dont le service paraît exciter des plaintes.

A votre retour, sachez me rapporter un état détaillé sur les marchandises du Nord qu'a fournies dans le courant de l'an X la compagnie Lechie. Elle prétend en avoir, dans ce moment, pour 1,700,000 francs en magasins.

Quelle est la quantité de bois qui est arrivée du Havre depuis la paix,

droit, et notamment les matériaux préparés sous la Convention pour la rédaction du nouveau Code civil. Il les avait dévorés, comme ces livres de controverse religieuse dont il s'était pourvu, lorsqu'il s'occupait du Concordat. Bientôt, classant dans sa tête les principes généraux du droit civil, joignant à ces quelques notions rapidement recueillies, sa profonde connaissance de l'homme, sa parfaite netteté d'esprit, il s'était rendu capable de diriger ce travail si important, et il avait même fourni à la discussion une large part d'idées justes, neuves, profondes. Quelquefois une connaissance insuffisante de

et travaille-t-on enfin à l'achèvement des cinq vaisseaux qui sont en construction?

En repassant à Lorient, voyez combien il y a de vaisseaux en construction, et le temps où chacun d'eux pourra prendre la mer. Visitez tous les canonniers et grenadiers garde-côtes, afin de pouvoir me rendre compte quelle espèce d'hommes ce sont, et ce qu'il sera possible d'en faire au moment de la paix définitive.

Enfin voyez à Nantes de vous assurer des marchandises du Nord qui ont été reçues en l'an x, et ce qu'il reste encore de chanvre; si le transport des bois à Brest est en activité! *Arrêtez-vous deux jours à Vannes pour prendre sur l'esprit public les observations convenables.*

Dans toutes ces observations tâchez de voir par vous-même, et sans le conseil des autorités.

Sachez me dire quelle réputation le nommé Charron a laissée à Lorient, et restez-y trois ou quatre jours *afin d'observer la marche de l'administration dans ce port.*

Enfin ne laissez échapper aucune circonstance de voir par vous-même et de fixer votre opinion sur l'administration civile, maritime et militaire.

Informez-vous dans chaque département quelle apparence a la récolte prochaine.

J'imagine que vous m'apporterez des notes sur la manière dont les troupes sont soldées, habillées, et sur la tenue des principaux hôpitaux de terre.

Je vous salue.   BONAPARTE.

ces matières, l'exposait à soutenir des idées étranges ; mais il se laissait bientôt ramener au vrai par les savants hommes qui l'entouraient, et il était leur maître à tous, quand il fallait tirer, du conflit des opinions contraires, la conclusion la plus naturelle et la plus raisonnable. Le principal service que rendait le Premier Consul, c'était d'apporter à l'achèvement de ce beau monument, un esprit ferme, une volonté de travail soutenue, et par là de vaincre les deux grandes difficultés devant lesquelles on avait échoué jusqu'alors, la diversité infinie des opinions, et l'impossibilité de travailler avec suite, au milieu des agitations du temps. Quand la discussion, comme il arrivait souvent, avait été longue, diffuse, obstinée, le Premier Consul savait la résumer, la trancher d'un mot, et, de plus, il obligeait tout le monde à travailler en travaillant lui-même des journées entières. On imprimait et on publiait le procès-verbal de ces séances remarquables. Cependant, avant de le livrer au *Moniteur*, le consul Cambacérès avait soin de le revoir, et de supprimer ce qui pouvait n'être pas convenable à publier, soit que le Premier Consul eût émis des opinions quelquefois singulières, ou traité des questions de mœurs avec une familiarité de langage qui ne devait pas aller au delà de l'enceinte d'un conseil intime. Il ne restait donc dans les procès-verbaux que la pensée quelquefois rectifiée, souvent décolorée, mais toujours frappante, du Premier Consul. Le public en était saisi, et s'habituait à le considérer comme l'unique auteur de ce qui se faisait de bon et de grand en

France. Il prenait même une sorte de plaisir à voir législateur celui qu'il avait vu général, diplomate, administrateur, et constamment supérieur dans ces rôles si divers.

Le premier livre du Code civil était achevé, et c'était un des projets nombreux qui allaient être soumis au Corps Législatif. La pacification de la France et sa réorganisation intérieure marchaient donc du même pas. Bien que tout le mal ne fût pas réparé, que tout le bien ne fût pas accompli, cependant la comparaison du présent avec le passé remplissait les âmes de satisfaction et d'espérance. Tout le bien accompli, on l'attribuait au Premier Consul, et on avait raison, car, d'après le témoignage de son collaborateur assidu, le consul Cambacérès, il dirigeait l'ensemble, soignait lui-même les détails, et *faisait encore plus dans chaque partie, que ceux à qui elle était spécialement confiée.*

L'homme qui a régi la France de 1799 à 1815, a eu dans sa carrière des jours de gloire enivrants, sans doute; mais certainement ni lui ni la France, qu'il avait séduite, n'ont traversé des jours pareils, des jours où la grandeur fût accompagnée de plus de sagesse, et surtout de cette sagesse qui fait espérer la durée. Il venait de donner, après la victoire, la paix la plus belle, et celle qu'il n'a jamais obtenue depuis la paix maritime; il avait donné après le chaos l'ordre le plus complet; il avait laissé encore une certaine liberté, non pas toute la liberté désirable, mais celle du moins qui était possible le len-

Nov. 1801.

Spectacle que présentait la France à la fin de 1801.

demain d'une révolution sanglante; il n'avait fait à tous les partis que du bien ; excepté la déportation des cent et quelques proscripteurs révolutionnaires frappés sans jugement après la machine infernale, il avait respecté les lois; et cet acte lui-même, coupable parce qu'il était illégal, on n'y pensait pas dans cette immensité de bien. L'Europe enfin, réconciliée avec la République, sentant sans le dire qu'elle avait eu tort en voulant se mêler d'une révolution qui ne la regardait pas, et que la grandeur inouïe de la France était la juste conséquence d'une agression injuste, héroïquement repoussée, l'Europe venait avec empressement déposer ses hommages aux pieds du Premier Consul, heureuse de pouvoir dire, pour sa dignité, qu'elle ne faisait la paix qu'avec un révolutionnaire plein de génie, restaurateur glorieux des principes sociaux.

Certes il fallait s'en tenir aux merveilles de ces premiers temps, et l'histoire, en parlant de ce règne, eût dit que rien de plus grand, de plus complet ne s'était vu sur la terre. Tout cela était écrit sur le visage empressé, admirateur, de ces hommes de tous les rangs, de toutes les nations, qui se pressaient autour du Premier Consul. Une affluence extraordinaire d'étrangers étaient accourus à Paris, pour voir la France, pour voir le général Bonaparte; et la plupart d'entre eux se faisaient présenter à lui par les ministres de leur gouvernement. Sa cour, car il s'en était fait une, sa cour était à la fois militaire et civile, sévère et élégante. Il y avait ajouté quelque chose depuis l'année précédente ; il avait composé une maison militaire pour lui et les Consuls, et donné un entourage princier à madame Bonaparte.

La garde consulaire avait été formée de quatre bataillons d'infanterie, forts de douze cents hommes chacun, les uns de grenadiers, les autres de chasseurs, et de deux régiments de cavalerie, le premier de grenadiers à cheval, le second de chasseurs à cheval. Les uns et les autres étaient composés des plus beaux, des plus vaillants soldats de l'armée. Une artillerie nombreuse et bien servie complétait cette garde, et en faisait une véritable division de guerre, pourvue de toutes armes, s'élevant à environ six mille hommes. Un brillant état-major commandait cette troupe superbe. Il y avait un colonel par bataillon, et un général de brigade par deux bataillons réunis. Quatre lieutenants-généraux, un d'infanterie, un de cavalerie, un d'artillerie, un du génie, commandaient alternativement le corps entier, pendant une décade, et faisaient le service auprès des Consuls. C'était un corps d'élite, dans lequel les meilleurs soldats trouvaient une récompense de leur bonne conduite, qui entourait le gouvernement d'un éclat conforme à son caractère guerrier, et qui, le jour des batailles, offrait une réserve invincible. On se souvient que le bataillon des grenadiers de la garde consulaire avait presque sauvé l'armée à Marengo. A cet état-major particulier de la garde consulaire le Premier Consul avait ajouté un gouverneur militaire pour le palais des Tuileries, accompagné de deux officiers d'état-major, sous le titre d'adjudants. Ce gouverneur était l'aide-de-camp Duroc, toujours employé dans les

Nov. 1801.

Organisation de la garde consulaire, depuis garde impériale.

Nov. 1801.

Nouvelle organisation de la maison civile du Premier Consul.

missions délicates. Aucun officier n'était plus propre à faire régner dans le palais du gouvernement l'ordre et la bienséance, qui convenaient aux goûts du Premier Consul, et à l'esprit du temps. Il fallait tempérer cet appareil tout militaire, par un certain appareil civil. Un conseiller d'État, M. Benezech, avait été chargé pendant la première année de présider aux réceptions, et d'accueillir avec les égards convenables, soit les ministres étrangers, soit les grands personnages admis auprès des Consuls. Quatre officiers civils, sous le titre de préfets du palais, remplacèrent dans cet office le conseiller d'État Benezech. Quatre dames du palais furent données à madame Bonaparte, pour l'aider à faire les honneurs du salon du Premier Consul. Dès qu'il fut connu que cette nouvelle organisation du palais se préparait, de nombreuses prétentions s'élevèrent, même parmi les familles appartenant à ce qu'on appelait l'ancien régime. Ce ne fut pas encore la haute noblesse, celle qui remplissait autrefois les appartements de Versailles, qui se présenta pour solliciter: le moment de se soumettre n'était pas venu pour elle. Ce furent toutefois des familles distinguées du temps passé, n'ayant point marqué dans l'émigration, et se rapprochant les premières d'un gouvernement puissant, qui, par sa gloire, rendait le service auprès de lui honorable pour tout le monde. Le général Bonaparte choisit pour préfets du palais M. Benezech, qui en avait déjà rempli les fonctions, MM. Didelot et de Luçay, sortis de l'ancienne finance, M. de Rémusat, de la magistrature. Les quatre dames du palais, chargées d'en faire les honneurs à côté de madame Bonaparte, furent mesdames de Luçay, de Lauriston, de Talhouet et de Rémusat. Les personnages les plus dénigrants des salons émigrés de Paris, n'avaient rien à dire quant à la convenance de ces choix; et les hommes raisonnables, qui ne veulent des cours que ce que la bienséance rend nécessaire, n'avaient point à critiquer cette organisation militaire et civile. Il faut, en effet, dans une république comme dans une monarchie, garder le palais des chefs de l'État, et l'entourer de l'appareil imposant de la force publique; il faut, dans l'intérieur de ce palais, des hommes, des femmes, choisis, qui en fassent les honneurs soit aux étrangers illustres, soit aux citoyens distingués qui sont admis auprès des premiers magistrats de la république. Dans cette mesure, la cour du Premier Consul était imposante et digne. Elle recevait une certaine grâce de sa femme et de ses sœurs, toutes remarquables ou par les manières, ou par l'esprit, ou par la beauté. Nous avons parlé ailleurs des frères du Premier Consul; c'est le moment de faire connaître ses sœurs. La sœur aînée du Premier Consul, madame Élisa Bacciochi, peu remarquable par la figure, l'était beaucoup par l'esprit, et attirait autour d'elle les hommes de lettres les plus distingués du temps, tels que MM. Suard, Morellet, Fontanes. La seconde, Caroline Murat, qui avait épousé le général de ce nom, ambitieuse et belle, enivrée de la fortune de son frère, cherchant à en attirer sur elle et sur son

Nov. 1801

Sœurs du Premier Consul.

époux la meilleure part, était l'une des femmes de cette cour nouvelle, qui lui donnaient le plus de mouvement et d'élégance. La troisième, Pauline Bonaparte, celle qui avait épousé le général Leclerc, et qui épousa depuis un prince Borghèse, était l'une des plus belles personnes de son temps. Elle n'avait pas encore provoqué la médisance, autant qu'elle le fit plus tard, et, si sa conduite inconsidérée affligeait quelquefois son frère, la tendresse passionnée qu'elle ressentait pour lui, le touchait, et désarmait sa sévérité. Madame Bonaparte les dominait toutes par sa position d'épouse du Premier Consul, et charmait par sa bonne grâce les Français et les étrangers admis dans le palais du gouvernement. Les rivalités inévitables, et déjà visibles, entre les membres de cette famille si voisine du trône, étaient contenues par le général Bonaparte, qui, tout en aimant ses proches, traitait avec une rudesse militaire ceux qui troublaient la paix qu'il voulait voir régner autour de lui.

Mariage d'Hortense de Beauharnais avec Louis Bonaparte.

Un événement de quelque importance venait de se passer dans la famille consulaire, c'était le mariage d'Hortense de Beauharnais, avec Louis Bonaparte. Le Premier Consul, qui chérissait tendrement les deux enfants de sa femme, avait voulu marier Hortense de Beauharnais avec Duroc, croyant qu'un penchant réciproque rapprochait ces deux jeunes cœurs; mais ce mariage, peu favorisé par madame Bonaparte, ne s'était pas réalisé. Madame Bonaparte, toujours tourmentée par la crainte d'un divorce, depuis qu'elle n'espérait plus avoir des enfants, imagina de marier sa propre fille avec l'un des frères de son époux, se flattant que les enfants qui naîtraient de cette union, tenant par deux liens à la fois au nouveau chef de la France, pourraient lui servir d'héritiers. Joseph Bonaparte était marié; Lucien vivait d'une manière peu régulière, et se conduisait en ennemi de sa belle-sœur; Jérôme expiait sur la flotte quelques écarts de jeunesse. Louis était le seul propre aux vues de madame Bonaparte. Elle le choisit. Il était sage, instruit, mais morose, et peu assorti par le caractère à la femme qu'on lui destinait. Le Premier Consul, qui en jugeait ainsi, résista d'abord, céda ensuite, et consentit à un mariage, qui ne devait pas faire le bonheur des deux époux, mais qui faillit un instant donner des héritiers à l'empire du monde.

La bénédiction nuptiale fut donnée par le cardinal Caprara, et dans une maison particulière, ainsi qu'on faisait alors pour toutes les cérémonies du culte, quand c'étaient des prêtres *insermentés* qui officiaient. Par la même occasion, on donna cette bénédiction au général Murat et à sa femme Caroline, lesquels ne l'avaient pas encore reçue, comme beaucoup d'autres maris et femmes de ce temps, dont le mariage n'avait été contracté que devant le magistrat civil. Le général Bonaparte et Joséphine étaient dans le même cas. Celle-ci pressa vivement son mari d'ajouter le lien religieux au lien civil qui les unissait déjà; mais, soit prévoyance, soit crainte d'avouer au public le contrat incomplet qui le liait à madame Bonaparte, le Premier Consul ne voulut pas y consentir.

Telle était alors la famille consulaire, depuis famille impériale. Ces personnages, tous remarquables à divers titres, heureux de la gloire et de la prospérité du chef qui faisait leur grandeur, contenus par lui, et point encore gâtés par la fortune, présentaient un spectacle intéressant, qui n'affligeait pas les yeux comme cette cour directoriale, dont le directeur Barras avait fait les honneurs pendant plusieurs années. Si quelques Français envieux ou dédaigneux, qui souvent étaient ses obligés, la poursuivaient de leurs sarcasmes, les étrangers, plus justes, lui payaient un tribut de curiosité et d'éloges.

Une fois par décade, comme nous l'avons dit ailleurs, le Premier Consul recevait les ambassadeurs et les étrangers, qui lui étaient présentés par les ministres de leur nation. Il parcourait les rangs de l'assemblée toujours nombreuse, suivi de ses aides-de-camp. Madame Bonaparte venait après lui, accompagnée des dames du palais. C'était le même cérémonial qu'on observait dans les autres cours, avec un moindre cortége d'aides-de-camp et de dames d'honneur, mais avec l'incomparable éclat qui entourait le général Bonaparte. Deux fois par décade il invitait à dîner les personnages éminents de la France et de l'Europe, et une fois par mois il donnait dans la galerie de Diane un repas, auquel cent conviés étaient quelquefois appelés. Ces jours-là il tenait cercle aux Tuileries dans la soirée, et admettait auprès de lui les hauts fonctionnaires, les ambassadeurs, les personnes de la haute société française qui se rapprochaient du gouvernement. Portant toujours le calcul dans les moindres choses, il prescrivait à sa famille certains costumes, pour en rendre l'usage général par l'imitation. Il ordonnait l'habit de soie, pour faire revivre autant que possible les soieries de Lyon. Il recommandait à sa femme l'étoffe connue sous le nom de *linon*, afin de favoriser les fabriques de Saint-Quentin [1]. Quant à lui, simple entre tous, il portait un modeste habit de chasseur de la garde consulaire. Il avait obligé ses collègues à porter l'habit brodé de consul, et à tenir cercle chez eux, pour y répéter, quoique avec moins d'éclat, ce qui se faisait aux Tuileries.

Cet hiver de 1801 à 1802 (an x) fut extrêmement brillant, par la satisfaction qui régnait dans toutes les classes, les unes heureuses de rentrer en France, les autres de jouir enfin d'une entière sécurité, les autres d'entrevoir dans la paix maritime

---

[1] Voici une lettre écrite de Saint-Quentin au consul Cambacérès :

Saint-Quentin, 21 pluviôse an IX (10 février 1801).

Les manufactures si intéressantes de la ville de Saint-Quentin et environs, qui employaient 70,000 ouvriers et faisaient rentrer en France plus de quinze millions de numéraire, ont dépéri des cinq sixièmes. L'on désirerait bien ici que nos dames missent le linon à la mode, sans donner aux mousselines cette préférence absolue. L'idée de ranimer une de nos manufactures les plus intéressantes et que nous possédons exclusivement, et de donner du pain à un si grand nombre de familles françaises, est bien faite, en effet, pour mettre à la mode les linons : d'ailleurs, n'y a-t-il pas assez long-temps que les linons sont en disgrâce ?

des perspectives illimitées de prospérité commerciale. Les étrangers contribuèrent par leur affluence à l'éclat des fêtes de l'hiver. Parmi les personnages qui parurent à Paris à cette époque, il y en eut deux qui attirèrent l'attention générale : l'un était un Anglais illustre, l'autre un émigré dont le nom avait autrefois occupé la renommée.

L'Anglais illustre était M. Fox, l'orateur le plus éloquent de l'Angleterre ; l'émigré fameux était M. de Calonne, l'ancien ministre des finances, dont l'esprit facile et fertile en expédients, sut cacher quelques instants, aux yeux de la cour de Versailles, l'abîme vers lequel elle marchait à grands pas. M. Fox éprouvait une véritable impatience de voir l'homme pour lequel, malgré son patriotisme britannique, il se sentait un penchant irrésistible. Il vint à Paris immédiatement après la signature des préliminaires de paix, et fut présenté au Premier Consul par le ministre d'Angleterre. Il venait pour voir la France et son chef, mais aussi pour compulser nos archives diplomatiques, car le grand orateur whig occupait alors ses loisirs en écrivant l'histoire des deux derniers Stuarts. Le Premier Consul donna des ordres pour que toutes les archives fussent ouvertes à M. Fox, et lui fit un accueil qui aurait suffi pour ramener un ennemi, mais qui charma un ami qu'il s'était acquis par sa seule gloire. Le Premier Consul mit avec ce généreux étranger toute étiquette de côté, l'introduisit dans son intimité, eut avec lui de longs et fréquents entretiens, et sembla vouloir faire, dans sa personne, la conquête du peuple anglais lui-même. Souvent cependant ils furent d'un avis différent. M. Fox était doué de cette imagination vive, qui fait les orateurs entraînants, mais son esprit n'était ni positif ni pratique. Il était plein de nobles illusions, que le Premier Consul, quoiqu'il eût autant d'imagination que de profondeur d'esprit, n'avait jamais partagées, ou du moins ne partageait plus. Le jeune général Bonaparte était désenchanté, comme on l'est après une révolution commencée au nom de l'humanité, et naufragée dans le sang. Il n'avait conservé en lui qu'un seul des premiers enchantements de la Révolution, celui de la grandeur; et le poussait à l'excès. Il était trop peu libéral pour plaire au chef des whigs, et trop ambitieux pour plaire à un Anglais. L'un et l'autre se froissèrent donc quelquefois par des opinions contraires. M. Fox fit sourire le Premier Consul par une naïveté, par une inexpérience, singulières chez un homme qui comptait près de soixante ans. Le Premier Consul effraya quelquefois le patriotisme britannique de M. Fox, par la grandeur de ses desseins trop peu dissimulés. Cependant ils se convinrent tous deux par l'esprit et par le cœur, et furent enchantés l'un de l'autre. Le Premier Consul mit un soin infini à faire voir à M. Fox Paris tout entier, et quelquefois voulut l'accompagner lui-même dans les établissements publics. Il y avait alors une exposition des produits de l'industrie française, qui était la seconde depuis la Révolution. Tout le monde était surpris des progrès de nos manufactures, lesquelles, au milieu du trouble général, participant cependant à la commotion imprimée aux esprits, avaient inventé une quantité de perfectionnements et de procédés nouveaux. Les étrangers en paraissaient vivement frappés, surtout les Anglais, bons juges en cette matière. Le Premier Consul conduisit M. Fox dans les salles de cette exposition, qui avaient été disposées dans la cour du Louvre, et jouit quelquefois de la surprise de son hôte illustre. M. Fox, au milieu des caresses dont il était l'objet, laissa échapper une saillie qui honore les sentiments et l'esprit de ce noble personnage, et qui prouve que chez lui la justice envers la France se conciliait avec le patriotisme le plus susceptible. Il y avait dans une des salles du Louvre un globe terrestre, fort grand, fort beau, destiné au Premier Consul, et artistement construit. Un des personnages qui suivaient le Premier Consul, faisant tourner ce globe, et posant la main sur l'Angleterre, dit assez maladroitement que l'Angleterre occupait bien peu de place sur la carte du monde. — Oui, s'écria M. Fox avec vivacité; oui, c'est dans cette île si petite que naissent les Anglais, et c'est dans cette île qu'ils veulent tous mourir; mais, ajouta-t-il en étendant les bras autour des deux Océans et des deux Indes, mais pendant leur vie ils remplissent ce globe entier, et l'embrassent de leur puissance.— Le Premier Consul applaudit à cette réponse pleine de fierté et d'à-propos.

Le personnage qui, après M. Fox, occupait le plus l'attention publique, était M. de Calonne. C'est le prince de Galles qui avait sollicité et obtenu pour lui la permission de reparaître à Paris. M. de Calonne tenait depuis son arrivée un langage fort inattendu, et qui faisait sensation parmi les royalistes. Il ne voulait pas servir, disait-il, le gouvernement nouveau. Il ne le pouvait pas, attaché comme il l'avait été à la maison de Bourbon ; mais il devait dire la vérité à ses amis. Personne en Europe n'était capable de tenir tête au Premier Consul : généraux, ministres, rois, étaient ses inférieurs et ses dépendants. Les Anglais avaient passé pour lui de la haine à l'enthousiasme. Ce sentiment existait dans toutes les classes de la population britannique, et il y était extrême comme le sont tous les sentiments chez les Anglais. Il ne fallait donc pas compter sur l'Europe pour renverser le général Bonaparte. Il ne fallait pas non plus déshonorer la cause royaliste, par d'odieux complots, qui remplissaient d'horreur les honnêtes gens du monde entier. Il fallait se soumettre, tout espérer du temps, et de la double difficulté de gouverner la France sans la royauté, de fonder une royauté sans la famille de Bourbon. Les vicissitudes infinies des révolutions pouvaient seules faire naître des chances qui n'existaient pas aujourd'hui en faveur des princes exilés. Mais, quoi qu'il arrivât, il fallait tout attendre de la France seule, de la France éclairée, revenue à de meilleurs sentiments, mais rien de l'étranger ni des conspirations. Ce langage singulier à force de sagesse, surtout dans la bouche de M. de Calonne, causait un véritable étonnement, et faisait croire que M. de Calonne ne serait pas longtemps sans entrer en relations avec le gouvernement consulaire. Il avait vu le consul Lebrun, qui recevait les royalistes du consentement du Premier Consul, et s'était entretenu avec lui des affaires de la France. On disait même qu'il allait devenir pour les finances, ce que M. de Talleyrand était pour la diplomatie, le grand seigneur rallié, prêtant son expérience, l'influence de son nom, au génie du Premier Consul. Il n'en était rien cependant. Il fallait au Premier Consul moins d'éclat d'esprit, mais plus d'application que n'en avait montré M. de Calonne, et il avait trouvé ce qu'il lui fallait dans M. Gaudin, qui avait introduit un ordre parfait dans nos finances. Néanmoins, sur ce simple bruit, une foule de solliciteurs, récemment rentrés en France, et voulant suppléer à leur fortune par des emplois, avaient entouré M. de Calonne, pensant qu'ils ne pouvaient pas choisir auprès du nouveau gouvernement un introducteur plus convenable, et qui justifiât mieux par son exemple leur adhésion au Premier Consul[1].

[1] Il existait à Paris des agents des princes déchus, dont quelques-uns étaient gens d'esprit, et quelquefois assez bien informés. Ces agents faisaient des rapports presque quotidiens, dont j'ai parlé précédemment. Voici un extrait de ces rapports, relativement à M. de Calonne.

« M. de Calonne est de retour à Paris depuis un mois environ. Avant de quitter l'Angleterre il a eu une conférence avec les ministres, et il en a été parfaitement accueilli. On lui a demandé si, en retournant en France, son projet n'était pas de rentrer aussi dans l'administration. Il a répondu que ses principes, sa conduite pendant la révolution et son dévouement à la famille royale, lui imposaient l'obligation de n'accepter aucune place des mains du nouveau gouvernement; mais qu'attaché à la France par goût et par instinct, il ne refuserait point de donner des conseils, si on lui en demandait, et s'il les croyait avantageux à sa patrie.

» Son arrivée à Paris a fait une grande sensation. Il se voit tous les jours assiégé de visites et entouré de créatures, comme au moment le plus brillant de sa fortune et de son crédit. L'opinion qu'il va être

LE TRIBUNAT.

Qui croirait qu'en présence de tant de bien, ou déjà fait, ou prêt à se faire, il pût s'élever une opposition, et surtout une opposition vive? Il s'en préparait une cependant, et des plus violentes, contre les œuvres les meilleures du Premier Consul. Ce n'était pas dans les partis violents, radicalement opposés au gouvernement du Premier Consul, royalistes ou révolutionnaires, que cette opposition se préparait, mais dans le parti même qui avait désiré, secondé le renversement du Directoire comme insuffisant, et appelé un gouvernement nouveau, qui fût à la fois habile et ferme. Les révolutionnaires subalternes, hommes de désordre et de sang, étaient contenus, soumis ou déportés, et s'enfonçaient chaque jour davantage dans leur obscurité, pour n'en plus sortir. Les scélérats du

Nov. 1801.

Redoublement d'opposition dans certains corps de l'État contre la politique du Premier Consul.

élevé au ministère lui amène des nuées de solliciteurs; et, pour s'y dérober, il a été obligé de fuir à la campagne. Il ne paraît pas cependant que cette opinion soit fondée; et si jamais elle se réalise, ce ne sera pas encore à présent. Tout ce qu'on sait, c'est qu'il devait être présenté, il y a quelques jours, à Bonaparte, et avoir une conférence secrète avec lui.

« Il voit tous ses anciens amis, et s'ouvre à eux avec une entière liberté. Témoin de la faiblesse et de la nullité des puissances étrangères, il ne croit pas qu'on puisse trouver en elles la moindre garantie contre l'invasion révolutionnaire, et bien moins encore une protection efficace pour la cause du Roi. Il répète ce que nous savions déjà depuis longtemps, que les hommes qui gouvernent en Europe, sont des hommes sans moyens et sans caractère, qui ne connaissent point le temps où ils vivent, qui ne savent ni juger le présent ni pressentir l'avenir, et qui sont également dépourvus du courage qui fait entreprendre et de la fermeté qui sait persévérer. Il les regarde tous comme livrés à Bonaparte, tremblants devant lui, et prêts à exécuter humblement toutes ses volontés. Aussi est-il persuadé que ce n'est qu'en France qu'on peut travailler à la restauration de la monarchie, non en se mettant en avant, et en fomentant de sots et de ridicules complots, plus propres à désho-

royalisme, depuis la machine infernale, avaient besoin de reprendre haleine, et se tenaient en repos. On venait d'ailleurs de faire passer par les armes une partie de ceux qui infestaient les grandes routes. Les royalistes de haut parage, tenant toujours des discours impertinents dans les salons de Paris, laissaient déjà voir néanmoins le penchant qui les amena plus tard à jouer, les hommes le rôle de chambellans, les femmes celui de dames d'honneur, dans le palais des Tuileries, que les Bourbons n'habitaient plus.

Mais le parti révolutionnaire modéré, appelé à composer le nouveau gouvernement, était divisé, comme il arrive à tout parti victorieux qui veut fonder un gouvernement, et qui se divise sur la manière de le constituer. Dès les premiers jours du

norer sa cause qu'à lui préparer de véritables succès ; mais en s'occupant, sans bruit et sans éclat, du soin de rétablir l'opinion, de détruire la prévention, d'affaiblir les craintes, de réunir tous les serviteurs du Roi, et de les tenir prêts à profiter en sa faveur de tous les événements que le cours naturel des choses doit amener.

» M. de Calonne assure qu'en Angleterre l'enthousiasme pour Bonaparte est non-seulement général, mais porté à un excès dont il est difficile de se faire une idée. La cour et la ville, la capitale et les provinces, toutes les classes de citoyens, depuis les ministres jusqu'aux artisans, tous s'empressent de publier ses louanges, et chantent à l'envi ses victoires et l'éclat de son pouvoir. Au reste, cet enthousiasme n'est pas particulier à l'Angleterre ; toute l'Europe en est, pour ainsi dire, infectée. De toutes parts on accourt à Paris pour voir le grand homme au moins une fois en sa vie, et la police a été obligée de menacer d'arrestation des Danois qui avaient publiquement fléchi le genou devant lui toutes les fois qu'ils l'apercevaient.

» C'est là une des principales causes de sa force et de son immense pouvoir. Comment les Français oseraient-ils lutter contre lui tant qu'ils voient toutes les puissances européennes prosternées à ses pieds ? »

Consulat, ce parti, qui avait concouru de diverses manières au 18 brumaire, avait paru partagé en deux tendances contraires : l'une, consistant à faire aboutir la Révolution à une république démocratique et modérée, comme celle que Washington venait d'établir en Amérique; l'autre, à la faire aboutir à une monarchie, ressemblant plus ou moins à la monarchie anglaise, et, s'il le fallait même, à l'ancienne monarchie française, moins les préjugés d'autrefois, moins le régime féodal, plus la grandeur. On entrait dans la troisième année du gouvernement consulaire, et, suivant l'usage, les deux tendances allaient s'exagérant par la contradiction même. Les uns redevenaient presque des révolutionnaires violents, en voyant ce qui se faisait, en voyant l'autorité du Premier Consul s'accroître, les idées monarchiques se répandre, une cour se former aux Tuileries, le culte catholique restauré ou prêt à l'être, les émigrés rentrer en foule. Les autres devenaient presque des royalistes d'autrefois, tant ils étaient pressés de réagir, et de refaire une monarchie, tant ils étaient disposés à s'accommoder même d'un despotisme éclairé, pour tout résultat de la Révolution. En fait de despotisme éclairé, celui qui s'élevait en ce moment en France, avait tant de génie, procurait un si doux repos, que la séduction était grande. Cependant la contradiction était poussée à ce point de part et d'autre, qu'une crise devait bientôt s'ensuivre.

Le Tribunat, agité les sessions précédentes, tantôt pour des lois de finances, tantôt pour les tribunaux spéciaux, l'était cette année bien davantage, à l'aspect de tout ce qui se passait, à la vue de ce gouvernement marchant si vite à son but. Le Concordat surtout l'indignait comme l'acte le plus contre-révolutionnaire qui se pût imaginer. Le Code civil n'était pas, suivant lui, assez conforme à l'égalité. Ces traités de paix eux-mêmes, qui contenaient la grandeur de la France, lui déplaisaient dans leur rédaction, comme on le verra bientôt.

Résultats de la constitution de M. Sieyès.

M. Sieyès, en voulant empêcher toute agitation au moyen de ses précautions constitutionnelles, n'en avait, comme on le voit, empêché aucune, car les constitutions ne créent pas les passions humaines et ne sauraient les détruire; elles ne sont que la scène sur laquelle ces passions se produisent. En plaçant tout le sérieux, toute l'activité des affaires dans le Conseil d'État; le bruit, la parole, la critique vaine dans le Tribunat; en réduisant celui-ci au rôle de plaider pour ou contre les actes du gouvernement, devant un Corps Législatif réduit à répondre par oui ou par non; en plaçant au-dessus un Sénat oisif, qui, à de grands intervalles, élisait les hommes, chargés de jouer ces deux rôles assez vains dans les deux assemblées législatives; en choisissant le personnel du gouvernement dans le même sens; en plaçant les hommes propres aux affaires dans le Conseil d'État, les hommes propres à la parole, enclins au bruit, dans le Tribunat, les fatigués obscurs dans le Corps Législatif, les fatigués d'un ordre élevé dans le Sénat, M. Sieyès n'avait guère empêché les passions du temps d'éclater: il y avait même ajouté, il faut le dire, une certaine jalousie des corps entre eux. Le Tribunat sentait la vanité déclamatoire de son rôle ; le Corps Législatif sentait le ridicule de son silence, et contenait d'ailleurs beaucoup d'anciens prêtres sortis des ordres, organisés par l'abbé Grégoire en une opposition silencieuse, mais gênante. Le Sénat lui-même, dont M. Sieyès avait voulu faire un vieillard opulent et tranquille, n'était pas aussi tranquille qu'il l'avait supposé. Ce corps était quelque peu ennuyé de sa dignité oisive, car les sénateurs étaient privés de fonctions publiques, et leur puissance électorale, si rarement exercée, était loin d'occuper leur temps. Tous ensemble jalousaient le Conseil d'État, qui partageait seul avec le Premier Consul la gloire des grandes choses qui s'accomplissaient chaque jour.

Nov. 1801.

Jalousie entre les divers corps de l'État.

Ainsi, cette société, que M. Sieyès avait cru assoupir dans une espèce de régime aristocratique, à l'exemple de Venise ou de Gênes, s'agitait encore comme un malade qui a un reste de fièvre, et pouvait être soumise, contenue par un maître, mais point endormie d'un paisible sommeil, ainsi que l'avait espéré son auteur.

Et, chose singulière, M. Sieyès, inventeur de tous ces arrangements constitutionnels, en vertu desquels il régnait tant d'activité d'un côté, si peu de l'autre, M. Sieyès arrivait à se fatiguer de sa propre inaction. Modéré, et même monarchique dans ses opinions, il aurait dû approuver les actes du Premier Consul ; mais des causes, les unes inévitables, les autres accidentelles, commençaient à

M. Sieyès et l'opposition du Sénat.

les brouiller. Ce grand esprit spéculatif, réduit à tout voir, à ne rien faire, devait jalouser le génie actif et puissant, qui allait chaque jour s'emparant de la France et du monde. M. Sieyès, dans les magnifiques œuvres du général Bonaparte, voyait déjà le germe de ses fautes futures, et, s'il ne le disait pas encore très-hautement, il l'indiquait quelquefois par son silence, ou par un trait de son langage, profond comme sa pensée. Peut-être des ménagements de tous les instants auraient pu le calmer, le rattacher au Premier Consul. Mais celui-ci s'était un peu trop tôt regardé comme quitte envers M. Sieyès par le don de la terre de Crosne, et d'ailleurs, absorbé par ses travaux immenses, il avait trop négligé l'homme supérieur qui lui avait si noblement cédé la première place au 18 brumaire. M. Sieyès, oisif, jaloux, blessé, trouvait à redire même dans l'immensité du bien présent, et se montrait morose, froidement improbateur. Le Premier Consul n'était pas assez maître de son humeur pour laisser tous les torts à ses adversaires. Il parlait cavalièrement de la métaphysique de M. Sieyès, de son ambition impuissante, et tenait à ce sujet mille propos, immédiatement répétés et envenimés par les malveillants. M. Sieyès avait à ses côtés quelques amis, tels que M. de Tracy, esprit distingué, mais point religieux, philosophe original dans une école qui l'était peu, caractère respectable; M. Garat, philosophe disert, plus prétentieux que profond; M. Cabanis, voué à l'étude de l'homme matériel, et ne voyant rien au delà des bornes de la matière; M. Lanjuinais, dévot sincère, honnête

homme véhément, qui avait noblement défendu les
Girondins, et qui aujourd'hui s'échauffait volontiers
à l'idée de résister au nouveau César. Ils entouraient
M. Sieyès, et formaient dans le Sénat une opposition
déjà sensible. Le Concordat leur paraissait, à eux
comme à beaucoup d'autres, la preuve la plus frappante d'une contre-révolution prochaine.

Le Premier Consul, voyant la France et l'Europe
enchantées de ses œuvres, ne comprenait guère que
les seuls improbateurs de ces mêmes œuvres se
trouvassent précisément autour de lui. Dépité de
cette opposition, il appelait les opposants du Sénat
des idéologues, menés par un boudeur, qui regrettait
l'exercice du pouvoir dont il était incapable; il appelait les gens du Tribunat des brouillons, auxquels
il saurait bien rompre en visière, et prouver qu'on ne
l'effrayait pas avec du bruit; il appelait les mécontents plus ou moins nombreux du Corps Législatif,
des prêtres défroqués, des jansénistes, que l'abbé
Grégoire, d'accord avec l'abbé Sieyès, cherchait à organiser en opposition contre le gouvernement; mais il
disait qu'il briserait toutes ces résistances, et qu'on
ne l'arrêterait pas facilement dans le bien qu'il voulait accomplir. N'ayant pas vécu dans les assemblées,
il ignorait cet art de ménager les hommes, que
César lui-même, si puissant qu'il fût, ne négligeait
pas, et qu'il avait appris dans le Sénat de Rome. Le
Premier Consul exprimait son déplaisir, publiquement, audacieusement, avec le sentiment de sa force
et de sa gloire, et n'écoutait guère le sage Cambu-
cérès, qui, fort expérimenté dans le maniement des

Nov. 1801.

Manière dont
le Premier
Consul
supporte
l'opposition.

21.

Nov. 1801.

assemblées, lui conseillait vainement la mesure et les égards. — Il faut, répondait le Premier Consul, prouver à ces gens-là qu'on ne les craint pas; et ils auront peur à condition qu'on n'ait pas peur soi-même. — C'était déjà, comme on le voit, les mœurs, les idées de la royauté pure, à mesure qu'on approchait du moment où la monarchie allait devenir inévitable.

Opposition militaire.

L'opposition n'éclatait pas seulement dans les corps de l'État, mais dans l'armée. La masse de l'armée, comme la masse de la nation, sensible aux grands résultats obtenus depuis deux ans, était entièrement dévouée au Premier Consul. Toutefois, parmi les chefs, se trouvaient des mécontents, les uns sincères, les autres seulement jaloux. Les mécontents sincères étaient les Révolutionnaires de bonne foi, qui voyaient avec peine le retour des émigrés, et l'obligation prochaine d'aller montrer leurs uniformes dans les églises. Les mécontents par jalousie étaient ceux qui voyaient avec chagrin un égal, les ayant surpassés d'abord en gloire, prêt maintenant à devenir leur maître. Les premiers appartenaient davantage à l'armée d'Italie, qui avait toujours été franchement révolutionnaire; les seconds, à l'armée du Rhin, calme, modérée, mais un peu envieuse.

Les chefs de l'armée d'Italie, généralement dévoués au Premier Consul, mais ardents dans leurs sentiments, n'aimant ni les prêtres ni les émigrés, se plaignaient qu'on voulût faire d'eux des gens d'église, et disaient tout cela dans la langue originale, et peu séante des soldats. Augereau, Lannes, mauvais politiques, mais guerriers héroïques, surtout le second, qui était un homme de guerre accompli, se permettaient les plus étranges discours. Lannes, devenu commandant en chef de la garde consulaire, en administrait la caisse avec une prodigalité connue et autorisée par le Premier Consul. Un hôtel richement défrayé servait à l'état-major de cette garde. Lannes y tenait table ouverte pour tous ses camarades, et là, dans des festins soldatesques, se répandait en invectives contre la marche du gouvernement. Le Premier Consul n'avait pas à craindre que le dévouement de ces soldats oisifs en fût altéré à son égard. Au premier signal, il était sûr de les retrouver tous, et Lannes plus qu'aucun autre. Cependant il était dangereux de laisser aller plus loin ces têtes et ces langues, et il manda Lannes chez lui. Celui-ci, habitué à une grande familiarité avec son général en chef, se permit quelques emportements, bientôt réprimés par la tranquille supériorité du Premier Consul. Il s'en alla malheureux de sa faute, malheureux du mécontentement qu'il avait encouru. Dans un mouvement d'honorable susceptibilité, il voulut payer les dépenses qui avaient pesé sur la caisse de la garde, du consentement du Premier Consul. Mais ce général, qui avait tant fait la guerre en Italie, ne possédait presque rien. Augereau, tout aussi inconsidéré, mais excellent cœur, lui prêta une somme qui composait tout son avoir, et lui dit: Tiens, prends cet argent, va trouver cet ingrat pour lequel nous avons versé notre sang, rends-lui ce qui est dû à la caisse, et ne soyons plus ses obligés, ni les uns ni les autres. — Le Premier Consul ne permit pas à ces anciens compagnons d'armes, héros et enfants tout à la fois, de s'affranchir de leur affection envers lui. Il les dispersa. Lannes fut destiné à une ambassade avantageuse, celle du Portugal. C'est le consul Cambacérès qui fut chargé de cet arrangement. Augereau eut ordre d'être plus circonspect à l'avenir, et de retourner à son armée.

Cependant ces scènes, fort exagérées par la malveillance qui les propageait en les défigurant, produisaient sur l'opinion publique, notamment dans les provinces, un effet fâcheux. Nulle part elles ne valaient un improbateur au Premier Consul, auquel on était disposé à donner raison contre toute opposition; mais elles inspiraient l'inquiétude, et faisaient craindre des difficultés graves pour le pouvoir dont on invoquait l'établissement [1].

---

[1] Voici le passage d'une lettre de M. de Talleyrand, qui quelque temps après s'était rendu à Lyon pour l'organisation de la Consulte italienne :

Lyon, le 7 nivôse an x (28 décembre 1801).

« Général,

« J'ai l'honneur de vous informer de mon arrivée à Lyon aujourd'hui à une heure et demie du matin. La route de Bourgogne, à six ou huit lieues près, n'est pas très-mauvaise, et les préfets placés sur cette ligne de communication ont profité du mouvement d'enthousiasme que répand l'espérance de votre passage, pour faire suivre avec activité les travaux de la réparation des routes. Partout où j'ai trouvé quelques communes, quelques habitations, j'ai entendu des *vive Bonaparte*. Pendant les dix dernières lieues que j'ai faites au milieu de la nuit, chacun venait sur mon passage une lumière à la main pour répéter les mêmes mots. C'est une expression que vous êtes constamment destiné à entendre.

Ces scènes avec les officiers de l'armée d'Italie étaient des scènes d'amis, brouillés un jour, s'embrassant le lendemain. Elles avaient quelque chose de plus sérieux avec les généraux du Rhin, plus froids et plus haineux. Malheureusement une division funeste commençait à éclater entre le général en chef de l'armée d'Italie, et le général en chef de l'armée du Rhin, entre le général Bonaparte et le général Moreau.

Moreau, depuis la campagne d'Autriche, dont il devait le succès, du moins en partie, au Premier Consul, qui lui avait donné à commander la plus belle armée de la France, Moreau passait pour le second général de la république. Au fond personne ne se trompait sur sa valeur : on savait bien que c'était un esprit médiocre, incapable de grandes combinaisons, et entièrement dépourvu de génie politique. Mais on s'appuyait sur ses qualités réelles de général sage, prudent et vigoureux, pour en faire un capitaine supérieur, et capable de tenir tête au vainqueur de l'Italie et de l'Égypte. Les partis ont un merveilleux instinct pour découvrir les faiblesses des hommes éminents. Ils les flattent, ou les offensent tour à tour, jusqu'à ce qu'ils aient trouvé l'issue par laquelle ils peuvent pénétrer dans leur cœur, pour y introduire

« L'histoire du général Lannes s'était répandue et paraissait occuper beaucoup ; le sous-préfet d'Autun, un citoyen d'Avallon m'en avaient parlé, mais avec des circonstances diverses, que des lettres de Paris leur avaient rapportées comme anecdotes. J'ai eu de nouveau occasion de remarquer à quel point tout ce qui a trait à votre personne s'empare de l'attention publique et devient sur-le-champ l'occupation de la France. »

leurs poisons. Ils avaient bientôt trouvé le côté faible de Moreau, c'était la vanité. Ils lui avaient, en le flattant, inspiré contre le Premier Consul une jalousie fatale, qui devait le perdre un jour. Pour surcroît de malheur, Moreau venait de faire un mariage qui avait contribué à le jeter dans cette voie funeste. Les femmes des deux familles Bonaparte et Moreau s'étaient brouillées pour ces misères qui brouillent les femmes entre elles. Dans la famille de Moreau, on cherchait à lui persuader qu'il devait être le premier et non le second; que le général Bonaparte était mal disposé à son égard, qu'il cherchait à le déprécier et à lui faire jouer un rôle secondaire. Moreau, qui était dépourvu de caractère, n'avait que trop écouté ces dangereuses suggestions. Le Premier Consul cependant n'avait envers lui aucune espèce de tort; il l'avait, au contraire, comblé de distinctions de tout genre; il avait affecté d'en dire plus de bien qu'il n'en pensait, surtout à propos de la bataille de Hohenlinden, qu'il proclamait publiquement comme un chef-d'œuvre d'art militaire, tandis qu'en secret il la regardait plutôt comme une bonne fortune que comme une combinaison savante et réfléchie. Toujours enfin il l'avait traité avec des égards étudiés, connaissant ses faiblesses, et sachant le parti qu'on ne manquerait pas de tirer du moindre défaut de soin. Mais dès que Moreau se fut donné les premiers torts, il ne resta pas en arrière, et, avec la promptitude ordinaire de son caractère, il les égala promptement. Un jour il offrit à Moreau de le suivre à une revue; Moreau refusa sèchement, pour n'être pas confondu dans l'état-major du Premier Consul, et donna pour excuse qu'il n'avait pas de cheval à monter. Le Premier Consul, blessé de ce refus, lui rendit bientôt la pareille. A l'une des grandes fêtes qu'on avait fréquemment l'occasion de donner, tous les hauts fonctionnaires étaient invités à un dîner aux Tuileries. Moreau était à la campagne; mais, revenu la veille pour une affaire, il se rendit auprès du consul Cambacérès pour s'entretenir avec lui de l'objet qui l'amenait. Celui-ci, qui s'occupait sans cesse à concilier, accueillit Moreau de son mieux. Surpris de le voir à Paris, il courut avertir le Premier Consul, et le pressa vivement d'inviter le général en chef de l'armée du Rhin au grand dîner du lendemain. — Il m'a fait un refus public, répondit le Premier Consul, je ne m'exposerai pas à en recevoir un second. — Rien ne put le vaincre, et, le lendemain, tandis que tous les généraux et les hauts fonctionnaires de la République étaient aux Tuileries, assis à la table du Premier Consul, Moreau se vengea d'avoir été négligé en allant publiquement, et en habit civil, dîner dans un des restaurants les plus fréquentés de la capitale, avec une troupe d'officiers mécontents. Ce fait fut très-remarqué, et produisit un effet des plus fâcheux.

A partir de ce jour, c'est-à-dire de l'automne de 1801, les généraux Bonaparte et Moreau se témoignèrent une extrême froideur. Tout le monde le sut bientôt, et les partis hostiles se hâtèrent d'en profiter. Ils se mirent à exalter le général Moreau aux dépens du général Bonaparte, et cherchèrent à remplir ces deux cœurs du poison de la haine. Ces détails paraîtront peut-être bien au-dessous de la dignité de l'histoire; mais tout ce qui fait connaître les hommes, les petitesses déplorables même des plus grands, est digne de l'histoire; car tout ce qui peut instruire lui appartient. On ne saurait trop avertir les personnages considérables de la futilité des motifs qui les brouillent souvent, surtout quand leurs divisions deviennent celles de la patrie.

L'ouverture de la session de l'an x eut lieu le 1ᵉʳ frimaire (22 novembre 1801), d'après le vœu même de la Constitution, qui la fixait à ce jour-là. Certes, si jamais on a dû être fier de se présenter à une assemblée législative, c'est avec ce qu'apportait alors le gouvernement consulaire. La paix conclue avec la Russie, l'Angleterre, les puissances allemandes et italiennes, le Portugal, la Porte, et conclue avec toutes ces puissances à de superbes conditions; un projet de conciliation avec l'Église, qui terminait les troubles religieux, et qui, en réformant l'Église française d'après les principes de la Révolution, obtenait cependant l'adhésion des orthodoxes aux conséquences de cette révolution; un Code civil, monument admiré depuis du monde entier; des lois d'une haute utilité sur l'instruction publique, sur la Légion d'Honneur, et sur une infinité d'autres matières importantes; des projets financiers qui plaçaient les dépenses et les revenus de l'État en parfait équilibre : quoi de plus complet, de plus extraordinaire, qu'un tel ensemble à offrir à une nation! Cependant toutes ces choses furent, comme on va le voir, fort mal accueillies.

LE TRIBUNAT.

La session du Corps Législatif fut ouverte cette fois avec une certaine solennité. Le ministre de l'intérieur était chargé de présider à cette ouverture. On fit de part et d'autre quelques discours d'apparat, et on sembla vouloir imiter les formes usitées en Angleterre, quand le Parlement est ouvert par commissaires. Ce nouveau cérémonial, emprunté à une royauté constitutionnelle, fut remarqué avec malveillance par les opposants. Le Tribunat et le Corps Législatif se constituèrent, et on commença ce genre de manifestations, par lesquelles les assemblées révèlent volontiers leurs sentiments secrets, les choix de personnes. Le Corps Législatif nomma pour son président M. Dupuis, l'auteur du livre fameux *sur l'origine de tous les cultes*. M. Dupuis n'était pas aussi opposant que son livre aurait pu le faire croire, car il avait avoué au Premier Consul, en s'entretenant avec lui, que la réconciliation avec Rome était nécessaire; mais son nom avait une haute signification, dans un moment où le Concordat était l'un des principaux griefs allégués contre la politique consulaire. L'intention était facile à saisir, et elle fut comprise par le public, surtout par le Premier Consul, qui s'en exagéra même la portée.

Les deux assemblées exerçant la puissance législative, c'est-à-dire le Tribunat et le Corps Législatif, étant constituées, trois conseillers d'État présentèrent l'exposé de la situation de la République. Cet exposé, dicté par le Premier Consul, était simple et noble sous le rapport du langage, magnifique sous le rapport des choses. Il fit sur l'opinion publique

Nov. 1801.

Dupuis, auteur du livre sur l'*Origine de tous les Cultes*, nommé président du Corps Législatif.

Nov. 1801.

Présentation au Corps Législatif des traités de paix, et du Code civil.

Scène violente à l'occasion du mot *sujets*, introduit dans le traité avec la Russie.

un effet profond. Puis, le lendemain, une nombreuse suite de conseillers d'État vint apporter une série de projets de lois, que bien rarement un gouvernement a l'occasion de présenter à des chambres assemblées. C'étaient les projets destinés à convertir en lois les traités avec la Russie, avec la Bavière, avec Naples, avec le Portugal, avec l'Amérique, avec la Porte-Ottomane. Le traité avec l'Angleterre, conclu préalablement à Londres sous forme de préliminaires de paix, allait recevoir en ce moment, dans le congrès d'Amiens, la forme de traité définitif, et ne pouvait pas encore être soumis aux délibérations du Corps Législatif. Quant au Concordat, on ne voulait pas l'exposer tout de suite à la mauvaise volonté des opposants. Le conseiller d'État Portalis vint lire ensuite un discours demeuré célèbre sur l'ensemble du Code civil. Les trois premiers titres de ce code furent en même temps apportés par trois conseillers d'État ; le premier était relatif *à la publication des lois* ; le second, *à la jouissance et à la privation des droits civils* ; le troisième, *aux actes de l'état civil*.

Il semble qu'un tel programme de travaux législatifs aurait dû faire tomber toute opposition ; cependant il n'en fut rien. Lorsque, suivant l'usage, ces projets furent communiqués au Tribunat, la communication du traité avec la Russie provoqua la scène la plus violente. L'article 3 de ce traité contenait une stipulation importante, que les deux gouvernements avaient imaginée, pour se garantir contre les secrètes menées, qu'ils auraient pu se permettre l'un à l'égard de l'autre, en cas de mauvaise volonté. Ils s'étaient promis, disait cet article 3, *de ne pas souffrir qu'aucun de leurs sujets se permît d'entretenir une correspondance quelconque, soit directe soit indirecte, avec les ennemis intérieurs du gouvernement actuel des deux États, d'y propager des principes contraires à leurs constitutions respectives, ou d'y fomenter des troubles.* Le gouvernement français avait eu en vue les émigrés, le gouvernement russe avait eu en vue les Polonais. Rien n'était plus naturel qu'une telle précaution, surtout pour le gouvernement français, qui avait les Bourbons à craindre, et à surveiller. Mais, en voulant qualifier les individus qui pourraient attenter au repos commun des deux pays, on avait employé le mot qui naturellement se présentait comme le plus fréquemment employé dans la langue diplomatique, c'était le mot *sujets*. On l'avait employé sans aucune intention, parce que c'est le mot ordinaire dans tous les traités, parce qu'on dit *les sujets* d'une république, aussi bien que *les sujets* d'une monarchie. A peine avait-on achevé la lecture du traité que le tribun Thibaut, l'un des membres de l'opposition, demanda la parole. Il s'est glissé, dit-il, dans le texte de ce traité, une expression inadmissible dans notre langue, et qui ne saurait y être supportée. Il s'agit du mot *sujets*, appliqué aux citoyens de l'un des deux États. Une république n'a point de sujets, mais des citoyens. C'est sans doute une erreur de rédaction, mais il est indispensable de la réparer. — Ces paroles produi-

Nov. 1801.

Scrutins pour les places vacantes au Sénat.

sirent une agitation fort vive, comme il arrive toujours dans une assemblée émue à l'avance, qui attend un événement, et que chaque circonstance, même légère, fait tressaillir, si elle touche aux objets qui préoccupent les esprits. Le président coupa court à l'explication qui allait s'engager, en faisant remarquer que la délibération n'était pas ouverte en ce moment, et que ces observations devaient être réservées pour le jour où, sur le rapport d'une commission, le traité présenté serait mis en discussion. Ce rappel au règlement empêcha le tumulte d'éclater à l'instant même, et une commission fut immédiatement nommée.

Cette manifestation accrut l'émotion qui régnait dans les grands corps de l'État, et irrita davantage le Premier Consul. Les manifestations, par le moyen des élections de personnes, continuèrent. Il y avait plusieurs places à remplir au Sénat. Une était vacante par la mort du sénateur Crassous; deux autres étaient à remplir en vertu de la Constitution. Cette Constitution, comme on doit s'en souvenir, n'avait d'abord pourvu qu'à soixante places de sénateurs, sur les quatre-vingts, qui formaient le nombre total du Sénat. Pour arriver à ce nombre, on devait en nommer deux par an, pendant dix ans. C'était donc trois places à donner dans le moment, en comptant celle qui devenait vacante par la mort du sénateur Crassous. D'après la Constitution, le Premier Consul, le Corps Législatif et le Tribunat présentaient chacun un candidat, et le Sénat choisissait ensuite entre les candidats présentés.

On commença les scrutins pour cet objet, soit au Corps Législatif, soit au Tribunat. Au Tribunat, l'opposition portait M. Daunou, qui s'était publiquement brouillé avec le Premier Consul, à l'occasion des tribunaux spéciaux, tant discutés à la session dernière. Il n'avait plus voulu reparaître au Tribunat, disant qu'il resterait étranger à tous les travaux législatifs, *tant que durerait la tyrannie*. En effet, il avait tenu parole, et on ne l'avait plus aperçu. Les opposants avaient donc choisi M. Daunou, comme le candidat le plus désagréable au Premier Consul. Les partisans décidés du gouvernement, dans le même corps, portaient l'un des auteurs du Code civil, M. Bigot de Préameneu. Ni l'un ni l'autre ne l'emporta. La majorité des voix se réunit sur un candidat sans signification, le tribun Desmeuniers, personnage modéré, et qui, par ses relations, n'était pas étranger au Premier Consul. Mais le Corps Législatif se prononça plus nettement, et nomma l'abbé Grégoire pour son candidat au Sénat. Ce choix, après la présidence déférée à M. Dupuis, était un redoublement de manifestation contre le Concordat. M. Bigot de Préameneu avait eu dans ce corps un certain nombre de voix, les deux cinquièmes à peu près.

Le Premier Consul voulut faire de son côté une proposition significative. Il aurait pu attendre que les deux corps, chargés de présenter des candidats concurremment avec le pouvoir exécutif, eussent choisi ces candidats pour les deux places qui restaient à remplir. Il était probable que le Corps Législatif et le Tribunat, ne voulant pas rompre défi-

Nov. 1801.

L'abbé Grégoire présenté par le Corps Législatif comme candidat au Sénat.

Nov. 1801.

nitivement avec un gouvernement aussi populaire que celui du Premier Consul, livrés d'ailleurs à ce mouvement oscillatoire des assemblées, qui reculent toujours le lendemain quand elles se sont trop avancées la veille, feraient des choix moins tranchés, et adopteraient même pour les deux candidatures restantes des noms acceptables par le gouvernement. Ainsi M. Desmeuniers, par exemple, était un choix que le Premier Consul pouvait parfaitement admettre, car il avait promis de le récompenser de ses services, par une place de sénateur. Il était probable que le nom de M. Bigot de Préameneu sortirait de l'un des scrutins, du Corps Législatif ou du Tribunat. Le Premier Consul aurait pu alors présenter, pour son compte, ceux des candidats adoptés par ces assemblées, qui lui auraient convenu le mieux, et, dans ce cas, un nom présenté par deux autorités sur trois, avait la presque certitude d'être accueilli par la majorité du Sénat. Le consul Cambacérès conseillait cette conduite ; mais c'était là un genre de ménagements dont on fait beaucoup usage dans le gouvernement représentatif, et qui répugnait souverainement au Premier Consul. Le général-magistrat, étranger à cette forme de gouvernement, ne voulait pas se mettre ainsi à la suite du Corps Législatif ou du Tribunat, et attendre leurs préférences pour manifester les siennes. En conséquence il présenta immédiatement, non pas un candidat, mais trois à la fois, et il choisit trois généraux. Malgré les espérances données antérieurement à M. Desmeuniers, le Premier Consul, mécontent de lui,

Candidats présentés par le Premier Consul.

parce qu'il ne s'était pas prononcé assez haut dans les discussions déjà engagées sur le Code civil, l'écarta, et présenta les généraux Jourdan, Lamartillière et Berruyer. Il est vrai que ces généraux étaient parfaitement choisis pour la circonstance. Le général Jourdan avait paru contraire au 18 brumaire, mais il jouissait du respect universel, il se conduisait avec sagesse, et avait reçu depuis le gouvernement du Piémont. En le présentant au Sénat, le Premier Consul faisait preuve de la véritable impartialité qui convient à un chef de gouvernement. Quant au général Lamartillière, c'était le plus ancien officier de l'artillerie, et il avait fait toutes les campagnes de la Révolution. Le général Berruyer était un officier d'infanterie très-âgé, qui, après avoir pris part à la guerre de Sept-Ans, venait d'être blessé dans les armées de la République. Ce n'étaient donc pas des créatures à lui que le général Bonaparte proposait de récompenser, mais de vieux serviteurs de la France sous tous les régimes. Cette conduite fière et cassante adoptée, on ne pouvait faire de plus dignes choix. Chose plus singulière encore, ils furent motivés dans un préambule. Le sens du préambule avait une haute signification. Vous avez la paix, disait le gouvernement au Sénat, vous la devez au sang que les généraux ont versé en cent batailles. Prouvez-leur, en les appelant dans votre sein, que la patrie n'est pas ingrate envers eux. —

Le Sénat s'assembla, et fut agité par beaucoup d'intrigues. M. Sieyès, qui vivait habituellement à

Nov. 1804.

un scrutin du Sénat, et préféré ainsi au candidat du Premier Consul.

Discussion du mot *sujets* dans le sein du Tribunat.

la campagne, la quitta dans cette occasion, et vint se mêler à ces intrigues. On entraîna beaucoup de bonnes gens, comme le vieux Kellermann, par exemple, en leur disant que le Corps Législatif, si on préférait son candidat, c'est-à-dire l'abbé Grégoire, payerait cette préférence en proposant pour la seconde place vacante le général Lamartillière, l'un des trois candidats du Premier Consul, et qu'alors, en nommant un peu plus tard ce général, on satisferait deux autorités en même temps, le Corps Législatif et le gouvernement. Ces menées réussirent, et l'abbé Grégoire fut élu sénateur à une grande majorité.

Tandis que ces choix de personnes agitaient les esprits, et causaient une grande joie aux opposants, les discussions dans le Corps Législatif et le Tribunat prenaient le caractère le plus fâcheux. Le traité avec la Russie, à l'occasion du mot *sujets*, était devenu l'objet des plus violentes discussions dans la commission du Tribunat. M. Costaz, le rapporteur de cette commission, qui n'était point du parti des opposants, avait demandé quelques explications au gouvernement. Le Premier Consul l'avait reçu, lui avait expliqué le sens de l'article tant attaqué, lui avait fait connaître le motif de son insertion au traité, et, quant au mot *sujets*, lui avait prouvé, le Dictionnaire de l'Académie à la main, que ce mot, employé diplomatiquement, s'appliquait aux citoyens d'une république aussi bien qu'à ceux d'une monarchie. Il lui avait même raconté, pour achever son édification, divers détails sur les relations de la France avec la Russie, touchant les émigrés. M. Costaz, convaincu par l'évidence de ces explications, fit son rapport dans un sens favorable à l'article en question ; mais, intimidé par la violence du Tribunat, il blâma l'emploi du mot *sujets*, et raconta les choses d'une manière assez maladroite, qui pouvait donner à la Russie l'apparence d'un gouvernement faible, livrant les émigrés au Premier Consul, et au Premier Consul l'apparence d'un gouvernement persécuteur, poursuivant les émigrés jusque dans leur asile le plus lointain. M. Costaz, comme il arrive souvent aux hommes circonspects, qui veulent ménager tous les partis à la fois, déplut également aux opposants et au Premier Consul, qu'il compromettait avec la Russie.

Le jour de la discussion arrivé, c'était le 7 décembre 1804 (16 frimaire), le tribun Jard-Panvilliers demanda que le débat eût lieu en comité secret. Cette proposition fort sage fut adoptée. Dès que les tribuns furent délivrés de la présence du public, qui leur était d'ailleurs peu favorable, ils se livrèrent aux plus inconcevables emportements. Ils voulaient absolument rejeter le traité, et en proposer le rejet au Corps Législatif. Si jamais il y eut une folie coupable, c'était celle-là ; car, pour un mot, juste d'ailleurs, et parfaitement innocent, rejeter un traité pareil, si long, si difficile à conclure, et qui procurait la paix avec la première puissance du continent, c'était agir en insensés et en furieux. MM. Chénier et Benjamin Constant se livrèrent aux plus véhémentes déclamations. M. Chénier alla jusqu'à prétendre qu'il avait d'importantes choses à dire sur cette question ; mais qu'il ne les dirait que lorsque la séance serait publique, car il voulait que la France entière pût les entendre. On lui répondit qu'il valait mieux commencer par les communiquer à ses propres collègues. Il recula cependant, et un tribun inconnu, homme simple et de bon sens, fit rentrer la raison dans les esprits par une courte allocution. Je n'entends rien, dit-il, à la diplomatie ; je n'en sais ni l'art ni la langue. Mais je vois dans le traité proposé un traité de paix. Un traité de paix est une chose précieuse, qu'il faut adopter en entier, avec tous les mots qu'il renferme. Croyez que la France ne vous pardonnerait pas un rejet, et que la responsabilité qui pèserait sur vous serait terrible. Je demande donc que la discussion soit terminée, la séance rendue publique, et le traité mis immédiatement aux voix. — Après ces courtes paroles, débitées avec calme et simplicité, on allait voter, lorsqu'un des opposants demanda le renvoi au lendemain, à cause de l'heure fort avancée. Le renvoi fut adopté. Le lendemain le tumulte fut tout aussi grand que la veille. M. Benjamin Constant prononça un discours écrit, très-développé, très-subtil. M. Chénier déclama de nouveau avec violence, disant que cinq millions de Français étaient morts pour n'être plus *sujets*, et que ce mot devait rester enseveli dans les ruines de la Bastille. La majorité, fatiguée de ces violences, allait en finir, quand arriva une lettre du conseiller d'État Fleurieu, adressée au rapporteur Costaz. M. Costaz avait donné comme officielles les explications qu'il avait présentées dans son rapport, et avait voulu faire entendre qu'elles venaient du Premier Consul. Fournissez-en la preuve positive, lui avait-on répondu. Il avait alors provoqué une déclaration de M. Fleurieu, qui était le conseiller d'État chargé de soutenir le projet. Celui-ci, après avoir pris les ordres du Premier Consul, envoya la déclaration désirée, en la faisant suivre de beaucoup de rectifications, que le rapport de M. Costaz rendait indispensables, et qui ranimèrent le débat. M. Ginguené le termina par une proposition épigrammatique et peu séante. Reconnaissant qu'il était difficile pour un mot déplaisant de rejeter un traité de paix, il demanda d'émettre un vote motivé en ces termes : « Par amour pour la paix, le Tribunat » adopte le traité conclu avec la cour de Russie. »

M. de Girardin, qui était un des membres les plus raisonnables et les plus spirituels du Tribunat, fit repousser toutes ces propositions, et décida l'assemblée à passer immédiatement aux voix. Après tout, la majorité du Tribunat voulait, par ses choix de personnes, donner au Premier Consul des signes de mécontentement ; elle ne désirait pas entrer en lutte, surtout à propos d'un traité, dont le rejet lui aurait valu l'animadversion publique. Il fut adopté par 77 voix contre 14. L'adoption au Corps Législatif eut lieu sans tumulte, grâce à la forme de l'institution.

Cette scène fit dans Paris un effet pénible. On ne considérait pas le Premier Consul comme un ministre exposé à perdre la majorité, et on ne craignait pas pour son existence politique. On le considérait comme cent fois plus nécessaire qu'un roi ne le parait dans une monarchie bien établie. Mais on voyait avec chagrin la moindre apparence de nouveaux troubles, et les amis d'une sage liberté se demandaient, comment avec un caractère semblable à celui du général Bonaparte, comment avec une constitution dans laquelle on avait négligé d'admettre le pouvoir de dissolution, une telle lutte pourrait finir, si elle se prolongeait.

En effet, si la dissolution eût été possible, la difficulté eût été bientôt résolue, car la France convoquée n'eût pas réélu un seul des adversaires du gouvernement. Mais, obligés de vivre ensemble jusqu'au renouvellement par cinquième, les pouvoirs étaient exposés, comme sous le Directoire, à quelque violence des uns à l'égard des autres; et si pareille chose avait lieu, ce n'étaient évidemment ni le Tribunat ni le Corps Législatif qui pouvaient l'emporter. Il suffisait d'un acte de la volonté du Premier Consul, pour mettre au néant et la constitution et ceux qui en faisaient un tel usage. Aussi tous les hommes sages tremblaient-ils en voyant cet état de choses.

Discussion du Code civil. La discussion du Code civil ne fit qu'accroître ces craintes. Aujourd'hui que le temps a valu à ce Code l'estime universelle, on n'imaginerait pas toutes les critiques dont il fut l'objet à cette époque. Les opposants exprimaient d'abord un grand étonnement de trouver ce Code si simple, si peu nouveau. Comment, ce n'est que cela! disaient-ils; mais il n'y a dans ce projet aucune conception nouvelle, aucune grande création législative, qui soit particulière à la société française, qui puisse lui imprimer un caractère propre et durable : ce n'est qu'une traduction du droit romain ou coutumier. On a pris Domat, Pothier, les Institutes de Justinien ; on a rédigé en français tout ce qu'ils contiennent ; on l'a divisé en articles ; on a lié ces articles par des numéros, bien plus que par une déduction logique ; et puis on vient présenter cette compilation à la France comme un monument qui a droit à son admiration et à ses respects ! — MM. Benjamin Constant, Chénier, Ginguené, Andrieux, tous dignes de mieux employer leur esprit, raillaient les conseillers d'État, disaient que c'étaient des procureurs conduits par un soldat, qui avaient fait cette plate compilation, fastueusement appelée le Code civil de la France.

Déc. 1801.

Critiques dont le Code civil est l'objet.

M. Portalis et les hommes de sens qui étaient ses collaborateurs, répondaient qu'en fait de législation, il ne s'agissait pas d'être original, mais clair, juste et sage ; qu'on n'avait pas une société nouvelle à constituer, comme Lycurgue ou Moïse, mais une vieille société à réformer en quelques points, à restaurer en beaucoup d'autres ; que le Droit français se faisait depuis dix siècles ; qu'il était tout à la fois le produit de la science romaine, de la féodalité, de la monarchie, et de l'esprit moderne, agissant ensemble pendant une longue durée de temps sur les mœurs françaises ; que le Droit civil de la France, résultant de ces causes diverses, devait être assorti aujourd'hui à une société qui avait cessé d'être aristocratique pour devenir démocratique ; qu'il fallait, par exemple, revoir les lois sur le mariage, sur la puissance paternelle, sur les successions, pour les dépouiller de tout ce qui

Réponse de M. Portalis à ces critiques.

répugnait au temps présent; qu'il fallait purger les lois sur la propriété de toute servitude féodale, rédiger cet ensemble de prescriptions dans un langage net, précis, qui ne donnât plus lieu aux ambiguïtés, aux contestations interminables, et mettre le tout dans un bel ordre; que c'était là le seul monument à élever, et que, si, contrairement à l'intention de ses auteurs, il arrivait qu'il surprît par sa structure, qu'il plût à quelques lettrés par des vues nouvelles et originales, au lieu d'obtenir la froide et silencieuse estime des jurisconsultes, il manquerait son but véritable, dût-il plaire à quelques esprits plus singuliers que sensés.

Tout cela était parfaitement raisonnable et vrai. Le Code, sous ce rapport, était un chef-d'œuvre de législation. De graves jurisconsultes, pleins de savoir et d'expérience, sachant parler la langue du Droit, et dirigés par un chef, soldat il est vrai, mais esprit supérieur, habile à trancher leurs doutes et à les soumettre au travail, avaient composé ce beau résumé du Droit français, purgé de tout droit féodal. Il était impossible de faire autrement ni mieux.

Il est vrai que, dans ce vaste code, on pouvait substituer çà et là un mot à un autre mot, transporter un article d'une place à une autre place; on le pouvait sans beaucoup de danger, mais sans beaucoup d'utilité aussi; et c'est là justement ce qu'aiment à faire, même des assemblées bienveillantes, uniquement pour imprimer leur main sur l'œuvre qui leur est soumise. Quelquefois, en effet, après la présentation d'un projet de loi considérable, on voit des esprits médiocres et ignorants, s'assembler autour d'une œuvre de législation, fruit d'une profonde expérience et d'un long travail, changer ceci, changer cela, d'un tout bien lié faire un tout informe et incohérent, sans relation avec les lois existantes et les faits réels. Ils agissent souvent ainsi, sans esprit d'opposition, seulement par goût de retoucher l'œuvre d'autrui. Qu'on se figure des tribuns véhéments et peu instruits, s'exerçant de la sorte sur un code de quelques mille articles! c'était à y renoncer.

Le titre préliminaire essuya le premier débordement des critiques du Tribunat. Il avait été renvoyé à une commission dont le tribun Andrieux était le rapporteur. Ce titre contenait, sauf quelques différences de rédaction peu importantes, les mêmes dispositions qui ont définitivement prévalu, et qui forment aujourd'hui comme la préface de ce beau monument de législation. Le premier article était relatif à la promulgation des lois. On avait abandonné l'ancien système, en vertu duquel la loi n'était exécutoire qu'après l'enregistrement accordé par les parlements et les tribunaux. Ce système avait produit jadis la lutte des parlements et de la royauté, lutte qui avait été dans son temps un utile correctif de la monarchie absolue, mais qui aurait été un vrai contre-sens à une époque où il existait des assemblées représentatives, chargées d'accorder ou de refuser l'impôt. On avait substitué à ce système l'idée fort simple de faire promulguer la loi par le pouvoir exécutif, de la rendre exécutoire dans le chef-lieu du gouvernement vingt-quatre heures après sa promulgation, et dans les départements après un délai proportionné aux distances. Le second article interdisait aux lois tout effet rétroactif. Quelques grandes erreurs de la Convention sur ce sujet, rendaient cet article utile et même nécessaire. Il fallait poser en principe que la loi ne pourrait jamais troubler le passé, et ne réglerait que l'avenir. Après avoir limité l'action des lois quant au temps, il fallait en limiter l'action quant aux lieux; dire quelles seraient les lois qui suivraient les Français hors du territoire de la France, et les obligeraient en tous lieux, comme celles qui réglaient, par exemple, les mariages et les successions; et quelles seraient les lois qui ne les obligeraient que sur le territoire de la France, mais, sur ce territoire, obligeraient les étrangers aussi bien que les Français. Les lois relatives à la police ou à la propriété devaient être dans cette dernière catégorie : c'était l'objet de l'article trois. L'article quatre obligeait le juge à juger, même quand la loi ne lui semblait pas suffisante. Ce cas venait de se rencontrer plus d'une fois, dans la transition d'une législation à l'autre. Souvent, en effet, les tribunaux, faute de lois, avaient été sincèrement embarrassés de prononcer; souvent aussi ils s'étaient frauduleusement soustraits à l'obligation de rendre la justice. La Cour de Cassation et le Corps Législatif étaient encombrés de recours en interprétation de lois. Il fallait empêcher cet abus, en obligeant le juge à donner une décision, dans tous les cas ; mais il fallait en même temps l'empêcher de se constituer législateur. C'était l'objet de l'article cinq, qui défendait aux tribunaux de décider autre chose que le cas spécial qui leur était soumis, et de prononcer par voie de disposition générale. Enfin le sixième et dernier article limitait la faculté naturelle qu'ont les citoyens de renoncer au bénéfice de certaines lois, par des conventions particulières. Il rendait absolues et impossibles à éluder, les lois relatives à l'ordre public, à la constitution des familles, aux bonnes mœurs. Il décidait qu'on ne pouvait s'y soustraire par aucune convention particulière.

Ces dispositions préliminaires étaient indispensables, car il fallait bien dire quelque part, dans notre législation, comment les lois devaient être promulguées, à quel moment elles devenaient exécutoires, jusqu'où s'étendaient leurs effets quant au temps et quant aux lieux. Il fallait bien prescrire aux juges le mode général de l'application des lois, les obliger à juger, mais en leur interdisant de se constituer législateurs; il fallait enfin rendre immuables les lois qui constituent l'ordre social et la morale, et les soustraire aux variations des conventions particulières. Si ces choses étaient indispensables à écrire, où pouvait-on mieux le faire qu'en tête du Code civil, le premier, le plus général, le plus important de tous les Codes? Auraient-elles été mieux placées, par exemple, en tête d'un Code de commerce ou de procédure civile? Évidemment ces maximes générales étaient nécessaires, bien écrites, et bien placées.

On se ferait difficilement une idée aujourd'hui des

Déc. 1801.

critiques dirigées par M. Andrieux contre le titre préliminaire du Code civil, au nom de la commission du Tribunat. D'abord, ces dispositions, suivant lui, pouvaient être placées partout; elles n'appartenaient pas plus au Code civil qu'à tout autre. Elles pouvaient, par exemple, se trouver en tête de la Constitution, aussi bien qu'en tête du Code civil. Cela était vrai; mais puisqu'on n'avait pas songé à les mettre en tête de la Constitution, ce qui était naturel, car elles n'avaient aucun caractère politique, où les placer mieux que dans le Code, qu'on pouvait appeler le Code social?

Secondement, l'ordre de ces six articles était arbitraire, suivant M. Andrieux. On pouvait faire du premier le dernier, et du dernier le premier. Ceci n'était pas tout à fait exact, et, en y regardant bien, il était facile de découvrir une véritable déduction logique, dans la manière dont ils étaient disposés. Mais, en tout cas, qu'importait l'ordre de ces articles, si l'un était aussi bon que l'autre? Le meilleur ordre n'était-il pas celui que des jurisconsultes éminents, après le travail le plus consciencieux, avaient préféré? N'y avait-il pas assez de difficultés naturelles dans cette grande œuvre, sans y ajouter des difficultés puériles?

Enfin, suivant M. Andrieux, c'étaient des maximes générales, théoriques, appartenant plutôt à la science du droit qu'au droit positif, qui dispose et commande. Ceci était faux, car la forme de la promulgation des lois, la limite donnée à leurs effets, l'obligation pour les juges de juger et de ne pas réglementer, l'interdiction de certaines conventions particulières contraires aux lois, tout cela était impératif.

Ces critiques étaient donc aussi vaines que ridicules. Cependant elles touchèrent le Tribunat, qui les jugea dignes de la plus grande attention. Le tribun Thiessé trouva la disposition qui interdit aux lois tout effet rétroactif extrêmement dangereuse et contre-révolutionnaire. C'était, disait-il, rapporter jusqu'à un certain point les conséquences de la nuit du 4 août, car les individus nés sous le régime du droit d'aînesse et des substitutions, pourraient dire que la loi nouvelle sur l'égalité des partages était rétroactive quant à eux, et dès lors nulle à leur égard.

De telles absurdités furent accueilles, et ce titre préliminaire fut rejeté par 63 voix contre 15. Les opposants, enchantés de ce début, voulurent poursuivre ce premier succès. D'après la Constitution, le Tribunat nommait trois orateurs pour soutenir, contre trois conseillers d'État, la discussion des lois devant le Corps Législatif. MM. Thiessé, Andrieux, Favard, furent chargés de demander le rejet de ce titre préliminaire. Ils l'obtinrent à 142 voix contre 139.

Ce résultat, rapproché des divers votes sur les personnes, de la scène sur le mot *sujets*, était grave. On annonçait comme à peu près certain le rejet des deux autres titres déjà présentés, sur *la jouissance des droits civils*, et sur *la forme des actes de l'état civil*. Le rapport de M. Siméon, sur *la jouissance et la privation des droits civils*, concluait, en effet, au rejet.

Déc. 1801.

Rejet par le Tribunat et par le Corps Législatif du titre préliminaire du Code civil.

M. Siméon, cet esprit ordinairement si sage, avait, entre différentes critiques, fait celle-ci, c'est que la loi proposée négligeait de dire, que les enfants nés de Français dans les colonies françaises, étaient Français de droit. Nous citons cette critique singulière, parce qu'elle avait excité chez le Premier Consul un étonnement mêlé de colère. Il convoqua le Conseil d'État, pour aviser à ce qu'il y avait à faire dans cette occurrence. Fallait-il persister ou non dans la marche adoptée ? fallait-il changer le mode de présentation au Corps Législatif ? ou bien convenait-il de différer ce grand ouvrage, si impatiemment attendu, et de le remettre à une autre époque ? Le Premier Consul était exaspéré. — Que voulez-vous faire, s'écriait-il, avec des gens qui, avant la discussion, disaient que les conseillers d'État et les Consuls *n'étaient que des ânes*, et qu'il fallait leur jeter leur ouvrage à la tête ? Que voulez vous faire, quand un esprit tel que Siméon accuse une loi d'être incomplète, parce qu'elle ne déclare pas que les enfants nés de Français dans les colonies françaises, sont Français ? En vérité, on est confondu en présence de si étranges aberrations. Même avec la bonne foi apportée dans cette discussion au sein du Conseil d'État, nous avons eu la plus grande peine à nous mettre d'accord ; comment y parvenir, dans une assemblée cinq ou six fois plus nombreuse, et qui discute sans bonne foi ? Comment rédiger un Code tout entier, dans de pareilles conditions ? J'ai lu le discours de Portalis au Corps Législatif, en réponse aux orateurs du Tribunat : il ne leur a rien laissé à dire, *il leur a arraché les dents*. Mais quelque éloquent qu'on soit, parlât-on vingt-quatre heures de suite, on ne peut rien contre une assemblée prévenue, qui est résolue à ne rien entendre. —

Après ces plaintes, exprimées en un langage vif et amer, le Premier Consul demanda l'avis du Conseil d'État sur la meilleure manière de s'y prendre, pour assurer l'adoption du Code civil par le Tribunat et le Corps Législatif. Le sujet n'était pas nouveau dans le Conseil d'État. On y avait déjà prévu la difficulté, et proposé divers moyens pour la résoudre. Les uns avaient imaginé de ne présenter que des principes généraux, sur lesquels le Corps Législatif voterait, sauf à donner ensuite les développements par voie réglementaire. C'était peu admissible, car on comprend difficilement les principes généraux des lois, et les développements rédigés séparément. Les autres proposaient un plan plus simple : c'était de présenter le Code entier en une seule fois. On n'aurait pas, disait-on, plus de peine pour les trois livres du Code, qu'on en avait pour un seul. Les Tribuns s'acharneraient sur les premiers titres, puis se fatigueraient, et laisseraient aller le reste. La discussion se trouverait ainsi réduite par son immensité même. Cette conduite était la plus plausible et la plus sage. Malheureusement, pour qu'elle pût réussir, il manquait bien des conditions. On n'avait pas alors la faculté d'amender les propositions du gouvernement, ce qui permet ces petits sacrifices, au moyen desquels on satisfait la vanité des uns, on désarme les scrupules des autres, en améliorant les lois. Il manquait aussi aux opposants

Déc. 1801.

Discussion au Conseil d'État pour savoir comment on procédera pour la présentation des autres titres du Code civil.

Déc. 1801.

un peu de cette bonne foi, sans laquelle toute discussion grave est impossible ; et enfin il manquait au Premier Consul lui-même cette patience constitutionnelle, que l'habitude de la contradiction inspire aux hommes façonnés au gouvernement représentatif. Il n'admettait pas que le bien sincèrement voulu, et laborieusement préparé, pût être différé ou gâté, pour plaire à ce qu'il appelait des bavards.

Quelques esprits tranchants allèrent jusqu'à proposer de présenter le Code civil comme on présentait les traités, avec une loi d'acceptation à côté, et de le faire voter ainsi en bloc, par oui ou par non. Cette façon de faire était trop dictatoriale, et on n'y songea pas sérieusement.

Sur l'avis des membres les plus éclairés, Tronchet notamment, on conclut qu'il fallait attendre quel serait le sort des deux autres titres présentés au Tribunat. — Oui, dit le Premier Consul, nous pouvons risquer encore deux batailles. Si nous les gagnons, nous continuerons la marche commencée. Si nous les perdons, nous entrerons dans nos quartiers d'hiver, et nous aviserons au parti à prendre. —

On se décide à attendre le sort des deux autres titres présentés.

Ce plan de conduite fut adopté, et on attendit l'issue des deux discussions. L'opinion commençait à se prononcer fortement contre le Tribunat. Aussi les meneurs imaginèrent-ils un moyen, pour tempérer l'effet de leurs rejets successifs, ce fut de les entremêler d'une adoption. Le titre relatif à la tenue *des actes de l'état civil* leur plaisait fort en lui-même, parce qu'il consacrait plus rigoureusement encore les principes de la Révolution à l'égard du clergé, en lui interdisant absolument l'enregistrement des naissances, des morts et des mariages, pour les attribuer exclusivement aux officiers municipaux. Ce titre présenté par le conseiller d'État Thibaudeau était excellent, ce qui ne l'aurait pas sauvé, s'il n'eût contenu des dispositions contraires au clergé. On se décida donc à l'adopter. Mais dans l'ordre de présentation il ne devait venir que le troisième. On le fit passer le second, et on le vota sans difficulté, pour rendre plus certain le rejet du titre relatif *à la jouissance et à la privation des droits civils*. Ce dernier, mis en discussion à son tour, fut repoussé à une majorité immense par le Tribunat. Le rejet par le Corps Législatif n'était pas douteux. La série des difficultés prévues reparaissait donc tout entière. Ces difficultés devaient être bien plus graves quand il s'agirait des lois sur le mariage, sur le divorce, sur la puissance paternelle. Quant au Concordat, et au projet relatif à l'instruction publique, il n'y avait évidemment aucune chance de réussir à les faire adopter.

Mais ce qui acheva de pousser les choses à l'extrême, ce fut un nouveau scrutin sur les personnes, qui prit à l'égard du Premier Consul le caractère d'une hostilité tout à fait directe. On avait déjà fait prévaloir le choix de l'abbé Grégoire comme sénateur, contrairement aux propositions du gouvernement, et pour donner un signe d'improbation à sa politique religieuse. Restaient, comme on vient de le voir, deux places à remplir, et on voulait non-seulement qu'elles fussent remplies d'une ma-

Déc. 1801.

Rejet du titre du Code civil sur la jouissance et la privation des droits civils.

Nouveau scrutin pour la candidature au Sénat.

Janv. 1802.

M. Daunou désigné par le Tribunat et le Corps Législatif.

nière contraire aux propositions déjà connues du Premier Consul en faveur de trois généraux, mais on tenait aussi à faire le choix qui lui serait le plus désagréable. Ce choix était celui de M. Daunou. On s'efforça donc d'obtenir la présentation de M. Daunou par les deux autorités législatives à la fois, c'est-à-dire par le Tribunat et le Corps Législatif, ce qui rendait sa nomination par le Sénat presque inévitable.

On fit les démarches les plus actives, et on sollicita les votes avec une hardiesse qui avait lieu d'étonner, en présence d'une autorité aussi redoutée que celle du Premier Consul.

M. Daunou fut ballotté au Corps Législatif avec le général Lamartillière, candidat du gouvernement. Il y eut des scrutins réitérés. Enfin M. Daunou obtint 135 voix et le général Lamartillière 122. Il fut proclamé candidat du Corps Législatif, pour une des places vacantes au Sénat. Au Tribunat M. Daunou eut encore pour concurrent le général Lamartillière. Il obtint 48 voix, le général Lamartillière 39 ; il fut proclamé candidat. Il avait donc deux présentations pour une. Ce scrutin avait lieu le 1ᵉʳ janvier 1802 (11 nivôse), jour même du rejet du titre du Code civil, sur *la jouissance et la privation des droits civils*.

D'après les règles ordinaires du régime représentatif, on aurait dû dire que la majorité était perdue. Mais, dans ce cas, celui qui aurait dû se retirer était le Premier Consul, vu qu'il était tout dans l'admiration de la France, comme dans la haine de ses

ennemis. Cependant personne n'avait la prétention de l'exclure, parce que personne n'en avait le
moyen. C'était donc une vraie tracasserie, indigne
d'hommes sérieux. C'était du dépit le plus puéril et
le plus dangereux en même temps, car on poussait
à bout un caractère violent, plein du sentiment de sa
force, et capable de tout. Le consul Cambacérès lui-
même, ordinairement fort modéré, voyant là un véritable désordre, dit qu'on ne pouvait pas tolérer des
hostilités aussi directes, et que, pour lui, il ne répondait plus de réussir à calmer le Premier Consul.
En effet la colère de celui-ci était au comble, et il
annonça hautement la résolution de briser les obstacles qu'on cherchait à opposer à tout le bien qu'il
voulait faire.

Le lendemain, 2 janvier (12 nivôse), était le jour
de la décade où il donnait audience aux sénateurs.
Il en vint beaucoup, même de ceux qui avaient agi
contre lui. Ils venaient, les uns par curiosité, les autres par faiblesse, et pour désavouer par leur présence leur participation à ce qui se passait. M. Sieyès
se trouvait au nombre des visiteurs. Le Premier Consul était comme d'usage en uniforme ; son visage paraissait animé, on s'attendait à quelque scène violente.
On fit cercle autour de lui. Vous ne voulez donc plus,
dit-il, nommer des généraux ? cependant vous leur
devez la paix : ce serait le moment de leur témoigner
votre reconnaissance. — Après ces premiers mots, les
sénateurs Kellermann, François de Neufchâteau et
d'autres furent rudement interpellés. Ils se défendi-
rent assez mal. Puis la conversation redevint géné-

Janv. 1802.

Le Premier
Consul,
poussé à bout,
songe à un
coup d'État.

Vive
allocution
à une réunion
de sénateurs.

Janv. 1802.

rale, et le Premier Consul reprit la parole en dirigeant ses regards du côté de M. Sieyès. — Il y a des gens, dit-il à très-haute voix, qui veulent nous donner un Grand-Électeur, et qui songent à un prince de la maison d'Orléans. Ce système, je le sais, a des partisans même au Sénat. — Ces paroles faisaient allusion à un projet, vrai ou faux, attribué à M. Sieyès, et que ses ennemis lui prêtaient auprès du Premier Consul. M. Sieyès, en entendant ces paroles offensantes, se retira en rougissant. Le Premier Consul s'adressant alors aux sénateurs réunis, ajouta : Je vous déclare que si vous nommez M. Daunou sénateur, je prendrai cela pour une injure personnelle, et vous savez que je n'en ai jamais souffert aucune. —

Cette scène effraya la masse des sénateurs présents, et affligea les plus sages. Ceux-ci voyaient avec peine qu'on poussât à une telle irritation un homme si grand, si nécessaire, mais si peu maître de lui, quand il était offensé. Les malveillants s'en allèrent, criant que jamais on n'avait traité les membres des corps de l'État, d'une manière plus indécente et plus insupportable. Cependant le coup était porté. La peur avait pénétré dans ces âmes haineuses mais timides, et cette bruyante opposition allait s'humilier tristement devant l'homme qu'elle avait voulu braver.

Le consul Cambacérès fait prévaloir l'idée d'une mesure légale, l'exclusion par le scrutin.

Les Consuls discutèrent entre eux le parti à prendre. Le général Bonaparte était résolu à un éclat, et à un acte violent. S'il avait eu la faculté légale de dissoudre le Tribunat et le Corps Législatif, la solution eût été facile par des voies régulières, et elle eût amené, par une élection générale, une majorité tout à fait favorable aux idées du Premier Consul. Il est vrai qu'une élection générale aurait exclu en masse les hommes de la Révolution, et fait surgir des hommes entièrement nouveaux, animés plus ou moins de sentiments royalistes, tels que ceux contre lesquels il avait fallu faire le 18 fructidor, ce qui eût été un malheur d'un autre genre. Tant il est vrai qu'au lendemain d'une révolution sanglante, qui avait profondément irrité les esprits les uns contre les autres, le libre jeu des institutions constitutionnelles était impossible! Pour sortir des mains des révolutionnaires irréfléchis, on serait tombé dans les mains des royalistes malintentionnés. Mais en tout cas, la dissolution n'était pas dans les lois; il fallait trouver un autre moyen.

Le Premier Consul voulait retirer le Code civil, laisser chômer le Corps Législatif et le Tribunat, ne plus rien présenter que les lois de finances; et puis, quand il aurait bien fait sentir à la France, que ces corps étaient l'unique cause de l'interruption apportée aux travaux bienfaisants du gouvernement, saisir une occasion de briser les instruments incommodes que la Constitution lui imposait. Mais le consul Cambacérès, l'homme aux expédients habiles, trouva des moyens plus doux, d'une légalité très-soutenable, et d'ailleurs les seuls praticables dans le moment. Il dissuada le général, son collègue, de toute mesure illégale et violente. — Vous pouvez tout, lui dit-il; on souffrirait tout de votre part. On a bien permis au Directoire de faire ce qu'il a voulu, au Directoire qui n'avait pour

Janv. 1802.

du cinquième sortant en l'an x.

lui ni votre gloire, ni votre ascendant moral, ni vos immenses succès militaires et politiques. Mais le coup d'État du 18 fructidor, tout nécessaire qu'il était, a perdu le Directoire. Il a rendu la Constitution directoriale si méprisable, que personne ne l'a plus prise au sérieux. La nôtre est bien meilleure. En ayant l'art de s'en servir, on peut faire le bien avec elle. Ne la livrons donc pas au mépris public, en la violant au premier obstacle qu'elle nous présente. — Le consul Cambacérès admit qu'il fallait retirer le Code civil, interrompre la session, mettre les corps délibérants en vacance, et faire peser sur eux, comme un grave sujet de reproche, l'inaction forcée à laquelle le gouvernement allait être réduit. Mais cette inaction était une impasse, et il fallait en sortir. M. Cambacérès en trouva le moyen dans l'article 38 de la Constitution, ainsi conçu : *Le premier renouvellement du Corps Législatif et du Tribunat n'aura lieu que dans le cours de l'an* x.

On était en l'an x (1801-1802). On pouvait très-bien choisir telle époque de l'année qu'on voudrait pour faire ce renouvellement. On pouvait, par exemple, y procéder dans le courant de l'hiver, en pluviôse ou ventôse ; renvoyer alors un cinquième du Tribunat et du Corps Législatif, ce qui faisait vingt membres pour le Tribunat, soixante pour le Corps Législatif ; exclure ainsi les plus hostiles, les remplacer par des gens sages et paisibles, et ouvrir une session extraordinaire au printemps, pour faire adopter les lois qui étaient maintenant arrêtées au passage par la mauvaise volonté de l'opposition. Ce moyen était évidemment le meilleur. En excluant vingt membres du Tribunat et soixante du Corps Législatif, on écartait les hommes remuants qui entraînaient la masse inerte, et on intimidait ceux qui auraient pu être encore tentés de résister. Mais, si on voulait réussir, il fallait disposer du Sénat pour obtenir deux choses : premièrement, l'interprétation de l'article 38 dans le sens du plan projeté ; secondement, l'exclusion des opposants, et leur remplacement par des hommes dévoués au gouvernement. M. Cambacérès, connaissant bien ce corps, sachant que la masse était timide, et les opposants peu courageux, répondait que le Sénat, quand il verrait à quel point on l'entraînait au delà des bornes de la prudence et de la raison, se prêterait à tout ce que le gouvernement désirerait de lui. L'article 38, qu'il s'agissait d'interpréter, ne disait pas quel serait le mode employé pour la désignation du cinquième sortant. Dans le silence de cet article, le Sénat, chargé de choisir, pouvait préférer, à son gré, le scrutin au sort. Il y avait à dire, contre une telle interprétation, que l'usage constant, lorsqu'il faut renouveler partiellement une assemblée, c'est de recourir au sort, pour désigner la portion qui doit être exclue la première. Il y avait à répondre qu'on a recours au sort lorsqu'on ne peut pas faire autrement. On ne peut pas, en effet, demander à quelques centaines de colléges électoraux la désignation du cinquième sortant, car, s'adresser à une partie d'entre eux, c'est désigner soi-même ce cinquième ; s'adresser à tous, c'est recourir à une élection générale, et, dans une élection générale, on ne peut pas fixer d'avance le nombre des exclus, car ce serait encore désigner soi-même le cinquième qu'il s'agit d'éliminer. Le sort est donc la seule ressource, dans le système ordinaire des élections, par des colléges électoraux. Mais, ayant ici le Sénat, chargé d'élire, et pouvant aisément lui faire désigner par un scrutin le cinquième à exclure, il était plus naturel de recourir à l'autorité clairvoyante de ses votes qu'à l'autorité aveugle du tirage au sort. On rendait, il est vrai, le Sénat arbitre de la question ; mais on se conformait ainsi au véritable esprit de la Constitution ; car, en conférant au Sénat toutes les prérogatives du corps électoral, elle l'avait rendu juge des conflits qui pouvaient s'élever entre les majorités législatives et le gouvernement. En un mot, on rétablissait par un subterfuge la faculté de dissolution, indispensable dans tout gouvernement régulier.

La raison la plus sérieuse, c'est qu'on se tirait d'embarras, sans violer ostensiblement la Constitution. Le Premier Consul déclara qu'il admettrait ce plan, ou tout autre, pourvu qu'on le délivrât des hommes qui l'empêchaient de faire le bien de la France. M. Cambacérès accepta le soin de rédiger un mémoire sur ce sujet. On libella le message qui devait annoncer au Corps Législatif que le Code civil était retiré. Ce fut le général Bonaparte qui se chargea de le libeller lui-même, dans un style noble et sévère.

Déjà l'on commençait à craindre les éclats de sa

colère; on disait qu'on allait en voir une manifestation prochaine. Le lendemain de la scène faite aux sénateurs, le 3 janvier (13 nivôse), un message fut envoyé au président du Corps Législatif. Il fut lu au milieu d'un silence profond, et qui décelait une sorte de terreur. Ce message était ainsi conçu :

« LÉGISLATEURS,

» Le gouvernement a résolu de retirer les projets
» de loi du Code civil.

» C'est avec peine qu'il se trouve obligé de re-
» mettre à une autre époque les lois attendues avec
» tant d'intérêt par la nation; mais il s'est convaincu
» que le temps n'est pas venu où l'on portera dans
» ces grandes discussions, le calme et l'unité d'in-
» tention qu'elles demandent. »

Cette sévérité méritée produisit le plus grand effet. Tous les gouvernements ne peuvent pas et ne doivent pas parler un tel langage; cependant il faut le leur permettre quand ils ont raison, et qu'ils ont dispensé à un pays une immense gloire, d'immenses bienfaits, payés par une opposition inconsidérée.

Le Corps Législatif, frappé de ce coup, tomba aux pieds du gouvernement d'une manière peu honorable. On demanda, séance tenante, à passer au scrutin pour la présentation d'un candidat à la troisième et dernière place vacante au Sénat. Le croirait-on? les mêmes hommes qui s'étaient prêtés avec tant de malveillance à présenter MM. Grégoire et Daunou, votèrent à l'instant même pour le général

Janv. 1802.

On commence par retirer le Code civil.

Le Corps Législatif et le Sénat, intimidés, imaginent un subterfuge pour annuler leurs premiers scrutins, et faire prévaloir les candidats du Premier Consul

Janv. 1802.

aux places vacantes dans le Sénat.

Lamartillière. Il obtint 233 suffrages sur 252 votants. On ne pouvait pas se rendre plus promptement aux désirs du Premier Consul. En conséquence, le général Lamartillière fut déclaré le candidat du Corps Législatif.

Cette présentation fournit un expédient au Sénat pour satisfaire le Premier Consul, sans s'humilier trop profondément. On ne songeait plus à prendre M. Daunou, depuis la scène faite aux sénateurs, dans l'audience du 2 janvier. Cependant M. Daunou avait été présenté par deux corps à la fois, le Corps Législatif et le Tribunat. Préférer le candidat du gouvernement à un candidat qui avait pour lui la double présentation des deux assemblées législatives, c'était se jeter trop ouvertement aux genoux du Premier Consul. On imagina un assez pauvre subterfuge, qui ne sauva pas la dignité du Sénat, et qui ne fit que mettre son embarras dans un plus grand jour. Il s'assembla le lendemain, 4 janvier (14 nivôse). La présentation de M. Daunou par le Corps Législatif avait été résolue le 30 décembre, celle du général Lamartillière, le 3 janvier. Le Sénat supposa que la résolution du 30 décembre n'était pas communiquée, que celle du 3 janvier l'était seule, et que le général Lamartillière était, par conséquent, l'unique candidat connu du Corps Législatif. Il joignit à ce subterfuge une autre ruse plus mesquine encore. On remplissait la seconde des trois places vacantes; or, le général Lamartillière était le premier, le général Jourdan le second, sur la liste du Premier Consul. On crut donc pouvoir considérer le général Jourdan comme le candidat du gouvernement pour la place actuellement vacante. Alors le Sénat libella ainsi sa décision :

Janv. 1802.

« *Vu le message du Premier Consul du 25 frimaire, par lequel il présente le général Jourdan ; vu le message du Tribunat du 11 nivôse, par lequel il présente le citoyen Daunou ; vu enfin le message du Corps Législatif du 13 nivôse, par lequel il présente le général Lamartillière, le Sénat adopte le général Lamartillière et le proclame membre du Sénat conservateur.* » Par ce moyen, le Sénat semblait avoir adopté, non pas le candidat du Premier Consul, mais celui du Corps Législatif. C'était ajouter à la honte de la soumission, la honte d'un mensonge qui ne trompait personne. Certes on faisait bien de reculer devant un homme indispensable, sans lequel la France eût été plongée dans le chaos, sans lequel pas un des opposants n'eût été assuré de conserver sa tête; mais il ne fallait pas alors l'offenser, quand on savait qu'on ne pourrait pas pousser l'offense jusqu'au bout.

Les opposants du Tribunat jetèrent les hauts cris contre la faiblesse du Sénat, faiblesse qu'ils devaient bientôt imiter, et surpasser eux-mêmes.

Le plan adopté par le gouvernement fut immédiatement mis à exécution. Les travaux législatifs furent suspendus, et on annonça publiquement que le Premier Consul allait quitter Paris, pour faire à Lyon un voyage de près d'un mois. L'objet de ce voyage avait la grandeur accoutumée des actes du général

Le Premier Consul quitte Paris pour aller présider à Lyon la Consulte de la République italienne.

Janv. 1802.

Bonaparte. Il s'agissait de constituer a République Cisalpine, et cinq cents députés, de tout âge, de toute condition, passaient en ce moment les Alpes, par un hiver rigoureux, pour former à Lyon une grande diète, sous le nom de *Consulte*, et recevoir de la main du général Bonaparte, des lois, des magistrats, un gouvernement tout entier. Il avait été convenu que chacun ferait la moitié du chemin, et Lyon avait été jugé, après Paris, le point le plus convenable pour un pareil rendez-vous. De vastes préparatifs étaient déjà faits dans cette ville, pour cet imposant spectacle politique. On devait même l'entourer d'un grand appareil militaire, car les vingt-deux mille hommes restant de l'armée d'Égypte, débarqués à Marseille et à Toulon par la marine anglaise, étaient en marche sur Lyon, pour y être passés en revue par leur ancien général.

Le Corps Législatif et le Tribunat, laissés à Paris, dans une embarrassante oisiveté.

On ne s'occupa plus du Corps Législatif ni du Tribunat. On les laissa dans une parfaite oisiveté, sans leur expliquer d'aucune façon les projets que le gouvernement pouvait avoir conçus. La Constitution ne contenait pas plus la faculté de prorogation que celle de dissolution. On ne renvoya donc pas les deux assemblées, mais on ne leur fournit aucun travail. On avait retiré, outre les lois du Code civil, une loi relative au rétablissement de la marque pour le crime de faux. Ce crime, par suite des circonstances de la Révolution, s'était multiplié d'une manière effrayante. Tant de pièces exigées par les règles nouvelles de la comptabilité, tant de certificats de civisme, naguère indispensables pour n'être pas considéré comme suspect, tant de certificats de présence demandés aux émigrés rentrés pour les purger du délit d'émigration, tant de constatations de tout genre, exigées et fournies par écrit, avaient donné naissance à une détestable classe de criminels : c'étaient les faussaires. Ils infestaient la région des affaires, comme naguère les brigands infestaient les grands chemins. Le Premier Consul avait voulu une peine spéciale contre eux, comme il avait voulu une juridiction spéciale contre les dévastateurs des grandes routes, et il venait de proposer la marque. Le crime de faux enrichit, disait-il ; un faussaire qui a fini sa peine rentre dans la société, et avec du luxe il fait oublier son crime. Il faut une flétrissure indélébile de la main du bourreau, qui ne permette plus aux complaisants que la richesse entraîne toujours après elle, de s'asseoir à la table du faussaire enrichi. Cette proposition avait rencontré les mêmes difficultés que le Code civil. On la retira, et il ne resta plus rien en délibération ; car les lois relatives à l'instruction publique, au rétablissement des cultes, n'avaient pas même été présentées. Quant aux lois de finances, on les réservait pour servir de prétexte à une session extraordinaire au printemps. On laissa donc cette espèce de parlement, non dissous, non prorogé, oisif, inutile, embarrassé de son inaction, et portant aux yeux de la France la responsabilité d'une interruption complète dans les bons et utiles travaux du gouvernement.

Il fut convenu que pendant l'absence du Premier

Janv. 1802.

Consul, M. Cambacérès, qui avait un art particulier pour manier le Sénat, se chargerait de faire interpréter comme on le voulait, l'article 38 de la Constitution, et qu'il veillerait lui-même à l'exclusion des vingt et des soixante membres, qu'il s'agissait de faire sortir du Tribunat et du Corps Législatif.

Avant de partir, le Premier Consul avait eu à s'occuper de deux affaires importantes, l'expédition de Saint-Domingue, et le congrès d'Amiens. La seconde le retenait au delà du terme fixé pour son départ.

Projet d'une expédition à Saint-Domingue.

L'ambition des possessions lointaines était une vieille ambition française, que le règne de Louis XVI, très-favorable à la marine, avait réveillée, et que de grands revers maritimes n'avaient pas encore découragée. Les colonies étaient alors un sujet d'ardente convoitise de la part de toutes les nations commerçantes. L'expédition d'Égypte, imaginée pour disputer aux Anglais l'empire de l'Inde, était une conséquence de ce penchant général, et sa mauvaise issue avait rendu très-vif le désir d'un dédommagement. Le Premier Consul en préparait deux, la Louisiane et Saint-Domingue. Il avait donné la Toscane, cette belle et précieuse partie de l'Italie, à la cour d'Espagne, pour obtenir la Louisiane en échange; et il exigeait en ce moment l'exécution de l'engagement pris par cette cour. Il était en même temps résolu de recouvrer l'île de Saint-Domingue. Cette île était, avant la révolution, la première, la plus importante des Antilles, et la plus enviée des colonies à sucre et à café. Elle fournissait à nos ports et à notre marine la matière du plus grand commerce. Les imprudences de l'Assemblée Constituante avaient induit les esclaves à se révolter, et amené les horreurs si tristement mémorables, par lesquelles la liberté des noirs avait signalé son apparition dans le monde. Un nègre, doué d'un véritable génie, Toussaint Louverture, avait fait à Saint-Domingue quelque chose de semblable à ce que faisait le Premier Consul en France. Il avait dompté, gouverné cette population révoltée, et rétabli une espèce d'ordre. Grâce à lui on n'égorgeait plus à Saint-Domingue, et on commençait à y travailler. Il avait imaginé une Constitution qu'il avait soumise au Premier Consul, et il montrait pour la métropole une sorte d'attachement national. Ce nègre avait pour l'Angleterre un profond éloignement ; il demandait à être libre, et Français. Le Premier Consul avait d'abord admis cet état de choses ; mais bientôt il avait conçu des doutes sur la fidélité de Toussaint Louverture, et, sans vouloir ramener les nègres à l'esclavage, il songeait à profiter de l'armistice maritime, résultant des préliminaires de Londres, pour expédier à Saint-Domingue une escadre et une armée. Le Premier Consul avait, à l'égard des noirs, le projet de maintenir la situation que les événements avaient amenée. Il voulait, dans toutes les colonies où la révolte n'avait pas pénétré, maintenir l'esclavage, sauf à l'adoucir, et à Saint-Domingue souffrir une liberté devenue indomptable. Mais il prétendait assurer la domination de la mé-

Janv. 1802.

tropole dans cette dernière île, et pour cela y avoir une armée. Soit que les noirs restés libres devinssent des sujets infidèles, soit que les Anglais recommençassent la guerre, il avait l'intention, en respectant la liberté des noirs, de rendre leurs propriétés aux anciens colons, qui remplissaient Paris de leur misère, de leurs plaintes, de leurs imprécations contre le gouvernement de Toussaint-Louverture. Une considérable partie des nobles français, déjà privés de leurs biens en France par la Révolution, étaient en même temps colons de Saint-Domingue, et dépouillés des riches habitations qu'ils avaient jadis possédées dans cette île. On ne voulait pas leur rendre leurs biens en France, devenus biens nationaux; mais on pouvait leur rendre leurs sucreries, leurs cafeteries à Saint-Domingue, et c'était un dédommagement qui semblait pouvoir les satisfaire. Ce furent là les motifs très-divers, qui agirent sur la détermination du Premier Consul. Recouvrer la plus grande de nos colonies, la tenir non pas de la douteuse fidélité d'un noir devenu dictateur, mais de la force des armes; la posséder solidement contre les noirs et les Anglais; rendre aux anciens colons leurs propriétés, cultivées par des mains libres; joindre enfin à cette reine des Antilles les bouches du Mississipi, en acquérant la Louisiane, telles furent les combinaisons du Premier Consul, combinaisons regrettables, comme on le verra bientôt, mais commandées, pour ainsi dire, par une disposition des esprits, qui était générale en France à cette époque.

Il importait de se hâter, car, bien que la paix définitive négociée en ce moment dans le congrès d'Amiens, fût à peu près certaine, il fallait, à tout événement, si les Anglais faisaient surgir des prétentions nouvelles et inadmissibles, il fallait profiter des quelques mois pendant lesquels la mer allait être ouverte, pour envoyer une flotte. Le Premier Consul fit préparer à Flessingue, Brest, Nantes, Rochefort et Cadix, un immense armement, composé de 26 vaisseaux de ligne, et de 20 frégates, capables de porter vingt mille hommes. Il donna le commandement de l'escadre à l'amiral Villaret-Joyeuse, et le commandement des troupes au général Leclerc, l'un des bons officiers de l'armée du Rhin, devenu le mari de sa sœur Pauline. Il exigea que cette sœur accompagnât son mari. Il avait pour elle une tendresse extrême : il envoyait donc là ce qu'il avait de plus cher, et ne voulait pas, comme le dirent depuis les partis, déporter dans un pays fiévreux et mortel, les soldats et les généraux de l'armée du Rhin qui lui faisaient ombrage. Une autre circonstance prouve l'intention qui le dirigea dans la composition du corps envoyé à Saint-Domingue. Comme la paix semblait devoir être générale, et dès lors solide, les militaires craignaient de n'avoir plus de carrière. Un très-grand nombre demandaient à faire partie de l'expédition, et ce fut une faveur qu'on fut obligé de distribuer entre eux, avec une sorte de justice et d'égalité. Le brave Richepanse, ce héros de l'armée d'Allemagne, fut donné comme lieutenant au général Leclerc.

Le Premier Consul apporta dans ces préparatifs sa célérité accoutumée; et il pressa, tant qu'il put, le départ de ces divisions navales, répandues depuis la Hollande jusqu'à l'extrémité méridionale de la Péninsule. Cependant, avant qu'elles missent à la voile, on fut obligé de s'en expliquer avec les ministres anglais, que ce vaste armement offusquait beaucoup. On eut quelque peine à les rassurer, bien qu'en réalité ils désirassent l'expédition. Ils n'étaient pas alors aussi ardents pour l'affranchissement des nègres, que les ministres britanniques ont paru l'être depuis. Le spectacle de la liberté des noirs à Saint-Domingue, les effrayait pour leurs colonies, surtout pour la Jamaïque. Ils souhaitaient donc le succès de notre entreprise ; mais la grandeur des moyens les inquiétait, et ils auraient voulu que les troupes fussent embarquées sur des bâtiments de commerce. On réussit pourtant à leur faire entendre raison ; ils se résignèrent à laisser passer cet immense armement, en envoyant toutefois une escadre d'observation. Ils promirent même de mettre toutes les ressources de la Jamaïque en vivres et munitions à la disposition de l'armée française, moyennant, bien entendu, le payement de ce qui serait fourni. La principale division navale, formée à Brest, mit à la voile le 14 décembre. Les autres suivirent à peu de distance. A la fin de décembre toute l'expédition était en mer, et devait par conséquent être arrivée à Saint-Domingue, quel que fût le résultat des négociations d'Amiens.

Ces négociations, conduites par lord Cornwallis

et Joseph Bonaparte, marchaient lentement, sans néanmoins faire craindre une rupture. La première cause du retard avait été dans la composition même du congrès, qui devait comprendre non-seulement les plénipotentiaires français et anglais, mais aussi les plénipotentiaires hollandais et espagnol; car, d'après les préliminaires, la paix devait être conclue entre les deux grandes nations belligérantes et tous leurs alliés. L'Espagne, qui d'une extrême intimité avait passé presque à l'inimitié, contrariait le Premier Consul en n'envoyant pas son plénipotentiaire au congrès. Comme, au fond, elle savait que la paix était certaine, et qu'elle n'avait à figurer dans le protocole que pour l'abandon de la Trinité, elle ne se hâtait guère de faire arriver son négociateur. Les Anglais, de leur côté, voulaient voir au congrès d'Amiens un plénipotentiaire espagnol, pour obtenir une cession en forme de l'île de la Trinité. Ils annonçaient même ne vouloir pas négocier, si le plénipotentiaire espagnol n'était pas présent. Le Premier Consul fut obligé de prendre avec la cour d'Espagne un ton qui réveillât son apathie, et il ordonna au général Saint-Cyr, devenu ambassadeur à la place de Lucien, de mettre sous les yeux du roi et de la reine la conduite extravagante du prince de la Paix, et de leur déclarer que, si *on continuait à se conduire dans ce système, cela finirait par un coup de tonnerre*[1].

Janv. 1802

Congrès d'Amiens.

Lenteurs causées par l'Espagne, qui refuse d'envoyer un négociateur au congrès.

---

[1] Voici cette lettre, fort importante pour apprécier les relations de la France avec l'Espagne à cette époque.

LIVRE XIII.

Janv. 1802.

Autres difficultés avec les Hollandais.

Le ministre espagnol destiné à figurer au congrès d'Amiens, M. Campo-Alange, était malade en Italie. L'Espagne se décida enfin à donner à M. d'Azara, ambassadeur à Paris, l'ordre de se rendre au congrès. Cette difficulté levée avec les Espagnols, il y en avait une autre à lever avec les Hollandais. Le plénipotentiaire hollandais, M. Schimmelpenninck, ne voulait pas admettre la base des préliminaires, c'est-à-dire la cession de Ceylan, avant de savoir comment la Hollande serait traitée relativement à la restitution de ses flottes passées en Angleterre, relativement aux indemnités qu'on prétendait

Au citoyen Saint-Cyr, ambassadeur à Madrid.

10 frimaire, an x (1ᵉʳ décembre 1801).

Je ne comprends plus rien, citoyen ambassadeur, à la conduite du cabinet de Madrid. Je vous charge spécialement de faire toutes les démarches pour faire ouvrir les yeux à ce cabinet, pour qu'il prenne une marche régulière et convenable. Le sujet me paraît tellement important, que je crois devoir vous en écrire moi-même.

La plus intime union régnait entre la France et l'Espagne lorsque S. M. jugea à propos de ratifier le traité de Badajoz.

M. le prince de la Paix passa alors à notre ambassadeur une note dont j'ordonne qu'on vous envoie la copie. Cette note était trop pleine d'injures grossières pour que je dusse y faire attention. Peu de jours après, il remit à l'ambassadeur français à Madrid une note dans laquelle il déclarait que S. M. C. allait faire sa paix particulière avec l'Angleterre. J'ordonne également qu'on vous en envoie copie. Je sentis alors combien je pouvais peu compter sur les efforts d'une puissance dont le ministre s'exprimait avec si peu d'égards, et montrait un tel dérèglement dans sa conduite. Connaissant pleinement la volonté du roi, je lui aurais fait connaître directement la mauvaise conduite de son ministre, si la maladie de S. M. ne fût survenue sur ces entrefaites.

J'ai fait prévenir plusieurs fois la cour d'Espagne que son refus d'exécuter la convention de Madrid, c'est-à-dire d'occuper le quart du territoire portugais, entraînerait la perte de la Trinité ; elle n'a tenu aucun compte de ces observations.

exiger pour le stathouder dépossédé, relativement enfin à certaines questions de limites avec la France. Joseph Bonaparte eut ordre de notifier à M. Schimmelpenninck, qu'il ne serait reçu au congrès qu'à la condition de reconnaître préalablement les préliminaires de Londres, comme base de la négociation. Lord Cornwallis s'étant contenté de cette forme, le congrès se trouva constitué.

Cependant les Anglais auraient voulu y introduire le Portugal, sous le prétexte que c'était un allié de l'Angleterre. Le motif secret était d'obtenir l'exemption, pour la cour de Lisbonne, de la contribution

---

Dans les négociations qui ont eu lieu à Londres, la France a discuté les intérêts de l'Espagne comme elle l'aurait fait pour elle-même, mais enfin S. M. B. n'a jamais voulu se désister de la Trinité, et je n'ai pas pu m'y opposer, d'autant plus que l'Espagne menaçait la France, par une note officielle, d'une négociation particulière : nous ne pouvions plus compter sur son secours pour la continuation de la guerre.

Le congrès d'Amiens est réuni, et la paix définitive sera promptement signée; cependant S. M. C. n'a pas encore fait publier les préliminaires, ni fait connaître de quelle manière elle voulait traiter avec l'Angleterre. Il devient cependant bien essentiel pour sa considération en Europe, pour les intérêts de sa couronne, qu'elle prenne promptement un parti, sans quoi la paix définitive sera promptement signée sans sa participation.

L'on m'a dit qu'à Madrid on voulait revenir sur la cession de la Louisiane; la France n'a manqué à aucun traité fait avec elle, et elle ne souffrira pas qu'aucune puissance lui manque à ce point. Le roi de Toscane est sur son trône et en possession de ses États, et S. M. C. connaît trop la foi qu'elle doit à ses engagements, pour refuser plus long-temps la mise en possession de la Louisiane.

Je désire que vous fassiez connaître à Leurs Majestés mon extrême mécontentement de la conduite injuste et inconséquente du prince de la Paix.

Dans le dernier mois, ce ministre n'a épargné ni notes insultantes, ni démarches hasardées : tout ce qu'il a pu faire contre la France, il l'a fait. Si l'on continue dans ce système, dites hardiment à la reine et au prince de la Paix que cela finira par un coup de tonnerre.

Janv. 1802.

de 20 millions, qui lui avait été imposée par une condition du traité de Madrid. Le Premier Consul s'y refusa, en déclarant que la paix de la France avec le Portugal était faite, et n'était plus à faire. Cette prétention écartée, le congrès se mit à l'œuvre, et on fut bientôt d'accord sur les bases.

Les préliminaires de Londres, pris pour base invariable du traité définitif.

Pour éviter des difficultés incalculables, on convint de repousser toute demande en dehors des préliminaires: *Rien de plus, rien de moins que les articles de Londres*, fut la maxime réciproquement admise. Les Anglais avaient, en effet, remis en discussion l'abandon par la France de l'île de Tabago. Le Premier Consul, de son côté, avait demandé une extension de territoire dans la région de Terre-Neuve, pour améliorer les pêcheries françaises. De part et d'autre on avait repoussé une telle prétention, et, pour en finir, on était convenu de ne rien réclamer au delà des concessions contenues dans le traité des préliminaires. Autrement c'était mettre la paix en question, en faisant renaître des difficultés heureusement résolues. Ce principe adopté, il restait à préciser par la rédaction les stipulations de Londres.

Deux points importants étaient à résoudre : le payement des frais pour les prisonniers, et le régime à imposer à l'île de Malte.

L'Angleterre avait eu à nourrir beaucoup plus de prisonniers français, que la France de prisonniers anglais, et elle réclamait le remboursement de la différence. La France répondait que le principe généralement reconnu était, que chaque nation nourrit les prisonniers qu'elle avait faits ; que, si on voulait le principe contraire, la France avait à demander un remboursement pour les Russes, les Bavarois, et autres soldats aux gages de l'Angleterre, qu'elle avait pris et entretenus; que les combattants soldés par l'Angleterre devaient figurer au nombre des prisonniers, qu'elle avait le devoir d'entretenir. Du reste, ajoutait le plénipotentiaire français, c'était là une pure question d'argent, à vider par le moyen de commissaires liquidateurs.

Quant à Malte, la question était plus sérieuse. Les Anglais et les Français étaient à cet égard pleins de défiance. Ils semblaient entrevoir l'avenir, et craignaient que l'île ne repassât, un jour, au pouvoir de l'une ou de l'autre puissance. Le Premier Consul, par un singulier instinct, proposait de détruire les établissements militaires de Malte de fond en comble, de ne laisser subsister que la ville démantelée, d'y créer un grand lazaret neutre, commun à toutes les nations, et de convertir l'ordre en un ordre hospitalier, qui n'aurait plus aucune force militaire.

Les Anglais n'étaient pas rassurés par cette proposition. Ils disaient que le rocher était tellement fort, que, même dépourvu des fortifications accumulées par les chevaliers, il serait un point encore très-redoutable. Ils alléguaient la résistance de la population maltaise à toute destruction de ses belles forteresses, et proposaient la reconstitution de l'ordre sur des bases nouvelles et plus solides. Ils voulaient y laisser une langue française, moyennant qu'on y instituât une langue anglaise, et une langue maltaise, celle-ci accordée à la population de l'île, pour lui donner part à son gouvernement; ils voulaient que ce nouvel établissement fût placé sous la garantie d'une grande puissance, la Russie, par exemple. Les Anglais espéraient qu'avec les langues anglaise et maltaise, qui leur seraient dévouées, ils auraient un pied dans l'île, et empêcheraient les Français d'y rentrer.

Le Premier Consul insista pour la destruction des fortifications, disant que l'ordre était aujourd'hui fort difficile à reconstituer; que déjà la Bavière s'était emparée de ses propriétés en Allemagne; que l'Espagne, depuis l'établissement de la protection russe sur Malte, songeait à en faire autant, et à prendre les biens qui étaient situés chez elle; que l'institution de chevaliers protestants serait une raison déterminante à ses yeux; que le Pape, déjà fort contraire à tout ce qu'on faisait à l'égard de l'ordre, ne consentirait à aucun prix aux nouveaux arrangements, et que la France enfin ne pouvait fournir une langue française, vu que ses lois actuelles n'admettaient plus en aucune façon le rétablissement d'une institution nobiliaire. Il accordait bien, si on y tenait, le rétablissement de l'ordre de Malte sur ses anciennes bases, avec la conservation des fortifications existantes, mais sans langue anglaise ni française, et sous la garantie de la cour la plus voisine, celle de Naples. Il repoussait la garantie de la Russie.

On n'avait parlé d'aucun des arrangements du continent. Le Premier Consul l'avait expressément défendu à la légation française. Cependant, comme le roi d'Angleterre prenait un intérêt très-vif à la maison d'Orange, privée du stathoudérat, le Premier Consul voulait bien se charger de lui procurer un dédommagement territorial en Allemagne, lorsque serait traitée la grande question des indemnités germaniques. Il demandait en retour la restitution, en nature ou en argent, de la flotte batave enlevée par les Anglais.

Janv. 1802.

Au fond il n'y avait dans tout cela rien d'absolu, rien d'inconciliable; car la question des prisonniers était une affaire d'argent, toujours arrangeable au moyen de deux liquidateurs. La question de Malte était plus difficile, car c'était une affaire de défiance réciproque. Il fallait (et c'était possible), il fallait trouver un système qui rassurât tout le monde, contre l'éventualité d'une occupation subite, par l'une des deux grandes nations maritimes. Quant à l'affaire du stathouder, rien n'était plus aisé, puisqu'on était d'accord.

Le Premier Consul souhaitait d'en finir au plus tôt. Il désirait avoir le traité tout prêt à son retour de Lyon, vu qu'il se proposait d'apporter ce complément de la paix générale, avec le Concordat et les lois de finances, au Corps Législatif renouvelé. Il donna donc à son frère Joseph l'ordre d'être coulant sur les difficultés de détail qui restaient à résoudre, et de pousser vivement à la signature.

Ordre donné par le Premier Consul, à son frère Joseph, d'être coulant sur les difficultés de détail.

Le Premier Consul partit le 8 janvier (18 nivôse) avec sa femme et une partie de sa maison militaire, pour se rendre à Lyon. M. de Talleyrand l'y avait devancé, pour tout disposer, de manière qu'à son arrivée, il n'eût plus que des résultats à sanctionner

Départ du Premier Consul pour Lyon.

par sa présence. L'hiver était rigoureux, et néanmoins tous les députés italiens se trouvaient déjà réunis, et ils s'impatientaient de ne pas voir paraître le général Bonaparte, objet principal de leur voyage.

Janv. 1802.

Affaires d'Italie.

Le moment était venu de régler les affaires d'Italie, en constituant une seconde fois la République Cisalpine. M. de Talleyrand était fort contraire à cette création. Ce ministre alléguait la difficulté de faire marcher les choses dans une république;

Avis divers sur la constitution de la République italienne.

il citait les Républiques Batave, Helvétique, Ligurienne, Romaine et Parthénopéenne, et les embarras qu'on avait eus, ou qu'on avait encore avec elles. Il disait qu'on avait assez de ces filles de la République française, qu'il n'en fallait pas une de plus, et proposait une principauté ou une monarchie, comme celle d'Étrurie, qu'on donnerait à quelque prince, ami et dépendant de la France. Il n'aurait pas été éloigné d'accorder cet État à un prince de la maison d'Autriche, au grand-duc de Toscane, par exemple, qu'on devait indemniser en Allemagne, si on ne l'indemnisait pas en Italie. Cette combinaison, infiniment agréable pour l'Autriche, l'aurait fort attachée à la paix. Elle eût satisfait également les puissances allemandes, qui auraient eu par ce moyen un copartageant de moins à dédommager, avec les terres des princes ecclésiastiques. Elle aurait plu surtout au Pape, qui espérait qu'on lui rendrait les Légations, lorsqu'on ne serait plus lié par les promesses faites à la Cisalpine. Cette combinaison, en un mot, était du goût de tout le monde en Europe; car elle supprimait une république, laissait un territoire de plus à répartir, et plaçait un État de moins sous la domination directe de la République française.

Janv. 1802.

C'était assurément une raison de grand poids que celle de rendre notre grandeur plus supportable à l'Europe, et de donner ainsi plus de chances à la durée de la paix. Quand la France avait le Rhin et les Alpes pour frontières, quand elle avait sous son influence immédiate la Suisse, la Hollande, l'Espagne et l'Italie; quand elle possédait directement le Piémont, du consentement général, quoique tacite, de toutes les puissances; quand elle en était arrivée à ce degré de grandeur, la politique la plus modérée était, dès ce jour même, la meilleure et la plus sensée. Sous ce rapport M. de Talleyrand avait raison. Cependant, après tout ce qu'on avait fait, on était forcément engagé à constituer l'Italie; et puisqu'on l'avait déjà enlevée à l'Autriche, il fallait songer à la lui enlever irrévocablement, résultat qu'on ne pouvait obtenir qu'en la constituant d'une manière forte et indépendante. On ne froissait par là que l'Autriche seule, et une des cent batailles qu'on a livrées depuis, pour créer des royaumes français sur tout le continent, aurait suffi pour faire supporter définitivement à l'Europe l'état de choses qu'on aurait voulu créer en Italie.

Nécessité de constituer l'Italie.

Dans ce système, il fallait renoncer à posséder le Piémont, car si les Italiens préfèrent les Français aux Allemands, au fond ils n'aiment ni les uns ni les autres, parce que les uns et les autres sont étrangers pour eux. C'est un sentiment naturel et légi-

Manières de la constituer.

time, qu'on doit respecter. Les Français, protégeant l'Italie sans la posséder, se l'attachaient pour toujours, et ne s'y préparaient pas ces brusques revirements d'affection, dont elle a donné tant de fois l'exemple, depuis que, ballottée entre les Français et les Allemands, elle n'a jamais fait que changer de maîtres. Il aurait fallu, dans ce plan, ne pas donner l'Étrurie à un prince espagnol. Réunissant alors la Lombardie, le Piémont, les duchés de Parme et de Modène, le Mantouan, les Légations, la Toscane, on constituait un État superbe, s'étendant depuis les Alpes maritimes jusqu'à l'Adige, depuis la Suisse jusqu'à l'État romain. Il était facile de détacher, soit en Toscane, soit dans la Romagne, une portion de territoire pour dédommager le Pape, dont le dévouement ne pouvait pas être durable, si tôt ou tard on ne venait au secours de sa misère. Il fallait réunir ces provinces diverses sous un gouvernement fédératif, dans lequel le pouvoir exécutif fût fortement constitué, qui pût rassembler promptement ses forces, et donner à nos armées le temps de venir à son secours. L'alliance, en effet, devait être intime entre cet État et la France, car il ne pouvait vivre que par elle ; et la France, de son côté, devait avoir à son existence un intérêt immense et invariable.

Un État italien de dix ou douze millions d'habitants, possédant les plus belles frontières, baigné par deux mers, ayant à la première guerre heureuse la chance certaine de s'accroître des États vénitiens, et de s'étendre alors aux frontières naturelles de l'Italie, c'est-à-dire aux Alpes juliennes; pouvant plus tard comprendre, au moyen d'un simple lien fédératif, qui laisserait à chaque principauté son indépendance propre, la République génoise nouvellement constituée, le Pape, avec les conditions nécessaires à son existence politique et religieuse, l'État de Naples, délivré d'une cour inepte et sanguinaire, un tel État ainsi constitué, et avec les accroissements que l'avenir lui préparait, était le fondement de la régénération italienne, et donnait à l'Europe une troisième fédération, laquelle ajoutée aux deux qui existaient déjà, l'allemande et la suisse, devait rendre d'immenses services à l'équilibre général.

Quant à la difficulté de gouverner l'Italie, elle pouvait être résolue par le protectorat de la France, qui, en s'étendant sur elle pendant tout un règne, la conduirait par la main dans ces premières voies d'indépendance et de liberté.

Du reste le plan qu'on suivait en ce moment, n'excluait pas ce bel avenir, car le Piémont pouvait être restitué un jour au nouvel État italien, le duché de Parme à la mort du duc actuel, mort qui d'après toutes les probabilités devait être prochaine; l'Étrurie elle-même pouvait lui être rendue s'il le fallait. Il était donc facile de reprendre ce plan ultérieurement, et c'était en poser un premier et large fondement, que de constituer la Cisalpine en république indépendante. D'ailleurs, il valait peut-être mieux, dans le moment, ne pas avouer tout entier le projet d'une régénération italienne, pour ne pas effaroucher l'Eu-

Janv. 1802.

Plan actuel du Premier Consul à l'égard de l'Italie.

rope. Mais morceler les belles provinces qu'on possédait actuellement, comme le proposait M. de Talleyrand, pour construire une petite monarchie de plus au profit d'un prince autrichien, c'était donner l'Italie à l'Autriche, car ce prince, quoiqu'on fît, serait toujours autrichien, et les peuples eux-mêmes, dont on aurait indignement trahi les espérances, concevant pour la France une haine méritée, reviendraient aux Allemands par ressentiment et par désespoir.

Le général Bonaparte, qui avait acquis sa première et peut-être sa plus belle gloire, en délivrant l'Italie des mains de l'Autriche, ne pouvait commettre une telle faute. Il adopta un système moyen, qui n'empêchait pas plus tard un vaste système d'indépendance italienne, qui devait même en être le commencement.

Délimitation de la nouvelle République italienne.

Il donna donc à la République Cisalpine toute la Lombardie jusqu'à l'Adige, les Légations, le duché de Modène, tout ce qu'elle avait en un mot à la paix de Campo-Formio. Le duché de Parme restait en suspens; le Piémont appartenait dans le moment à la France. La Cisalpine, telle qu'on la constituait, comptait près de cinq millions d'habitants. Elle pouvait aisément produire un revenu de 70 à 80 millions, et entretenir une armée de 40 mille hommes, qui n'absorberait pas au delà de la moitié de son revenu, et laisserait des ressources suffisantes pour payer convenablement son administration. Elle était couverte en avant par les Alpes et l'Adige; elle avait à gauche le Piémont devenu français, à droite l'Adriatique; en arrière la Toscane, placée sous la dépendance de la France. Elle était donc entourée de tout côté par notre protection. D'immenses travaux de fortifications ordonnés par le général Bonaparte, avec une sûreté de coup d'œil et une expérience du pays, que personne au monde ne pouvait posséder au même degré, devaient la rendre inaccessible aux Autrichiens, et toujours secourable à temps par la France. L'Adige était fortifié, depuis Rivoli jusqu'à Legnago, de manière à ne pouvoir pas être franchi. Les environs du lac de Garda, et notamment la position de la Rocca-d'Anfo, étaient assez bien fermés, pour que la ligne de l'Adige ne pût pas être tournée. Le Mincio formait une seconde ligne en arrière. Peschiera et Mantoue, fort accrues, donnaient une grande force à ce second boulevard. Mantoue notamment, améliorée sous les rapports défensif et sanitaire, devait subsister par elle-même, l'Adige fût-il forcé. D'autres ouvrages avaient pour but d'assurer en tout temps l'arrivée des armées françaises. Elles pouvaient déboucher, premièrement, par le Valais sur le Milanais, en suivant la route du Simplon; secondement, par la Savoie ou la Provence sur le Piémont, en suivant les routes du mont Cenis, du mont Genèvre, du col de Tende. On a vu que des travaux étaient ordonnés pour rendre ces quatre routes prochainement praticables à tous les transports. Il fallait y créer de solides points d'appui, de vastes établissements militaires, destinés, soit à recueillir une armée française, momentanément obligée de se retirer, soit à servir de débouché à cette même armée, mise

Janv. 1802.

Grands travaux de fortification pour défendre et contenir l'Italie.

en état de reprendre l'offensive. Pour cela deux places avaient été choisies, et étaient devenues l'objet de grandes dépenses : l'une au débouché de la route du Simplon, l'autre au débouché des trois routes du mont Cenis, du mont Genèvre, du col de Tende. La première, et la moindre des deux, devait être située à l'extrémité du lac Majeur. Telle qu'on l'avait projetée, elle pouvait contenir les malades, les blessés, le matériel des troupes en retraite, ainsi que la flottille du lac, et se défendre trois ou quatre semaines, jusqu'à ce qu'une armée de secours, traversant le Simplon, pût se reporter en avant. La seconde, et la plus grande, faite pour contenir le Piémont, pour recevoir toutes les ressources des armées françaises, pour leur servir de point d'appui et de moyen de descendre en tout temps en Italie, la seconde, aussi forte, aussi vaste que Mayence, Metz ou Lille, pouvant soutenir le plus long siége, devait être construite à Alexandrie même. Ce point, voisin du champ de bataille de Marengo, était reconnu comme le plus favorable aux grandes combinaisons militaires, dont l'Italie peut devenir le théâtre. Turin se trouvait trop sous l'influence d'une population nombreuse, et en certains cas ennemie. Pavie était au delà du Pô. Alexandrie, entre le Pô et le Tanaro, au vrai débouché de toutes les routes, réunissait les plus grands avantages, et pour cela fut préférée. De vastes travaux furent ordonnés. Ceux-ci, étant en Piémont, durent être exécutés aux dépens du trésor français; tous les autres devaient

LE TRIBUNAT. 385

l'être avec les fonds de la Cisalpine, parce qu'ils la concernaient plus particulièrement.

Grâce à ces dispositions, la France, toujours en mesure de secourir la Cisalpine, tenait sous sa main la haute et la moyenne Italie, et dominait de son influence l'Italie méridionale. Elle pouvait envoyer à Rome et à Naples des ordres moins ostensibles, mais tout aussi obéis qu'à Turin ou Milan.

Il fallait donner un gouvernement à cette République Cisalpine. On avait commencé par lui composer des autorités provisoires, consistant dans un comité exécutif de trois membres, MM. de Somma-Riva, Visconti et Ruga, et dans une *Consulte*, espèce d'assemblée législative peu nombreuse, choisie parmi les hommes sages et dévoués. Mais un tel état de choses ne pouvait être maintenu longtemps.

Le Premier Consul avait auprès de lui le ministre de la Cisalpine à Paris, M. Marescalchi, de plus MM. Aldini, Serbelloni et Melzi, envoyés en France pour les affaires de l'Italie. C'étaient les personnages les plus considérables du pays. Il les consulta sur l'organisation à donner à la nouvelle république, et, d'accord avec eux, il rédigea une constitution, imitée à la fois de la Constitution française et des anciennes constitutions italiennes.

Au lieu de la liste des notables de M. Sieyès, qui commençait à être décriée en France, le Premier Consul et ses collaborateurs imaginèrent trois collèges électoraux, permanents et à vie, se complétant eux-mêmes quand la mort y faisait des vides. Le premier devait être composé de grands propriétaires, au nombre de 300; le second, de commerçants notables, au nombre de 200; le troisième, des gens de lettres, des savants, des ecclésiastiques les plus distingués d'Italie, au nombre de 200. Ces trois colléges devaient choisir dans leur propre sein une commission de 21 membres, dite *Commission de Censure*, qui avait la mission d'élire tous les corps de l'État, et de remplir le rôle électoral que le Sénat remplissait en France.

Cette autorité créatrice devait nommer ensuite, sous le titre de *Consulte d'État*, un Sénat de huit membres, chargé, comme le Sénat français, de veiller à la Constitution, de délibérer sur les circonstances extraordinaires, d'ordonner l'arrestation de tout individu dangereux, de mettre hors de la Constitution le département qui l'aurait mérité, de délibérer sur les traités, de nommer le président de la République. L'un de ces huit membres était de droit ministre des affaires étrangères.

Il devait y avoir un Conseil d'État, sous le titre de Conseil législatif, composé de dix membres, rédigeant les lois et les règlements, et les soutenant devant le Corps Législatif; enfin un Corps Législatif de 75 membres, choisissant dans son sein 15 orateurs, chargés de discuter devant lui les lois, qu'il était ensuite appelé à voter.

A la tête de la République devaient enfin se trouver un président et un vice-président, nommés pour dix ans. Ils étaient, comme on vient de le dire, nommés par la *Consulte d'État*, ou Sénat; mais toutes les autres autorités ne pouvaient être formées que par le choix de la *Commission de Censure*.

Des appointements considérables étaient destinés à ces fonctionnaires de tout rang.

On voit que c'était la Constitution française, avec des corrections, qui étaient la critique de l'ouvrage de M. Sieyès. Les listes de notables étaient remplacées par trois colléges électoraux à vie. Le Sénat ou *Consulte d'État* ne faisait plus les élections; il ne nommait que le chef du pouvoir exécutif, mais il délibérait sur les traités, qui se trouvaient soustraits par ce moyen à l'examen tumultueux des assemblées. Le Tribunat était confondu dans le Corps Législatif. Au lieu de trois Consuls, il y avait un Président.

Quand le Premier Consul se fut mis d'accord sur ce projet, avec MM. Marescalchi, Aldini, Melzi et Serbelloni, il fallut s'occuper du personnel de ce gouvernement. Les choix importaient d'autant plus, que la permanence des corps principaux était plus grande, et que le bien ou le mal résultant de leur composition devaient durer davantage. Or, l'Italie était divisée, comme la France, en partis difficiles à concilier. A une extrémité se trouvaient les partisans du passé, dévoués au gouvernement autrichien; à l'extrémité contraire, les patriotes exagérés, prêts comme partout aux plus grands excès, mais n'ayant du reste jamais versé le sang, contenus qu'ils avaient toujours été par l'armée française. Enfin, entre deux, se trouvaient les libéraux modérés, chargés du fardeau du gouvernement et de l'impopularité qui s'y attache, surtout en temps de guerre, où il faut grever le pays de charges fort lourdes. Avec ces divers partis, les élections ne pouvaient, pas plus qu'en France, donner des résultats satisfaisants. Le Premier Consul, pour suppléer aux élections, s'arrêta à une idée qui n'était point chez lui une inspiration d'ambition, mais de bon sens: c'était de composer lui-même le personnel de ce gouvernement, comme il venait d'en composer la structure, et pour cette première fois de faire toutes les nominations de sa propre autorité. Il n'était animé en cela que du sentiment du bien, et, en tout cas, il avait sans contredit le droit d'en agir ainsi; car cet État nouveau naissait d'un pur acte de sa volonté, et, en le créant d'une manière spontanée, il avait bien le droit de le créer conformément à sa pensée, qui, en cette occasion, était parfaitement pure et élevée.

Mais, entre toutes ces nominations, la plus difficile à faire était celle d'un président. L'Italie, toujours gouvernée par des prêtres ou des étrangers, n'avait pu enfanter des hommes d'État; elle n'avait pas à produire un seul nom, devant lequel les autres dussent consentir à s'effacer. Le Premier Consul imagina encore de se faire donner le titre de président, en nommant un vice-président choisi parmi les principaux personnages italiens, auquel il déléguerait le détail des affaires, en se réservant leur direction supérieure. C'était, pour les débuts de cette république, le seul système de gouvernement convenable. Livrée à ses propres choix et à un président italien, elle eût été bientôt, comme un vaisseau sans boussole, abandonnée à tous les vents. Administrée, au contraire, par des Italiens, et dirigée de loin par l'homme qui était son créateur, et devait long-temps encore demeurer son protecteur, elle avait grande chance, dans ce système, d'être à la fois indépendante et bien gouvernée.

Janv. 1802.

A tout cela il fallait ajouter une imposante solennité, dans laquelle la Constitution serait donnée au nouvel État, et toutes les autorités proclamées. Cet acte de création ne pouvait avoir trop d'éclat. Il fallait parler à la fois à l'Italie et à l'Europe. Le Premier Consul conçut le projet d'une vaste réunion de tous les Italiens à Lyon, car c'était trop loin pour eux de venir à Paris, et trop loin pour lui d'aller à Milan. La ville de Lyon, qui est placée au revers des Alpes, et dans laquelle l'Italie s'était assemblée autrefois en concile, était le lieu le plus naturellement indiqué. Le Premier Consul mettait d'ailleurs un véritable intérêt à mêler ensemble les Français et les Italiens. Il croyait même servir par là le rétablissement du commerce des deux pays, car c'est à Lyon que s'échangeaient autrefois les produits de la Lombardie avec les produits de nos provinces de l'Est.

Une partie de ces idées fut communiquée par M. de Talleyrand aux Italiens qu'on avait à Paris, c'est-à-dire à MM. Marescalchi, Aldini, Serbelloni et Melzi. On ne leur tut que celle qui consistait à déférer la présidence au Premier Consul. On voulait la faire sortir d'un élan d'enthousiasme, au moment même de la réunion de la *Consulte*. Les

Janv. 1802.

vues du Premier Consul étaient trop conformes aux vrais intérêts de la patrie italienne, pour n'être pas accueillies. Ces personnages partirent, et allèrent, de concert avec le ministre de France à Milan, M. Petiet, homme sage et influent, travailler à l'accomplissement du plan d'organisation qui venait d'être arrêté à Paris.

Les Italiens adhèrent avec empressement aux projets du Premier Consul.

Le projet de Constitution ne rencontra aucune objection. Il fut reçu avec une grande satisfaction, car on avait hâte de sortir de l'état précaire dans lequel on vivait, et d'acquérir une existence assurée. Le comité exécutif et la *Consulte*, chargés du gouvernement provisoire, acceptèrent ce projet avec empressement, sauf quelques modifications de détail, qui furent transmises à Paris, et acceptées. Mais on était très-embarrassé de la mise en vigueur de la nouvelle Constitution, et du choix des personnes qui la feraient mouvoir. M. Petiet communiqua secrètement à quelques personnages influents, l'idée de déférer au Premier Consul la nomination du personnel entier du gouvernement, depuis le président jusqu'aux trois colléges électoraux. A peine cette idée d'un arbitre suprême, si bien placé pour ne partager aucune des passions qui divisaient l'Italie, et pour ne vouloir que son bonheur, à peine cette idée fut-elle communiquée, qu'elle réussit à l'instant même, et que le gouvernement provisoire déféra au Premier Consul le choix de toutes les autorités.

Un message lui fut adressé pour lui annoncer l'acceptation de la Constitution, et lui exprimer le vœu du peuple cisalpin, de voir le premier magistrat de la République française, choisir lui-même les magistrats de la République italienne.

On s'en tint là, et on ne dit pas un mot de la présidence. Mais il fallait disposer les Italiens à venir à Lyon, et ce fut l'objet d'une nouvelle communication aux membres du gouvernement provisoire. On leur fit sentir la difficulté de constituer la République Cisalpine en restant à Paris, de faire sept à huit cents choix, loin des hommes et des lieux; la difficulté en même temps pour le Premier Consul de se rendre de Paris à Milan, l'avantage au contraire de partager la distance, de réunir les Italiens en corps à Lyon, et d'y faire venir le Premier Consul; de former là une sorte de grande diète italienne, où la République nouvelle serait constituée, avec un appareil et un éclat qui donneraient plus de solennité à l'engagement que le Premier Consul prenait, en la créant, de la maintenir et de la défendre. Cette idée avait quelque chose de grand, qui devait plaire à des imaginations italiennes. Elle réussit comme toutes les idées qu'on avait mises en avant, et fut sur-le-champ adoptée. Un projet était déjà préparé, et il fut converti en décret du gouvernement provisoire. On choisit des députations dans le clergé, la noblesse, la grande propriété, le commerce, les universités, les tribunaux, les gardes nationales. Quatre cent cinquante-deux personnes furent désignées, au nombre desquelles se trouvaient des prélats vénérables, chargés d'années, dont quelques-uns même devaient succomber

Janv. 1802.

On invite les Italiens à venir eux-mêmes recevoir leur constitution des mains du Premier Consul.

Empressement

Janv. 1802.

des Italiens
à se rendre
à Lyon.

aux fatigues du voyage. Ils partirent au mois de décembre, et traversèrent les Alpes par un des hivers les plus rigoureux qu'on eût essuyés depuis long-temps. Tous voulaient assister à cette proclamation de l'indépendance de leur patrie, par le héros qui l'avait affranchie. Les routes du Milanais, de la Suisse, du Jura étaient encombrées. Le Premier Consul, qui pensait à tout, avait donné des ordres pour que rien ne manquât, tant sur les routes qu'à Lyon même, à ces représentants de la nationalité italienne, qui venaient par leur présence lui rappeler ses premiers et ses plus beaux triomphes. Le préfet du Rhône avait fait d'immenses préparatifs pour les recevoir, et disposé de grandes et belles salles pour les solennités qui devaient avoir lieu. Une partie de la garde consulaire avait été envoyée à Lyon. L'armée d'Égypte, autrefois armée d'Italie, et récemment débarquée, venait d'y arriver aussi. On se hâtait de la vêtir magnifiquement, et d'une manière conforme au climat de la France, qui semblait tout nouveau à ces soldats brunis par le soleil de l'Égypte, et transformés en véritables africains. La jeunesse lyonnaise avait été réunie, et formée en un corps de cavalerie, aux armes et aux couleurs de l'antique cité lyonnaise. M. de Talleyrand et M. Chaptal, ministre de l'intérieur, avaient précédé le Premier Consul, pour recevoir les membres de la *Consulte*. Le général Murat, M. Petiet étaient accourus de Milan, M. Marescalchi de Paris, au rendez-vous commun. Les préfets, les autorités de vingt départements étaient accumulés à Lyon. Le

Premier Consul se fit attendre, à cause du congrès d'Amiens, dont les négociations avaient exigé sa présence à Paris quelques jours de plus. Les députés italiens commençaient à s'impatienter. Pour les occuper, on les divisa en cinq sections, une par province du nouvel État, et on leur soumit le projet de Constitution. Ils firent des observations utiles, que M. de Talleyrand avait ordre d'écouter, de peser, et d'admettre, sans toutefois porter atteinte aux principes fondamentaux du projet. Sauf quelques dispositions de détail qui furent modifiées, la nouvelle Constitution obtint l'assentiment général. On proposa aussi aux députés cisalpins, pour tromper leur impatience, de faire des listes de candidats, afin d'aider le Premier Consul dans les choix nombreux qu'il avait à faire. Ce dépouillement de noms remplit utilement leur temps.

Janv. 1802.

Le Premier Consul arriva le 11 janvier 1802 (21 nivôse). La population des campagnes, assemblée sur les routes, l'attendait jour et nuit. Elle était réunie autour de grands feux, et accourait au-devant de toutes les voitures qui venaient de Paris, en criant : *Vive Bonaparte!* — Le Premier Consul parut enfin, et fit le chemin jusqu'à Lyon, au milieu de transports continuels d'enthousiasme. Il y entra le soir, accompagné de sa femme, de ses enfants adoptifs, de ses aides-de-camp, et fut reçu par les ministres, les autorités civiles et militaires, une députation italienne, l'état-major d'Égypte, et la jeunesse lyonnaise à cheval. La ville, illuminée tout entière, était resplendissante comme en plein jour.

Arrivée du Premier Consul à Lyon.

On le fit passer sous un arc-de-triomphe, que surmontait un noble emblème de la France consulaire : c'était un lion endormi. Il descendit à l'Hôtel-de-Ville, qu'on avait disposé convenablement pour lui servir d'habitation.

Le lendemain, le Premier Consul employa la journée à recevoir toutes les députations départementales, et après elles la *Consulte* italienne, qui comptait quatre cent cinquante membres présents sur quatre cent cinquante-deux, exemple d'exactitude bien rare, si on considère le nombre des personnes, la saison, et les distances ; et encore l'un des deux absents était-il le respectable archevêque de Milan, qui venait de mourir d'une attaque d'apoplexie chez M. de Talleyrand. Les Italiens, auxquels le Premier Consul parlait leur langue, étaient charmés de le revoir, et de trouver en lui un Français et un Italien tout à la fois. On procéda les jours suivants aux derniers travaux de la *Consulte*. Les modifications proposées à la Constitution avaient été agréées par le Premier Consul ; les listes de candidats étaient arrêtées. On imagina de composer un comité de trente membres, pris dans la *Consulte* tout entière, pour discuter avec le Premier Consul la longue série des choix qui étaient à faire. Ce travail prit plusieurs jours, pendant lesquels le Premier Consul, après avoir employé une partie de ses journées à voir et à entretenir les Italiens, s'occupait en même temps des affaires de France, recevait les préfets, les députations départementales, entendait l'expression de leurs vœux et de leurs besoins, et apprenait à connaître de ses propres yeux l'état vrai de la République. L'enthousiasme allait chaque jour croissant, et c'est au milieu de cet entraînement général, que les Français et les Italiens se communiquaient les uns aux autres, que fut produite l'idée de nommer le Premier Consul Président de la République Cisalpine. MM. Marescalchi, Petiet, Murat, de Talleyrand, voyaient tous les jours les membres du comité des Trente, et conféraient avec eux sur le choix d'un Président. Quand on les jugea bien embarrassés, bien divisés sur ce choix, qui était en effet très-difficile à faire, on leur laissa entrevoir une manière de sortir d'embarras, en donnant au personnage italien qui serait préféré la simple qualité de vice-président, et en couvrant son insuffisance de la gloire du Premier Consul, qui serait nommé Président. Cette idée si simple, encore plus utile à la Cisalpine, à son existence, à la bonne administration de ses affaires, qu'à la grandeur du Premier Consul, fut trouvée excellente, mais à la condition toutefois d'un vice-président italien. On décida le citoyen Melzi à se charger de la vice-présidence, sous le Premier Consul. Tout étant prêt, un des membres du comité des Trente, fit cette proposition au comité. Elle fut reçue avec joie, et convertie sur-le-champ en projet de décret. On ne perdit pas de temps, et le lendemain 25 janvier (5 pluviôse) le projet fut présenté à la *Consulte* assemblée. Elle l'accueillit avec acclamation, et proclama NAPOLÉON BONAPARTE Président de la République italienne. C'est la première fois

Janv. 1802.

Le Premier Consul proclamé Président de

Janv. 1802.

la République italienne.

Revue à Lyon de l'armée d'Égypte.

qu'on voit ces deux noms de Napoléon et de Bonaparte, réunis l'un à l'autre. Le général devait joindre au titre de Premier Consul de la République française, le titre de Président de la République italienne. Une députation lui fut envoyée pour lui en exprimer le vœu.

Pendant que cette délibération avait lieu, le général des armées d'Italie et d'Égypte passait la revue de ses anciens soldats. Les demi-brigades de l'armée d'Égypte, qu'on avait eu le temps de réunir, avaient été jointes à la garde consulaire, à de nombreux détachements de troupes, et à la milice lyonnaise. Ce jour-là, les brumes de l'hiver s'étaient dissipées un instant, et, par un soleil étincelant et un froid rigoureux, le général Bonaparte parcourait le front de ces vieilles bandes, qui le recevaient avec d'incroyables transports de joie. Les soldats d'Égypte et d'Italie, charmés de retrouver si grand ce fils de leurs œuvres, le saluaient de leurs cris, et tenaient à lui persuader qu'ils n'avaient pas cessé d'être dignes de lui, quoique conduits un moment par des chefs indignes d'eux. Il faisait sortir de vieux grenadiers hors des rangs, leur parlait des combats auxquels ils avaient assisté, des blessures qu'ils avaient reçues; il reconnaissait çà et là des officiers qu'il avait vus en plus d'une rencontre, leur serrait la main à tous, et les remplissait d'une sorte d'ivresse, dont lui-même ne pouvait se défendre, en présence de ces braves gens, qui l'avaient aidé par leur dévouement à produire les merveilles dont il jouissait, et dont la France jouissait avec lui. Cette scène se passait sur les ruines de la place Bellecour, et en effaçait la tristesse, comme la gloire efface le malheur.

C'est en rentrant à l'hôtel-de-ville après cette revue, que le Premier Consul trouva la députation de la *Consulte*, reçut son vœu, déclara qu'il l'agréait, et qu'il répondrait le lendemain à ce nouvel acte de confiance de la nation italienne.

Le lendemain, 26 janvier (6 pluviôse), il se rendit dans le local destiné aux séances générales de la *Consulte*. C'était dans une grande église, disposée et décorée pour cet usage. Tout s'y passa comme dans une séance royale, soit en France, soit en Angleterre. Le Premier Consul, entouré de sa famille, des ministres français, d'un grand nombre de généraux et de préfets, était placé sur une estrade. Il fit en langue italienne, qu'il prononçait parfaitement, un discours simple et précis, dans lequel il annonça son acceptation, ses vues pour le gouvernement et la prospérité de la nouvelle République, et proclama les principaux choix qu'il avait faits, conformément aux vœux de la *Consulte*. Ses paroles furent couvertes par les cris de *Vive Bonaparte! Vive le Premier Consul de la République française! Vive le Président de la République italienne!* On lut ensuite la Constitution, et la liste des citoyens de tous les rangs qui devaient contribuer à la mettre en activité. Une longue acclamation exprima l'accord des volontés, entre le peuple italien et le héros qui l'avait affranchi. Cette séance fut solennelle et imposante; elle commençait dignement l'existence de la nouvelle république qui devait s'appeler désormais République italienne. Cette fois, comme tant d'autres, il ne fallait souhaiter au général Bonaparte qu'une chose : c'est que le génie qui conserve accompagnât, chez ce favori de la fortune, le génie qui crée.

Le Premier Consul était depuis vingt jours à Lyon. Le gouvernement de la France réclamait sa présence à Paris, et il avait à donner les derniers ordres pour la signature de la paix définitive, qui se négociait au congrès d'Amiens. Pendant ce temps, le consul Cambacérès et le Sénat travaillaient à le débarrasser des opposants inconsidérés, qui l'avaient contrarié si violemment, dans le moment de sa carrière où il a le moins mérité de l'être. Il allait se trouver en mesure de reprendre cette longue série de travaux, qui faisaient le bonheur et la grandeur de la France. Il était donc pressé de revenir à Paris, reprendre ses occupations accoutumées, et y recevoir probablement, pour prix de ses œuvres, une grandeur nouvelle, juste récompense de la plus noble, de la plus féconde ambition qui fût jamais.

Il partit le 28 janvier (8 pluviôse), laissant les Italiens enthousiasmés et remplis d'espérance, laissant les Lyonnais enchantés d'avoir possédé quelques jours l'homme extraordinaire qui remplissait le monde de son nom, et qui montrait pour leur ville une prédilection si marquée. Il avait reçu de l'empereur Alexandre une réponse à une lettre, dans laquelle il demandait à ce monarque quelques avantages pour le commerce de Lyon. Cette lettre, qui annonçait les meilleures dispositions de la part de la Russie, fut publiée en substance, et produisit la plus vive satisfaction. En partant, le Premier Consul donna trois écharpes aux trois maires de la ville de Lyon, en mémoire de cette glorieuse visite. Les Bordelais lui avaient envoyé une députation pour le prier de traverser leurs murs. Il leur en fit la promesse, dès que la paix définitive lui aurait rendu un peu de loisir. Il passa par Saint-Étienne, Nevers, et arriva le 31 janvier[1] (11 pluviôse) à Paris.

[1] Nous donnons quelques extraits de la correspondance du Premier Consul pendant son séjour à Lyon.

Aux consuls Cambacérès et Lebrun.

Lyon, 24 nivôse an x (14 janvier 1802).

Je reçois, citoyens consuls, votre lettre du 21. Il fait ici un froid excessif, et je passe les matinées, de midi à six heures, à recevoir les préfets et les notables des départements voisins. Vous savez que dans ces sortes de conférences il faut parler long-temps.

Ce soir la ville de Lyon donne un concert et un bal. Je vais y aller dans une heure.

Les travaux de la Consulte avancent.

Les troupes de l'armée d'Orient arrivent à force à Lyon ; je prends des mesures pour les faire habiller. Je compte en passer la revue le 28.

Je continue à être extrêmement satisfait de tout ce que je vois, soit du peuple de Lyon, soit du midi de la France.

Les négociations d'Amiens me paraissent avancer.

Je vous félicite de la manière dont tout marche dans vos mains.

Joseph m'a écrit d'Amiens que le lord Cornwallis lui avait dit que le cabinet britannique avait reçu des nouvelles de Saint-Domingue favorables à l'armée française, que la division s'était manifestée dans l'armée de Toussaint.

Aux mêmes.

Lyon, 26 nivôse an x (16 janvier 1802).

J'ai reçu, citoyens consuls, vos dépêches des 22 et 23 nivôse... Les Lyonnais nous ont donné une fête très-distinguée. Vous en trouverez ci-joint le détail, ainsi que les vers qui ont été chantés.

Janv. 1802.

Je vais très-lentement dans mes opérations, car je passe toutes mes matinées à recevoir des députations des départements voisins.

Il fait aujourd'hui très-beau, mais très-froid.

Le bien-être de la République est sensible depuis deux ans. Lyon, pendant les années VIII et IX, a vu accroître sa population de plus de vingt mille âmes, et tous les manufacturiers que j'ai vus de Saint-Étienne, d'Annonay, etc., m'ont dit que leurs fabriques sont en grande activité.

Toutes les têtes me paraissent pleines d'activité, non de celle qui désorganise les empires, mais de celle qui les recrée, et produit leur prospérité et leur richesse.

Je passerai en revue dans quelques jours près de six demi-brigades de l'armée d'Orient.

Au consul Cambacérès.

Lyon, 28 nivôse an X (18 janvier 1802).

Je viens, citoyen consul, de recevoir la députation de Bordeaux. Elle m'a remis une pétition pour me solliciter de passer dans leur ville, ce que je leur ai promis de faire, lorsque leurs relations seraient en pleine activité avec les Antilles et l'île de France.

Votre lettre du 25 m'a instruit des délibérations du Sénat. Je vous prie de tenir la main à ce qu'on nous débarrasse exactement des vingt et des soixante mauvais membres, que nous avons dans les autorités constituées. La volonté de la nation est que l'on n'empêche point le gouvernement de faire le bien, et que la tête de Méduse ne se montre plus dans nos tribunes ni dans nos assemblées.

La conduite de Sieyès dans cette circonstance prouve parfaitement qu'après avoir concouru à la destruction de toutes les constitutions depuis 91, il veut encore s'essayer contre celle-ci. Il est bien extraordinaire qu'il n'en sente pas la folie. Il devrait faire brûler un cierge à Notre-Dame pour s'être tiré de là si heureusement, et d'une manière si inespérée; mais plus je vieillis, et plus je m'aperçois que chacun doit remplir son destin.

J'imagine que vous avez pris toutes les mesures pour démolir le Châtelet.

Si le ministre de la marine a besoin des frégates du roi de Naples, il peut s'en servir. Il serait même bien qu'il les fît partir le plus tôt possible pour l'Amérique. Tout s'arrangera après avec le roi de Naples.

Le froid a beaucoup diminué aujourd'hui.

Le général Jourdan, qui est arrivé aujourd'hui du Piémont, me rend un compte assez satisfaisant de cette province.

Les opérations de la Consulte avancent, toutes leurs lois organiques se rédigent.

J'ai conféré une partie de la matinée avec les préfets.

Je vous recommande de voir le ministre de la marine pour vous assurer que les vivres de Saint-Domingue sont partis.

Aux consuls Cambacérès et Lebrun.

Lyon, 30 nivôse an X (20 janvier 1802).

Je désirerais, citoyens consuls, que le ministre du Trésor public envoyât dans la 16ᵉ division militaire le citoyen Roger, pour y vérifier la comptabilité du payeur et des principaux receveurs des départements qui composent cette division.

Je désirerais également que le ministre du Trésor public envoyât à Rennes un homme comme le citoyen Roger pour faire la même opération dans la 13ᵉ division militaire.

Faites aussi partir les conseillers d'État Thibaudeau et Fourcroy, l'un pour la 13ᵉ division militaire et l'autre pour la 16ᵉ, pour inspecter ces divisions comme ils l'ont fait déjà dans leur précédente mission. Une partie des plaintes vient de ce que le ministre de la guerre n'a pas fait toucher aux officiers l'indemnité de fourrage et de logement pour le premier trimestre de l'an X, de ce que les receveurs gardent long-temps les fonds et que les payeurs payent le plus tard qu'ils peuvent. Les payeurs et les receveurs forment la plus grande plaie de l'État...

Aux mêmes.

Lyon, 30 nivôse an X (20 janvier 1802).

Je reçois, citoyens consuls, votre lettre du 26 et 27. A Lyon comme à Paris, le temps s'est considérablement adouci...

J'ai vu hier différents ateliers. J'ai été satisfait de l'industrie et de la sévère économie dont j'ai cru entrevoir que la fabrique de Lyon use envers ses ouvriers.

Je devais aujourd'hui faire ma parade, mais je l'ai remise au 5 pluviôse, les troupes de l'armée d'Orient n'étaient pas habillées; j'ai l'espoir, au contraire, que le 5 elles le seront, ce qui offrira un coup d'œil satisfaisant.

J'ai vu avec grand plaisir l'arrêté que vous avez pris sur le Châtelet. Si les temps devenaient rigoureux, je ne crois pas que la mesure que vous avez prise, de donner 4,000 francs par mois pour les ateliers extraordinaires, soit suffisante.

Il serait nécessaire que vous ordonnassiez qu'indépendamment des 100,000 francs que le ministre de l'intérieur donne par mois aux comités de bienfaisance, on y joignît 15,000 fr. d'extraordinaire pour distribuer du bois; et si le froid revenait, il faudrait, comme en 89, faire allumer du feu dans les églises et autres grands établissements, pour chauffer beaucoup de monde.

Je compte être à Paris dans le courant de la décade. Je vous prie de voir s'il ne serait pas convenable de mettre dans le *Moniteur* le dernier message au Sénat, et de mettre à la fin deux lignes pour dire que le Sénat a nommé une commission qui, ayant fait son rapport dans la séance du... il a décidé qu'il procéderait au renouvellement, conformément à l'article 38 de la Constitution, etc., etc.

Plusieurs renseignements qui me sont venus me porteraient à croire que Caprara exige que des prêtres signent des formules ou professions de foi à peu près dans ces termes :

« Aimons d'ailleurs à faire ici une profession solennelle d'un respect filial, d'une soumission parfaite, d'une obéissance ponctuelle envers... »

Ces renseignements me sont venus, entre autres, de Maëstricht. Je vous prie d'en conférer avec Portalis. Cette formule paraît bien inconcevable.

Aux mêmes.

Lyon, 2 pluviôse an x (22 janvier 1802).

Je n'ai reçu, citoyens consuls, votre lettre du 29 nivôse qu'aujourd'hui à trois heures après midi. Le dégel et les inondations ont retardé de quelques heures votre courrier.

Le service des fourrages est entièrement désorganisé dans le département de la Drôme; il faudrait retenir 10,000 francs sur l'ordonnance de pluviôse, jusqu'à ce que ce service soit au courant.

Les hôpitaux civils, auxquels il n'est accordé que 16 sous pour les journées des militaires malades, se plaignent de n'avoir encore rien reçu pour l'an x. Celui de Valence réclame même, avec l'an x, le mois de fructidor an ix.

Le travail de l'organisation des troupes piémontaises, que j'ai signé il y a plus d'un mois, n'est pas encore arrivé à Turin, ce qui met de l'incertitude parmi ces troupes. En général, il y a du retard et pas d'activité dans le département de la guerre; c'est l'opinion de tous ceux qui ont affaire avec ce département.

Il est indispensable que le ministre de la guerre envoie un ancien et bon ordonnateur à Turin...

Toutes les principales dispositions de la Consulte sont arrêtées. Je compte toujours être dans le courant de la décade à Paris.

Il serait à désirer que le Sénat nommât une douzaine de préfets, soit au Tribunat, soit au Corps Législatif. Celui du Mont-Blanc serait du nombre.

Je désirerais que vous fissiez mettre dans les journaux plusieurs articles pour relever l'escroquerie de Pouilloux, et tourner en ridicule les gobe-mouches étrangers qui répandaient des bruits absurdes, tous fondés sur le bulletin manuscrit d'un petit escroc qui n'avait pas de quoi dîner et qui les a dupés. Il est bon de revenir plusieurs fois sur cet objet.

Aux mêmes.

Lyon, 5 pluviôse an X (25 janvier 1802).

Je reçois, citoyens consuls, votre lettre du 2 pluviôse.

J'ai eu aujourd'hui parade à la place Bellecour. La journée a été superbe. Le soleil était comme au mois de floréal.

La Consulte a nommé un comité de trente individus qui lui a fait un rapport, que, vu les circonstances intérieures et extérieures de la Cisalpine, il était indispensable de me laisser gérer la première magistrature, jusqu'à ce que les circonstances permettent, et que je juge convenable de nommer un successeur. Demain je compte me rendre à la Consulte réunie. On y lira la Constitution, les nominations, et tout sera terminé. Je serai à Paris décadi...

Aux mêmes.

Lyon, 6 pluviôse an X (26 janvier 1802).

J'ai reçu, citoyens consuls, votre lettre du 3 pluviôse. Je crois qu'il est bon d'attendre la signature de la paix à Amiens, avant de lever l'état de siége de la ville de Brest.

A deux heures je me suis rendu dans la salle des séances de la Consulte extraordinaire; j'y ai prononcé en italien un petit discours, dont vous trouverez ci-joint la traduction française. On y a lu la Constitution, la première loi organique, une relative au clergé. Les différentes nominations ont été proclamées.

Je vous enverrai demain le procès-verbal de toute la Consulte, dans lequel se trouvera la Constitution. Les deux ministres, quatre conseillers d'État, vingt préfets, des généraux et officiers supérieurs m'ont accompagné. Cette séance a eu de la majesté, une grande unanimité, et j'espère du Congrès de Lyon tout le résultat que j'en attendais.

Je crois qu'il est inutile, si l'on ne fait pas courir de faux bruits sur le congrès de Lyon, que vous publiiez rien avant l'arrivée du courrier que je vous expédierai demain. Ce ne serait que dans le cas où l'on aurait répandu que la Consulte m'a nommé Président, que vous pourriez faire imprimer les deux pièces ci-jointes, qui font connaître la véritable tournure qu'ont prise les choses.

Je passerai la journée de demain à Lyon pour terminer tout, et je partirai dans la nuit. Je serai décadi à Paris...

FIN DU LIVRE TREIZIÈME.

LIVRE QUATORZIÈME.

CONSULAT A VIE.

Arrivée du Premier Consul à Paris. — Scrutin du Sénat qui exclut soixante membres du Corps Législatif et vingt membres du Tribunat. — Les membres exclus remplacés par des hommes dévoués au gouvernement. — Fin du congrès d'Amiens. — Quelques difficultés surgissent au dernier moment de la négociation, par suite d'ombrages excités en Angleterre. — Le Premier Consul surmonte ces difficultés par sa modération et sa fermeté. — La paix définitive signée le 25 mars 1802. — Quoique le premier enthousiasme de la paix soit amorti en France et en Angleterre, on accueille avec une nouvelle joie l'espérance d'une réconciliation sincère et durable. — Session extraordinaire de l'an x, destinée à convertir en loi le Concordat, le traité d'Amiens, et différents projets d'une haute importance. — Loi réglementaire des cultes ajoutée au Concordat, sous le titre d'*Articles organiques*. — Présentation de cette loi et du Concordat au Corps Législatif et au Tribunat renouvelés. — Froideur avec laquelle ces deux projets sont accueillis, même après l'exclusion des opposants. — Ils sont adoptés. — Le Premier Consul fixe au jour de Pâques la publication du Concordat, et la première cérémonie du culte rétabli. — Organisation du nouveau clergé. — Part faite aux constitutionnels dans la nomination des évêques. — Le cardinal Caprara refuse, au nom du Saint-Siége, d'instituer les constitutionnels. — Fermeté du Premier Consul, et soumission du cardinal Caprara. — Réception officielle du cardinal comme légat *a latere*. — Sacre des quatre principaux évêques à Notre-Dame, le dimanche des Rameaux. — Curiosité et émotion du public. — La veille même du jour de Pâques et du *Te Deum* solennel qui doit être chanté à Notre-Dame, le cardinal Caprara veut imposer aux constitutionnels une rétractation humiliante de leur conduite passée. — Nouvelle résistance de la part du Premier Consul. — Le cardinal Caprara ne cède que dans la nuit qui précède le jour de Pâques. — Répugnance des généraux à se rendre à Notre-Dame. — Le Premier Consul les y oblige. — *Te Deum* solennel et restauration officielle du culte. — Adhésion du public, et joie du Premier Consul en voyant le succès de ses efforts. — Publication du *Génie du Christianisme*. — Projet d'une amnistie générale à l'égard des émigrés. — Cette mesure, débattue au Conseil d'État, devient l'objet d'un sénatus-consulte. — Vues du Premier Consul sur l'organisation de la société en France. — Ses opinions sur les distinctions sociales, et sur l'éducation de la jeunesse. — Deux projets de loi d'une haute importance, sur l'institution de la Légion-d'Honneur, et sur l'instruction publique. — Discussion de ces deux projets dans le sein du Conseil d'État. — Caractère des discussions de ce grand corps. — Paroles du Premier Consul. — Présentation des deux projets au Corps Législatif et au Tribunat. — Adoption à une grande majorité du projet de loi relatif à l'instruction publique. — Une forte minorité se prononce contre le projet relatif à la Légion-d'Honneur. — Le traité d'Amiens présenté le dernier, comme couronnement des œuvres du Premier Consul. — Accueil fait à ce traité. — On en prend occasion de dire de toutes parts, qu'il faut décerner une récompense nationale à l'auteur de tous les biens dont jouit la France. — Les partisans et les frères du Premier Consul songent au rétablissement de la monarchie. — Cette idée paraît prématurée. — L'idée du consulat déféré à vie prévaut généralement. — Le consul Cambacérès offre son intervention auprès du Sénat. — Dissimulation du Premier Consul, qui ne veut jamais avouer ce qu'il désire. — Embarras du consul Cambacérès. — Ses efforts auprès du Sénat, pour obtenir que le consulat soit déféré au général Bonaparte pour la durée de sa vie. — Les ennemis secrets du général profitent de son silence, pour persuader au Sénat qu'une prolongation du consulat pour dix années lui suffit. — Vote du Sénat dans ce sens. — Déplaisir du Premier Consul. — Il veut refuser. — Son collègue Cambacérès l'en empêche, et propose, comme expédient, de recourir à la souveraineté nationale, et de poser à la France la question de savoir si le général Bonaparte sera consul à vie. — Le Conseil d'État chargé de rédiger la question. — Ouverture de registres pour recevoir les votes, dans les mairies, les tribunaux, les notariats. — Empressement de tous les citoyens à porter leur réponse affirmative. — Changements apportés à la constitution de M. Sieyès. — Le Premier Consul reçoit le consulat à vie, avec la faculté de désigner son successeur. — Le Sénat est investi du pouvoir constituant. — Les listes de notabilité sont abolies, et remplacées par des collèges électoraux à vie. — Le Tribunat réduit à n'être qu'une section du Conseil d'État. — La nouvelle constitution devenue tout à fait monarchique. — Liste civile du Premier Consul. — Il est proclamé solennellement par le Sénat. — Satisfaction générale d'avoir fondé enfin un pouvoir fort et durable. — Le Premier Consul prend le nom de NAPOLÉON BONAPARTE. — Sa puissance morale est à son apogée. — Résumé de cette période de trois ans.

Le voyage du Premier Consul à Lyon avait eu pour but de constituer la République italienne, et de s'en assurer le gouvernement dans l'intérêt de l'Italie, et dans celui de la France. Il avait eu pour but aussi d'embarrasser l'opposition, de la discréditer en la laissant oisive, en prouvant que le bien était impossible avec elle; enfin de ménager au consul Cambacérès le temps d'exclure du Corps Législatif et du Tribunat les personnages les plus remuants et les plus incommodes.

Tout ce qu'on avait voulu était réalisé. La République italienne, constituée avec éclat, se trouvait liée à la politique de la France, sans perdre son existence propre. Les opposants du Tribunat et du Corps Législatif, frappés par le message qui retirait le Code civil, laissés à Paris sans un seul projet de loi à discuter, ne savaient comment sortir d'embarras. Partout on s'en prenait à eux de l'interruption des beaux travaux du gouvernement; partout on les blâmait d'imiter mesquinement et hors de propos les agitateurs d'autrefois. C'est dans cette situation que M. Cambacérès leur porta le dernier coup, par la combinaison ingénieuse qu'il avait imaginée. Il fit appeler le savant jurisconsulte Tronchet, introduit au Sénat par son influence, et jouissant dans ce corps de la double autorité du savoir et du caractère. Il lui communiqua son plan, et le lui fit agréer. On a vu dans le livre précédent quel était ce plan; on a vu qu'il consistait à interpréter l'article 38 de la Constitution, qui fixait en l'an x la sortie d'un premier cinquième du Tribunat et du Corps Législatif, et à donner au Sénat la désignation de ce cinquième. Il y avait beaucoup de raisons pour et contre cette manière d'entendre l'article 38 : la meilleure de toutes était le besoin de suppléer à la faculté de dissolution, que la Constitution n'avait point attribuée au pouvoir exécutif. M. Tronchet, homme sage, bon citoyen, admirant et craignant à la fois le Premier Consul, mais le jugeant indispensable, et reconnaissant avec M. Cambacérès que si on ne le délivrait pas de l'opposition importune du Tribunat, il se jetterait, par amour même du bien qu'on l'empêchait de faire, dans des mesures violentes, M. Tronchet entra dans les vues du gouvernement, et se chargea de préparer le Sénat à l'adoption des mesures projetées. Il y réussit sans peine, car le Sénat sentait qu'on l'avait rendu complice et dupe de la mauvaise humeur des opposants. Ce corps avait déjà reculé avec beaucoup d'empressement et peu de dignité dans l'affaire des candidatures. Dominé par cet amour du repos et du pouvoir, qui avait saisi tout le monde, il consentit à écarter les opposants dont il avait d'abord secondé les projets. Le plan ayant été accueilli par les principaux personnages du corps, Lacépède, Laplace, Jacqueminot, et autres, on procéda sans délai à l'exécution, par un message daté du 7 janvier 1802 (17 nivôse an x).

« Sénateurs, disait le message, l'article 38 de la
» Constitution veut que le renouvellement du pre-
» mier cinquième du Corps Législatif et du Tribunat
» ait lieu dans l'an x, et nous touchons au qua-
» trième mois de cette année. Les Consuls ont cru
» devoir appeler votre attention sur cette circon-
» stance. Votre sagesse y trouvera la nécessité de

» vous occuper sans délai des opérations qui doivent
» précéder ce renouvellement. »

Ce message, dont l'intention était facile à deviner, frappa de surprise les opposants des deux assemblées législatives, et naturellement excita chez eux la plus vive irritation. Par légèreté, par entraînement, ils s'étaient jetés dans cette carrière d'opposition, sans en prévoir l'issue, et ils étaient étrangement surpris du coup qui les menaçait, coup qui aurait été plus rude sans l'intervention du consul Cambacérès. Ils s'assemblèrent pour rédiger un mémoire, et le présenter au Sénat. M. Cambacérès, qui les connaissait presque tous, s'adressa aux moins compromis. Il leur fit sentir qu'en se signalant davantage par leur résistance, ils attireraient sur leur personne l'attention du Sénat, et le pouvoir d'exclusion dont ce corps allait être revêtu. Cette observation calma la plupart d'entre eux, et ils attendirent en silence la décision de cette autorité suprême. Dans les séances des 15 et 18 janvier (25 et 28 nivôse), le Sénat résolut la question que soulevait le message des Consuls. A une très-grande majorité, il décida que le renouvellement du premier cinquième, dans les deux assemblées législatives, aurait lieu immédiatement, et que la désignation de ce cinquième se ferait par le scrutin, et non par le sort. Mais on adopta un tempérament de forme, et au lieu de faire porter le scrutin sur le nom de ceux qui devaient sortir, on le fit porter sur le nom de ceux qui devaient rester. La mesure avait alors l'apparence d'une préférence, au lieu d'avoir

Janv. 1802.

Élimination de 20 membres du Tribunat, et de 60 membres du Corps Législatif.

celle d'une exclusion. Moyennant ce léger adoucissement de forme, on procéda sans délai à la désignation des deux cent quarante membres du Corps Législatif, et des quatre-vingts membres du Tribunat, destinés à continuer la législature. Les sénateurs dont on disposait le plus immédiatement avaient le secret des noms qu'on voulait sauver de l'exclusion, et dans les derniers jours de janvier (fin de nivôse et commencement de pluviôse), les scrutins incessamment répétés du Sénat, opérèrent la séparation des partisans et des adversaires du gouvernement. Soixante membres du Corps Législatif, qui avaient montré le plus de résistance aux projets du Premier Consul, surtout au projet du rétablissement des cultes, vingt membres du Tribunat les plus actifs, furent frappés d'exclusion, ou, comme on dit alors, *éliminés*. Les principaux parmi ces vingt étaient MM. Chénier, Ginguené, Chazal, Bailleul, Courtois, Ganilh, Daunou et Benjamin Constant. Les autres, moins connus, gens de lettres ou d'affaires, anciens conventionnels, anciens prêtres, n'avaient eu d'autre titre pour entrer au Tribunat que l'amitié de M. Sieyès et de son parti; le même titre les en fit sortir.

Telle fut la fin, non pas du Tribunat, qui continua d'exister quelque temps encore, mais de l'importance momentanée que ce corps avait acquise. Il eût été à désirer que le Premier Consul, si plein de gloire, si dédommagé par l'adhésion universelle de la France d'une opposition inconvenante, pût se résigner à supporter quelques détracteurs impuissants. Cette résignation eût été plus digne, et aussi moins dommageable à l'espèce de liberté qu'il aurait pu nous laisser alors, pour nous préparer plus tard à une liberté véritable. Mais en ce monde la sagesse est plus rare que l'habileté, plus rare même que le génie ; car la sagesse suppose la victoire sur ses propres passions, victoire dont les grands hommes ne sont guère plus capables que les petits. Le Premier Consul, il faut le reconnaître, manqua de sagesse en cette occasion, et on ne peut faire valoir en sa faveur qu'une seule excuse : c'est qu'une telle opposition, encouragée par sa patience, serait peut-être devenue plus qu'incommode, mais dangereuse et même insurmontable, si la majorité du Corps Législatif et du Sénat avait fini par y prendre part, ce qui était possible. Cette excuse a un certain fondement, et elle prouve qu'il y a des temps où la dictature est nécessaire, même aux pays libres, ou destinés à l'être.

Quant à cette opposition du Tribunat, elle n'a pas mérité les éloges qu'on lui a décernés souvent. Inconséquente et tracassière, elle résista au Code civil, au rétablissement des autels, aux meilleurs actes enfin du Premier Consul, et regarda en silence la proscription des malheureux révolutionnaires, déportés sans jugement, pour cette machine infernale, dont ils n'étaient pas les auteurs. Les tribuns s'étaient tus alors, parce que la terrible explosion du 3 nivôse les avait glacés d'effroi, et qu'ils n'osaient pas défendre les principes de la justice, dans la personne d'hommes qui la plupart étaient couverts de sang. Le courage qu'ils n'eurent pas pour blâmer une illégalité flagrante, ils le trouvèrent

Janv. 1802.

Caractère de l'opposition du Tribunat.

Janv. 1802.

tristement pour entraver des mesures excellentes! Si, du reste, un sentiment sincère de liberté inspirait beaucoup d'entre eux, chez d'autres on pouvait apercevoir ce fâcheux sentiment d'envie, qui animait le Tribunat contre le Conseil d'État, les hommes réduits à ne rien faire, contre ceux qui avaient le privilége de tout faire. Ils commirent donc de graves fautes, et malheureusement en provoquèrent de non moins graves de la part du Premier Consul : déplorable enchaînement, que l'histoire observe si souvent dans notre univers agité, dont les passions sont l'éternel mobile.

Remplacement par des hommes dévoués, du cinquième exclu dans le Corps Législatif et le Tribunat.

Il fallait remplacer le cinquième exclu, dans le Corps Législatif et le Tribunat. La majorité, qui avait prononcé les exclusions, prononça les nouvelles admissions, et le fit de la manière la plus satisfaisante pour le gouvernement consulaire. On se servit pour les nouveaux choix des listes de notabilité imaginées par M. Sieyès, comme base principale de la Constitution. Malgré les efforts du Conseil d'État, pour trouver une manière convenable de former ces listes, aucun des systèmes imaginés n'avait racheté l'inconvénient du principe. Elles étaient lentes et difficiles à former, parce qu'elles inspiraient peu de zèle aux citoyens, qui ne voyaient, dans cette vaste présentation de candidats, aucun moyen direct et immédiat d'influer sur la composition des premières autorités. Elles n'étaient en réalité qu'une manière de sauver les apparences, et de dissimuler la nécessité, alors inévitable, de la composition des grands corps de l'État par eux-mêmes; car toute élection tournait à mal, c'est-à-dire aux extrêmes. On avait eu la plus grande peine à terminer ces listes, et, sur cent deux départements alors existants, dont deux, ceux de la Corse, étaient hors la loi, dont quatre, ceux de la rive gauche du Rhin, n'étaient pas organisés, quatre-vingt-trois seulement avaient envoyé leurs listes. Il fut convenu qu'on ferait les choix dans les listes envoyées, sauf à dédommager par des choix postérieurs les départements qui n'avaient pas encore exécuté la loi.

On appela au Corps Législatif bon nombre de ces grands propriétaires, que la sécurité nouvelle dont on les faisait jouir portait à quitter la retraite dans laquelle ils avaient jusqu'ici cherché à vivre. On y appela aussi quelques préfets, quelques magistrats, qui, depuis trois ans, venaient de se former à la pratique des affaires, sous la direction du gouvernement consulaire. Parmi les personnages introduits au Tribunat se trouvait Lucien Bonaparte, revenu d'Espagne, après une ambassade plus agitée qu'utile, et affectant de ne plus rien désirer qu'une existence tranquille, employée à servir son frère dans le sein de l'un des grands corps de l'État. Avec lui on avait introduit Carnot, sorti depuis peu du ministère de la guerre, où il n'avait pas eu l'art de plaire au Premier Consul. Ce dernier n'était pas plus favorable au gouvernement consulaire que les tribuns récemment exclus ; mais c'était un personnage grave, universellement respecté, dont l'opposition devait être peu active, et que la Révolution ne pouvait pas,

Janv. 1802.

sans une odieuse ingratitude, laisser à l'écart. Cette nomination était d'ailleurs un dernier hommage à la liberté. Après ces deux noms, le plus notable était celui de M. Daru, administrateur capable et intègre, esprit sage et cultivé.

Pendant que ces opérations s'exécutaient, le Premier Consul était arrivé à Paris, à la suite d'une absence de vingt-quatre jours. Il était de retour le 31 janvier au soir (11 pluviôse). La soumission était partout, et ce mouvement singulier de résistance qu'on avait vu se produire naguère dans les deux assemblées législatives, était maintenant complétement apaisé. L'autorité nouvelle dont le Premier Consul venait d'être revêtu, avait elle-même agi sur les esprits. Assurément c'était peu pour la puissance du Premier Consul, que la République italienne ajoutée à cette République française, qui avait vaincu et désarmé le monde; mais cet exemple de déférence, donné au génie du général Bonaparte par un peuple allié, avait produit un grand effet. Les corps de l'État vinrent tous avec empressement lui présenter leurs félicitations, et lui adresser des discours où perçait, à côté de l'exaltation de langage qu'il inspirait ordinairement, une nuance marquée de respect. Il semblait qu'on voyait déjà sur cette tête dominatrice la double couronne de France et d'Italie.

Le Premier Consul, délivré de toute opposition, peut

Il pouvait tout maintenant, et pour l'organisation de la France, qui était son premier objet, et pour sa grandeur personnelle, qui était le second. Il n'avait plus à craindre que les codes qu'il avait fait rédiger, et qu'il faisait rédiger encore, que les arrangements conclus avec le Pape pour la restauration des autels, n'échouassent devant la mauvaise volonté, ou devant les préjugés des grands corps de l'État. Ces projets n'étaient pas les seuls qu'il méditait. Depuis quelques mois, il préparait un vaste système d'éducation publique, pour façonner la jeunesse française au régime sorti de la Révolution. Il projetait un système de récompenses nationales, qui, sous une forme militaire, convenable au temps et à l'imagination guerrière des Français, pût servir à rémunérer les grandes actions civiles, aussi bien que les grandes actions militaires; c'était la Légion-d'Honneur, noble institution long-temps méditée en secret, et certainement pas la moins difficile des œuvres que le Premier Consul voulait faire agréer à la France républicaine. Il désirait aussi fermer une des plaies les plus profondes de la Révolution, c'était l'émigration. Beaucoup de Français vivaient encore à l'étranger, dans les mauvais sentiments que l'exil inspire, privés de leur famille, de leur fortune, de leur patrie. Avec le projet d'effacer les traces de nos profondes discordes, et de conserver tout ce que la Révolution avait eu de bon, d'en écarter tout ce qu'elle avait eu de mauvais, l'émigration n'était pas un de ses résultats qu'il fallût laisser subsister. Mais, à cause des acquéreurs de biens nationaux, toujours susceptibles et défiants, c'était l'un des actes les plus difficiles, et qui exigeaient le plus de courage. Toutefois le moment approchait où un tel acte allait devenir possible. Enfin si, comme on le

Janv. 1802.

donner cours à ses projets.

disait alors de toutes parts, il fallait consolider le pouvoir dans les mains de l'homme qui l'avait exercé d'une manière si admirable, s'il fallait donner à son autorité un nouveau caractère, plus élevé, plus durable, que celui d'une magistrature temporaire de dix années, dont trois s'étaient déjà écoulées, le moment était venu encore, car la prospérité publique, fruit de l'ordre, de la victoire, de la paix, était au comble; elle était sentie en cet instant, avec une vivacité que le temps pouvait plutôt émousser qu'accroître.

Suite du congrès d'Amiens.

Cependant ces projets de bien public et de grandeur personnelle qu'il nourrissait tous à la fois, avaient besoin pour s'accomplir d'un dernier acte, c'était la conclusion définitive de la paix maritime, laquelle se négociait au congrès d'Amiens. Les préliminaires de Londres avaient posé les bases de cette paix; mais tant que ces préliminaires n'étaient pas convertis en traité définitif, les alarmistes intéressés à troubler le repos public, ne manquaient pas de dire chaque semaine qu'on avait cessé d'être d'accord, et qu'on serait bientôt replongé dans la guerre maritime, et par la guerre maritime dans la guerre continentale. Aussi, dès son retour à Paris, le Premier Consul avait imprimé une nouvelle activité aux négociations d'Amiens. Signez, écrivait-il chaque jour à Joseph, car depuis les préliminaires il n'y a plus aucune question sérieuse à débattre. — Cela était vrai. Les préliminaires de Londres avaient résolu les seules questions importantes, en stipulant la restitution de toutes les conquêtes maritimes des Anglais, sauf Ceylan et la Trinité, dont les Hollandais et les Espagnols devaient faire le sacrifice. Les Anglais avaient bien, comme on l'a vu, demandé au congrès d'Amiens la petite île de Tabago; mais le Premier Consul avait tenu bon, et ils y avaient renoncé. Dès lors, il n'y avait plus de contestation que relativement à des points tout à fait accessoires, tels que l'entretien des prisonniers, et le régime à donner à l'île de Malte.

On a exposé précédemment la difficulté relative aux prisonniers. C'était une pure question d'argent, toujours facile à résoudre. Le régime à donner à Malte présentait une difficulté plus réelle, car une défiance réciproque compliquait les vues des deux puissances. Le Premier Consul, par un singulier pressentiment, voulait raser les fortifications de l'île, la réduire à un rocher, et en faire un lazaret neutre et ouvert à toutes les nations. Les Anglais, qui voyaient dans Malte une échelle pour aller en Égypte, disaient que le rocher seul était trop important, pour le laisser toujours accessible aux Français, qui de l'Italie pouvaient passer en Sicile, de Sicile à Malte. Ils voulaient le rétablissement de l'ordre sur ses anciennes bases, avec la création d'une langue anglaise, et d'une langue maltaise, celle-ci composée des habitants de l'île, qui leur étaient dévoués. Le Premier Consul n'avait pas admis ces conditions; car, dans l'état des mœurs en France, on ne pouvait pas espérer de composer une langue française assez nombreuse, pour contre-balancer la création d'une langue anglaise. On s'était enfin mis d'accord sur ce point. L'ordre devait être rétabli, sans qu'il y eût aucune langue nouvelle. Un autre grand-maître devait être nommé, car on ne voulait plus de M. de Hompesch, qui, en 1798, avait livré Malte au général Bonaparte. En attendant que l'ordre fût réorganisé, il était décidé qu'on demanderait au roi de Naples de fournir une garnison napolitaine de deux mille hommes, laquelle occuperait l'île lorsque les Anglais l'évacueraient. Par surcroît de précaution, on désirait que quelque grande puissance garantît cet arrangement, pour mettre Malte à l'abri de l'une de ces entreprises, qui depuis cinq ans l'avaient fait tomber au pouvoir, tantôt des Français, tantôt des Anglais. On songeait à demander cette garantie à la Russie, en se fondant sur l'intérêt que cette puissance avait témoigné à l'ordre sous Paul Ier. Sur tous ces points on était encore d'accord, au départ du Premier Consul pour Lyon. Les pêcheries rétablies sur leur ancien pied, l'indemnité territoriale promise en Allemagne à la maison d'Orange pour la perte du stathoudérat, la paix et l'intégrité de territoire assurées soit au Portugal, soit à la Turquie, ne présentaient que des questions résolues. Cependant, depuis le retour du Premier Consul à Paris, la négociation paraissait languir, et lord Cornwallis, inquiet, semblait reculer à mesure que le négociateur français faisait de nouveaux pas vers lui. On ne pouvait suspecter lord Cornwallis, bon et respectable militaire, qui ne demandait qu'à terminer amiablement les difficultés de la négociation, et à joindre à ses services guerriers un grand service civil, celui de donner la paix à sa patrie. Mais ses instructions étaient tout à coup devenues plus rigoureuses, et la peine qu'il en ressentait se peignait clairement sur son visage. Son cabinet, en effet, lui avait enjoint d'être plus difficile, plus vigilant dans la rédaction du traité, et lui avait imposé des conditions de détail, qu'il était peu aisé de faire subir à l'humeur altière et défiante du Premier Consul. Ce brave militaire, qui avait cru couronner sa carrière par un acte mémorable, en était à craindre de voir sa vieille considération ternie, par le rôle qu'on allait lui faire jouer dans une négociation scandaleusement rompue. Dans son chagrin, il s'en était franchement ouvert à Joseph Bonaparte, et faisait avec lui de sincères efforts pour vaincre les obstacles opposés à la conclusion de la paix.

On se demandera quel motif avait pu détruire tout à coup, ou refroidir du moins, les dispositions pacifiques du cabinet présidé par M. Addington? Ce motif est facile à comprendre. Il s'était fait à Londres une sorte de revirement, ordinaire dans les pays libres. Les préliminaires étaient signés depuis six mois, et, dans cet état intermédiaire, qui, sauf les coups de canon, ressemblait assez à la guerre, on avait peu joui des bienfaits de la paix. Le haut commerce, qui en Angleterre était la classe la plus intéressée à une reprise d'hostilités, parce que la guerre lui valait le monopole universel, avait cru se dédommager de ce qu'il perdait en faisant des expéditions nombreuses pour les ports de France. Il y avait trouvé des règlements prohibitifs, qui étaient nés d'une lutte violente, et qu'on n'avait pas eu le temps d'adoucir. Le peuple, qui espérait l'abaissement du prix des denrées alimentaires, n'avait pas vu jusqu'ici se réaliser son espérance, car il fallait un traité définitif pour vaincre les spéculateurs qui tenaient le prix des céréales encore très-élevé. Enfin les grands propriétaires, qui souhaitaient la réduction de tous les impôts, les classes moyennes, qui demandaient la suppression de l'*income-tax*, n'avaient point encore recueilli les fruits promis de la pacification du monde. Un peu de désenchantement avait donc succédé à cet engouement inouï pour la paix, qui, six mois auparavant, avait saisi subitement le peuple anglais, peuple tout aussi sujet à engouement que le peuple français. Mais, plus que tout le reste, les scènes de Lyon avaient agi sur son imagination ombrageuse. Cette prise de possession de l'Italie, devenue si manifeste, avait paru pour la France et pour son chef quelque chose de si grand, que la jalousie britannique en avait été vivement excitée. C'était un argument de plus pour le parti de la guerre, qui déjà ne manquait pas de dire que la France allait s'agrandissant toujours, et l'Angleterre se rapetissant à proportion. Une nouvelle récente et très-répandue agissait également sur les esprits : c'était celle d'une acquisition considérable faite par les Français en Amérique. On avait vu la Toscane donnée sous le titre de royaume d'Étrurie à un infant, sans connaître le prix de ce don fait à l'Espagne. Maintenant que le Premier Consul réclamait à Madrid la cession de la Louisiane, qui était l'équivalent stipulé de la Toscane, cette condition du traité se trouvait divulguée; et ce fait, joint à l'expédition de Saint-Domingue, révélait des projets nouveaux et vastes en Amérique. A tout cela on ajoutait qu'un port considérable était acquis par la France dans la Méditerranée, c'était celui de l'île d'Elbe, échangée contre le duché de Piombino.

Ces divers bruits répandus à la fois, pendant que la Consulte, réunie à Lyon, décernait au général Bonaparte le gouvernement de l'Italie, avaient rendu à Londres un peu de force au parti de la guerre, lequel avait été obligé jusqu'ici de se renfermer dans une extrême réserve, et de saluer, au moins de quelques hommages hypocrites, le rétablissement de la paix.

M. Pitt, sorti du cabinet depuis l'année dernière, mais toujours plus puissant dans sa retraite que ses honnêtes et faibles successeurs ne l'étaient au pouvoir, s'était tu sur les préliminaires. Il n'avait rien dit des conditions, mais il avait approuvé le fait même de la paix. Ses anciens collègues, fort inférieurs à lui, et par conséquent moins modérés, MM. Windham, Dundas, Grenville, avaient blâmé la faiblesse du cabinet Addington, et trouvé les conditions des préliminaires désavantageuses pour la Grande-Bretagne. En apprenant le départ d'une flotte portant vingt mille hommes à Saint-Domingue, ils s'étaient récriés contre la duperie de M. Addington, qui laissait passer une escadre destinée à rétablir la puissance

Fév 1802.

française dans les Antilles, sans être assuré de la paix définitive. Ils présageaient qu'il serait victime de son imprudente confiance. A la nouvelle des événements de Lyon, de la cession de la Louisiane, de l'acquisition de l'île d'Elbe, ils s'étaient récriés plus vivement encore, et lord Carlisle avait fait une violente sortie contre l'ambition gigantesque de la France, et contre la faiblesse du nouveau cabinet britannique.

M. Pitt continuait de se taire, pensant qu'il fallait laisser épuiser ce goût pour la paix, dont la multitude de Londres paraissait éprise, et qu'il convenait de protéger encore quelque temps le cabinet destiné à satisfaire un goût probablement passager. Le cabinet anglais lui-même se montrait ému de l'effet produit sur l'opinion publique; mais il craignait beaucoup plus ce qu'on dirait, si la paix était rompue aussitôt qu'essayée, et si un traité en forme ne prenait pas la place des articles préliminaires. Il se borna donc à expédier quelques bâtiments armés, qu'on avait trop tôt rappelés dans les ports, et à les envoyer dans les Antilles, pour y surveiller la flotte française dirigée sur Saint-Domingue. Il envoya à lord Cornwallis des instructions, qui, sans changer le fond des choses, aggravaient certaines conditions, et surchargeaient la rédaction définitive, de précautions ou inutiles, ou désagréables pour la dignité du gouvernement français. Lord Hawkesbury voulait que l'on stipulât avec précision un solde au profit de l'Angleterre, pour le nombre de prisonniers qu'elle avait eu à entretenir; il voulait que la Hollande payât à la maison d'Orange une indemnité en argent, indépendamment de l'indemnité territoriale promise en Allemagne; il voulait que l'on stipulât formellement que l'ancien grand-maître ne serait pas remis à la tête de l'ordre de Malte. Il aurait désiré surtout faire figurer un plénipotentiaire turc au congrès d'Amiens, car, toujours rempli du souvenir de l'Égypte, le cabinet britannique tenait à enchaîner l'audace du Premier Consul en Orient. Il souhaitait enfin une rédaction, qui permît au Portugal d'échapper aux stipulations du traité de Badajos, stipulations en vertu desquelles la cour de Lisbonne perdait Olivença en Europe, et un certain arrondissement territorial en Amérique.

Telles furent les instructions envoyées à lord Cornwallis. Cependant il y eut une proposition qui fut réservée pour être faite directement par lord Hawkesbury à M. Otto. Cette proposition était relative à l'Italie. — Nous voyons, dit lord Hawkesbury à M. Otto, qu'il n'y a rien à obtenir du Premier Consul, en ce qui touche le Piémont. Demander quelque chose à cet égard serait vouloir l'impossible. Mais que le Premier Consul concède la plus faible indemnité territoriale au roi de Sardaigne, dans quelque coin de l'Italie que ce soit, et, en échange de cette concession, nous reconnaîtrons à l'instant même tout ce que la France a fait dans cette contrée. Nous reconnaîtrons le royaume d'Étrurie, la République italienne et la République ligurienne. —

Les changements demandés soit par lord Cornwallis, soit par lord Hawkesbury, consistant plutôt dans la forme que dans le fond, n'étaient bien fâcheux ni pour la puissance ni pour l'orgueil de la France. La paix était assez belle en soi, pour l'accepter telle qu'on la proposait. Mais le Premier Consul, ne pouvant pas démêler si ces nouvelles demandes étaient une pure précaution du cabinet anglais, dans l'intention de rendre le traité plus présentable au Parlement, ou si en effet ce retour en arrière sur des points déjà concédés, accompagné d'armements maritimes, cachait une secrète pensée de rupture, agit comme il faisait toujours, en allant résolument au but. Il concéda ce qui lui semblait devoir être concédé, et refusa nettement le reste. Relativement aux prisonniers, il repoussa la stipulation précise d'un solde au profit de l'Angleterre, mais accorda la formation d'une commission, qui réglerait le compte des dépenses, en considérant toutefois comme prisonniers anglais, les soldats allemands ou autres qui avaient été à son service. Il ne voulut pas que la Hollande donnât un florin pour le stathouder. Il consentit d'une manière formelle à la nomination d'un nouveau grand-maître de Malte, mais sans aucune expression applicable à M. de Hompesch, et de laquelle on pût induire que la France se laissait imposer l'abandon des gens qui l'avaient servie. Il voulut bien que la garantie de Malte, proposée à la Russie, fût demandée aussi à l'Autriche, à la Prusse et à l'Espagne. Enfin, sans admettre un plénipotentiaire turc ou portugais, il consentit à l'insertion d'un article dans lequel l'intégrité du territoire turc, et celle du territoire portugais, seraient formellement garanties.

Quant à la reconnaissance de la République italienne, de la République ligurienne, et du royaume d'Étrurie, il déclara qu'il s'en passerait, et qu'il ne l'achèterait par aucune concession faite au roi de Piémont, dont il avait résolu dès lors l'expropriation définitive.

Après avoir envoyé ces réponses à son frère Joseph, avec une liberté suffisante quant à la rédaction, il lui recommanda d'agir avec une grande prudence, pour bien constater que le refus de signer la paix ne venait pas de lui, mais de l'Angleterre. Il fit en outre déclarer, soit à Londres, soit à Amiens, que, si on ne voulait pas accepter ce qu'il proposait, on devait en finir, et qu'à l'instant il allait réarmer l'ancienne flottille de Boulogne, et former un camp vis-à-vis des côtes d'Angleterre.

La rupture n'était pas plus désirée à Londres qu'à Paris, ou Amiens. Le cabinet anglais sentait qu'il succomberait sous le ridicule, si la trêve de six mois, suite des préliminaires, n'avait servi qu'à ouvrir les mers aux flottes françaises. Lord Cornwallis, qui savait que la légation anglaise serait injustifiable, car c'était elle seule qui avait élevé les dernières difficultés, lord Cornwallis fut très-conciliant dans la rédaction. Joseph Bonaparte ne le fut pas moins, et le 25 mars 1802 au soir (4 germinal an x), la paix avec la Grande-Bretagne fut signée, sur un instrument surchargé de corrections de tout genre.

On prit trente-six heures, pour la traduction du

Mars 1802.

Signature de la paix d'Amiens, donnée le 25 mars 1802.

traité, dans autant de langues qu'il y avait de puissances intéressées. Le 27 mars (6 germinal), les plénipotentiaires se réunirent à l'hôtel-de-ville. Le Premier Consul avait voulu que tout se passât avec le plus grand appareil. Depuis long-temps il avait fait partir pour Amiens un détachement de ses plus belles troupes, habillées à neuf; il avait fait réparer les routes d'Amiens à Calais et d'Amiens à Paris, et envoyé des secours aux ouvriers du pays privés de travail, pour que rien ne pût inspirer au négociateur anglais une fâcheuse idée de la France. Il avait enfin prescrit des préparatifs dans la ville même d'Amiens, pour que la signature fût donnée avec une sorte de solennité. Le 27, à 11 heures du matin, des détachements de cavalerie allèrent chercher les plénipotentiaires à leur demeure, et les escortèrent à l'hôtel-de-ville, où une salle avait été préparée pour les recevoir. Ils employèrent un certain temps à revoir les copies du traité, et vers deux heures enfin, on introduisit les autorités et la foule, empressées d'assister à ce spectacle imposant des deux premières nations de l'univers, se réconciliant à la face du monde, se réconciliant, hélas! pour trop peu de temps! Les deux plénipotentiaires signèrent la paix, et puis s'embrassèrent cordialement, aux acclamations des assistants émus et transportés de joie. Lord Cornwallis et Joseph Bonaparte furent reconduits à leurs demeures, au milieu des démonstrations les plus bruyantes de la multitude. Lord Cornwallis entendit son nom béni par le peuple français, et Joseph rentra chez lui, entendant de toutes parts ce cri, qui devait être long-temps, et qui aurait pu être toujours, le cri de la France : *Vive Bonaparte!*

Mars 1802.

Lord Cornwallis partit immédiatement pour Londres, malgré l'invitation qu'il avait reçue de se rendre à Paris. Il craignait que les facilités de rédaction auxquelles il s'était prêté, ne fussent point approuvées par son gouvernement, et il voulut assurer la ratification du traité par sa présence.

L'heureuse issue du congrès d'Amiens, si elle n'excita pas chez le peuple anglais les mêmes transports d'enthousiasme que la signature des préliminaires, le trouva encore joyeux et bruyant. Cette fois on lui dit, qu'il allait jouir de la réalité de la paix, du bas prix des denrées, et de l'abolition de l'*income-tax*. Il le crut, et se montra véritablement satisfait.

L'effet fut à peu près le même de notre côté. Moins de démonstrations extérieures, pas moins de satisfaction réelle, tel fut le spectacle donné par le peuple en France. Enfin, on croyait tenir la paix véritable, celle des mers, condition certaine et nécessaire de la paix du continent. Après dix années de la plus grande, de la plus terrible lutte qui se soit vue chez les hommes, on posait les armes : le temple de Janus était fermé.

Conséquences du traité d'Amiens.

Qui avait fait tout cela? Qui avait rendu la France si grande et si prospère, l'Europe si calme? Un seul homme, par la force de son épée, et par la profondeur de sa politique. La France le proclamait ainsi, et l'Europe entière faisait écho avec elle. Il a vaincu depuis, à Austerlitz, à Iéna, à Friedland, à Wagram, il a vaincu en cent batailles, ébloui, effrayé, soumis le monde; jamais il ne fut si grand, car jamais il ne fut si sage!

Aussi tous les corps de l'État vinrent de nouveau lui dire, dans des harangues pleines d'un sincère enthousiasme, qu'il avait été le vainqueur, qu'il était aujourd'hui le bienfaiteur de l'Europe. Le jeune auteur de tant de biens, le possesseur de tant de gloire, était loin de se croire au terme de sa tâche; il jouissait à peine de ce qu'il avait fait, tant il était impatient de faire davantage. Passionné alors pour les travaux de la paix, sans être bien certain que cette paix durât long-temps, il était pressé d'achever ce qu'il appelait l'organisation de la France, et de concilier ce qu'il y avait de vrai, de bon dans la Révolution, avec ce qu'il y avait d'utile, de nécessaire à tous les temps, dans l'ancienne monarchie. Ce qui lui tenait aujourd'hui le plus à cœur, c'était la restauration du culte catholique, l'organisation de l'éducation publique, le rappel des émigrés, et l'institution de la Légion-d'Honneur. C'étaient là, non pas les seules choses qu'il méditait, mais c'étaient suivant lui les plus urgentes. Maître désormais des esprits dans les corps de l'État, il usa des prérogatives de la Constitution pour ordonner une session extraordinaire. Il était revenu le 31 janvier 1802 (11 pluviôse) de la Consulte tenue à Lyon; le traité d'Amiens avait été signé le 25 mars (4 germinal); les promotions au Corps Législatif et au Tribunat étaient finies depuis plusieurs semaines, et les nouveaux élus rendus à leur poste : il convoqua donc une session extraordinaire pour le 5 avril (15 germinal). Elle devait durer jusqu'au 20 mai (30 floréal), c'est-à-dire un mois et demi. Cela suffisait à ses plans, quelque grands qu'ils fussent, car la contradiction qu'il était exposé à rencontrer désormais, ne pouvait lui faire perdre beaucoup de temps.

Avril 1802.

Le premier des projets soumis au Corps Législatif fut le Concordat. C'était toujours le plus difficile des nouveaux projets à faire adopter, sinon par les masses populaires, au moins par les hommes qui entouraient le gouvernement, civils et militaires. Le Saint-Siége, qui avait mis tant de lenteur à concéder, tantôt le fond même du Concordat, tantôt la bulle des nouvelles circonscriptions, tantôt la faculté d'instituer les nouveaux évêques, avait tout envoyé depuis long-temps au cardinal Caprara, pour qu'il fût en mesure de déployer les pouvoirs du Saint-Siége, lorsque le Premier Consul le jugerait opportun. Le Premier Consul avait pensé avec raison que la proclamation de la paix définitive était le moment où l'on pourrait, à la faveur de la joie publique, donner pour la première fois le spectacle du gouvernement républicain prosterné au pied des autels, et remerciant la Providence des bienfaits qu'il en avait reçus.

Il disposa tout pour consacrer le jour de Pâques à cette grande solennité. Mais les quinze jours qui précédèrent ce grand acte, ne furent ni les moins critiques, ni les moins laborieux. Il fallait d'abord, outre le traité appelé Concordat, et qui, à titre de

Reprise de l'affaire du Concordat.

Avril 1802.

traité, devait être voté par le Corps Législatif, il fallait rédiger et présenter une loi, qui réglerait la police des cultes, d'après les principes du Concordat et de l'Église gallicane. Il fallait composer le nouveau clergé destiné à remplacer les anciens titulaires, dont la démission avait été demandée par le Pape, et presque universellement obtenue. C'étaient soixante siéges à remplir à la fois, en choisissant parmi les prêtres de tous les partis des sujets respectables, en prenant garde de froisser par ces choix les sentiments religieux, et de faire renaître le schisme par l'excès même du zèle qu'on apportait à l'éteindre.

Ce furent là des difficultés que la ténacité, enveloppée de douceur, du cardinal Caprara, que les passions du clergé, aussi grandes que celles des autres hommes, rendirent fort graves, fort inquiétantes, jusqu'au dernier instant, jusqu'à la veille même du jour où le grand acte du rétablissement des autels fut consommé.

Loi des articles organiques.

Le Premier Consul commença par la loi destinée à régler la police des cultes. C'est celle qui porte dans nos codes le titre d'*articles organiques*. Elle était volumineuse, et réglait les rapports du gouvernement avec toutes les religions, catholique, protestante, hébraïque. Elle reposait sur le principe de la liberté des cultes, leur accordait à tous sécurité et protection, leur imposait égards et tolérance entre eux, soumission envers le gouvernement. Quant à la religion catholique, celle qui embrasse la presque totalité de la population de notre pays, elle était régïée d'après les principes de l'Église romaine, consacrés dans le Concordat, et les principes de l'Église gallicane, proclamés par Bossuet. D'abord il était établi qu'aucune bulle, bref, ou écrit quelconque du Saint-Siége, ne pourrait être publié en France sans l'autorisation du gouvernement; qu'aucun délégué de Rome, excepté celui qu'elle envoyait publiquement comme son représentant officiel, ne serait admis, ou reconnu, ou toléré; ce qui faisait disparaître ces mandataires secrets, dont le Saint-Siége s'était servi pour gouverner clandestinement l'Église française pendant la Révolution. Toute infraction quelconque aux règles résultant soit des traités avec le Saint-Siége, soit des lois françaises, commise par un membre du clergé, était qualifiée *abus*, et déférée à la juridiction du Conseil d'État, corps politique et administratif, animé d'un véritable esprit de gouvernement, et qui ne pouvait éprouver pour le clergé l'antique haine que la magistrature lui avait vouée sous l'ancienne monarchie. Aucun concile, général ou particulier, ne pouvait être tenu en France, sans l'ordre formel du gouvernement. Il devait y avoir un seul catéchisme, approuvé par l'autorité publique. Tout ecclésiastique consacré à l'enseignement du clergé devait professer la Déclaration de 1682, connue sous le titre de PROPOSITIONS DE BOSSUET. Ces propositions, comme on sait, contiennent ces beaux principes de soumission et d'indépendance, qui caractérisent particulièrement l'Église gallicane, laquelle, toujours soumise à l'unité catholique, qu'elle a fait triompher en France et défendue en Europe, mais indépendante dans son régime intérieur, fidèle à ses rois, n'a jamais abouti ni au protestantisme, comme l'Église allemande ou anglaise, ni à l'inquisition, comme l'Église espagnole. Soumission au chef de l'Église universelle sous le rapport spirituel, soumission au chef de l'État sous le rapport temporel, tel est le double principe sur lequel le Premier Consul voulut que l'Église française restât établie. C'est pourquoi il exigea d'une manière formelle l'enseignement dans le clergé des propositions de Bossuet. Il fut arrêté ensuite dans les articles organiques, que les évêques nommés par le Premier Consul, institués par le Pape, choisiraient les curés, mais, avant de les installer, seraient obligés de les faire agréer par le gouvernement. Il fut accordé aux évêques de former des chapitres de chanoines dans les cathédrales, et des séminaires dans les diocèses. Tous les choix des professeurs dans ces séminaires devaient être approuvés par l'autorité publique. Aucun élève des séminaires ne pouvait être ordonné prêtre, s'il n'avait 25 ans, s'il ne faisait preuve d'une propriété de 300 francs de revenu, s'il n'était agréé par l'administration des cultes. Cette condition de propriété n'a pas pu tenir devant la réalité[1]; mais il eût été à désirer qu'elle fût praticable, car l'esprit du clergé serait moins descendu que nous ne l'avons vu depuis. Les archevêques devaient recevoir 15,000 francs d'appointements, les évêques 10,000. Les curés de première classe de-

---

[1] Elle n'a été abolie qu'en février 1810.

vaient recevoir 1,500 francs, ceux de seconde, 1,000, sans cumul toutefois avec les pensions ecclésiastiques, dont beaucoup de prêtres jouissaient en compensation des biens ecclésiastiques aliénés. Le casuel, c'est-à-dire les rétributions volontaires des fidèles pour l'administration de certains sacrements, était conservé, à condition d'un règlement donné par les évêques. Du reste, il était stipulé que tous les secours du culte seraient administrés gratuitement. Les églises étaient restituées au nouveau clergé. Les presbytères, et les jardins attenants, ce que dans nos campagnes on appelle la *maison du curé*, devaient être les seules portions des anciens biens d'église, rendues aux prêtres; bien entendu qu'il n'était pas question de ceux de ces biens qui avaient été vendus. L'usage des cloches était rétabli pour appeler les fidèles à l'église; mais avec défense de les employer à aucun usage civil, à moins d'une permission de l'autorité. Le sinistre souvenir du tocsin avait fait adopter cette précaution. Aucune fête, excepté celle du dimanche, ne pouvait être établie sans l'autorisation du gouvernement. Le culte ne devait pas être extérieur, c'est-à-dire, célébré hors des temples, dans les villes où il existait des temples appartenant à des religions différentes. Enfin le calendrier grégorien se trouvait en partie concilié avec le calendrier républicain. C'était là certainement la plus grave des difficultés. On ne pouvait pas abolir complétement le calendrier qui rappelait, plus que toute autre institution, le souvenir de la Révolution, et qui avait été adapté au nouveau système des poids et mesures. Mais il n'était pas possible non plus de rétablir la religion catholique sans rétablir le dimanche, et avec le dimanche la semaine. D'ailleurs les mœurs avaient déjà fait ce que la loi n'avait pas osé faire encore, et le dimanche était redevenu partout un jour de fête religieuse, plus ou moins observé, mais universellement admis comme interruption du travail de la semaine. Le Premier Consul adopta un moyen terme. Il décida que l'année, le mois, seraient nommés comme dans le calendrier républicain, et le jour, la semaine, comme dans le calendrier grégorien; qu'on dirait, par exemple, pour le jour de Pâques, dimanche 28 germinal an x, ce qui répondait au 18 avril 1802. Il exigea enfin qu'on ne pût marier personne à l'église, sans la production préalable de l'acte du mariage civil; et quant aux registres des naissances, des morts, des mariages, que le clergé avait continué de tenir par suite de ses habitudes, il fit déclarer que ces registres ne pourraient jamais avoir aucune valeur en justice. Enfin toute donation testamentaire ou autre, faite au clergé, devait être constituée en rentes.

Telle est en substance la sage et profonde loi qui porte le nom d'*articles organiques*. Elle était pour le gouvernement français un acte tout intérieur, qui le regardait seul, et qui, à ce titre, ne devait pas être soumis au Saint-Siége. Il suffisait qu'elle ne contînt rien de contraire au Concordat, pour que la cour de Rome ne fût pas raisonnablement fondée à se plaindre. La lui soumettre, c'était se préparer des difficultés interminables, difficultés plus grandes, plus nombreuses que celles qu'avait rencontrées le Concordat lui-même. Le Premier Consul n'avait garde de s'y exposer. Il savait bien qu'une fois le culte publiquement rétabli, le Saint-Siége ne romprait pas la nouvelle paix entre la France et Rome, pour des articles concernant la police intérieure de la République. Il est bien vrai que, plus tard, ces articles sont devenus l'un des griefs de la cour de Rome contre Napoléon, mais ils furent un prétexte plutôt qu'un grief véritable. Ils avaient été, du reste, communiqués au cardinal Caprara, qui ne parut point révolté à leur lecture[1], à en juger toutefois par ce qu'il écrivit à sa cour. Il fit quelques réserves, et conseilla au Saint-Père de ne point s'en affliger, espérant, disait-il, que ces articles ne seraient pas exécutés à la rigueur.

Avril 1802.

La loi des articles organiques rédigée, et discutée en Conseil d'État, il fallait s'occuper du personnel du clergé. C'était un travail considérable, car il y avait une multitude de choix à examiner de très-près, avant de les arrêter définitivement. M. Portalis, que le Premier Consul avait chargé de l'administration des cultes, et qui était éminemment propre, soit à traiter avec le clergé, soit à le représenter auprès des corps de l'État, et à le défendre par une élocution douce, brillante, empreinte d'une certaine onction religieuse, M. Portalis résistait ordinairement au Saint-Siége, avec une fermeté respectueuse. Cette fois il s'était fait en quelque sorte l'allié du

Après la rédaction des articles organiques, on s'occupe de la nomination des évêques.

[1] Ces assertions sont fondées sur la correspondance même du cardinal Caprara.

Avril 1802.

Le Pape voudrait qu'il n'y eût pas de prêtres constitutionnels parmi les nouveaux évêques.

cardinal Caprara, dans une prétention de la cour de Rome, celle d'exclure complétement le clergé constitutionnel des nouveaux siéges. Le Pape, tout ému encore d'un acte aussi exorbitant à ses yeux que la déposition des anciens titulaires, voulait au moins s'en dédommager, en éloignant de l'épiscopat les ministres du culte qui avaient pactisé avec la Révolution française, et prêté serment à la Constitution civile. Depuis que le Concordat était signé, c'est-à-dire depuis environ huit à neuf mois, le cardinal Caprara, qui remplissait incognito les fonctions de légat *à latere*, et qui voyait sans cesse le Premier Consul, lui insinuait avec douceur, mais avec constance, les désirs de l'Église romaine, s'avançant plus hardiment quand le Premier Consul était d'humeur à le laisser dire, se retirant précipitamment, et avec humilité, quand il était d'humeur contraire. Ces désirs de l'Église romaine ne consistaient pas seulement à repousser de la nouvelle composition du clergé français les prêtres qu'elle appelait *intrus*, mais à recouvrer les provinces perdues, Bologne, Ferrare et la Romagne. — Le Saint-Père, disait le cardinal, est fort pauvre depuis qu'il a été dépouillé de ses provinces les plus fertiles; il est si pauvre qu'il ne peut payer ni des troupes pour le garder, ni l'administration de ses États, ni le Sacré Collége. Il a perdu même une partie de ses revenus extérieurs. Au milieu de ses douleurs, le rétablissement de la religion en France est la plus grande de ses consolations; mais ne mêlez pas des amertumes à cette consolation, en l'obligeant à instituer des prêtres qui ont apostasié, en privant le clergé fidèle des places déjà tant réduites par la nouvelle circonscription. — Oui, répondait le Premier Consul, le Saint-Père est pauvre; je le soulagerai. Toutes les limites des États d'Italie ne sont pas irrévocablement fixées; celles de l'Europe elle-même ne sont pas définitivement arrêtées. Mais je ne puis aujourd'hui ôter des provinces à la République italienne, qui vient de me prendre pour chef. En attendant, il faut au Saint-Père plus d'argent qu'il n'en a. Il lui faut quelques millions; je suis prêt à les lui donner. Quant aux *intrus*, ajoutait-il, c'est autre chose. Le Pape a promis, une fois les démissions données, de réconcilier avec l'Église, sans aucune distinction, tous ceux qui se soumettraient au Concordat. Il l'a promis, il faut qu'il tienne sa parole. Je la lui rappellerai, et il n'est ni homme, ni pontife à y manquer. D'ailleurs je ne suis pas venu pour faire triompher tel ou tel parti; je suis venu pour les réconcilier les uns avec les autres, en tenant la balance égale entre eux. Depuis quelque temps, vous m'avez obligé à lire l'histoire de l'Église. J'y ai vu que les querelles religieuses ne se passent pas autrement que les querelles politiques; car vous prêtres, nous militaires ou magistrats, nous sommes tous hommes. Elles ne finissent que par l'intervention d'une autorité assez forte pour obliger les partis à se rapprocher et à se fondre. Je mêlerai donc quelques évêques constitutionnels aux évêques que vous appelez fidèles; je les choisirai bien, j'en choisirai peu, mais il y en aura. Vous les réconcilierez avec l'Église romaine; je les obligerai à être soumis au Concordat, et tout ira bien. Du reste, c'est chose résolue, n'y revenez plus. — LE GRAND CONSUL, comme l'appelait le cardinal, si on insistait, s'animait vite; et le cardinal s'arrêtait, car il l'admirait, l'aimait, le craignait également, et disait au Saint-Père : N'irritons pas cet homme! lui seul nous soutient dans ce pays, où tout le monde est contre nous. Si son zèle se refroidissait un instant, ou si par malheur il venait à mourir, il n'y aurait plus de religion en France. — Le cardinal, quand il n'avait pas réussi, s'efforçait néanmoins de paraître satisfait, car le général Bonaparte aimait à voir les gens contents, et prenait de l'humeur quand on se présentait à lui avec un visage chagrin. Le cardinal se montrait donc toujours doux et serein, et avait, par ce moyen, trouvé l'art de lui plaire. Il voyait d'ailleurs les peines qu'avait le général Bonaparte, et il n'aurait pas voulu les accroître. Le général, à son tour, s'efforçait d'expliquer au cardinal les susceptibilités, les ombrages de l'esprit français; et, malgré sa puissance, il faisait autant d'efforts pour le convaincre, que le cardinal en pouvait faire de son côté pour l'amener à ses vues. Un jour, impatienté des instances du légat, il le fit taire par cette parole à la fois gracieuse et profonde. — Tenez, lui dit-il, cardinal Caprara, possédez-vous encore le don des miracles? le possédez-vous?... en ce cas, employez-le, vous me rendrez grand service. Si vous ne l'avez pas, laissez-moi faire; et, puisque je suis réduit aux moyens humains, permettez-moi d'en user comme je l'entends, pour sauver l'Église. —

C'est un spectacle curieux et saisissant, conservé tout entier dans la correspondance du cardinal Caprara, que celui de ce puissant homme de guerre, déployant tour à tour une finesse, une grâce, une véhémence extraordinaires, pour persuader le vieux cardinal, théologien et diplomate. Tous deux étaient ainsi arrivés au moment de la publication du Concordat, sans avoir pu se convaincre. M. Portalis, qui, sur ce point uniquement, était de l'avis du Saint-Siége, n'osa pas, comme il le voulait d'abord, exclure tout à fait les constitutionnels de ses propositions pour les soixante siéges à remplir, mais il n'en présenta que deux. S'étant entendu avec l'abbé Bernier pour les choix à faire dans le clergé orthodoxe, il avait proposé les membres les plus éminents et les plus sages de l'ancien épiscopat, et, en assez grand nombre, des curés estimables, distingués par leur piété, leur modération, et la continuation de leurs services pendant la terreur. Il disait avec l'abbé Bernier, que n'appeler aucun membre de l'ancien épiscopat, et ne désigner que des curés, ce serait créer un clergé trop nouveau, trop dépourvu d'autorité; que nommer, au contraire, d'anciens évêques seuls à tous les siéges, ce serait trop oublier le clergé inférieur, qui avait rendu de vrais services pendant la Révolution, et dont la juste ambition serait ainsi gravement froissée. Ces vues étaient raisonnables, et furent admises par le Premier Consul. Mais, quant aux deux prélats constitutionnels, il ne

Avril 1802.

Nominations aux siéges de la nouvelle circonscription.

s'en contenta pas. Sur soixante siéges, j'en veux, dit-il, donner le cinquième au clergé de la Révolution, c'est-à-dire douze. Il y aura deux archevêques constitutionnels sur dix, et dix évêques constitutionnels sur cinquante, ce qui n'est pas trop. — Après s'être concerté avec MM. Portalis et Bernier, il fit avec eux les choix les mieux entendus, sauf un ou deux. M. de Belloy, évêque de Marseille, le plus respectable, le plus âgé des membres de l'ancienne Église de France, digne ministre d'une religion de charité, qui joignait une figure vénérable à la piété la plus sage, fut nommé archevêque de Paris. M. de Cicé, ancien garde des sceaux sous Louis XVI, autrefois archevêque de Bordeaux, esprit ferme et politique, fut promu à l'archevêché d'Aix. M. de Boisgelin, grand seigneur, prêtre éclairé, instruit et doux, jadis archevêque d'Aix, devint archevêque de Tours. M. de La Tour-du-Pin, ancien archevêque d'Auch, reçut l'évêché de Troyes. Ce digne prélat, illustre par son savoir autant que par sa naissance, eut la modestie d'accepter ce poste si inférieur à celui qu'il quittait. Le Premier Consul l'en récompensa plus tard par le chapeau de cardinal. M. de Roquelaure, autrefois évêque de Senlis, l'un des prélats les plus distingués de l'ancienne Église, par l'union de l'aménité et des bonnes mœurs, obtint l'archevêché de Malines. M. Cambacérès, frère du second Consul, fut appelé à l'archevêché de Rouen. L'abbé Fesch, oncle du Premier Consul, prêtre orgueilleux, qui mettait sa gloire à résister à son neveu, fut fait archevêque de Lyon, c'est-à-dire primat des Gaules.

M. Lecoz, évêque constitutionnel de Rennes, prêtre de bonnes mœurs, mais janséniste ardent et incommode, fut nommé archevêque de Besançon. M. Primat, évêque constitutionnel de Lyon, autrefois oratorien, prêtre instruit et doux, ayant donné des scandales fâcheux sous le rapport du schisme, mais aucun sous le rapport des mœurs, fut promu à l'archevêché de Toulouse. Un curé distingué, M. de Pancemont, fort employé dans l'affaire des démissions, fut tiré de la paroisse de Saint-Sulpice, pour être envoyé à Vannes comme évêque. Enfin, l'abbé Bernier, le célèbre curé de Saint-Laud d'Angers, autrefois le meneur caché de la Vendée, depuis son pacificateur, et, sous le Premier Consul, le négociateur du Concordat, reçut l'évêché d'Orléans. Ce siége n'était pas en rapport avec la haute influence que le Premier Consul lui avait laissé prendre sur les affaires de l'Église de France; mais l'abbé Bernier sentait que les souvenirs de la guerre civile, attachés à son nom, ne permettaient pas une élévation trop marquante et trop brusque; que le pouvoir réel dont il jouissait valait mieux que les honneurs extérieurs. Le Premier Consul lui destinait d'ailleurs le chapeau de cardinal.

Quand ces nominations, qui étaient arrêtées, mais qui ne devaient être publiées qu'après la conversion du Concordat en loi de l'État, furent communiquées au cardinal Caprara, celui-ci opposa une vive résistance, versa même des larmes, se disant dépourvu de pouvoirs, bien qu'il eût reçu de Rome une latitude absolue, et jusqu'à la faculté extraordinaire d'instituer les nouveaux prélats, sans recours au Saint-Siége. MM. Portalis et Bernier lui déclarèrent que la volonté du Premier Consul était irrévocable, qu'il fallait se soumettre, ou renoncer à la restauration solennelle des autels, promise sous quelques jours. Il se soumit, écrivant au Pape que le salut des âmes, privées de religion, s'il avait persisté, l'avait emporté dans son esprit sur l'intérêt du clergé fidèle. — On me blâmera, disait-il au Saint-Père ; mais j'ai obéi à ce que j'ai cru la voix du ciel. —

Il consentit donc, se réservant d'exiger des constitutionnels nouvellement élus, une rétractation, qui couvrît cette dernière condescendance du Saint-Siége.

Tout étant prêt, le Premier Consul fit apporter le Concordat au Corps Législatif, pour y être voté comme une loi, suivant les prescriptions de la Constitution. Au Concordat étaient joints les articles organiques. Ce fut le premier jour de la session extraordinaire, 5 avril 1802 (15 germinal), que le Concordat fut présenté au Corps Législatif par les conseillers d'État Portalis, Régnier, et Regnault de Saint-Jean-d'Angély. Le Corps Législatif n'était point en séance quand le traité d'Amiens, signé le 25 mars, avait été connu à Paris. Il n'avait donc pas été au nombre des autorités, venues pour féliciter le Premier Consul. On proposa dès cette première séance d'envoyer une députation de vingt-cinq membres, pour complimenter le Premier Consul, à l'occasion de la paix générale. Dans cette proposition il ne fut pas dit un mot du Concordat, ce qui montre l'esprit du temps, même dans le sein du Corps Législatif renouvelé. La députation fut présentée le 6 avril (16 germinal).

Avril 1802.

« Citoyen consul, dit le président du Corps Législatif, le premier besoin du peuple français attaqué par l'Europe était la victoire, et vous avez vaincu. Son vœu le plus cher après la victoire était la paix, et vous la lui avez donnée. Que de gloire pour le passé, que d'espérance pour l'avenir! Et tout cela est votre ouvrage! Jouissez de l'éclat et du bonheur que la République vous doit! » Le président terminait cette allocution par l'expression la plus vive de la reconnaissance nationale, mais il se taisait absolument au sujet du Concordat. Le Premier Consul saisit l'occasion de lui donner à ce sujet une sorte de leçon, et de ne parler que du Concordat, à des gens qui ne parlaient que de la paix d'Amiens. « Je vous remercie, dit-il aux envoyés du Corps Législatif, des sentiments que vous m'exprimez. Votre session commence par l'opération la plus importante de toutes, celle qui a pour but l'apaisement des querelles religieuses. La France entière sollicite la fin de ces déplorables querelles, et le rétablissement des autels. J'espère que dans votre vote vous serez unanimes comme elle. La France verra avec une vive joie que ses législateurs ont voté la paix des consciences, la paix des familles, cent fois plus importante pour le bonheur des peuples que celle à l'occasion de laquelle vous venez féliciter le gouvernement. »

Allocution du Premier Consul à une députation du Corps Législatif, relativement au Concordat.

Ces nobles paroles produisirent l'effet qu'en attendait le Premier Consul. Le projet, porté immédiate-

Adoption du Concordat par le Corps

ment du Corps Législatif au Tribunat, y fut examiné avec gravité, même avec faveur, et discuté sans véhémence. Sur le rapport de M. Siméon, il fut adopté par 78 suffrages contre 7. Au Corps Législatif, 228 voix se prononcèrent pour, et 21 contre.

Ce fut le 8 avril (18 germinal) que les deux projets furent convertis en lois. Il n'y avait plus d'obstacle. On était au jeudi; le dimanche suivant était le dimanche des Rameaux; le dimanche d'après, celui de Pâques. Le Premier Consul voulut consacrer ces jours solennels de la religion catholique, à la grande fête du rétablissement des cultes. Il n'avait pas encore reçu officiellement le cardinal Caprara, comme légat du Saint-Siége. Il lui assigna le lendemain, vendredi, pour cette réception officielle. L'usage des légats *à latere* est de faire porter devant eux la croix d'or. C'est le signe du pouvoir extraordinaire que le Saint-Siége délègue aux représentants de cette espèce. Le cardinal Caprara voulant, conformément aux vues de sa cour, que l'exercice du culte fût aussi public, aussi extérieur que possible en France, demandait que, suivant l'usage, le jour où il irait aux Tuileries, la croix d'or fût portée devant lui, par un officier vêtu de rouge, et à cheval. C'était là un spectacle qu'on craignait de donner au peuple parisien. On négocia, et il fut convenu que cette croix serait portée dans l'une des voitures qui devaient précéder celle du légat.

Le vendredi 9 avril (19 germinal), le cardinal-légat se rendit en pompe aux Tuileries, dans les équipages du Premier Consul, escorté par la garde consulaire, et précédé par la croix portée dans l'une des voitures. Le Premier Consul le reçut à la tête d'un nombreux entourage, composé de ses collègues, de plusieurs conseillers d'État, et d'un brillant état-major. Le cardinal Caprara, dont l'extérieur était doux et grave, adressa au Premier Consul un discours, dans lequel la dignité se mêlait à l'expression de la reconnaissance. Il prêta le serment convenu de ne rien faire contre les lois de l'État, et de cesser ses fonctions dès qu'il en serait requis. Le Premier Consul lui répondit en termes élevés, et destinés surtout à retentir ailleurs que dans le palais des Tuileries.

Avril 1802.

Cette manifestation extérieure était la première de toutes celles qu'on préparait, et elle fut peu aperçue, parce que le peuple de Paris, n'étant point averti, n'avait pu céder à sa curiosité ordinaire. Le surlendemain était le dimanche des Rameaux. Le Premier Consul avait déjà fait agréer au cardinal quelques-uns des principaux prélats, dont la nomination était arrêtée. Il voulait qu'on les sacrât dans cette journée du dimanche des Rameaux, pour qu'ils pussent officier le dimanche suivant, jour de Pâques, dans la grande solennité qu'il avait projetée. C'étaient MM. de Belloy, nommé archevêque de Paris, de Cambacérès, archevêque de Rouen, Bernier, évêque d'Orléans, de Pancemont, évêque de Vannes. L'église Notre-Dame était encore occupée par les constitutionnels, qui en gardaient les clefs. Il fallut un ordre formel pour les obliger à les rendre. Ce

Sacre des quatre premiers évêques le dimanche des Rameaux.

beau temple se trouvait dans un état de délabrement fort triste; rien n'y était prêt pour la cérémonie du sacre des quatre prélats. On y pourvut au moyen d'une somme fournie par le Premier Consul, et avec tant de précipitation que, le jour de la cérémonie venu, on n'avait pas même disposé un lieu propre à servir de sacristie. Une maison voisine fut employée à cet usage. Les nouveaux prélats s'y revêtirent de leurs ornements pontificaux, et traversèrent dans cet appareil la place qui précède la cathédrale. Le peuple, averti qu'une grande cérémonie se préparait, était accouru, et se montra calme et respectueux. La figure du vénérable archevêque de Belloy était si noble et si belle, qu'elle toucha les cœurs simples dont se composait cette foule, et tous, hommes et femmes, s'inclinèrent avec respect. L'église était pleine de cette nombreuse classe de chrétiens, qui avaient gémi des malheurs de la religion, et qui, n'appartenant à aucune faction, recevaient avec reconnaissance le présent que leur faisait en ce jour le Premier Consul. La cérémonie fut touchante par le défaut même de pompe, par le sentiment qu'on y apportait. Les quatre prélats furent sacrés d'après toutes les formes usitées.

Dès ce moment, il faut le dire, la satisfaction était générale dans les masses, et on était certain de l'approbation publique, pour la grande manifestation fixée au dimanche suivant. Excepté les hommes de parti, révolutionnaires entêtés dans leurs systèmes, ou royalistes factieux qui voyaient avec chagrin le levier de la révolte leur échapper, tout le monde approuvait ce qui se passait, et le Premier Consul pouvait reconnaître déjà que ses vues étaient plus justes que celles de ses conseillers.

Le dimanche suivant, jour de Pâques, fut destiné à un *Te Deum* solennel qu'on devait chanter, pour célébrer en même temps la paix générale et la réconciliation avec l'Église. Cette cérémonie fut annoncée par l'autorité publique comme une véritable fête nationale. Les préparatifs et le programme en furent publiés. Le Premier Consul voulut s'y transporter en grand cortége, accompagné de tout ce qu'il y avait de plus élevé dans l'État. Il fit savoir par les dames du Palais aux femmes des hauts fonctionnaires, qu'elles satisferaient l'un de ses désirs les plus vifs, en se rendant à la métropole le jour du *Te Deum*. La plupart ne se firent pas presser. On sait quels motifs frivoles se joignent aux motifs les plus pieux, pour augmenter l'affluence dans ces solennités de la religion. Les plus brillantes femmes de Paris obéirent au Premier Consul. Les principales d'entre elles avaient rendez-vous aux Tuileries, pour accompagner madame Bonaparte dans les voitures de la nouvelle cour.

Le Premier Consul avait donné un ordre formel à ses généraux de l'accompagner. C'était le plus difficile à obtenir, car on disait partout qu'ils tenaient un langage inconvenant et presque factieux. On a déjà vu les écarts de Lannes. Augereau, toléré à Paris, était actuellement l'un de ceux qui parlaient le plus haut. Il fut chargé par ses camarades de se présenter au Premier Consul, et de lui exprimer leur

Avril 1802.

Te Deum solennel chanté à Notre-Dame, le jour de Pâques, pour célébrer la paix générale et le rétablissement du culte.

désir de ne pas se rendre à Notre-Dame. C'est en séance consulaire, en présence des trois Consuls et des ministres, que le général Bonaparte voulut recevoir Augereau. Celui-ci exposa son message, mais le Premier Consul le rappela à son devoir avec cette hauteur qu'il savait apporter dans le commandement, surtout à l'égard des gens de guerre. Il lui fit sentir l'inconvenance de sa démarche, lui rappela que le Concordat était maintenant loi de l'État, que les lois étaient obligatoires pour toutes les classes de citoyens, aussi bien pour les militaires que pour les citoyens les plus humbles et les plus faibles; qu'il veillerait du reste à leur exécution, en sa double qualité de général et de premier magistrat de la République; que ce n'était pas aux officiers de l'armée, mais au gouvernement à juger la convenance de la cérémonie ordonnée pour le jour de Pâques; que toutes les autorités avaient ordre d'y assister, les autorités militaires comme les autorités civiles, que toutes obéiraient; que quant à la dignité de l'armée, il en était aussi jaloux, et aussi bon juge qu'aucun des généraux ses compagnons d'armes, et qu'il était certain de ne la point compromettre, en assistant de sa personne aux cérémonies de la religion; qu'au surplus, ils n'avaient pas à délibérer, mais à exécuter un ordre, et qu'il s'attendait à les voir tous dimanche, à ses côtés, dans l'église métropolitaine. Augereau ne répliqua point, et ne rapporta auprès de ses camarades que l'embarras d'avoir commis une légèreté, et la résolution d'obéir.

Tout était prêt, mais au dernier instant les arrière-pensées du cardinal Caprara faillirent mettre au néant les nobles projets du Premier Consul. Les évêques choisis dans le clergé constitutionnel, s'étaient rendus chez le cardinal Caprara, pour le procès informatif qui se fait à l'égard de tout évêque présenté au Saint-Siége. Le cardinal avait exigé d'eux une rétractation, par laquelle ils abjuraient leurs anciennes erreurs, en qualifiant de la manière la plus flétrissante leur adhésion à la Constitution civile du Clergé. C'était une démarche humiliante, non-seulement pour eux, mais pour la Révolution elle-même. Le Premier Consul averti ne voulut pas la souffrir, et leur enjoignit de ne pas céder, promettant de les appuyer, et de forcer le représentant du Saint-Siége à renoncer à ses prétentions si peu chrétiennes. Le cardinal Caprara n'avait vu d'autre excuse à sa condescendance, s'il instituait ce qu'on appelait des *intrus*, que dans une rétractation formelle de leur conduite passée. Mais le Premier Consul ne l'entendait pas ainsi. — Quand j'accepte pour évêque, disait-il, l'abbé Bernier, l'apôtre de la Vendée, le Pape peut bien agréer des Jansénistes ou des Oratoriens, qui n'ont eu d'autre tort que d'adhérer à la Révolution. — Il leur ordonna de se renfermer dans une simple déclaration, consistant à dire qu'ils adhéraient au Concordat et aux volontés du Saint-Siége, écrites dans ce traité. Il soutenait avec raison, que le Concordat contenant les principes sur lesquels l'Église française et l'Église romaine s'étaient mises d'accord, on ne pouvait exiger davantage, sans avouer l'intention d'humilier un parti au

Avril 1802.

la veille de la cérémonie, suscitées par le cardinal Caprara, relativement aux évêques choisis parmi les constitutionnels.

profit d'un autre, et il déclarait qu'il ne le permettrait pas.

Le samedi soir, veille de Pâques, cette contestation n'était pas terminée. M. Portalis fut chargé d'aller annoncer au cardinal que la cérémonie du lendemain n'aurait pas lieu, que le Concordat ne serait point publié, et resterait sans effet, si l'on insistait plus long-temps sur la rétractation demandée. Cette résolution, au surplus, était sérieuse, et le Premier Consul, en se montrant plein de condescendance pour l'Église, ne voulait cependant pas céder sur les points qui lui semblaient compromettre le but lui-même, c'est-à-dire la fusion des partis. Il savait que, pour être conciliateur, il faut être énergique, car il en coûte pour amener les partis à transiger, presque autant que pour les vaincre.

Le cardinal Caprara cède enfin à l'égard des constitutionnels.

Le cardinal céda enfin, mais très-avant dans la nuit. Il fut convenu que les nouveaux élus, pris dans le clergé constitutionnel, subiraient chez lui leur procès informatif, qu'ils professeraient de vive voix leur réunion sincère à l'Église, et qu'ensuite on déclarerait qu'ils s'étaient réconciliés, sans dire comment, ni dans quels termes. Toujours est-il que la rétractation demandée ne fut pas faite.

Publication du Concordat le jour de Pâques.

Le lendemain, jour de Pâques, 18 avril 1802 (28 germinal an x), le Concordat fut publié dans tous les quartiers de Paris, avec grand appareil, et par les principales autorités. Tandis que cette publication se faisait dans les rues de la capitale, le Premier Consul, qui voulait solenniser dans la même journée tout ce qu'il y avait d'heureux pour la

France, échangeait aux Tuileries les ratifications du traité d'Amiens. Cette importante formalité accomplie, il partit pour Notre-Dame, suivi des premiers corps de l'État, et d'un grand nombre de fonctionnaires de tout ordre, d'un brillant état-major, d'une foule de femmes du plus haut rang, qui accompagnaient madame Bonaparte. Une longue suite de voitures composait ce magnifique cortége. Les troupes de la première division militaire, réunies à Paris, bordaient la haie, depuis les Tuileries jusqu'à la métropole. L'archevêque de Paris vint processionnellement recevoir le Premier Consul à la porte de l'église, et lui présenter l'eau bénite. Le nouveau chef de l'État fut conduit sous le dais, à la place qui lui était réservée. Le Sénat, le Corps Législatif, le Tribunat étaient rangés des deux côtés de l'autel. Derrière le Premier Consul, se trouvaient debout les généraux en grand uniforme, plus obéissants que convertis, quelques-uns même affectant une contenance peu décente. Quant à lui, revêtu de l'habit rouge des Consuls, immobile, le visage sévère, il ne montrait ni la distraction des uns, ni le recueillement des autres. Il était calme, grave, dans l'attitude d'un chef d'empire, qui fait un grand acte de volonté, et qui commande de son regard la soumission à tout le monde.

La cérémonie fut longue et digne, malgré la mauvaise disposition de la plupart de ceux qu'il avait fallu y amener. Du reste, l'effet en devait être décisif, car, l'exemple une fois donné par le plus imposant des hommes, toutes les anciennes habitudes religieuses allaient renaître, et toutes les résistances s'évanouir.

Avril 1802.

La fête avait deux motifs, le rétablissement du culte et la paix générale. Naturellement la satisfaction était partout, et quiconque n'avait pas dans le cœur les mauvaises passions des partis, était heureux du bonheur public. Ce jour-là il y eut de grands dîners chez les ministres, auxquels assistèrent les principaux membres des administrations. Les représentants des puissances étaient conviés chez le ministre des affaires étrangères. Il y avait un banquet brillant chez le Premier Consul, où étaient invités le cardinal Caprara, l'archevêque de Paris, les principaux élus du nouveau clergé, les plus hauts personnages de l'État. Le Premier Consul s'entretint longtemps avec le cardinal; il lui montra sa joie d'avoir achevé une telle œuvre. Il était fier de son courage, et de son succès. A peine un léger nuage traversa-t-il un instant son noble front : ce fut à l'aspect de certains des généraux dont l'attitude et le langage n'avaient pas été convenables en cette circonstance. Il leur exprima son mécontentement avec une fermeté de ton qui n'admettait pas la réplique, et qui ne laissait pas craindre une récidive.

Pour compléter l'effet que le Premier Consul avait voulu produire dans ce même jour, M. de Fontanes rendait compte, dans le *Moniteur*, d'un livre nouveau, qui faisait grand bruit en ce moment : c'était le *Génie du Christianisme*. Ce livre, composé par un jeune gentilhomme breton, M. de Chateaubriand, allié des Malesherbes, long-temps absent de sa patrie, décrivait avec un éclat infini les beautés du christianisme, et relevait le côté moral et poétique des pratiques religieuses, livrées vingt ans auparavant aux plus amères railleries. Critiqué violemment par MM. Chénier et Ginguené, qui lui reprochaient des couleurs fausses et outrées, soutenu avec passion par les partisans de la restauration religieuse, le *Génie du Christianisme*, comme toutes les œuvres remarquables, fort loué, fort attaqué, produisait une impression profonde, parce qu'il exprimait un sentiment vrai, et très-général alors dans la société française : c'était ce regret singulier, indéfinissable, de ce qui n'est plus, de ce qu'on a dédaigné ou détruit quand on l'avait, de ce qu'on désire avec tristesse quand on l'a perdu. Tel est le cœur humain! Ce qui est, le fatigue ou l'oppresse; ce qui a cessé d'être, acquiert tout à coup un attrait puissant. Les coutumes sociales et religieuses de l'ancien temps, odieuses et ridicules en 1789, parce qu'elles étaient alors dans toute leur force, et que de plus elles étaient souvent oppressives, maintenant que le dix-huitième siècle, changé vers sa fin en un torrent impétueux, les avait emportées dans son cours dévastateur, revenaient au souvenir d'une génération agitée, et touchaient son cœur disposé aux émotions par quinze ans de spectacles tragiques. L'œuvre du jeune écrivain, empreinte de ce sentiment profond, remuait fortement les esprits, et avait été accueillie avec une faveur marquée par l'homme qui alors dispensait toutes les gloires. Si elle ne décelait pas le goût pur, la foi simple et solide, des écrivains du siècle de Louis XIV, elle peignait avec charme les vieilles mœurs religieuses qui n'étaient plus. Sans doute on y pouvait blâmer l'abus d'une belle imagination; mais après Virgile, mais après Horace, il est resté, dans la mémoire des hommes, une place pour l'ingénieux Ovide, pour le brillant Lucain, et, seul peut-être parmi les livres de ce temps, le *Génie du Christianisme* vivra, fortement lié qu'il est à une époque mémorable : il vivra, comme ces frises sculptées sur le marbre d'un édifice vivent avec le monument qui les porte.

En rappelant les prêtres à l'autel, en les faisant sortir des retraites obscures où ils pratiquaient leur culte, et conspiraient souvent contre le gouvernement, le Premier Consul avait réparé l'un des plus fâcheux désordres du temps, et satisfait l'un des plus grands besoins moraux de toute société. Mais il restait un autre désordre extrêmement triste, et qui laissait à la France l'aspect d'une contrée déchirée par les factions : c'était l'exil d'une quantité considérable de Français, vivant à l'étranger dans l'indigence, quelquefois dans la haine de leur patrie, et recevant des gouvernements ennemis un pain, que beaucoup d'entre eux payaient par des actes indignes envers la France. C'est une affreuse invention de la discorde, que l'exil : elle rend l'exilé malheureux, elle dénature son cœur, elle le met à l'aumône de l'étranger, elle promène au loin l'affligeant spectacle des troubles du pays. De toutes les traces d'une révolution, c'est celle qu'il faut effacer la première. Le général Bonaparte considérait le rappel des émigrés comme le complément indispensable de la pacification générale. C'était un acte réparateur dont il était impatient de braver les difficultés, et d'avoir la gloire. Déjà il existait pour les émigrés un système de rappel fort incomplet, fort partial, fort irrégulier, qui avait tous les inconvénients d'une mesure générale, et qui n'en avait pas l'éclat bienfaisant; c'était le système des radiations, qui étaient accordées aux émigrés les mieux recommandés, sous prétexte qu'ils avaient été indûment portés sur les listes. On n'amnistiait pas toujours ainsi les plus excusables ou les plus intéressants.

Le Premier Consul forma donc la résolution de faire rentrer les émigrés en masse, sauf certaines exceptions. De graves objections s'élevaient contre cette mesure. D'abord toutes les constitutions, et notamment la Constitution consulaire, disaient formellement qu'on ne rappellerait jamais les émigrés. Elles le disaient, surtout à cause des acquéreurs de biens nationaux, qui étaient fort ombrageux, et qui regardaient l'exil des anciens possesseurs de leurs biens, comme nécessaire à leur sûreté. Le Premier Consul se considérant comme le plus ferme appui de ces acquéreurs, ayant toujours exprimé la ferme volonté de les défendre, seul au monde en ayant la puissance, se croyait assez fort de la confiance qu'il leur inspirait à tous, pour pouvoir ouvrir les portes de la France aux émigrés. Il fit donc préparer une résolution, dont la première clause était la consécration nouvelle et irrévocable des ventes faites par l'État aux acquéreurs de biens nationaux. Il y fit insérer ensuite une disposition par laquelle tous les émigrés étaient rappelés en masse,

Avril 1802.

Dispositions principales composant la mesure du rappel des émigrés.

en les soumettant à la surveillance de la haute police, et en soumettant à cette surveillance, pendant toute leur vie, ceux qui en auraient une seule fois provoqué l'application. Il y avait toutefois quelques exceptions à ce rappel général. Le bénéfice en était refusé aux chefs des rassemblements armés contre la République, à ceux qui avaient eu des grades dans les armées ennemies, aux individus qui avaient conservé des places ou des titres dans la maison des princes de Bourbon, aux généraux ou représentants du peuple qui avaient pactisé avec l'ennemi (ceci concernait Pichegru et quelques membres des assemblées législatives), enfin aux évêques et archevêques qui avaient refusé la démission demandée par le Pape. Le nombre de ces exclus était infiniment peu considérable.

La plus difficile question à résoudre était celle qui s'élevait au sujet des biens des émigrés, qu'on n'avait pas encore vendus. Si, avec toute raison, on déclarait inviolables les ventes faites par l'État, cependant il pouvait paraître dur de ne pas restituer aux émigrés leurs biens, restés encore intacts dans les mains du gouvernement. — Je ne fais rien, disait le Premier Consul, si je rends à ces émigrés leur patrie, sans leur rendre leur patrimoine. Je veux effacer les traces de nos guerres civiles, et, en remplissant la France d'émigrés rentrés, qui resteront dans l'indigence, tandis que leurs biens seront là sous le séquestre de l'État, je crée une classe de mécontents qui ne nous laisseront aucun repos. Et ces biens restés sous le séquestre de l'État, qui croyez-vous qui les achète, en présence de leurs anciens propriétaires rentrés? — Le Premier Consul résolut donc de rendre tous les domaines non vendus, excepté les maisons ou bâtiments consacrés à un service public.

Cette résolution ainsi rédigée fut soumise à un conseil privé, composé des Consuls, des ministres, d'un certain nombre de conseillers d'État et de sénateurs. Elle fut chaudement discutée dans cette réunion, et parut exciter de vifs ombrages. Cependant l'entraînement général vers toutes les mesures réparatrices, qui tendaient à effacer les traces de nos troubles, le prestige de la paix générale, la volonté positive du Premier Consul, toutes ces causes réunies amenèrent l'adoption du principe même du rappel des émigrés. Mais on tint à insérer dans la résolution le mot d'amnistie, pour conserver à l'émigration le caractère d'un acte criminel, que la nation victorieuse et heureuse voulait bien oublier. Le Premier Consul, désirant faire les choses d'une manière complète, répugnait à l'emploi du mot d'amnistie. Il disait qu'on ne devait pas humilier les gens dont on voulait opérer la réconciliation avec la France, et que les traiter comme des criminels graciés, c'était les humilier profondément. On lui répondait que l'émigration, à l'origine, avait été un crime, car elle avait eu pour but principal de faire la guerre à la France, et qu'il fallait qu'elle restât condamnée par les lois. La plus vive contestation s'engagea relativement aux biens des émigrés. Les conseillers, appelés à délibérer, repoussèrent obstinément la restitution des bois et forêts, que la loi du 2 nivôse an IV avait déclarés inaliénables.

Avril 1802.

Discussion en conseil privé de la mesure du rappel.

Avril 1802.

La mesure du rappel rendue dans

C'était, à leur avis, remettre des richesses immenses dans les mains de la grande émigration, priver l'État d'une énorme valeur, et surtout de forêts d'une utilité indispensable pour le service de la guerre et de la marine. Malgré tous ses efforts, le Premier Consul fut obligé de céder, et il garda ainsi, sans y songer, l'un des plus puissants moyens d'influence sur l'ancienne noblesse française, celui qui depuis a servi à la lui ramener presque tout entière : ce moyen était la restitution individuelle qu'il fit plus tard de leurs biens, à ceux des émigrés qui se soumettaient à son gouvernement.

La résolution ainsi modifiée, il restait à savoir comment on lui donnerait un caractère légal. On ne voulait pas en faire une loi ; on voulait lui donner un caractère plus élevé, s'il était possible. On imagina donc d'en faire un sénatus-consulte organique. La résolution touchait à la Constitution même, et, par ce côté, elle semblait appartenir plus particulièrement au Sénat. Déjà le Sénat, par deux actes considérables, celui qui avait proscrit les Jacobins faussement accusés de la machine infernale, celui qui avait interprété l'article 38 de la Constitution, et exclu les opposants des deux assemblées législatives, avait acquis une sorte de pouvoir supérieur à la Constitution même, car il avait légitimé ou les mesures extraordinaires, ou les nouvelles dispositions constitutionnelles, dont le gouvernement avait cru avoir besoin. Après avoir fait des actes rigoureux, il devait être agréable au Sénat d'être chargé d'un acte de clémence nationale. Il fut donc arrêté que la résolution, prononçant le rappel des émigrés, serait d'abord discutée au Conseil d'État, comme l'étaient les règlements, les lois, les sénatus-consultes, et soumise ensuite au Sénat, pour y être délibérée comme une mesure touchant à la Constitution même.

Avril 1802.

la forme d'un sénatus-consulte.

La chose fut ainsi exécutée. Le projet d'amnistie, discuté au Conseil d'État le 16 avril (26 germinal), avant-veille de la publication du Concordat, fut porté dix jours après au Sénat, le 26 avril 1802 (6 floréal). Il y fut adopté sans aucune contestation, et avec des motifs remarquables.

« Considérant, disait le Sénat, que la mesure pro-
» posée est commandée par l'état actuel des choses,
» par la justice, par l'intérêt national, et qu'elle est
» conforme à l'esprit de la Constitution;

» Considérant qu'aux diverses époques, où les
» lois sur l'émigration ont été portées, la France,
» déchirée par des divisions intestines, soutenait
» contre presque toute l'Europe une guerre dont
» l'histoire n'offre pas d'exemple, et qui nécessitait
» des dispositions rigoureuses et extraordinaires;

» Qu'aujourd'hui, la paix étant faite au dehors,
» il importe de la cimenter à l'intérieur par tout ce
» qui peut rallier les Français, tranquilliser les fa-
» milles, et faire oublier les maux inséparables d'une
» longue révolution;

» Que rien ne peut mieux consolider la paix au
» dedans qu'une mesure qui tempère la sévérité des
» lois, et fait cesser les incertitudes et les lenteurs
» résultant des formes établies pour les radiations;

» Considérant que cette mesure n'a pu être qu'une

» amnistie qui fît grâce au plus grand nombre,
» toujours plus égaré que criminel, et qui fît tom-
» ber la punition sur les grands coupables par leur
» maintenue définitive sur la liste des émigrés;

» Que cette amnistie, inspirée par la clémence,
» n'est cependant accordée qu'à des conditions justes
» en elles-mêmes, tranquillisantes pour la sûreté
» publique, et sagement combinées avec l'intérêt
» national;

» Que des dispositions particulières de l'amnistie, en
» défendant de toute atteinte les actes faits avec la
» République, consacrent de nouveau la garantie des
» ventes des biens nationaux, dont le maintien sera
» toujours un objet particulier de la sollicitude du Sé-
» nat Conservateur, comme il l'est de celle des Consuls;
» le Sénat adopte la résolution proposée. »

Cet acte courageux de clémence devait obtenir l'approbation de tous les hommes sages, qui souhaitaient sincèrement la fin de nos troubles civils. Grâce aux nouvelles garanties données aux acquéreurs de biens nationaux, grâce à la confiance que leur inspirait le Premier Consul, cette dernière mesure du gouvernement ne leur causa pas de trop grandes inquiétudes, et elle satisfit cette masse honnête, et heureusement la plus nombreuse, du parti royaliste, qui recevait sans dépit le bien qu'on lui faisait. Elle ne rencontra l'ingratitude que chez les hommes de la haute émigration, qui vivaient dans les salons de Paris, y payant en mauvais discours les bienfaits du gouvernement. Suivant eux, l'acte était insignifiant, incomplet, injuste, parce qu'il faisait quelques distinctions entre les personnes, parce qu'il ne restituait pas les biens des émigrés vendus ou non vendus. Il fallait bien se passer de l'approbation de ces vains discoureurs. Cependant le Premier Consul était si avide de gloire que ces misérables critiques troublaient quelquefois le plaisir que lui causait l'assentiment universel de la France et de l'Europe.

Avril 1802.

Mais son ardeur à bien faire ne dépendait pas de la louange et de la critique, et à peine avait-il consommé le grand acte que nous venons de rapporter, qu'il en préparait déjà d'autres de la plus haute importance politique et sociale. Débarrassé des obstacles que présentait à sa féconde activité la résistance du Tribunat, il était résolu, pendant cette session extraordinaire de germinal et floréal, de terminer, ou du moins d'avancer beaucoup la réorganisation de la France. Il faut exposer ses idées à cet égard.

Par les actes déjà connus du Premier Consul, surtout par le rétablissement des cultes, il était facile de deviner quelle était la tendance ordinaire de son esprit, et sa manière particulière de penser sur les questions d'organisation sociale. En général, il était disposé à contredire les systèmes étroits ou exagérés de la Révolution, ou, pour parler plus exactement, de quelques révolutionnaires; car, dans ses premiers mouvements, la Révolution avait toujours été généreuse et vraie. Elle avait voulu abolir les irrégularités, les bizarreries, les injustes distinctions, dérivant du régime féodal, et en vertu desquelles, par exemple, un juif, un catholique, un protestant, un noble, un prêtre, un bourgeois, un Bourguignon, un Pro-

Manière de penser du Premier Consul, relativement à l'organisation sociale de la France,

vençal, un Breton, n'avaient pas les mêmes droits, les mêmes devoirs, ne supportaient pas les mêmes charges, ne jouissaient pas des mêmes avantages, en un mot, ne vivaient pas sous les mêmes lois. Faire de tous ces Français, quelle que fût leur religion, leur naissance, leur province natale, des citoyens égaux en droits et en devoirs, aptes à tout suivant leur mérite, voilà ce qu'avait voulu la Révolution dans ses premiers élans, avant que la contradiction ne l'eût irritée jusqu'au délire ; voilà ce que voulait le Premier Consul, depuis que ce délire avait fait place à la raison. Mais cette chimérique égalité que des démagogues avaient rêvée un instant, qui devait mettre tous les hommes sur le même niveau, qui admettait à peine les inégalités naturelles provenant de la différence des esprits et des talents, cette égalité, il la méprisait, ou comme une chimère de l'esprit de système, ou comme une révolte de l'envie.

Il voulait donc dans la société une hiérarchie, sur les degrés de laquelle tous les hommes, sans distinction de naissance, viendraient se placer suivant leur mérite, et sur les degrés de laquelle resteraient établis ceux que leurs pères y auraient portés, sans faire obstacle toutefois aux nouveaux venus qui tendraient à s'élever à leur tour.

Cette espèce de végétation sociale, résultant de la nature même, observée en tout pays et en tout temps, il entendait lui donner un libre cours dans les institutions qu'il s'occupait de fonder. Comme tous les esprits puissants, qui s'appliquent à découvrir dans le sentiment des masses les vrais instincts de l'humanité, et aiment à opposer ce sentiment aux vues étroites de l'esprit de système, il cherchait, dans les dispositions manifestées sous ses yeux par le peuple lui-même, des arguments pour ses opinions.

A ceux qui, en matière de religion, lui avaient conseillé l'indifférence, il avait opposé ce mouvement populaire, qui s'était produit récemment à la porte d'une église, pour forcer les prêtres à donner la sépulture à une actrice. Voyez, avait-il dit à ces partisans de l'indifférence, voyez comme ce peuple est indifférent! Et vous-mêmes, leur avait-il dit aussi, pourquoi avez-vous, au milieu du plus grand paroxysme révolutionnaire, proclamé l'Être suprême?... C'est qu'au fond du cœur du peuple, il y a quelque chose qui le porte à se donner un Dieu, n'importe lequel. —

Quant à la manière de classer les hommes dans la société, il disait à ceux qui ne voulaient aucune distinction : Pourquoi donc avez-vous créé les fusils et les sabres d'honneur? C'est une distinction que celle-là, et assez ridiculement inventée, car on ne porte pas un fusil ou un sabre d'honneur à sa poitrine, et, en ce genre, les hommes aiment ce qui s'aperçoit de loin. — Le Premier Consul avait observé un fait singulier, et il le faisait volontiers remarquer à ceux avec lesquels il avait l'habitude de s'entretenir. Depuis que la France, objet des égards et des empressements de l'Europe, était remplie des ministres de toutes les puissances, ou d'étrangers de distinction qui venaient la visiter, il était frappé de la curiosité avec laquelle le peuple et même des gens au-dessus du peuple suivaient ces étrangers, et étaient avides de voir leurs riches uniformes et leurs brillantes décorations. Il y avait souvent foule dans la cour des Tuileries, pour assister à leur arrivée et à leur départ. — Voyez, disait-il, ces vaines fatilités que les esprits forts dédaignent tant! Le peuple n'est pas de leur avis. Il aime ces cordons de toutes couleurs, comme il aime les pompes religieuses. Les philosophes démocrates appellent cela vanité, idolâtrie. Idolâtrie, vanité, soit. Mais cette idolâtrie, cette vanité sont des faiblesses communes à tout le genre humain, et de l'une et de l'autre on peut faire sortir de grandes vertus. Avec ces hochets tant dédaignés, on fait des héros! À l'une comme à l'autre de ces prétendues faiblesses, il faut des signes extérieurs; il faut un culte au sentiment religieux; il faut des distinctions visibles au noble sentiment de la gloire. —

Le Premier Consul résolut de créer un ordre qui remplacerait les armes d'honneur, qui aurait l'avantage d'être donné au soldat comme au général, au savant paisible comme au militaire, qui consisterait en décorations, semblables pour la forme à celles qu'on portait dans toute l'Europe, et de plus en dotations utiles, utiles surtout au simple soldat, quand celui-ci serait rentré dans ses champs. C'était, à ses yeux, un moyen de plus de mettre la France nouvelle en rapport avec les autres pays. Puisque c'était ainsi que dans toute l'Europe on signalait à l'estime publique les services rendus, pourquoi ne pas admettre le même système en France? Les nations, disait-il, ne doivent pas plus chercher à se singulariser que les individus. L'affectation de faire autrement que tout le monde, est une affectation réprouvée par les gens sensés, et surtout par les gens modestes. Les cordons sont en usage dans tous les pays, qu'ils soient, ajoutait le Premier Consul, en usage en France! Ce sera un rapport de plus établi avec l'Europe. Seulement on ne les donnait en France, on ne les donne chez nos voisins qu'à l'homme bien né ; je les donnerai à l'homme qui aura le mieux servi dans l'armée et dans l'État, ou qui aura produit les plus beaux ouvrages. —

Une remarque frappait plus particulièrement le Premier Consul, et chez lui était devenue l'objet d'une véritable préoccupation : c'est à quel point les hommes de la Révolution étaient désunis, sans lien entre eux, sans force contre leurs ennemis communs. Tandis que les anciens nobles se donnaient tous la main; tandis que les Vendéens étaient, quoique épuisés et soumis, secrètement coalisés encore ; tandis que le clergé, bien que reconstitué, formait cependant une corporation puissante, amie fort équivoque du gouvernement, les hommes qui avaient fait cette Révolution étaient divisés, et désavoués même, il faut le dire, par l'opinion ingrate et trompée. A peine laissait-on les élections aller seules qu'on voyait aussitôt surgir ou des personnages nouveaux, à qui on ne pouvait imputer ni mal ni bien, ou, par contrecoup, des révolutionnaires fougueux, dont le souvenir inspirait la terreur. Aux yeux d'une génération nouvelle, qui ne savait aucun gré de leurs efforts à ceux qui, depuis quatre-vingt-neuf jusqu'à dix-huit cent,

Mai 1802.

avaient tant souffert pour affranchir la France, le titre principal était de n'avoir rien fait. Le Premier Consul était convaincu, et avec raison, que, si on se prêtait à ce mouvement, il n'y aurait bientôt plus sur la scène un seul des auteurs de la Révolution; qu'on verrait se produire une classe nouvelle, facile à incliner vers le royalisme; que tout au plus y aurait-il dans certains moments une réaction révolutionnaire, qui ferait reparaître quelques hommes de sang; que les élections opérées sous le Directoire, alternativement royalistes à la façon du club de Clichy, ou révolutionnaires à la façon de Babœuf, en étaient la preuve, et que, de convulsions en convulsions, on aboutirait ainsi au triomphe des Bourbons et de l'étranger, c'est-à-dire à la contre-révolution pure.

Comment le Premier Consul veut organiser la société sortie de la Révolution.

Il regardait donc comme indispensable de ralentir le mouvement des institutions libres, de maintenir ainsi au pouvoir la génération qui avait fait la Révolution, de l'y maintenir, à l'exception seulement de quelques individus souillés de sang, et à ceux-là même d'assurer de l'oubli et du pain; de fonder avec cette génération une société tranquille, régulière et brillante, dont il serait le chef, dont ses compagnons d'armes et ses collaborateurs civils formeraient la classe élevée, aristocratie si l'on veut, mais aristocratie toujours ouverte au mérite naissant, dans laquelle resteraient placés, eux et leurs enfants, les hommes qui auraient rendu de grands services, et pourraient toujours venir prendre place les hommes qui seraient capables de rendre des services nouveaux. Cette société ainsi formée, d'après les éternelles lois de la nature, il la voulait entourer de toutes les gloires, embellir par tous les arts, pour l'opposer avec avantage à cet ancien régime, existant comme un vivant souvenir dans la mémoire des émigrés, existant comme une réalité dans toute l'Europe ; et il espérait y rattacher les émigrés eux-mêmes, quand le temps les aurait corrigés, quand l'attrait des hauts emplois les aurait attirés, à condition toutefois qu'ils viendraient, non en protecteurs dédaigneux, mais en serviteurs utiles et soumis. Quel degré de liberté politique accorderait-il à cette société ainsi constituée? Il ne le savait pas. Il croyait que le moment présent n'en comportait pas beaucoup, car toute liberté accordée se changeait en réactions cruelles; et il croyait de plus que la liberté arrêterait son génie créateur. Du reste, il pensait peu alors à cette question ; et le pays, avide d'ordre seulement, ne l'y faisait guère penser. Il voulait donc fonder cette société d'après les principes de la Révolution française, lui donner de bonnes lois civiles, une puissante administration, de riches finances, et la grandeur extérieure, c'est-à-dire tous les biens, sauf un seul, laissant plus tard à d'autres le soin de lui dispenser, ou de lui laisser prendre, ce qu'elle comporterait de liberté politique.

C'est d'après ces idées qu'il avait conçu son système de récompenses civiles et militaires, et son plan d'éducation.

Les armes d'honneur, imaginées par la Convention, n'avaient guère réussi, parce qu'elles n'étaient pas adaptées aux mœurs. Elles avaient d'ailleurs entraîné des complications administratives assez fâ-

Mai 1802

Institution de la Légion d'honneur.

Mai 1802.

Serment des légionnaires.

cheuses, à cause de la double paye accordée aux uns, refusée aux autres. Le Premier Consul imagina un ordre militaire par la forme, mais non pas destiné aux militaires seuls. Il l'appela Légion-d'Honneur, voulant imprimer l'idée d'une réunion d'hommes voués au culte de l'honneur, et à la défense de certains principes. Elle devait être composée de 15 cohortes, chaque cohorte de 7 grands-officiers, 20 commandeurs, 30 officiers et 350 simples légionnaires, en tout 6 mille individus de tout grade. Le serment indiquait à quelle cause on devait se consacrer, lorsqu'on faisait partie de la Légion-d'Honneur. Chaque membre promettait de se dévouer à la défense de la République, de l'intégrité de son territoire, du principe de l'égalité, de l'inviolabilité des propriétés dites nationales. C'était, par conséquent, une légion qui mettrait son honneur à faire triompher les principes et les intérêts de la Révolution. Des décorations et des dotations étaient attachées à chaque grade. Il était alloué aux grands-officiers 5,000 francs de traitement, aux commandeurs 2,000, aux officiers 1,000, aux simples légionnaires 250 francs. Une dotation en biens nationaux devait suffire à ces dépenses. Chaque cohorte devait avoir son siége dans la province où seraient situés ses biens particuliers. Toutes les cohortes réunies devaient être administrées par un conseil supérieur, formé de sept membres : les trois Consuls d'abord, et puis quatre grands-officiers, dont le premier serait désigné par le Sénat, le second par le Corps Législatif, le troisième par le Tribunat, le quatrième par le Conseil d'État. Le conseil de la Légion-d'Honneur, composé de la sorte, était chargé de gérer les biens de la Légion, et de délibérer sur la nomination de ses membres. Enfin, ce qui achevait de compléter l'institution, et d'en indiquer l'esprit, c'est que les services civils dans toutes les carrières, telles que l'administration, le gouvernement, les sciences, les arts, les lettres, étaient des titres d'admission aussi bien que les services militaires. Pour partir du présent état de choses, il était décidé que les militaires qui avaient des armes d'honneur, seraient de droit membres de la Légion, et classés dans ses rangs selon leur grade dans l'armée.

Mai 1802.

Cette institution ne compte guère plus de quarante ans, et elle est déjà consacrée, comme si elle avait traversé les siècles, tant elle est devenue, dans ces quarante ans, la récompense de l'héroïsme, du savoir, du mérite en tout genre! tant elle a été recherchée par les grands et les princes de l'Europe, les plus orgueilleux de leur origine! Le temps, juge des institutions, a donc prononcé sur l'utilité et la dignité de celle-ci. Laissons de côté l'abus qui a pu être fait quelquefois d'une telle récompense, à travers les divers régimes qui se sont succédé, abus inhérent à toute récompense donnée par des hommes à d'autres hommes, et reconnaissons ce qu'avait de beau, de profond, de nouveau dans le monde, une institution, tendant à placer sur la poitrine du simple soldat, du savant modeste, la même décoration qui devait figurer sur la poitrine des chefs d'armée, des princes et des rois! reconnaissons que cette création d'une distinc-

470 LIVRE XIV.

Mai 1802.

Système d'éducation imaginé par le Premier Consul.

tion honorifique était le triomphe le plus éclatant de l'égalité même, non de celle qui égalise les hommes en les abaissant, mais de celle qui les égalise en les élevant; reconnaissons enfin que, si, pour les grands de l'ordre civil ou militaire, elle pouvait bien n'être qu'une satisfaction de vanité, elle était, pour le simple soldat rentré dans ses champs, l'aisance du paysan, en même temps que la preuve visible de l'héroïsme.

Après ce beau système de récompenses, le Premier Consul s'était occupé avec non moins d'empressement d'un système d'éducation pour la jeunesse française. L'éducation, en effet, était alors nulle ou livrée aux ennemis de la Révolution.

Les corporations religieuses autrefois employées à élever la jeunesse, avaient disparu avec l'ancien ordre de choses. Elles tendaient bien à renaître : mais le Premier Consul n'avait garde de leur livrer la génération nouvelle, les considérant comme les ouvriers secrets de ses ennemis. Les institutions par lesquelles la Convention avait cherché à les remplacer, n'avaient été qu'une chimère déjà presque évanouie. La Convention avait voulu donner gratuitement l'instruction primaire au peuple, et l'instruction secondaire aux classes moyennes, de manière à rendre l'une et l'autre accessibles à toutes les familles. Elle n'avait abouti à rien. Les communes avaient donné aux instituteurs primaires des logements, en général ceux des anciens curés de campagne, mais ne les avaient point appointés, ou du moins l'avaient fait avec des assignats. L'indigence avait bientôt dispersé ces malheureux instituteurs. Les écoles centrales, dans lesquelles se dis-

État de l'éducation pendant le cours de la Révolution.

pensait l'instruction secondaire, placées dans chaque chef-lieu de département, étaient des établissements en quelque sorte académiques, où se faisaient des cours publics, auxquels la jeunesse pouvait assister quelques heures par jour, mais en retournant ensuite dans les familles, ou dans des pensionnats formés par l'industrie particulière. La nature des études était conforme à l'esprit du temps. Les études classiques, considérées comme une vieille routine, y avaient été presque abandonnées. Les sciences naturelles et exactes, les langues vivantes, avaient pris la place des langues anciennes. Un muséum d'histoire naturelle était attaché à chacune de ces écoles. Une telle instruction avait peu d'influence sur la jeunesse; car un cours qui dure une ou deux heures par jour, n'est pas un moyen de s'emparer d'elle. On la laissait former par les chefs de pensionnat, pour la plupart alors ennemis du nouvel ordre de choses, ou spéculateurs avides traitant la jeunesse comme un objet de trafic, non comme un dépôt sacré de l'État et des familles. Les écoles centrales d'ailleurs, placées dans les cent deux départements, une dans chaque chef-lieu, étaient trop nombreuses. Il n'y avait pas assez d'élèves pour ces cent deux écoles. Trente-deux seulement avaient attiré des auditeurs, et étaient devenues des foyers d'instruction. On avait vu s'y produire quelques professeurs distingués, conservant encore l'esprit des saines études. Mais les vicissitudes politiques, là comme ailleurs, avaient fait sentir leur triste influence. Les professeurs, choisis par des jurys d'instruction, s'étaient succédé comme les partis au pouvoir, avaient

472 LIVRE XIV.

Mai 1802.

paru et disparu tour à tour, et les élèves avec eux. Enfin ces écoles, sans lien, sans unité, sans direction commune, présentaient des fragments épars, et non un grand édifice d'instruction publique.

Plan du Premier Consul.

Le Premier Consul forma son projet d'un jet, avec la résolution d'esprit qui lui était ordinaire.

D'abord, les finances de la France ne permettaient pas de fournir, partout et gratis, l'instruction primaire au peuple, lequel, du reste, n'aurait pas eu assez de loisir pour la recevoir, si l'État avait eu assez d'argent pour la lui donner. C'est tout au plus si on était en mesure de faire les frais du nouveau clergé, et on le pouvait grâce à une circonstance particulière du temps, c'était la masse des pensions ecclésiastiques, qui tenaient lieu de traitement à la plupart des curés. Il était donc impossible de payer un instituteur primaire par commune. On se contenta d'en établir chez les populations assez aisées pour en faire elles-mêmes les frais. La commune accordait le logement et l'école, les écoliers payaient une rétribution calculée sur les besoins de l'instituteur. C'était tout ce qu'on pouvait faire alors.

Création des Lycées.

Pour le moment, le plus important était l'instruction secondaire. Le Premier Consul supprima dans son projet les écoles centrales, qui n'étaient que des cours publics, sans ensemble, sans action sur la jeunesse. On comptait trente-deux écoles centrales, qui avaient plus ou moins réussi. C'était une indication du besoin d'instruction dans les diverses parties de la France. Le Premier Consul projeta trente-deux établissements, qu'il nomma LYCÉES, d'un nom emprunt à l'antiquité, et qui étaient des pensionnats où la jeunesse, casernée, retenue pendant les principales années de l'adolescence, devait subir la double influence d'une forte instruction littéraire, et d'une éducation mâle, sévère, suffisamment religieuse, tout à fait militaire, modelée sur le régime de l'égalité civile. Il voulut y rétablir l'ancienne règle classique, qui assignait aux langues anciennes la première place, ne donnait que la seconde aux sciences mathématiques et physiques, laissant aux écoles spéciales le soin d'achever l'enseignement des dernières. Il avait raison en cela comme dans le reste. L'étude des langues mortes n'est pas seulement une étude de mots, mais une étude de choses; c'est l'étude de l'antiquité avec ses lois, ses mœurs, ses arts, son histoire si morale, si fortement instructive. Il n'y a qu'un âge pour apprendre ces choses: c'est l'enfance. La jeunesse une fois venue avec ses passions, avec son penchant à l'exagération et au faux goût, l'âge mûr avec ses intérêts positifs, la vie se passe, sans qu'on ait donné un moment à l'étude d'un monde, mort comme les langues qui nous en ouvrent l'entrée. Si une curiosité tardive nous y ramène, c'est à travers de pâles et insuffisantes traductions qu'on pénètre dans cette belle antiquité. Et dans un temps où les idées religieuses se sont affaiblies, si la connaissance de l'antiquité s'évanouissait aussi, nous ne formerions plus qu'une société sans lien moral avec le passé, uniquement instruite et occupée du présent; une société ignorante, abaissée, exclusivement propre aux arts mécaniques.

Le Premier Consul voulut donc que, dans son

Mai 1802.

projet, les études classiques reprissent leur rang. Les sciences ne venaient qu'après. On devait en enseigner ce qui est utile dans toutes les professions de la vie, et ce qui est nécessaire pour passer des écoles secondaires aux écoles spéciales. L'instruction religieuse y devait être donnée par des aumôniers, l'instruction militaire, par de vieux officiers sortis de l'armée. Tous les mouvements devaient s'y exécuter au pas militaire, et au son du tambour. Ce régime était convenable à une nation destinée tout entière à manier les armes, ou dans l'armée ou dans la garde nationale. Huit professeurs de langues anciennes ou de belles-lettres, un censeur des études, un économe, chargé du matériel, un chef supérieur, sous le nom de proviseur, composaient le personnel de ces établissements.

Telles étaient les écoles dans lesquelles le Premier Consul voulait former la jeunesse française. Mais comment l'y attirer? Là était la difficulté. Le Premier Consul y pourvut par un de ces moyens hardis et sûrs, comme il faut les employer quand on veut sérieusement atteindre un but. Il imagina de créer 6,400 bourses gratuites, dont l'État ferait les frais, et qui, au taux moyen de 7 à 800 francs, représenteraient une dépense totale de 5 à 6 millions par an, somme considérable alors. Ces six mille et quelques cents élèves suffisaient pour fournir le fond de la population des lycées. La confiance des familles, qu'on espérait acquérir plus tard, devait un jour dispenser l'État de continuer un tel sacrifice. Le produit de ces six mille bourses formait en même temps une ressource suffisante pour couvrir la plus grande partie des frais des nouveaux établissements.

Le Premier Consul entendait distribuer de la manière suivante les bourses dont le gouvernement allait avoir la disposition : 2,400 devaient être données aux enfants des militaires en retraite qui étaient peu aisés, des fonctionnaires civils qui avaient utilement servi, des habitants des provinces récemment réunies à la France. Les 4,000 autres étaient destinées aux pensionnats actuellement établis. Il y avait en effet un grand nombre de ces pensionnats exploités par l'industrie particulière. Le Premier Consul crut devoir les laisser exister; mais il les rattacha à son plan par le moyen le plus simple et le plus efficace. Ces pensionnats ne pouvaient subsister désormais qu'avec l'autorisation du gouvernement; ils devaient être inspectés tous les ans par les agents de l'État; ils étaient obligés d'envoyer leurs élèves aux cours des lycées, moyennant une faible rétribution. Enfin, les 4,000 bourses devaient, après un examen annuel, être distribuées entre les élèves des divers pensionnats, en raison du mérite reconnu et de la bonne tenue de chaque maison. Ainsi rattachés au plan général, les pensionnats en faisaient tout à fait partie.

Passant ensuite à l'instruction spéciale, le Premier Consul s'occupa d'en compléter l'organisation. L'étude de la jurisprudence avait péri avec l'ancien établissement judiciaire; il créa dix écoles de droit. Les écoles de médecine, moins négligées, subsistaient au nombre de trois; il proposa d'en créer six. L'École Polytechnique existait, elle fut rattachée à cette organisation. On y ajouta une école des services publics, connue depuis sous le titre d'École des Ponts-et-Chaussées, une école des arts mécaniques, alors fixée à Compiègne, depuis à Châlons-sur-Marne, premier modèle des écoles des arts et métiers, qui sont aujourd'hui jugées si utiles; enfin une école du grand art qui faisait alors la puissance du Premier Consul et de la France, une école d'art militaire, destinée à occuper le château de Fontainebleau.

Il manquait à cet ensemble un complément, c'est-à-dire un corps enseignant, qui fournît à ces colléges des instituteurs, qui les embrassât dans sa surveillance, en un mot, ce qu'on a nommé depuis l'Université. Mais le moment n'en était pas encore venu. C'était déjà beaucoup de recueillir du naufrage les établissements d'instruction publique, et de créer tout d'abord, avec les professeurs actuels, des colléges dépendants de l'État, où la jeunesse de toutes les classes, attirée par l'éducation gratuite, serait formée sur un modèle commun, régulier, conforme aux principes de la Révolution française, et aux saines doctrines littéraires. Le Premier Consul dit au savant Fourcroy : Ceci n'est qu'un commencement ; plus tard, nous ferons plus et mieux. —

Ces deux projets importants furent d'abord portés au Conseil d'État, et livrés, dans ce corps éclairé, à de vives controverses. Le Premier Consul, qui n'aimait pas la discussion publique, parce qu'elle agitait alors les esprits trop long-temps émus, la recherchait, la provoquait même dans le sein du Conseil d'État. C'était son gouvernement représentatif à lui. Il y était familier, original, éloquent, s'y permettait tout à lui-même, y permettait tout aux autres, et, par le choc de son esprit sur celui de ses contradicteurs, faisait jaillir plus de lumières qu'on ne peut en obtenir d'une grande assemblée, où la solennité de la tribune, les inconvénients de la publicité gênent et compriment sans cesse la vraie liberté de la pensée. Cette forme de discussion serait même la meilleure pour l'éclaircissement des affaires, s'il ne dépendait d'un maître absolu de l'arrêter aux limites fixées par sa volonté. Mais un tel corps est pour le despotisme éclairé, quand il veut être éclairé, la meilleure des institutions.

Mai 1802.

Le Conseil d'État, composé de tous les hommes de la Révolution, et de quelques-uns de ceux qui avaient surgi plus récemment, offrait dans son ensemble les diverses nuances de l'opinion publique, et peu affaiblies, car si, d'une part, MM. Portalis, Rœderer, Regnaud de Saint-Jean d'Angély, Devaines y représentaient vivement le parti de la réaction monarchique, MM. Thibaudeau, Berlier, Truguet, Emmery, Bérenger y représentaient le parti fidèle à la Révolution, jusqu'à défendre quelquefois ses préjugés. Mais là, dans le huis-clos du Conseil d'État, les discussions étaient sincères et profondément utiles.

Caractère des discussions dans le sein du Conseil d'État.

Le projet de la Légion-d'Honneur fut fortement attaqué. Ici, comme dans l'affaire du Concordat, le Premier Consul devançait peut-être le mouvement des esprits. Cette génération, qui bientôt fut au pied des autels, qui bientôt se couvrit de décorations avec un empressement puéril, résistait encore, dans le moment, au rétablissement des cultes et à l'institution de la Légion-d'Honneur.

Mai 1802.

Objections élevées dans le sein du Conseil d'État, contre l'institution de la Légion-d'Honneur.

On trouvait même au Conseil d'État que l'institution de la Légion-d'Honneur blessait l'égalité, qu'elle recommençait l'aristocratie détruite, qu'elle était un retour trop avoué à l'ancien régime. L'objet si élevé, si positif, indiqué par le serment, c'est-à-dire le maintien des principes de la Révolution, ne touchait que médiocrement les opposants. Ils demandaient si les obligations contenues dans ce serment n'étaient pas communes à tous les citoyens, si tous ne devaient pas concourir à défendre le territoire, les principes de l'égalité, les biens nationaux, etc.; si particulariser cette obligation pour les uns, ce n'était pas la rendre moins stricte pour les autres. On demandait si cette légion n'avait pas un but trop exceptionnel, comme, par exemple, de défendre un pouvoir auquel elle serait attachée par le lien des bienfaits. D'autres, alléguant la Constitution, objectaient qu'elle n'avait parlé que d'un système de récompenses militaires. Ils ajoutaient que l'institution se comprendrait mieux, soulèverait moins d'objections, si elle avait pour but de récompenser exclusivement les actions de guerre; que les actions de ce genre étaient si positives, si facilement appréciables, si généralement récompensées en tout pays, que personne ne trouverait à redire si on se bornait à cet objet clair et limité.

Réponses du Premier Consul aux objections

Le Premier Consul répondit à toutes ces objections avec la dialectique la plus vigoureuse. Qu'y a-t-il d'aristocratique, disait-il, dans une distinction toute personnelle, toute viagère, accordée à l'homme qui a déployé un mérite civil ou militaire, accordée à lui seul, accordée pour sa vie seulement, et ne passant point à ses enfants? Une telle distinction est le contraire de l'aristocratie; car le propre des titres aristocratiques est de se transmettre de celui qui les a mérités à son fils qui n'a rien fait pour les acquérir. Un ordre est la plus personnelle, la moins aristocratique des institutions. Mais, dit-on, après ceci viendra autre chose. Cela se peut, ajoutait le Premier Consul; mais voyons d'abord ce qu'on nous donne, nous jugerons le reste ensuite. On demande ce que signifie cette légion composée de six mille individus, et quels seront ses devoirs. On demande si elle a d'autres devoirs que ceux qui sont imposés à l'universalité des citoyens, tous également tenus de défendre le territoire, la Constitution, l'égalité. Premièrement on peut répondre à cette question que tout citoyen doit défendre la patrie commune, et que cependant il y a l'armée, à qui on en impose plus particulièrement le devoir. Serait-il dès lors étonnant que, dans l'armée, il y eût un corps d'élite, auquel on demanderait plus de dévouement à ses devoirs, plus de disposition au grand sacrifice de la vie? Mais d'ailleurs veut-on savoir ce que sera cette légion, s'écriait le Premier Consul, en revenant à son idée favorite; le voici. C'est un essai d'organisation pour les hommes, auteurs ou partisans de la Révolution, qui ne sont ni émigrés, ni Vendéens, ni prêtres. L'ancien régime, si battu par le bélier de la Révolution, est plus entier qu'on ne le croit. Tous les émigrés se tiennent

Mai 1802.

élevées contre la Légion-d'Honneur.

par la main; les Vendéens sont encore secrètement enrôlés; et, avec les mots de roi légitime, de religion, on peut en un instant réunir des milliers de bras, qui se lèveraient, soyez-en sûrs, si leur fatigue et la force du gouvernement ne les retenaient. Les prêtres forment un corps, au fond peu ami de nous tous. Il faut que, de leur côté, les hommes qui ont pris part à la Révolution s'unissent, se lient entre eux, forment aussi un tout solide, et cessent de dépendre du premier accident qui frapperait une seule tête. Il s'en est fallu de bien peu que vous ne fussiez rejetés dans le chaos par l'explosion du 3 nivôse, et livrés sans défense à vos ennemis. Depuis dix ans nous n'avons fait que des ruines, il faut fonder enfin un édifice pour nous établir dedans, et y vivre. Ces six mille légionnaires, composés de tous les hommes qui ont fait la Révolution, qui l'ont défendue après l'avoir faite, qui veulent la continuer dans ce qu'elle a de raisonnable et de juste, ces six mille légionnaires, militaires, fonctionnaires civils, magistrats, dotés avec les biens nationaux, c'est-à-dire avec le patrimoine de la Révolution, sont une des plus fortes garanties que vous puissiez donner à l'ordre de choses nouveau. Et puis, soyez-en sûrs, la lutte n'est pas finie avec l'Europe; tenez pour certain qu'elle recommencera. N'est-on pas heureux d'avoir dans les mains un moyen si facile de soutenir, d'exciter la bravoure de nos soldats? Au lieu de ce chimérique milliard, que vous n'oseriez même plus promettre, vous pouvez, avec seulement trois millions de revenu en biens nationaux, susciter autant de héros pour soutenir la Révolution qu'elle en a trouvé pour l'entreprendre. —

Tels étaient les arguments du Premier Consul. Il en avait d'autres encore, destinés à ceux qui demandaient que le nouvel ordre fût purement militaire, et décerné seulement à l'armée. Je ne veux pas, disait-il, fonder un gouvernement de prétoriens; je ne veux pas récompenser uniquement les militaires. J'entends que tous les mérites soient frères, que le courage du président de la Convention, résistant à la populace, soit rangé à côté du courage de Kléber, montant à l'assaut de Saint-Jean-d'Acre. On parle des termes de la Constitution! Il ne faut pas se laisser ainsi enchaîner par les mots. La Constitution a voulu tout dire, et ne l'a pas toujours su : c'est à nous d'y suppléer. Il faut que les vertus civiles aient leur part de récompense comme les vertus militaires. Ceux qui s'y opposent raisonnent comme les Barbares. C'est le culte de la force brutale qu'ils nous conseillent! Mais l'intelligence a ses droits avant ceux de la force; la force elle-même n'est rien sans l'intelligence. Dans les temps héroïques, le général, c'était l'homme le plus fort, le plus adroit de sa personne; dans les temps civilisés, le général, c'est le plus intelligent des braves. Quand nous étions au Kaire, les Égyptiens ne pouvaient pas comprendre que Kléber, si imposant de sa personne, ne fût pas le général en chef. Lorsque Mourad-Bey eut vu de près notre tactique, il comprit que c'était moi, et pas un autre, qui devais être le général d'une armée ainsi conduite. Vous raisonnez comme les Égyptiens, quand vous prétendez borner les récompenses à la valeur guerrière. Les soldats, ajoutait le Premier Consul, les soldats raisonnent mieux que vous. Allez dans leurs bivouacs, écoutez-les. Croyez-vous que, parmi leurs officiers, ce soit le plus grand, le plus imposant par sa stature, qui leur inspire le plus de considération? Non, c'est le plus brave. Croyez-vous même que le plus brave soit précisément le premier dans leur esprit? Sans doute, ils mépriseraient celui dont ils suspecteraient le courage; mais ils mettent bien au-dessus du brave celui qu'ils croient le plus intelligent. Moi-même, croyez-vous que ce soit uniquement parce que je suis réputé un grand général, que je commande à la France? Non, c'est parce qu'on m'attribue les qualités de l'homme d'État et du magistrat. La France ne tolérera jamais le gouvernement du sabre; ceux qui le croient se trompent étrangement. Il faudrait cinquante ans d'abjection pour qu'il en fût ainsi. La France est un trop noble pays, trop intelligent, pour se soumettre à la puissance matérielle, et pour inaugurer chez elle le culte de la force. Honorons l'intelligence, la vertu, les qualités civiles en un mot, dans toutes les professions; récompensons-les d'un prix égal dans toutes. —

Ces raisons, données avec chaleur, avec verve, et sortant de la bouche du plus grand capitaine des temps modernes, entraînèrent, en le charmant, le Conseil d'État tout entier. Elles étaient, il faut le dire, sincères et intéressées tout à la fois. Le Premier Consul voulait qu'il fût bien entendu, surtout pour les militaires, que ce n'était pas comme général seulement, mais comme homme de génie, qu'il était le chef de la France.

Ne pouvant le faire renoncer à son projet, on l'engagea cependant à l'ajourner, lui disant que c'était trop tôt, qu'ayant devancé peut-être le mouvement des esprits à l'égard du Concordat, il fallait s'arrêter un instant, et donner à l'opinion un moment de répit. Il n'écouta aucun de ces conseils. Sa nature était, en toutes choses, impatiente du résultat.

Le projet relatif au système d'éducation publique souleva aussi de graves objections dans le sein du Conseil d'Etat. Le parti de la réaction monarchique n'était pas éloigné de souhaiter le rétablissement des corporations religieuses. Le parti contraire soutenait les écoles centrales, et demandait plutôt l'amélioration que l'abrogation de ce système. Ce dernier montrait aussi quelque défiance au sujet de ces 6,400 bourses laissées à la distribution du gouvernement.

Les anciennes corporations ne sont pas de ce temps, disait le Premier Consul, d'ailleurs elles sont ennemies. Le clergé s'accommode du gouvernement actuel, il le préfère à la Convention et au Directoire; mais les Bourbons seraient bien mieux son fait. Quant aux écoles centrales, elles n'existent pas. C'est le néant. Il faut créer un vaste système, et organiser l'éducation publique en France. On croit peut-être que c'est dans un but d'influence que ces 6,400 bourses ont été imaginées. C'est voir la question par un bien petit côté. De l'influence, le gouvernement actuel en a plus qu'il n'en désire. Il n'y

Mai 1802.

Discussion dans le Conseil d'État du plan d'éducation publique.

a rien, en effet, qu'il ne pût aujourd'hui, surtout s'il voulait réagir contre la Révolution, détruire ce qu'elle a fait, rétablir ce qu'elle a détruit. On le lui demande de toutes parts. Il est assailli d'écrits confidentiels de toute espèce, dans lesquels chacun propose la restauration d'une partie de l'ancien régime. Il faut bien se garder de céder à une telle impulsion. Ces six mille bourses sont nécessaires pour organiser une société nouvelle, et la remplir de l'esprit du siècle. D'abord il est nécessaire de s'occuper des militaires et de leurs enfants. On leur doit tout. Ils n'ont rien touché du milliard promis. C'est bien le moins de leur assurer le nécessaire. Ces bourses sont un supplément indispensable à la modicité de leurs traitements. Les fonctionnaires civils méritent à leur tour d'être récompensés et encouragés quand ils auront bien servi. Ils sont d'ailleurs aussi pauvres que les militaires. Les uns et les autres nous donneront leurs enfants à élever, à façonner au nouveau régime. Les quatre mille boursiers que nous prendrons dans les pensionnats, seront aussi une pépinière de sujets dont nous nous emparerons dans le même but. Il faut que nous fondions une société nouvelle, d'après les principes de l'égalité civile, dans laquelle tout le monde trouve sa place, qui ne présente ni les injustices de la féodalité, ni le pêle-mêle de l'anarchie. Il est urgent de fonder cette société, car elle n'existe pas. Pour la fonder, il est nécessaire d'avoir des matériaux : les seuls bons, c'est la jeunesse. Il faut donc consentir à la prendre ; et, si nous ne l'attirons pas à nous par l'attrait de l'éducation gratuite, les parents ne nous la confieront pas de leur propre mouvement. Nous sommes tous suspects, nous auteurs, complices ou défenseurs de la Révolution, tant les nations sont changeantes! tant on est revenu des illusions de quatre-vingt-neuf! On ne nous donnera pas facilement les enfants des familles si nous ne prenons pas des moyens pour les attirer. Si nous formions des lycées sans bourses, ils seraient encore plus déserts que les écoles centrales, cent fois davantage; car les parents peuvent envoyer sans crainte leurs enfants à des cours publics, dans lesquels l'on professe le latin et les mathématiques, mais ils ne les enverraient pas facilement à des pensionnats dans lesquels l'autorité dominera complétement. Il n'y a qu'un moyen de les attirer, ce sont les bourses. Et les habitants des départements récemment réunis, il faut les faire français aussi! Il n'y a qu'un moyen encore, c'est de prendre leurs enfants un peu malgré eux, de les mettre avec les fils de vos officiers, de vos fonctionnaires, et de vos familles peu aisées, que l'avantage d'une éducation gratuite aura disposées à une confiance qu'elles n'auraient pas naturellement. Alors ces enfants apprendront notre langue, recevront notre esprit. Nous aurons ainsi fondu ensemble les Français d'autrefois, et les Français d'aujourd'hui; les Français du centre, et les Français des bords du Rhin, de l'Escaut et du Pô. —

Ces raisons profondes, répétées en plus d'une séance, et sous mille formes diverses, dont nous ne rapportons ici que la substance, firent prévaloir le projet de loi. C'est M. Fourcroy qui fut chargé de le porter

Mai 1802.

Adoption, par le Corps Législatif, du projet de loi sur instruction publique.

au Corps Législatif, et d'en soutenir la discussion.

Ce projet et celui de la Légion-d'Honneur furent présentés au Corps Législatif à peu près en même temps, car le Premier Consul ne voulait pas laisser passer cette courte session, sans avoir posé les principales bases de son vaste édifice. La loi sur l'instruction publique ne rencontra pas de grands obstacles, et, soutenue par M. Fourcroy, qui en était l'auteur de moitié avec le Premier Consul, elle fut adoptée à une majorité considérable. Dans le Tribunat elle obtint 80 boules blanches contre 9 boules noires; dans le Corps Législatif, 251 contre 27. Mais il n'en fut pas ainsi pour la loi relative à la Légion-d'Honneur. Elle rencontra, dans les deux assemblées, une résistance également vive. Lucien Bonaparte en fut nommé rapporteur ; et, à la vivacité qu'il mit à la défendre, il devint trop évident qu'il défendait une idée de famille. L'institution fut fort attaquée au Tribunat par MM. Savoie-Rollin et de Chauvelin, ce dernier mettant une sorte de prétention à défendre le principe de l'égalité, malgré le nom qu'il portait. Lucien, qui avait le talent de la parole, mais qui ne l'avait pas suffisamment exercé, répondit avec peu de sang-froid et de mesure, et contribua beaucoup à indisposer le Tribunat. Malgré l'épuration que ce corps avait subie, le projet présenté n'obtint que 56 boules blanches contre 38 noires. Au Corps Législatif, la discussion, quoique dirigée tout entière dans un même sens, puisque le Tribunat, ayant adopté la proposition du gouvernement, n'avait envoyé que des orateurs

Faible majorité accordée au projet de loi relatif à la Légion-d'Honneur.

chargés de l'appuyer, la discussion ne ramena pas beaucoup les esprits. Il n'y eut que 166 suffrages favorables contre 110 suffrages contraires. Le projet de loi fut donc adopté; mais rarement la minorité avait été si forte, et la majorité si faible, même avant l'exclusion des opposants. C'est que le Premier Consul avait heurté ici le sentiment de l'égalité, seul survivant dans les cœurs. Ce sentiment s'effarouchait à tort sans doute, car il n'y avait rien de moins aristocratique qu'une institution qui avait pour but de décerner à des soldats, à des savants, une distinction purement viagère, et la même que devaient porter des généraux et des princes. Mais tout sentiment, quand il est vif, est susceptible et ombrageux. Le Premier Consul était allé trop vite; il en convint. — Nous aurions dû attendre, dit-il, cela est vrai. Mais nous avions raison, et il faut savoir hasarder quelque chose quand on a raison. D'ailleurs ce projet a été mal défendu; on n'a pas fait valoir les bons arguments. Si on avait su les présenter avec vérité et vigueur, l'opposition se serait rendue. —

Mai 1802.

La fin de cette session si féconde approchait, et cependant le traité d'Amiens n'avait pas encore été apporté au Corps Législatif, pour y être converti en loi. Ce grand acte était réservé pour le dernier. On voulait qu'il servît en quelque sorte de couronnement aux œuvres du Premier Consul, et aux délibérations de cette session extraordinaire. De plus, on le regardait comme une occasion de faire éclater la reconnaissance publique, en faveur de l'auteur de tous les biens dont on jouissait.

Présentation au Corps Législatif du traité d'Amiens.

Motifs qui avaient fait différer cette présentation.

LIVRE XIV.

Mai 1802.

Mouvement de l'opinion publique en faveur du Premier Consul.

Depuis quelque temps, en effet, on se demandait si on ne donnerait pas un grand témoignage de gratitude nationale à l'homme qui, en deux années et demie, avait tiré la France du chaos, et l'avait réconciliée avec l'Europe, avec l'Église, avec elle-même, et déjà presque complétement organisée. Ce sentiment de reconnaissance était universel et mérité. Il était facile de le faire aboutir à l'accomplissement des vœux secrets du Premier Consul, vœux qui consistaient à obtenir à perpétuité le pouvoir qui lui avait été confié pour dix ans. Les esprits, au surplus, étaient fixés à cet égard, et, sauf un petit nombre de royalistes ou de jacobins, personne n'aurait compris, personne n'aurait voulu, que le pouvoir passât dans d'autres mains que celles du général Bonaparte. On regardait la continuation indéfinie de son autorité, comme la chose la plus simple et la plus inévitable. Convertir cette disposition des esprits en un acte légal était donc facile; et, si dix-huit mois auparavant, lorsque le fameux *Parallèle entre César, Cromwell et le général Bonaparte*, provoqua trop tôt la discussion sur ce point, on rencontra quelque répulsion, il n'en était plus ainsi désormais. Il n'y avait qu'un mot à dire pour que sur-le-champ on offrît au Premier Consul, sous tel titre et telle forme qu'il voudrait, une véritable souveraineté. Il suffisait de choisir un à-propos quelconque, et d'énoncer la proposition, pour qu'elle fût immédiatement accueillie.

Vœu général de lui continuer, pour toute sa vie, le pouvoir qu'il a reçu pour dix ans.

Le moment où tant d'actes mémorables venaient de se succéder coup sur coup, était effectivement celui que le Premier Consul dans ses calculs, ses amis dans leur impatience intéressée, les esprits avisés dans leurs prévisions, avaient désigné, et que le public, naïf, sincère dans ses sentiments, était prêt à accepter pour une grande manifestation. Le général Bonaparte souhaitait le suprême pouvoir, c'était naturel et excusable. En faisant le bien, il avait obéi à son génie; en le faisant, il en avait espéré le prix. Il n'y avait là rien de coupable, d'autant plus que, dans sa conviction et dans la vérité, pour achever ce bien, il fallait long-temps encore un chef tout-puissant. Dans un pays qui ne pouvait pas se passer d'une autorité forte et créatrice, il était légitime de prétendre au pouvoir suprême, quand on était le plus grand homme de son siècle, et l'un des plus grands hommes de l'humanité. Washington, au milieu d'une société démocratique, républicaine, exclusivement commerciale, et pour long-temps pacifique, Washington avait eu raison de montrer peu d'ambition. Dans une société républicaine par accident, monarchique par nature, entourée d'ennemis, dès lors militaire, ne pouvant se gouverner et se défendre sans unité d'action, le général Bonaparte avait raison d'aspirer au pouvoir suprême, n'importe sous quel titre. Son tort, ce n'est pas d'avoir pris la dictature, alors nécessaire: c'est de ne l'avoir pas toujours employée comme dans les premières années de sa carrière.

Mai 1802.

Le général Bonaparte cachait profondément dans son cœur des désirs que tout le monde, même le peuple le plus simple, apercevait clairement. C'est

Vœu secret du Premier Consul.

tout au plus s'il s'en ouvrait à ses frères. Jamais il ne disait que le titre de Premier Consul pour dix ans avait cessé de lui suffire. Sans doute, quand la question se présentait sous forme théorique, quand on parlait d'une manière générale de la nécessité d'une autorité forte, il se donnait carrière, et exprimait sa pensée à cet égard. Mais jamais il ne concluait à demander pour lui-même une prorogation de pouvoir. Tout à la fois dissimulé et confiant, il communiquait certaines choses aux uns, certaines aux autres, et cachait quelque chose à tous. A ses collègues, surtout à M. Cambacérès, dont il appréciait la haute sagesse; à MM. Fouché et de Talleyrand, auxquels il accordait une grande part d'influence, il parlait complétement de ce qui intéressait les affaires publiques, beaucoup plus qu'à ses frères, auxquels il était loin de confier le secret de l'État. Pour ce qui le touchait personnellement, au contraire, il disait peu à ses collègues ou à ses ministres, et beaucoup à ses frères. Toutefois il ne leur avait pas même découvert, à eux, la secrète ambition de son cœur; mais elle était si aisée à deviner, on était dans le sein de sa famille si pressé de la faire réussir, qu'on lui épargnait la peine de s'en ouvrir le premier. On l'en entretenait sans cesse, et on lui laissait la position plus commode d'avoir à modérer plutôt qu'à exciter le zèle pour sa grandeur. On lui disait donc que le moment était venu de constituer en sa faveur autre chose qu'un pouvoir éphémère et passager, qu'il fallait songer enfin à lui en attribuer un qui fût tout à fait solide et durable.

Joseph avec la douceur paisible de son caractère, Lucien avec la pétulance de sa nature, tendaient ouvertement au même but. Ils avaient pour confidents et pour coopérateurs les hommes de leur intimité, qui, soit dans le Conseil d'État, soit dans le Sénat, partageaient leur sentiment par conviction, et par envie de plaire. MM. Regnaud, Laplace, Talleyrand et Rœderer, celui-ci toujours le plus ardent dans cette voie, étaient franchement d'avis qu'il fallait, le plus tôt possible et le plus complétement, retourner à la monarchie. M. de Talleyrand, le plus calme, mais pas le moins actif d'entre eux, aimait fort la monarchie, surtout élégante et brillante, comme dans le palais de Versailles, sans les Bourbons toutefois, avec lesquels il se croyait alors incompatible. Il répétait sans cesse, avec une autorité qui ne pouvait appartenir qu'à lui, que pour négocier avec l'Europe il serait bien plus facile de traiter au nom d'une monarchie que d'une république; que les Bourbons étaient pour les rois des hôtes incommodes et déconsidérés; que le général Bonaparte, avec sa gloire, sa puissance, son courage à comprimer l'anarchie, était pour eux le plus souhaitable, le plus attendu de tous les souverains; que quant à lui, ministre des affaires étrangères, il affirmait qu'ajouter, n'importe quoi, à l'autorité actuelle du Premier Consul, c'était se concilier l'Europe, bien loin de la blesser. Ces confidents intimes de la famille Bonaparte avaient fort débattu entre eux la question du moment. Cependant, aboutir de plein saut à une souveraineté héréditaire, qu'on l'appelât empire

Mai 1802.

ou royauté, semblait une témérité bien grande. Peut-être valait-il mieux y arriver, en passant par un ou plusieurs intermédiaires. Mais sans changer le titre du Premier Consul, ce qui était plus commode, on pouvait lui donner l'équivalent du pouvoir royal, et l'équivalent même de l'hérédité : c'était le Consulat à vie, avec faculté de désigner son successeur. En apportant quelques modifications à la Constitution, modifications faciles à obtenir du Sénat, qui était devenu une sorte de pouvoir constituant, il était possible de créer une vraie souveraineté, sous un titre républicain. On se donnait même, par la faculté de désigner le successeur, les seuls avantages de l'hérédité actuellement désirables; car le Premier Consul n'ayant pas d'enfants, n'ayant que des frères et des neveux, il valait mieux lui confier le droit de choisir entre eux celui qu'il jugerait le plus digne de succéder à sa puissance.

Cette idée paraissant la plus prudente et la plus sage, on semblait s'y être arrêté dans le sein de la famille Bonaparte. Cette famille était, dans le moment, singulièrement émue. Les frères du Premier Consul qui avaient sur leur front un rayon de sa gloire, mais à qui cela ne suffisait pas, et qui auraient voulu qu'il devînt un vrai monarque, pour devenir princes par le droit du sang, s'agitaient beaucoup, se plaignaient de n'être rien, d'avoir servi à l'élévation de leur frère, et de n'avoir pas dans l'État un rang proportionné à leur mérite et à leurs services. Joseph, plus paisible par caractère, satisfait d'ailleurs du rôle de négociateur ordinaire de la paix, riche, considéré, était moins impatient. Lucien, qui se donnait pour républicain, était cependant celui de tous qui se montrait le plus pressé de voir le pouvoir souverain de son frère, élevé sur les ruines de la République. Tout récemment il avait refusé de dîner chez madame Bonaparte, disant qu'il s'y rendrait lorsqu'il y aurait une place marquée pour les frères du Premier Consul. Au sein de cette famille, madame Bonaparte, plus digne d'intérêt parce qu'elle n'éprouvait pas toutes ces ardeurs ambitieuses, et les redoutait, au contraire, madame Bonaparte était, suivant son ordinaire, plus effrayée que satisfaite des changements qui se préparaient. Elle avait peur, comme nous l'avons déjà dit, qu'on ne fît franchir trop tôt à son mari les marches de ce trône, où elle avait vu siéger les Bourbons, et où il lui semblait incroyable que d'autres qu'eux pussent être assis. Elle craignait que des frères inconsidérés, jaloux de partager la grandeur de leur frère, ne hâtassent imprudemment son élévation, et, pour le faire monter trop vite, ne précipitassent elle, lui, eux, tous enfin, dans un abîme. Rassurée à un certain degré, par la tendresse de son époux, sur le danger d'un divorce prochain, elle était dans le moment poursuivie d'une seule image, celle du nouveau César, frappé d'un coup de poignard, à l'instant où il essaierait de poser le diadème sur sa tête.

Madame Bonaparte avouait hardiment ses craintes à son époux, qui la faisait taire, en lui imposant silence brusquement. Repoussée, elle s'adressait

Mai 1802.

alors aux hommes qui avaient sur lui quelque influence, les suppliait de combattre les conseils de frères ambitieux et mal avisés, et donnait ainsi à ses répugnances, à ses craintes, un éclat fâcheux qui déplaisait au Premier Consul.

Parmi les personnages admis dans cet intérieur, le ministre Fouché entrait plus qu'un autre dans les vues de madame Bonaparte. Ce n'est pas qu'il eût plus de fierté de sentiments que les hommes dont le Premier Consul était entouré, et que seul, entre tous, il ne cherchât pas à plaire au maître inévitable; non, sans doute. Mais il avait un grand sens; il voyait avec appréhension l'impatience de la famille Bonaparte; il entendait de plus près que personne les cris sourds, étouffés, des républicains vaincus, peu nombreux, mais révoltés d'une usurpation si prompte; et lui-même, au milieu de ce mouvement des choses, ressentait quelque émotion de ce qu'on allait entreprendre. Bien qu'il ne voulût pas perdre la confiance du Premier Consul, qu'il voulût au contraire l'avoir plus que jamais, puisque le Premier Consul allait devenir arbitre de toutes les existences, cependant il avait laissé deviner une partie de ce qu'il pensait. Lié avec madame Bonaparte, il avait entendu l'expression des craintes dont elle était assiégée, et, craignant le ressentiment de son mari, avait cherché à la calmer. — Madame, lui avait-il dit, tenez-vous en repos. Vous contrariez inutilement votre époux. Il sera consul à vie, roi ou empereur, tout ce qu'on peut être. Vos craintes le fatiguent; mes conseils le blesseraient. Restons donc à notre place, et laissons s'accomplir des événements, que vous ni moi ne saurions empêcher. —

Le dénoûment de cette scène agitée approchait, à mesure qu'on arrivait au terme de la session extraordinaire de l'an X, et on entendait les meneurs répéter plus souvent et plus haut, qu'il fallait donner de la stabilité au pouvoir, et un témoignage de reconnaissance au bienfaiteur de la France et du monde. Cependant, on ne pouvait pas amener ce dénouement d'une manière sûre et naturelle, sans la main d'un homme, et cet homme était le consul Cambacérès. Nous avons déjà parlé de son influence occulte, mais réelle, et habilement ménagée, sur l'esprit du Premier Consul. Son action sur le Sénat était également grande. Ce corps avait une véritable déférence pour le vieux jurisconsulte, devenu confident du nouveau César. M. Sieyès, créateur en quelque sorte du Sénat, y avait d'abord joui d'un certain ascendant. Bientôt, son intention de tourner ce corps à l'opposition, ayant été dévoilée et vaincue, M. Sieyès n'était plus que ce qu'il avait toujours été, c'est-à-dire un esprit supérieur, mais chagrin, impuissant, réduit désormais à médire de toutes choses, dans la terre de Crosne, prix vulgaire de ses grands services. M. Cambacérès, au contraire, était devenu le directeur secret du Sénat. Dans la conjoncture actuelle, le général Bonaparte ne pouvant pas se proclamer lui-même consul à vie ou empereur, ayant besoin qu'un corps quelconque prît l'initiative, c'était évidemment le Sénat, et dans le Sénat, l'homme qui le dirigeait, auquel appartenait la plus grande importance.

M. Cambacérès, quoique dévoué au Premier Consul, ne voyait pas toutefois sans quelque déplaisir un changement, qui tendait à le placer à une distance encore plus grande de son illustre collègue. Sachant néanmoins que les choses n'en resteraient pas où elles étaient, qu'on perdrait sa peine à faire obstacle aux désirs du général Bonaparte, et que d'ailleurs, dans leurs limites actuelles, ces désirs étaient légitimes, M. Cambacérès résolut de s'entremettre spontanément, pour faire aboutir à un résultat raisonnable toute cette agitation intérieure, et pour donner au gouvernement une forme stable, qui satisfît l'ambition du Premier Consul, sans trop effacer les formes républicaines, chères encore à beaucoup d'esprits.

Tandis qu'on s'entretenait vivement à ce sujet autour du Premier Consul, lui se bornant à écouter, affectant même de garder le silence, M. Cambacérès mit fin à cet état de contrainte, en parlant le premier à son collègue de ce qui se passait. Il ne lui dissimula pas le danger de la précipitation dans une affaire de cette nature, et l'avantage qu'il y aurait à conserver une forme modeste, et toute républicaine, à un pouvoir aussi réel, aussi grand que le sien. Toutefois, lui offrant, en son propre nom et au nom du troisième consul Lebrun, un dévouement sans réserve, il lui déclara qu'ils étaient prêts, l'un et l'autre, à faire ce qu'il voudrait, et à lui épargner l'embarras d'intervenir de sa personne, dans une circonstance où il devait paraître recevoir, et non pas prendre, le titre qu'il s'agissait de lui donner. Le Premier Consul, lui exprimant sa gratitude d'une pareille ouverture, convint du danger qu'il y aurait à faire trop et trop vite, déclara qu'il ne formait aucun désir, qu'il était content de sa position actuelle, qu'il n'était pas pressé de la changer, et ne ferait rien pour en sortir; que cependant la constitution du pouvoir était, à son avis, précaire, et ne présentait pas un caractère suffisant de solidité et de durée; que, dans son opinion, il y avait quelques changements à introduire dans la forme du gouvernement, mais qu'il était trop directement intéressé dans cette question pour s'en mêler lui-même; qu'il attendrait donc, et ne prendrait aucune initiative.

M. Cambacérès répondit au Premier Consul que sans doute sa dignité personnelle exigeait beaucoup de réserve, et lui interdisait de prendre ostensiblement l'initiative, mais que s'il voulait bien s'expliquer avec ses deux collègues, leur faire connaître à tous deux le fond de sa pensée, ils lui épargneraient, une fois ses intentions connues, la peine de les manifester, et mettraient sans plus tarder la main à l'œuvre. Soit qu'il éprouvât un certain embarras à dire ce qu'il désirait, soit qu'il désirât plus qu'on ne lui destinait alors, la souveraineté peut-être, le Premier Consul se couvrit de nouveaux voiles, et se contenta de répéter qu'il n'avait aucune idée arrêtée, mais qu'il verrait avec plaisir que ses deux collègues surveillassent le mouvement des esprits, le dirigeassent même, pour prévenir les imprudences que pourraient commettre des amis malhabiles.

Jamais le Premier Consul ne voulut avouer sa pensée à son collègue Cambacérès. A la gêne naturelle qu'il éprouvait, se joignait une illusion. Il croyait que, sans qu'il eût besoin de s'en mêler, on viendrait déposer la couronne à ses pieds. C'était une erreur. Le public, tranquille, heureux, reconnaissant, était disposé à sanctionner tout ce qu'on ferait; mais ayant en quelque sorte abdiqué toute participation aux affaires publiques, il n'était pas prêt à s'en mêler, même pour témoigner la gratitude dont il était plein. Les corps de l'État, sauf les meneurs intéressés, étaient saisis d'une sorte de pudeur, à l'idée de venir, à la face du ciel, abjurer ces formes républicaines, qu'ils avaient récemment encore fait serment de maintenir. Beaucoup de gens, peu versés dans les secrets de la politique, allaient jusqu'à croire que le Premier Consul, satisfait de la toute-puissance dont il jouissait, depuis surtout qu'on l'avait débarrassé de l'opposition du Tribunat, se contenterait de pouvoir tout ce qu'il voudrait, et se donnerait la gloire facile d'être un nouveau Washington, avec bien plus de génie et de gloire que le Washington américain. Aussi quand les meneurs disaient qu'on n'avait rien fait pour le Premier Consul, qui avait tant fait pour la France, certains esprits simples répondaient naïvement : Mais que voulez-vous qu'on fasse pour lui? que voulez-vous qu'on lui offre? quelle récompense serait proportionnée aux services qu'il a rendus? Sa vraie récompense, c'est sa gloire. —

M. Cambacérès était trop sage pour se venger de la dissimulation du Premier Consul, en laissant les choses dans cette stagnation. Il fallait en finir, et il résolut de s'en mêler sur-le-champ. Dans son opinion et dans celle de beaucoup d'hommes éclairés, une prorogation de pouvoir de dix années, accordée au Premier Consul, laquelle, avec les sept années restant de la première période, portait à dix-sept la durée totale de son Consulat, était bien suffisante. C'était en effet soit en France, soit en Europe, déjouer les ennemis qui auraient calculé sur le terme légal de sa puissance. Mais M. Cambacérès savait bien que le Premier Consul ne s'en contenterait pas, qu'il fallait lui offrir autre chose, et qu'avec le Consulat à vie, accompagné de la faculté de désigner son successeur, on se procurerait tous les avantages de la monarchie héréditaire, sans les inconvénients d'un changement de titre, sans le déplaisir que ce changement causerait à beaucoup d'hommes de bonne foi. Il s'arrêta donc à cette idée, et s'efforça de la propager dans le Sénat, dans le Corps Législatif, dans le Tribunat. Mais s'il y avait beaucoup d'individus prêts à tout voter, il y en avait d'autres qui hésitaient, et qui ne voulaient qu'une prorogation de dix ans.

Le Premier Consul avait différé jusqu'à ce jour, et avec intention, la présentation du traité d'Amiens au Corps Législatif, pour y être converti en loi. M. Cambacérès, comprenant que cette circonstance était celle dont il fallait user, pour faire sortir d'une espèce

Mai 1802.

d'acclamation générale les changements proposés, disposa tout pour amener un tel résultat. Le 6 mai (16 floréal) avait été choisi pour porter au Corps Législatif le traité qui complétait la paix générale. Le président du Tribunat, M. Chabot de l'Allier, était l'un des amis du consul Cambacérès. Celui-ci le fit appeler, et convint avec lui de la marche à suivre. Il fut arrêté entre eux que, lorsque le traité serait porté du Corps Législatif au Tribunat, M. Siméon proposerait une députation au Premier Consul pour lui témoigner la satisfaction de cette assemblée; qu'alors le président Chabot de l'Allier quitterait le fauteuil, et proposerait l'émission du vœu suivant: « Le Sénat est invité à donner aux Consuls un té- » moignage de la reconnaissance nationale »

Le Tribunat prend occasion de la présentation du traité d'Amiens, pour émettre le vœu d'une récompense nationale au Premier Consul.

Les choses ainsi disposées, le projet de loi fut porté le 6 mai (16 floréal) par trois conseillers d'État au Corps Législatif: c'étaient MM. Rœderer, Bruix (l'amiral), et Berlier. Ordinairement les projets étaient communiqués purement et simplement par le Corps Législatif au Tribunat; cette fois, vu l'importance de l'objet, le gouvernement voulut communiquer directement au Tribunat le traité soumis aux délibérations législatives. Trois conseillers d'État, Régnier, Thibaudeau et Bigot-Préameneu, furent chargés de ce soin. A peine avaient-ils achevé de faire cette communication, que le tribun Siméon demanda la parole. Puisque le gouvernement, dit-il, nous a communiqué d'une manière aussi solennelle le traité de paix conclu avec la Grande-Bretagne, nous devons répondre à cette démarche par une démarche pareille. Je demande qu'il soit adressé une députation au gouvernement, pour le féliciter du rétablissement de la paix générale. Cette proposition fut aussitôt adoptée. Le président Chabot de l'Allier se fit ensuite remplacer au fauteuil par M. Stanislas de Girardin, et, se transportant à la tribune, prononça les paroles suivantes :

Mai 1802.

Motion de M. Chabot de l'Allier.

« Chez tous les peuples on a décerné des honneurs publics aux hommes qui, par des actions éclatantes, ont honoré leur pays et l'ont sauvé de grands périls.

» Quel homme eut jamais plus que le général Bonaparte des droits à la reconnaissance nationale?

» Quel homme, soit à la tête des armées, soit à la tête du gouvernement, honora davantage sa patrie, et lui rendit des services plus signalés?

» Sa valeur et son génie ont sauvé le peuple français des excès de l'anarchie, et des malheurs de la guerre, et le peuple français est trop grand, trop magnanime, pour laisser tant de bienfaits sans une grande récompense.

» Tribuns, soyons ses organes. C'est à nous surtout qu'il appartient de prendre l'initiative lorsqu'il s'agit d'exprimer, dans une circonstance si mémorable, les sentiments et la volonté du peuple français. »

Pour conclusion de ce discours, M. Chabot de l'Allier proposa au Tribunat d'émettre le vœu d'une grande manifestation de la reconnaissance nationale, envers le Premier Consul.

Mai 1802.

Vœu du Tribunat.

Formation d'une commission dans le sein du Sénat, pour l'accomplissement du vœu du Tribunat.

Il proposa, en outre, de communiquer ce vœu au Sénat, au Corps Législatif et au gouvernement. La proposition fut adoptée à l'unanimité.

Cette délibération fut aussitôt connue du Sénat, et ce corps décida immédiatement qu'il serait formé une commission spéciale, afin de présenter ses vues sur le témoignage de reconnaissance nationale qu'il conviendrait de donner au Premier Consul.

La députation que le tribun Siméon avait proposé d'envoyer au gouvernement fut reçue le lendemain même 7 mai (17 floréal) aux Tuileries. Le Premier Consul était entouré de ses collègues, d'un grand nombre de hauts fonctionnaires, et de généraux. Il avait une attitude grave et modeste. M. Siméon portait la parole. Il célébra les hauts faits du général Bonaparte, les merveilles de son gouvernement, plus grandes que celles de son épée ; il lui attribua les victoires de la République, la paix qui les avait suivies, le rétablissement de l'ordre, le retour de la prospérité, et, terminant enfin cette allocution, « je me hâte, dit-il, je crains de paraître » louer, quand il ne s'agit que d'être juste, et d'ex- » primer en peu de mots un sentiment profond que » l'ingratitude seule aurait pu étouffer. Nous atten- » dons que le premier corps de la nation se rende » l'interprète de ce sentiment général, dont il n'est » permis au Tribunat que de désirer et de voter » l'expression. »

Le Premier Consul, après avoir remercié le tribun Siméon des sentiments qu'il venait de lui témoigner, après avoir dit qu'il y voyait un résultat des communications plus intimes établies entre le gouvernement et le Tribunat, faisant ainsi une allusion directe aux changements opérés dans ce corps, le Premier Consul termina par ces nobles paroles : « Pour moi, je reçois avec la plus sensible » reconnaissance le vœu émis par le Tribunat. Je » ne désire d'autre gloire que celle d'avoir rempli » tout entière la tâche qui m'était imposée. Je n'am- » bitionne d'autre récompense que l'affection de » mes concitoyens; heureux s'ils sont bien convain- » cus que les maux qu'ils pourraient éprouver se- » ront toujours pour moi les maux les plus sensi- » bles; que la vie ne m'est chère que par les services » que je puis rendre à ma patrie; que la mort même » n'aura point d'amertume pour moi, si mes der- » niers regards peuvent voir le bonheur de la Ré- » publique aussi assuré que sa gloire. »

Mai 1802.

Réponse du Premier Consul à une députation du Tribunat.

Il ne s'agissait plus que de se fixer sur le témoignage de reconnaissance nationale à donner au général Bonaparte. Personne ne s'y trompait : tout le monde savait bien que c'était par une extension de pouvoir qu'il fallait payer à l'illustre général les bienfaits immenses qu'on en avait reçus. Cependant quelques esprits simples, soit au Tribunat, soit au Sénat, avaient cru, en votant, qu'il s'agissait peut-être d'un témoignage public, comme une statue ou un monument. Mais ces esprits simples étaient en bien petit nombre. La masse des tribuns et des sénateurs savaient parfaitement comment il fallait exprimer sa reconnaissance. Pendant cette journée et la suivante, les Tuileries et l'hôtel de M. Cambacérès, qui était logé hors du palais, ne désemplirent point. Les sénateurs venaient avec empressement demander comment il fallait agir. Le zèle était grand parmi eux ; on n'avait qu'à énoncer ce qu'on voulait pour qu'ils le décrétassent. L'un d'eux alla même jusqu'à dire au consul Cambacérès : Que veut le général ? Veut-il être roi ? qu'il le dise. Moi et mes collègues de la Constituante, nous sommes tout prêts à voter le rétablissement de la royauté, et plus volontiers pour lui que pour d'autres, parce qu'il en est le plus digne. — Curieux de connaître la pensée véritable du Premier Consul, les sénateurs s'approchèrent de lui le plus qu'ils purent, et s'y prirent de cent manières, pour avoir au moins un mot de sa bouche tant soit peu significatif. Mais il refusa constamment de dévoiler ses intentions, même au sénateur Laplace, qui était l'un de ses amis particuliers, et qu'on avait, à ce titre, chargé de sonder ses intentions secrètes. Il répondit toujours que ce qu'on ferait, quoi qu'on fît, serait reçu avec gratitude, et qu'il n'avait rien d'arrêté dans son esprit. Quelques-uns voulurent savoir si une prorogation de dix ans lui serait agréable. Il répondit avec une humilité affectée que tout témoignage de la confiance publique, celui-là ou tout autre, lui suffirait, et le remplirait de satisfaction. Les sénateurs, fort peu instruits après de telles communications, retournaient auprès des consuls Cambacérès et Lebrun, s'informer de la conduite qu'ils avaient à tenir. Nommez-le consul à vie, répondaient-ils, et vous ferez ce qu'il y a de mieux. — Mais on dit qu'il ne le veut pas, répliquaient les plus simples, et que dix ans de prorogation lui suffisent. Pourquoi aller plus loin qu'il ne veut? —

Mai 1802.

Les consuls Lebrun et Cambacérès avaient de la peine à les persuader. Celui-ci en avertit le Premier Consul. — Vous avez tort, lui dit-il, de ne pas vous expliquer. Vos ennemis, et il vous en reste, malgré vos services, même au Sénat, abuseront de votre réserve. — Le Premier Consul ne parut ni surpris, ni même flatté de l'empressement des sénateurs. Laissez-les faire, répondit-il à M. Cambacérès; la majorité du Sénat est toujours prête à faire plus qu'on ne lui demande. Ils iront plus loin que vous ne croyez. —

M. Cambacérès lui répliqua qu'il se trompait. Mais il fut impossible de vaincre cette dissimulation opiniâtre; et, comme on va le voir, les conséquences en furent singulières. Malgré les avis de MM. Cambacérès et Lebrun, beaucoup de bonnes gens qui trouvaient plus commode de donner moins que plus, crurent que le Premier Consul regardait une prorogation de dix ans comme un témoignage suffisant de la confiance publique, et comme une assez grande consolidation de son pouvoir. Le parti Sieyès, toujours fort malveillant, s'était réveillé à cette occasion, et agissait sourdement. Les sénateurs qui étaient secrètement liés à ce parti, circonvinrent leurs collègues incertains, et leur affirmèrent que la pensée du Premier Consul était connue, qu'il se contentait d'une prorogation de dix ans, qu'il la préférait à toute autre chose, qu'on le savait, que d'ailleurs c'était mieux en soi; que par cette combinaison le pouvoir public était consolidé, la République maintenue, et la dignité de la nation sauvée. Comme dans l'affaire des candidatures au Sénat, le brave Lefebvre fut un de ceux qui se laissèrent persuader, et qui crurent, en votant une prorogation de dix ans, faire ce que le général Bonaparte désirait. Il y avait quarante-huit heures qu'on délibérait. Il fallait en finir. Le sénateur Lanjuinais, avec le courage dont il avait donné tant de preuves, attaqua ce qu'il appelait l'usurpation flagrante dont la République était menacée. Son discours fut écouté avec peine, et comme un hors-d'œuvre. Des ennemis habiles avaient préparé une meilleure manœuvre. Ils avaient fait prévaloir l'idée de proroger pour dix ans les pouvoirs du Premier Consul. Cette résolution fut en effet adoptée le 8 mai (18 floréal), vers la fin du jour. Le sénateur Lefebvre courut des premiers aux Tuileries, pour y annoncer ce qui venait de se passer, croyant y apporter la nouvelle la plus agréable. Elle y arrivait de toutes parts, et y causait une surprise aussi imprévue que pénible.

Le Premier Consul, entouré de ses frères, Joseph et Lucien, apprit ce résultat avec le plus vif déplaisir. Dans le premier moment, il ne songeait à rien moins qu'à refuser la proposition du Sénat. Il fit tout de suite appeler son collègue Cambacérès. Celui-ci accourut sur-le-champ. Trop sage, trop prudent pour triompher de sa prévoyance, et de la faute du Premier Consul, il dit que ce qui arrivait était désagréable sans doute, mais facile à réparer; qu'avant tout il ne fallait montrer aucune humeur; que, dans deux fois vingt-quatre heures, tout pourrait être changé, mais qu'il était nécessaire pour cela de donner à l'affaire une face nouvelle, et qu'il s'en chargeait. Le Sénat vous offre une prorogation de pouvoir, dit M. Cambacérès, répondez que vous êtes reconnaissant d'une telle proposition, mais que ce n'est pas de lui, que c'est du suffrage de la nation que vous tenez votre autorité, que c'est de la nation seule que vous pouvez en recevoir la prorogation; et que vous voulez la consulter par les mêmes moyens qui ont été employés pour l'adoption de la Constitution consulaire, c'est-à-dire par des registres ouverts dans toute la France. Alors nous ferons libeller par le Conseil d'État la formule qui sera soumise à la sanction nationale. En faisant ainsi un acte de déférence pour la souveraineté du peuple, nous parviendrons à substituer un projet à un autre. Nous poserons la question de savoir, non pas si le général Bonaparte doit recevoir une prorogation pour dix ans du pouvoir consulaire, mais s'il doit recevoir le Consulat à vie. Si le Premier Consul faisait lui-même une telle chose, ajouta M. Cambacérès, les convenances seraient trop blessées. Mais je puis, moi, second Consul, très-désintéressé dans cette circonstance, donner l'impulsion. Que le général parte publiquement pour la Malmaison; je resterai seul à Paris; je convoquerai le Conseil d'État, et c'est par le Conseil d'État que je ferai rédiger la nouvelle proposition, qui devra être soumise à l'acceptation de la nation. —

Cet habile expédient fut adopté avec grande satisfaction par le général Bonaparte, et par ses frères.

Mai 1802.

Expédient imaginé par le consul Cambacérès.

M. Cambacérès fut beaucoup remercié de son ingénieuse combinaison, et chargé de tout avec un entier abandon. Il fut convenu que le Premier Consul partirait le lendemain, après avoir arrêté avec M. Cambacérès lui-même le texte de la réponse au Sénat.

Ce texte fut rédigé le lendemain matin, 9 mai (19 floréal), par M. Cambacérès et le Premier Consul, et adressé tout de suite au Sénat, en réponse à son message.

Réponse du Premier Consul au vœu du Sénat.

« Sénateurs, disait le Premier Consul, la preuve
» honorable d'estime consignée dans votre délibéra-
» tion du 18, sera toujours gravée dans mon cœur.

» Dans les trois années qui viennent de s'écouler,
» la fortune a souri à la République ; mais la fortune
» est inconstante : et combien d'hommes qu'elle
» avait comblés de ses faveurs, ont vécu trop de
» quelques années !

» L'intérêt de ma gloire et celui de mon bonheur
» sembleraient avoir marqué le terme de ma vie pu-
» blique au moment où la paix du monde est pro-
» clamée.

» Mais la gloire et le bonheur du citoyen doivent
» se taire quand l'intérêt de l'État et la bienveillance
» publique l'appellent.

» Vous jugez que je dois au peuple un nouveau
» sacrifice ; je le ferai, si le vœu du peuple me com-
» mande ce que votre suffrage autorise. »

Le Premier Consul, sans s'expliquer, indiquait assez clairement qu'il n'acceptait pas telle quelle la résolution du Sénat. Il partit sur-le-champ pour la Malmaison, laissant à son collègue Cambacérès le soin de terminer cette grande affaire, conformément à ses désirs. Celui-ci appela auprès de lui les conseillers d'État, plus habitués à seconder les vues du gouvernement, et convint avec eux de ce qui se ferait dans le sein du conseil. Le lendemain, 10 mai (20 floréal), le Conseil d'État fut assemblé extraordinairement. Les deux consuls Cambacérès et Lebrun, tous les ministres, excepté M. Fouché, assistaient à la séance. M. Cambacérès la présidait. Il énonça l'objet de cette réunion, et fit appel aux lumières de ce grand corps, dans la circonstance importante où le gouvernement se trouvait placé. MM. Bigot de Préameneu, Roederer, Regnaud, Portalis, prirent aussitôt la parole, soutinrent que la stabilité du gouvernement était aujourd'hui le premier besoin de l'État; que les puissances, pour traiter avec la France, que le crédit public, le commerce, l'industrie, pour reprendre leur essor, avaient besoin de confiance; que la perpétuité du pouvoir du Premier Consul était le moyen le plus certain de leur en inspirer; que cette autorité, conférée pour dix ans, était une autorité éphémère, sans solidité, sans grandeur, parce qu'elle était sans durée; que le Sénat, gêné par la Constitution, n'avait pas cru possible d'ajouter plus de dix ans de prolongation au pouvoir du Premier Consul, mais qu'en s'adressant à la souveraineté nationale, comme on avait fait pour toutes les constitutions antérieures, on n'était plus gêné par la loi existante, puisqu'on remontait à la source de toutes les lois, et qu'il fallait purement et simplement poser cette question : LE PREMIER CONSUL SERA-T-IL CONSUL A

Mai 1802.

Délibération au sein du Conseil d'État, sur la question à soumettre au peuple français, relativement au Consulat à vie.

Mai 1802.

VIE? — Le préfet de police Dubois, membre du Conseil d'État, homme d'un caractère généralement décidé et indépendant, fit part de l'opinion qui régnait dans Paris. De tout côté, on trouvait la proposition du Sénat ridicule; on disait qu'il fallait un gouvernement à la France, qu'enfin on en avait trouvé un, fort, habile, heureux, qu'il fallait le garder; qu'on aurait pu ne pas toucher à la Constitution, mais qu'à y toucher, autant valait en finir, et organiser ce gouvernement de manière à le conserver toujours. — Ce que rapportait le préfet Dubois était vrai. L'opinion était si favorable au Premier Consul qu'on voulait universellement trancher la question sur-le-champ, et donner à son pouvoir la durée de sa vie même. Après avoir entendu ces diverses allocutions, M. Cambacérès demanda si personne n'avait d'objection à faire; et comme les opposants, au nombre de cinq ou six, tels que MM. Berlier, Thibaudeau, Emmery, Dessoles, Bérenger, se taisaient, il mit la résolution aux voix, et elle fut adoptée à une immense majorité. Il fut donc arrêté que l'on provoquerait un vote public sur cette question : NAPOLÉON BONAPARTE SERA-T-IL CONSUL A VIE? — Cette résolution prise, M. Rœderer, qui était le plus hardi de tous les membres du parti monarchique, proposa d'ajouter une seconde question à la première, c'était celle-ci : LE PREMIER CONSUL AURA-T-IL LA FACULTÉ DE DÉSIGNER SON SUCCESSEUR? — M. Rœderer tenait beaucoup à cette question, et il avait raison. Si on agissait de bonne foi, si on ne cachait pas l'arrière-pensée de revenir quelque temps après sur ce qu'on faisait aujourd'hui, si on voulait enfin constituer définitivement le pouvoir nouveau, la faculté de désigner le successeur était le meilleur équivalent de l'hérédité, quelquefois supérieur par ses effets à l'hérédité même, car c'est le moyen qui a donné au monde le règne des Antonins. Un consul à vie, avec la faculté de désigner son successeur, était une vraie monarchie sous une apparence républicaine. C'était un beau et puissant gouvernement, qui sauvait du moins la dignité de la génération présente, laquelle avait juré de vivre en république, ou de mourir. M. Rœderer, qui était opiniâtre dans ses idées, insista, et fit poser cette seconde question. Elle fut adoptée comme la précédente. Il fallait ensuite se décider sur la forme à donner à toutes deux. On pensa que cet appel fait au peuple français par le moyen des registres ouverts dans les communes, était un acte qui devait appartenir au gouvernement, car c'était pour ainsi dire une simple convocation ; qu'il était naturel dès lors de le faire délibérer au Conseil d'État ; que la publication de cette délibération, qui avait eu lieu en présence des second et troisième Consuls, et en l'absence du premier, sauvait toutes les convenances ; qu'il fallait seulement trouver une rédaction convenable. Une commission, composée de quelques conseillers d'État, fut chargée, séance tenante, de rédiger la délibération. Cette commission y procéda immédiatement, et rentra, une heure après, avec l'acte destiné à être publié le lendemain.

Voici quel était cet acte:

« Les Consuls de la République, considérant que
» la résolution du Premier Consul est un hommage

» éclatant rendu à la souveraineté du peuple ; *que
» le peuple, consulté sur ses plus chers intérêts, ne
» doit connaître d'autre limite que ses intérêts
» mêmes*, arrêtent ce qui suit......, etc. Le peuple
» français sera consulté sur ces deux questions :
» 1° Napoléon Bonaparte sera-t-il consul a vie ?
» 2° Aura-t-il la faculté de désigner son successeur ?
» Des registres seront ouverts à cet effet dans
» toutes les mairies, au greffe de tous les tribunaux,
» chez les notaires et chez tous les officiers publics. »

Le délai pour émettre les votes était de trois semaines.

M. Cambacérès se rendit ensuite auprès du Premier Consul pour lui soumettre la résolution du Conseil d'État. Le Premier Consul, par une disposition d'esprit difficile à expliquer, repoussa opiniâtrément la seconde question. Qui voulez-vous, disait-il, que je désigne pour mon successeur? Mes frères? Mais la France, qui a bien consenti à être gouvernée par moi, consentira-t-elle à l'être par Joseph ou Lucien? Vous désignerais-je, vous, consul Cambacérès? Oseriez-vous entreprendre une telle tâche? Et puis on n'a pas respecté le testament de Louis XIV, respecterait-on le mien? Un homme mort, quel qu'il soit, n'est plus rien. — Le Premier Consul ne put être vaincu sur ce point; il s'impatienta même contre M. Rœderer, qui, sans attendre l'avis de personne, ne suivant que les impulsions de son esprit, avait mis cette idée en avant. Il fit donc retrancher de la résolution du Conseil d'État la seconde question, relative au choix d'un successeur. Le motif du Premier

Consul, dans cette circonstance, est fort obscur. Voulait-il, en laissant une lacune dans l'organisation du gouvernement, se ménager un nouveau prétexte pour dire encore une fois, et un peu plus tard, que le pouvoir était sans avenir, sans grandeur, et qu'il fallait le convertir en monarchie héréditaire? ou bien craignait-il les rivalités de famille, et les tribulations que lui vaudrait la faculté de choisir un successeur parmi ses frères et ses neveux? A en juger par son langage de cette époque, cette dernière conjecture paraîtrait la plus vraie. Quoi qu'il en soit, il retrancha la seconde question de l'acte émané du Conseil d'État; et, comme on ne voulait pas perdre du temps à faire une nouvelle convocation, la délibération ainsi tronquée fut envoyée au journal officiel.

Mai 1802.

Elle parut le 11 au matin (21 floréal) dans le *Moniteur*, deux jours après celle du Sénat. Annoncer qu'une telle question venait d'être posée à la France, c'était annoncer qu'elle était résolue. Si l'opinion publique, devenue passive, ne prenait plus l'initiative des grandes résolutions, on pouvait compter néanmoins qu'elle sanctionnerait avec empressement tout ce qu'on proposerait pour le Premier Consul. Il y avait pour lui confiance, admiration, reconnaissance, tous les sentiments qu'un peuple vif et enthousiaste est capable d'éprouver pour un grand homme, dont il a reçu tous les biens à la fois. Sans doute, si les questions de forme avaient conservé quelque importance, dans un temps où l'on avait vu les constitutions faites et refaites tant de fois, on aurait dû trouver singulier que le Sénat, ayant proposé une simple prorogation de dix ans, cette proposition, émanée de la seule autorité qui eût pouvoir pour la faire, fût convertie en une proposition de Consulat à vie, faite par un corps qui n'était ni le Sénat ni le Corps Législatif, ni le Tribunat, qui n'était qu'un conseil dépendant du gouvernement. Il est vrai que le Conseil d'État avait alors une haute importance, qui le rendait presque l'égal des assemblées législatives; que l'appel à la souveraineté nationale était une espèce de correctif, qui couvrait toutes les irrégularités de cette manière de procéder, et donnait au Conseil d'État le rôle apparent d'un simple rédacteur de la question à poser à la France. D'ailleurs on n'y regardait pas alors de si près. Le résultat, c'est-à-dire la consolidation et la perpétuation du gouvernement du Premier Consul, convenait à tout le monde; et ce qui conduisait à ce résultat le plus directement possible, paraissait le plus naturel et le meilleur. On railla un peu le Sénat, qui, en effet, fut passablement confus de n'avoir pas mieux compris les désirs du général Bonaparte, et qui se tut, n'ayant rien de convenable ni à dire, ni à faire; car il ne pouvait ni revenir sur sa détermination, ni s'approprier celle du Conseil d'État. Quant à résister, il n'en avait pas le moyen, et pas même la pensée. Sans doute le torrent n'était pas si général, qu'il n'y eût du blâme dans certains lieux, par exemple, dans les retraites obscures où les républicains fidèles cachaient leur désespoir, dans les hôtels brillants du faubourg Saint-Germain, où les royalistes détestaient ce pouvoir nouveau, qu'ils n'avaient pas encore commencé à servir. Mais ce blâme, presque insaisissable au milieu du chœur de louanges qui de toutes parts s'élevait autour du Premier Consul, et montait jusqu'à son oreille, était de peu d'effet. Seulement, les hommes réfléchis, et c'est toujours le petit nombre, pouvaient faire de singulières réflexions sur les vicissitudes des révolutions, sur les inconséquences de cette génération, renversant une royauté de douze siècles, voulant même dans son délire renverser toutes les royautés de l'Europe, et, revenue maintenant de ses premières ardeurs, réédifiant, pièce à pièce, un trône détruit, et cherchant avec empressement à qui le donner. Heureusement elle avait trouvé pour cet emploi un homme extraordinaire. Les nations dans un tel besoin ne rencontrent pas toujours un maître qui ennoblisse au même degré leurs inconséquences. Cependant l'embarras de la pudeur avait un moment saisi tout le monde, ce maître d'abord, n'osant lui-même avouer ses désirs, le Sénat ensuite, n'osant les deviner, et hésitant à les satisfaire, jusqu'à ce que le Conseil d'État, mettant de côté cette fausse honte, eût le courage, pour tous, d'avouer ce qu'il fallait dire et faire.

Ces difficultés d'un instant firent bientôt place à une véritable ovation. Le Corps Législatif et le Tribunat voulurent se rendre chez le Premier Consul, afin de donner le signal des adhésions, en venant en corps voter dans ses mains, pour la perpétuité de son pouvoir. Le motif imaginé pour colorer cette démarche, c'est que les membres du Corps Législatif et du Tribunat, retenus pendant cette ses-

Mai 1802.

Le Tribunat et le Corps Législatif viennent voter solennellement dans les mains du Premier Consul, en faveur du Consulat à vie.

sion extraordinaire sur leurs siéges de législateurs, ne pouvaient pas être dans leurs communes, afin d'y voter. La raison fut trouvée bonne, et on se rendit en corps aux Tuileries. M. de Vaublanc y porta la parole au nom du Corps Législatif, et M. Chabot de l'Allier au nom du Tribunat. Reproduire les discours prononcés dans cette occasion, serait fastidieux. C'était toujours l'expression de la même reconnaissance, de la même confiance dans le gouvernement du Premier Consul. Un tel exemple ne pouvait qu'entraîner les citoyens à voter, s'ils en avaient eu besoin; mais une si haute impulsion n'était pas nécessaire. Ils allaient avec empressement dans les mairies, chez les notaires, dans les greffes des tribunaux, inscrire leurs votes approbatifs sur les registres ouverts pour les recevoir.

La fin de floréal était arrivée. On se hâta de terminer cette courte et mémorable session par la présentation des lois financières. Le budget proposé était des plus satisfaisants. Tous les revenus se trouvaient augmentés grâce à la paix, tandis que les dépenses de la guerre et de la marine étaient fort diminuées. Ce budget de l'an x montait à 500 millions, 26 millions de moins que celui de l'an ix[1], porté à 526 millions par les évaluations les plus récentes; et, si l'on ajoute les centimes additionnels pour le service des départements, qui se comptaient alors en dehors et s'élevaient à 60 millions environ, si l'on ajoute les frais de perception, qui

[1] L'exercice de l'an ix fut d'abord fixé à 415 millions, puis à 526, et enfin à 545 millions.

n'étaient pas portés au budget général parce que chaque régie des impôts payait elle-même ses propres dépenses, lesquelles montaient à 70 millions, on peut évaluer en totalité à 625 ou 630 millions le budget définitif de la France à cette époque.

La paix amenait des économies dans certains services, des augmentations dans quelques autres, mais, en élevant le produit de tous les impôts à vue d'œil, préparait le rétablissement de l'équilibre entre les dépenses et le revenu, équilibre si désiré, si peu prévu deux années auparavant. L'administration de la guerre, divisée en deux ministères, celui du matériel et celui du personnel, devait coûter 210 millions au lieu de 250. On sera étonné sans doute qu'il n'y eût que 40 millions de différence, entre l'état de guerre et l'état de paix ; mais il ne faut pas oublier que nos armées victorieuses avaient vécu sur le sol étranger, et que rentrées depuis sur notre territoire, sauf une centaine de mille hommes, elles étaient alimentées par le trésor français. La marine, qu'on avait cru devoir fixer à 80 millions depuis la fin des hostilités, était portée à 105 millions par le Premier Consul, qui était d'avis qu'on doit employer le temps de paix à organiser la marine d'un grand État. D'autres dépenses singulièrement réduites prouvaient, par leur réduction, l'heureux progrès du crédit. Les obligations des receveurs généraux, dont on a vu ailleurs l'origine, l'utilité, le succès, ne s'étaient d'abord escomptées qu'à un pour cent par mois, puis à trois quarts. Aujourd'hui elles s'escomptaient à un demi pour cent par mois, c'est-à-dire à 6 pour cent par an. Aussi avait-on pu sans injustice réduire l'intérêt des cautionnements de 7 à 6 pour cent. Toutes ces économies avaient ramené les frais de négociation du trésor, de 32 millions à 15. Aucune réduction ne faisait autant d'honneur au gouvernement, et ne prouvait mieux le crédit dont il jouissait. La rente cinq pour cent, montée d'abord de 12 à 40 et 50 francs, était dans le moment à 60.

A côté de ces diminutions de dépense, se rencontraient quelques augmentations, qui étaient la suite des sages arrangements financiers proposés en l'an IX, et si injustement critiqués par le Tribunat. Le gouvernement avait voulu, comme nous l'avons dit en son lieu, achever d'inscrire le tiers *consolidé*, c'est-à-dire le tiers de l'ancienne dette, seul excepté de la banqueroute du Directoire. Quant aux deux tiers *mobilisés*, c'est-à-dire frappés de déchéance, il avait voulu leur donner une sorte de valeur, en les admettant au payement de certains biens nationaux, ou en leur accordant la conversion en cinq pour cent *consolidés*, sur le pied du vingtième du capital, ce qui répondait au cours actuel. Le Premier Consul, désirant terminer ces arrangements le plus tôt possible, fit décider, par la loi de finances de l'an x, que les deux tiers *mobilisés* seraient forcément convertis en rentes cinq pour cent, au taux convenu dans la loi de ventôse an IX. L'inscription définitive du tiers *consolidé*, la conversion des deux tiers *mobilisés* en cinq pour cent, d'autres liquidations qui restaient à faire pour les anciennes créances des émigrés, pour le transport au grand livre des dettes des pays conquis, devaient faire monter le total de la dette publique à 59 ou 60 millions de rentes cinq pour cent. Cependant il importait de rassurer les esprits sur le chiffre auquel ces diverses liquidations pourraient élever la dette publique. On décida donc, par un article de ce même budget de l'an x, qu'elle ne serait pas portée, soit par emprunt, soit par suite des liquidations à terminer, à plus de 50 millions de rentes. On espérait que les rachats de la caisse d'amortissement, largement dotée en biens nationaux, absorberaient, avant qu'il eût le temps de se produire, cet excédant prévu de 9 à 10 millions. Mais en tout cas, un article du budget ajoutait qu'à l'instant où les inscriptions dépasseraient 50 millions, il serait créé sur-le-champ une portion d'amortissement pour absorber en quinze ans la somme qui excéderait le terme désormais fixé à la dette publique.

Le titre de cette dette dut aussi être régularisé. Les dénominations diverses de *tiers consolidé*, de *deux tiers mobilisés*, de *dette belge*, et autres, furent abolies et remplacées par le titre unique de cinq pour cent consolidé. Il fut établi que la dette serait inscrite la première au budget, que les intérêts en seraient acquittés avant toute autre dépense, et toujours dans le mois qui suivrait l'échéance de chaque semestre. On estimait que la dette viagère, qui dans le moment s'élevait à 20 millions, pourrait s'élever à 24; mais on supposait que, les extinctions allant aussi vite que les nouvelles liquidations, elle serait toujours ramenée au taux de 20 millions. Les pensions civiles étaient arrêtées aussi à un taux de 20 millions. Les dépenses qui étaient susceptibles de s'augmenter encore, étaient celles de l'intérieur pour les routes et les travaux publics, celles du clergé pour l'établissement successif de nouvelles cures : dépenses plutôt heureuses que regrettables. Quant à celles de l'instruction publique et de la Légion-d'Honneur, il y était pourvu, comme on l'a vu précédemment, au moyen d'une dotation en biens nationaux.

En regard de ces dépenses croissantes, la marche du revenu faisait entrevoir des produits croissant plus rapidement encore. Les douanes, les postes, l'enregistrement, les domaines de l'État, donnaient des plus-values considérables. D'ailleurs il restait la ressource des impôts indirects, qui n'avaient été rétablis jusqu'à ce jour qu'au profit des villes, et pour le service des hôpitaux. Les plaintes avaient été vives, dans le Corps Législatif et le Tribunat, cette année, contre le fardeau des contributions directes, et avaient préparé de nouveaux arguments pour le rétablissement des taxes sur les consommations. Des calculs fort exacts avaient fait ressortir plus que jamais la proportion excessive des contributions directes. L'impôt sur la propriété foncière s'élevait à 210 millions ; l'impôt personnel et mobilier, à 32 ; l'impôt sur les portes et fenêtres, à 16 ; sur les patentes, à 21 ; total, 279, plus de moitié par conséquent dans un budget des recettes de 502 millions. On comparait ces sommes avec celles qu'on avait payées pendant l'administration de MM. Turgot et Necker, et on demandait le rétablissement d'une proportion plus juste entre les diverses contributions. Avant 1789, en effet, l'impôt foncier et personnel produisait 224 millions, l'impôt indirect 294, total 515 millions. La conclusion naturelle de ces plaintes était le rétablissement des anciennes perceptions sur les boissons, sur le tabac, sur le sel, etc. Le Premier Consul entendait avec plaisir ces réclamations, qui lui préparaient une puissante raison pour une création financière, depuis long-temps résolue dans son esprit, mais pas encore assez mûre pour être proposée.

La situation de nos finances était donc excellente, et se régularisait tous les jours davantage. Les 90 millions affectés, au moyen d'une création de rentes, à l'apurement des exercices v, vi et vii, antérieurs au Consulat, étaient reconnus suffisants; les 24 millions consacrés à la liquidation de l'an viii, première année du Consulat, suffisaient également pour acquitter cet exercice tout entier. Enfin, l'exercice an ix, le premier qui eût été régulièrement établi, quoique porté à 526 millions au lieu de 415, se trouvait liquidé en totalité, au moyen de l'accroissement extraordinaire des produits. Nous venons de dire que l'exercice courant, celui de l'an x, était en parfait équilibre.

En résumé, une dette en rentes perpétuelles de 50 millions, parfaitement régularisée, réunie sous un seul titre, pourvue d'une dotation suffisante en biens nationaux; une dette en rentes viagères de 20 millions, des pensions civiles pour 20; 210 mil-

Mai 1802.

Budget de la France avant et après la Révolution.

lions affectés à la guerre, 105 à la marine, composaient, avec les autres dépenses moins considérables, un budget de 500 millions, sans les centimes additionnels et les frais de perception, de 625 avec ces centimes et ces frais : budget couvert par des revenus qui augmentaient à vue d'œil, sans compter le rétablissement des contributions indirectes, restant comme ressource pour les besoins nouveaux qui pourraient plus tard se produire. Ainsi, après dix ans de guerre, de conquêtes superbes, on revenait à 500 millions, budget de 1789, avec cette différence que la dette se trouvait dans une faible proportion à l'égard du revenu, et que ce chiffre de 500 millions, porté à 625 par les centimes additionnels et les frais de perception, représentait toutes les charges du pays; tandis que les 500 millions du budget de Louis XVI laissaient en dehors, non-seulement les frais de perception, mais les revenus du clergé, les droits féodaux, les corvées, c'est-à-dire pour plusieurs centaines de millions de charges. Si, en 1802, la France payait 625 millions également répartis, la France, en 1789, payait 11 ou 12 cents millions mal répartis, avec un territoire moindre d'un quart. La Révolution, sans compter le bienfait d'une réforme sociale complète, avait donc produit, au moins sous le rapport matériel, autre chose que des calamités. Il n'y avait dans toute cette prospérité financière qu'un souvenir regrettable : c'était la banqueroute, résultant du papier-monnaie, mais nullement imputable au gouvernement consulaire.

Ces propositions ne furent plus accueillies, comme

celles de l'an IX, par une violente opposition. Elles satisfirent les deux assemblées législatives, et furent votées avec de simples observations, sur la proportion des contributions directes et indirectes, observations que le gouvernement aurait dictées lui-même, si on ne les avait pas faites spontanément.

Mai 1802.

Ce fut là le dernier acte de cette session de quarante-cinq jours, consacrée à de si grands objets.

Le Tribunat et le Corps Législatif se séparèrent le 20 mai (30 floréal), laissant la France dans un état dans lequel elle n'avait pas été encore, et ne sera peut-être jamais.

En ce moment, la population se présentait avec empressement aux mairies, aux greffes des tribunaux, chez les notaires, pour donner une réponse affirmative à la question posée par le Conseil d'État. On évaluait entre trois et quatre millions le nombre des votes qui étaient ou qui allaient être donnés. C'est peu en apparence sur une population de 36 millions d'âmes; c'est beaucoup, c'est plus qu'on ne demande, et qu'on n'obtient dans la plupart des constitutions connues, où trois, quatre, cinq cent mille suffrages, au plus, expriment les volontés nationales. En effet, sur 36 millions d'individus, il y en a la moitié à écarter comme appartenant à un sexe qui n'a pas de droits politiques. Sur les 18 millions restants, il y a les vieillards, les enfants, qui réduisent à 12 millions au plus la population mâle et valide d'un pays. C'est donc un nombre extraordinaire, si on songe aux hommes travaillant de leurs mains, la plupart illettrés, sachant à peine sous quel gouverne-

Grand nombre de votes apportés dans les mairies, les greffes des tribunaux, les offices des notaires, etc.

Juin 1802.

ment ils vivent, c'est un nombre extraordinaire, que celui de quatre millions d'habitants sur douze, amenés à se former une opinion, et surtout à l'exprimer.

Il y avait, toutefois, quelques dissidents républicains ou royalistes, qui venaient exprimer leur vœu négatif, et qui par leur présence attestaient la liberté laissée à tout le monde. Mais c'était une minorité imperceptible. Du reste, adhérents ou refusants se montraient fort calmes, et produisaient par leur concours un mouvement à peine sensible, tant la population était tranquille et satisfaite.

Changements qu'on projette d'apporter à la Constitution.

Il y avait cependant une sorte de fermentation d'esprit autour du gouvernement, au sujet des changements qu'on ne pouvait manquer d'apporter à la Constitution, à la suite de la prorogation du Consulat à vie. On répandait à cette occasion mille bruits divers, ayant pour origine les vœux de chaque parti.

Les frères du général Bonaparte, Lucien en particulier, n'avaient pas entièrement renoncé à la monarchie héréditaire, qui leur donnait tout de suite rang de princes, et les mettait hors de pair avec les autres grands fonctionnaires de l'État. M. Rœderer, l'ami et le confident de Lucien, était, de tous les personnages se mêlant d'avoir un avis, le plus avancé dans les opinions monarchiques, bien plus du reste par son inclination naturelle, que par aucune suggestion intéressée. Il était conseiller d'État, chargé de l'instruction publique sous les ordres du ministre de l'intérieur Chaptal, et il usait de cette position pour adresser aux préfets des circulaires, qui, parfaitement étrangères à l'objet dont il était chargé, avaient trait directement aux questions dont s'occupaient alors le gouvernement et le public. Ces circulaires, dans lesquelles on adressait aux préfets certaines questions, en indiquant la réponse, et en l'indiquant dans un sens tout monarchique, ces circulaires n'émanant pas du ministre lui-même, mais partant cependant d'une autorité fort élevée, semblaient révéler un projet occulte, remontant peut-être très-haut. Elles agitaient les esprits dans les provinces, et donnaient lieu à mille rumeurs.

M. Rœderer et ceux qui partageaient ses idées, auraient voulu qu'on fît surgir des départements une sorte de vœu spontané, qui autorisât plus de hardiesse qu'on ne venait d'en montrer récemment. Ils ne manquaient pas d'adresser de vives instances au Premier Consul, pour qu'il tranchât plus hardiment les questions soulevées. Mais le Premier Consul était fixé. Il croyait, avec tous les amis sages du gouvernement, que c'était assez, du moins cette fois, que d'établir le Consulat à vie; que c'était la monarchie elle-même, surtout si on y ajoutait la faculté de désigner son successeur. Un mouvement d'opinion assez sensible parmi les hommes qui entouraient le pouvoir, même parmi les plus dévoués, avait averti le Premier Consul qu'il n'en fallait pas faire davantage. Il avait donc résolu de s'arrêter, et il qualifiait de démarches indiscrètes, tout ce que faisaient et disaient autour de lui des amis inhabiles, dont le zèle était loin de lui déplaire, mais n'était pas assez généralement partagé pour être accueilli.

Juin 1802.

Quelques esprits songent un moment à la monarchie constitutionnelle, comme elle existe en Angleterre.

Il s'occupait de faire lui-même à la Constitution quelques changements qui lui semblaient indispensables. Quoique médisant volontiers de l'ouvrage de M. Sieyès, il songeait à en conserver le fond, en y ajoutant seulement certaines commodités nouvelles pour le gouvernement.

Il se produisait une singulière disposition d'esprit chez quelques hommes. Ils demandaient qu'on revînt à la monarchie, puisque ainsi le voulait la force des choses; mais qu'en retour on donnât à la France les libertés qui, dans la monarchie, sont compatibles avec la royauté, c'est-à-dire qu'on lui donnât purement et simplement la monarchie anglaise, avec une royauté héréditaire et deux chambres indépendantes. M. Camille Jordan avait publié sur ce sujet un écrit, fort remarqué du petit nombre de personnes qui se mêlaient encore de questions politiques; car la masse n'avait pas d'autre avis que celui de laisser le Premier Consul faire comme il voudrait. Ainsi cette idée de la monarchie représentative, qui, dès le début de la Révolution, s'était présentée à MM. Lally-Tollendal et Mounier, comme la forme nécessaire de notre gouvernement, et qui, cinquante ans plus tard, devait en devenir la forme dernière, cette idée apparaissait encore une fois à quelques esprits, comme un de ces monts élevés et lointains, que, dans une longue route, on aperçoit plus d'une fois avant de les atteindre.

Les royalistes sincères, qui désiraient la monarchie, même sans les Bourbons, si les Bourbons étaient reconnus impossibles, et avec le général Bonaparte si elle n'était possible qu'avec lui, étaient fort de cet avis; et les royalistes gens de parti en étaient aussi, mais ces derniers par des motifs différents. Ils espéraient qu'avec des élections et une presse libre, tout serait bientôt remis en confusion, ainsi qu'il était arrivé sous le Directoire, et que de ce renouvellement du chaos, surgirait enfin la monarchie légitime des Bourbons, comme terme nécessaire des maux de la France.

Juin 1802.

Le Premier Consul n'avait garde d'adhérer à un tel projet, quoique ce projet contînt la royauté pour lui-même. Ce n'était pas seulement par aversion pour les résistances que lui aurait opposées une pareille forme de gouvernement, c'était par la conviction sincère de l'impossibilité d'un tel établissement, dans l'état présent des choses.

Le Premier Consul repousse l'idée de la monarchie anglaise.

Ceux qui ne veulent voir en lui qu'un homme de guerre, tout au plus un administrateur, point un homme d'État, s'imaginent qu'il n'avait aucune idée de la Constitution anglaise. C'est une complète erreur. Voyant dans l'Angleterre la seule ennemie redoutable que la France eût en Europe, il tenait sur elle les yeux constamment fixés, et il avait pénétré les plus secrets ressorts de sa Constitution. Dans ses entretiens fréquents sur les matières de gouvernement, il en raisonnait avec une sagacité rare. Une chose lui déplaisait fort dans la Constitution britannique, et il en exprimait son sentiment avec cette vivacité de langage qui lui était propre: c'était de voir les grandes affaires d'État, celles qui exigent pour réussir, de longues méditations, une grande suite dans les vues, un secret profond dans l'exécution, livrées à la publicité, et aux hasards de l'intrigue ou de l'éloquence. — Que MM. Fox, Pitt ou Addington, disait-il, soient plus adroits l'un que l'autre dans la conduite d'une intrigue parlementaire, ou plus éloquents dans une séance du Parlement, et nous aurons la guerre au lieu de la paix; le monde sera de nouveau en feu; la France détruira l'Angleterre, ou sera détruite par elle! Livrer, s'écriait-il avec colère, livrer le sort du monde à de tels ressorts! — Ce grand esprit, exclusivement préoccupé des conditions d'une bonne exécution dans les affaires de l'État, oubliait que, si on ne veut pas soumettre ces affaires aux influences parlementaires, lesquelles ne sont, après tout, que les influences nationales représentées par des hommes passionnés, faillibles sans doute, comme ils le sont tous, elles retombent sous des influences bien autrement fâcheuses, sous celle de madame de Maintenon dans un siècle dévot, de madame de Pompadour dans un siècle dissolu, et même, si on a la bonne fortune très-passagère de posséder un grand homme, comme Frédéric ou Napoléon, sous l'influence de l'ambition, épuisant jusqu'au bout la chance des batailles.

Cette erreur à part, erreur bien naturelle chez le général Bonaparte, il était frappé, et il en convenait, de cette liberté sans orages, dont la Constitution britannique fait jouir l'Angleterre. Seulement il paraissait douter qu'elle pût convenir au caractère français, si prompt et si vif. A cet égard il laissait voir la plus complète incertitude. Mais il la regardait comme parfaitement impossible en France dans les circonstances présentes.

Le Premier Consul disait qu'une telle Constitution exigeait d'abord une forte dose d'hérédité; qu'il y fallait un roi et des pairs héréditaires; qu'en France les idées n'étaient pas tournées de ce côté; qu'on était prêt à le prendre, lui général Bonaparte, pour dictateur, mais qu'on n'en voudrait pas pour monarque héréditaire (ce qui était vrai dans le moment); qu'il en était de même pour le Sénat, auquel personne ne voudrait accorder l'hérédité, tout en lui accordant un pouvoir constituant extraordinaire; que le besoin de stabilité était senti jusqu'à faire concéder à tout le monde des pouvoirs fort étendus, mais viagers; que telle était actuellement la disposition des esprits; qu'il n'avait donc pas sous la main les éléments de la royauté à l'anglaise, car il n'avait ni roi ni pairs; que les sénateurs à vie de M. Sieyès, aristocrates d'hier, la plupart sans fortune, vivant d'appointements, seraient ridicules, si on essayait de les convertir en lords d'Angleterre; que, si, à leur défaut, on voulait prendre les grands propriétaires, on se mettrait sur les bras les plus redoutables ennemis, car ils étaient royalistes au fond du cœur, plus amis des Anglais et des Autrichiens que des Français; qu'il n'avait pas de quoi faire une chambre haute; qu'en prenant les parleurs du Tribunat et les muets du Corps Législatif, il aurait bien, à la rigueur, de quoi faire une chambre basse, mais que pour rendre sérieuse cette imitation de l'Angleterre, il faudrait la tribune, la presse, des élections libres, et qu'on s'exposerait ainsi à recommencer les quatre années du Directoire, dont il avait été témoin, et qui ne sortiraient pas de sa mémoire; qu'on avait vu se former alors dans les colléges électoraux une majorité, qui, sous prétexte d'écarter les hommes souillés de sang, ne voulait élire que des royalistes plus ou moins avoués; qu'on avait vu en même temps cent journaux, tout pleins des fureurs du royalisme, pousser dans le même sens, et que, sans le 18 fructidor, sans la force prêtée au Directoire par l'armée d'Italie, on aurait assisté au triomphe de cette contre-révolution déguisée; que bientôt, par un contre-coup inévitable, à ces élections royalistes avaient succédé des élections terroristes, dont tous les honnêtes gens avaient été effrayés, et avaient demandé l'annulation; que, si on ouvrait de nouveau la carrière aux esprits, on irait, de convulsions en convulsions, au triomphe des Bourbons et de l'étranger; qu'il fallait en finir, arrêter ce torrent, et terminer la Révolution, en maintenant au pouvoir les hommes qui l'avaient faite, et en consacrant dans nos lois ses principes justes et nécessaires.

A cette occasion, le Premier Consul répétait sa thèse favorite, consistant à dire que, pour sauver la Révolution, il fallait d'abord sauver ses propres auteurs, en les maintenant à la tête des affaires; et que sans lui ils seraient déjà tous disparus, par l'ingratitude de la génération présente. — Voyez, s'écriait-il, ce que sont devenus Rewbell, Barras, La Réveillère! où sont-ils? qui pense à eux? il n'y a de sauvés que ceux que j'ai pris par la main, mis au pouvoir, soutenus, malgré le mouvement qui nous entraîne. Voyez M. Fouché, combien j'ai de peine à le défendre! M. de Talleyrand crie contre M. Fouché; mais les Malouet, les Talon, les Calonne, qui m'offrent leurs plans et leur concours, auraient bientôt écarté M. de Talleyrand lui-même, si je voulais m'y prêter. On ménage un peu plus les militaires, parce qu'on les craint, et parce qu'il n'est pas facile de prendre à la tête des armées la place des généraux Lannes et Masséna. Mais si on les ménage aujourd'hui, les ménagera-t-on long-temps? Moi-même, sais-je ce qu'on voudrait faire de moi? Ne m'a-t-on pas proposé de me nommer connétable de Louis XVIII? Sans doute l'esprit de la Révolution est immortel, il survivrait aux hommes. La Révolution finirait par triompher, mais par la main de messieurs de la société du Manége! et ce seraient toujours des réactions, des déchirements, et, pour fin dernière, la contre-révolution! —

Maintenant, ajoutait le Premier Consul, il faut faire un gouvernement avec les hommes de la Révolution d'abord, avec ceux qui ont de l'expérience, des services, et point de sang sur leurs habits, à moins que ce ne soit le sang des Russes et des Autrichiens; puis leur adjoindre un petit nombre d'hommes surgis nouvellement, et jugés capables, ou d'hommes d'autrefois, tirés de Versailles si l'on veut, pourvu qu'ils soient capables aussi, et qu'ils viennent en adhérents soumis, non en protecteurs dédaigneux.

Pour atteindre ce but, la Constitution de M. Sieyès est bonne, sauf quelques modifications. Il faut, en outre, consacrer le grand principe de la Révolution française, qui est l'égalité civile, c'est-à-dire la justice distributive en toutes choses, législation, tribunaux, administration, impôt, service militaire, distribution des emplois, etc. Aujourd'hui tout département est l'égal d'un autre département; tout Français est l'égal d'un autre Français; tout citoyen obéit à la même loi, comparaît devant le même juge, subit le même châtiment, reçoit la même récompense, paie le même impôt, fournit le même service militaire, arrive aux mêmes grades, quelle que soit sa naissance, sa religion ou son lieu d'origine. Voilà le grand résultat social de la Révolution, pour lequel il valait la peine de souffrir ce qu'on a souffert, et qu'il faut maintenir invariablement. Après ce résultat, il en est un autre à maintenir avec une égale vigueur, c'est la grandeur de la France. Les cris de la presse, les éclats de la tribune, tout cela ne nous va plus, tout cela nous ira peut-être dans d'autres temps. Maintenant il nous faut de l'ordre, du repos, de la prospérité, des affaires bien conduites, et la conservation de notre grandeur extérieure. Pour conserver cette grandeur, la lutte n'est pas finie, elle recommencera; et pour la soutenir nous aurons besoin de beaucoup de force et d'unité dans le gouvernement! —

Telle est la substance des entretiens continuels du Premier Consul, avec ceux qu'il avait admis à lui donner leurs idées, et avec lesquels il prépara le remaniement de la Constitution consulaire.

On peut y reconnaître sa manière habituelle de penser. Sans nier l'avenir, ne s'inquiétant que du présent, il voyait le bien actuel de la France dans la réunion de tous les partis, dans le maintien et l'achèvement de la réforme sociale accomplie par la Révolution; enfin, dans le développement de la puissance acquise par nos armes. Quant à la liberté, il l'écartait comme un retour à tous les troubles, comme un obstacle à tout ce qu'il voulait faire de bon, et lui laissait dans sa pensée la place d'un problème difficile, obscur, dont la solution ne le concernait pas lui-même, car douze années d'agitation en avaient fait passer le besoin et le désir pour long-temps. M. Sieyès, avec sa constitution aristocratique, empruntée aux républiques du moyen âge à leur déclin, avec son Sénat revêtu du pouvoir électoral, avec ses listes de notabilité, espèce de livre d'or immuable, avait trouvé la constitution qui convenait le mieux à cette situation.

Juin 1802.

Le Premier Consul n'avait garde de toucher au Sénat : il voulait, au contraire, le rendre plus puissant; mais il projeta un premier changement, qui, en apparence, fut une concession à l'influence populaire.

Idées auxquelles s'arrête le Premier Consul, relativement à la Constitution, et aux changements qu'il convient d'y apporter.

Les listes de notabilité, qui contenaient les cinq cent mille individus parmi lesquels on devait choisir les conseils d'arrondissement et de département, le Corps Législatif, le Tribunat, le Sénat lui-même, auxquelles on ne touchait jamais que pour y remplacer les morts ou en retrancher les indignes, tels que les faillis par exemple, les listes de notabilité paraissaient trop illusoires, et laissaient le gouvernement, comme on dirait aujourd'hui, sans lien avec le pays. Elles étaient d'ailleurs très-difficiles à composer, car les citoyens ne mettaient aucun intérêt à se mêler d'une œuvre aussi insignifiante.

Le Premier Consul pensa que l'augmentation d'autorité qui lui était destinée, et quelques autres modifications favorables au pouvoir qui allaient être apportées à la Constitution, devaient être payées d'une concession populaire, au moins apparente. Il résolut de rétablir les colléges électoraux.

En conséquence, on imagina diverses espèces de colléges. D'abord on créa des assemblées de canton, composées de tous les habitants du canton qui avaient l'âge et la qualité de citoyen, chargées d'élire deux colléges électoraux, l'un d'arrondissement, l'autre de département. Le collége d'arrondissement devait être formé en raison de la population, et se composer d'un individu sur cinq cents. Le collége de département devait être formé de même, à raison d'un sur mille. Mais les choix pour celui-ci ne pouvaient pas aller au delà des six cents plus imposés.

Les deux colléges électoraux d'arrondissement et de département devaient être élus à vie par les assemblées de canton, qui, une fois cette nomination générale faite, n'avaient plus qu'à remplacer les morts ou les indignes.

Le gouvernement nommait les présidents de toutes ces assemblées, tant assemblées de canton que colléges électoraux. Il pouvait dissoudre un collége électoral. Alors les assemblées de canton étaient convoquées pour composer de nouveau le collége dissous.

Les assemblées de canton et les deux colléges électoraux d'arrondissement et de département présentaient des candidats aux Consuls, pour la composition des justices de paix, des autorités municipales et départementales. Les colléges d'arrondissement présentaient deux candidats pour les places vacantes au Tribunat; les colléges de département, deux candidats pour les places vacantes au Sénat. Chacun de ces deux colléges présentait deux candidats pour les places vacantes au Corps Législatif, ce qui en faisait quatre. De façon que le Tribunat avait pour origine le conseil d'arrondissement; le Sénat avait pour origine le conseil de département; le Corps Législatif, l'un et l'autre.

C'était toujours le Sénat qui était chargé de choisir, entre les candidats présentés, les membres du Tribunat, du Corps Législatif et du Sénat lui-même.

On voit en quoi consistait le changement apporté à la Constitution. Au lieu de ces listes de notabilité, complétées ou modifiées de temps en temps par l'universalité des citoyens, des colléges électoraux à vie, nommés par cette même universalité, désignaient des candidats, entre lesquels choisissait le Sénat, corps générateur de tous les autres. Le changement n'était pas grand, car ces colléges électoraux à vie, modifiés quelquefois, quand il y avait des morts ou des indignes à remplacer, étaient à peu près aussi immuables que les listes de notabilité, mais ils s'assemblaient dans certaines occasions pour élire des candidats. Sous ce rapport les citoyens recouvraient quelque part à la composition des assemblées déli-

Juillet 1802.

Les colléges électoraux chargés de présenter des candidats entre lesquels le Sénat doit choisir.

bérantes. Il y avait peu, du reste, à craindre avec une telle composition le tumulte électoral.

Le Corps Législatif et le Tribunat devaient être divisés en cinq séries, sortant l'une après l'autre, chaque année. Le Sénat remplaçait la série sortante, en prenant les nouveaux élus parmi les candidats présentés. Les colléges à vie remplaçaient ensuite les candidats que l'élection du cinquième avait absorbés.

Après cette concession, qui paraissait si exorbitante alors, que tous les collaborateurs du Premier Consul allaient disant qu'il fallait un pouvoir bien fort, bien sûr de lui-même, pour faire une aussi large part à l'influence populaire, on s'occupa de compléter les attributions du Sénat, conformément aux indicatons tirées des derniers événements.

Nouvelles attributions données au Sénat.

Le Sénat dut conserver d'abord le pouvoir d'élire tous les corps de l'État. On voulut lui conférer, en outre, un pouvoir constituant plus complet. Déjà on lui avait fait exercer ce pouvoir, en lui donnant à interpréter l'article 38 de la Constitution, en l'appelant à prononcer le rappel des émigrés, en lui demandant une prolongation d'autorité pour le Premier Consul. Il était commode d'avoir à côté de soi un pouvoir constituant, toujours prêt à créer ce dont on aurait besoin.

Pouvoir constituant.

Il fut donc établi que le Sénat, par des sénatus-consultes, dits organiques, aurait la faculté d'interpréter la Constitution, de la compléter, de faire en un mot tout ce qui serait nécessaire à sa marche.

Pouvoir de suspendre

Il fut arrêté encore, que, par des sénatus-consultes

CONSULAT A VIE. 517

simples, le Sénat pourrait prononcer la suspension de la Constitution ou du jury dans certains départements, statuer dans quel cas un individu, détenu extraordinairement, serait renvoyé à ses juges naturels, ou maintenu en état de détention. On délégua enfin à ce corps deux attributions extraordinaires, l'une appartenant à la royauté dans la monarchie, l'autre n'appartenant à aucun pouvoir dans un État régulier ; la première était la faculté de dissoudre le Corps Législatif et le Tribunat ; la seconde, celle de casser les jugements des tribunaux, lorsqu'ils seraient attentatoires à la sûreté de l'État.

Cette dernière attribution serait inconcevable, si les circonstances du temps ne l'avaient expliquée. Certains tribunaux venaient, en effet, de rendre des jugements, en matière de biens nationaux, qui pouvaient pousser au désespoir la classe nombreuse et puissante des acquéreurs.

Il fut décidé ensuite que le Sénat, qui devait en dix ans être porté de soixante membres à quatre-vingts, au moyen de deux nominations par an, serait immédiatement porté à quatre-vingts. C'étaient quatorze nominations à faire sur-le-champ. Le Premier Consul reçut, en outre, le pouvoir de nommer directement des sénateurs jusqu'au nombre de quarante, ce qui faisait cent vingt pour le nombre total du corps. On affranchissait ainsi le gouvernement de nouveaux désagréments, tels que ceux qu'il avait essuyés au commencement de la session de l'an x.

Le Tribunat et le Conseil d'État furent également

Juillet 1802.

la Constitution, de dissoudre le Corps Législatif, de casser les décisions des tribunaux.

Augmentation du nombre des sénateurs.

Modifications à

modifiés dans leur organisation. Tandis que le Conseil d'État put être porté à cinquante membres, le Tribunat dut être réduit à cinquante, par voie d'extinction successive, et divisé en sections, répondant aux sections du Conseil d'État. Il devait faire un premier examen en section, et à huis-clos, des projets de lois, qui lui seraient soumis ensuite en assemblée générale. Il devait toujours les discuter par l'organe de trois orateurs devant le Corps Législatif muet, contradictoirement avec trois conseillers d'État, ou d'accord avec eux, suivant que le projet aurait été rejeté ou adopté.

Ce n'était plus dès lors qu'un second Conseil d'État, chargé de critiquer à huis-clos, et par conséquent sans énergie, ce qu'avait fait le premier.

Enfin la prérogative de voter les traités fut enlevée au Corps Législatif et au Tribunat. Le Premier Consul se souvenait de ce qui était arrivé au traité avec la Russie, et ne voulait pas être exposé à une scène du même genre. Il imagina un Conseil privé, composé des Consuls, des ministres, de deux sénateurs, de deux conseillers d'État, de deux membres de la Légion-d'Honneur, ayant la qualité de grands-officiers, les uns et les autres désignés par le Premier Consul pour chaque occasion importante. Ce Conseil privé devait être seul consulté sur la ratification des traités. Il était chargé aussi de rédiger les sénatus-consultes organiques.

La création d'un Conseil privé était un tort fait au Conseil d'État, et ce dernier y parut sensible. Le Premier Consul lui retirait, par cette institution, la connaissance des traités qu'il avait eue jusque-là, commençant à croire que c'était trop de trente à quarante individus, pour des communications de ce genre.

Restait à organiser le pouvoir exécutif sur la nouvelle base du Consulat à vie. Le Premier Consul voulut que le pouvoir, qui lui était déféré à vie, le fût aussi pour la même durée de temps à ses collègues. Vous avez assez fait pour moi, dit-il au consul Cambacérès, pour que j'assure votre position. — Le principe de la durée à vie fut donc posé pour les trois Consuls, aussi bien dans le présent que dans l'avenir. Restait la grande question de la désignation du successeur du Premier Consul, par laquelle il fallait suppléer à l'hérédité. Le général Bonaparte avait d'abord refusé la faculté qu'on voulait lui conférer de désigner lui-même son successeur. Il se rendit enfin, et on arrêta qu'il pourrait le désigner de son vivant. Dans ce cas, il devait le présenter au Sénat avec un grand appareil. Le successeur désigné prêtait serment à la République dans le sein du Sénat, en présence des Consuls, des ministres, du Corps Législatif, du Tribunat, du Conseil d'État, du tribunal de cassation, des archevêques et évêques, des présidents des colléges électoraux, des grands-officiers de la Légion-d'Honneur, et des maires des vingt-quatre grandes villes de la République. Après cette solennité, il était adopté par le Consul vivant et par la nation. Il prenait rang au Sénat avec les Consuls, immédiatement après le troisième.

Juillet 1802.

Pouvoir de désigner son successeur, accordé au Premier Consul.

Toutefois, si pour s'épargner des chagrins de famille, le Premier Consul ne désignait pas son successeur de son vivant, et ne voulait le nommer que dans son testament, alors il devait, avant sa mort, remettre ce testament, revêtu de son sceau, aux autres Consuls, en présence des ministres, et des présidents du Conseil d'État. Ce testament devait rester déposé aux archives de la République. Mais dans ce cas il fallait que le Sénat ratifiât la volonté testamentaire, qui ne s'était pas produite du vivant du Consul testateur.

Lorsque le Premier Consul n'avait pas fait d'adoption pendant sa vie, lorsqu'il n'avait pas laissé de testament, ou que son testament n'avait pas été ratifié, alors les second et troisième Consuls étaient chargés de désigner le successeur. Ils le proposaient au Sénat, qui était chargé de l'élire.

Telles furent les formes employées pour garantir la transmission du pouvoir. C'était l'adoption au lieu de l'hérédité, mais rien n'empêchait que ce fût aussi l'hérédité, car le chef de l'État était libre de choisir son fils, s'il en avait un. Seulement, il pouvait préférer entre ses héritiers celui qui lui paraîtrait le plus digne.

Les Consuls étaient de droit membres du Sénat; ils devaient le présider.

Une grande prérogative fut ajoutée au pouvoir du Premier Consul. Il reçut le droit de faire grâce. C'était assimiler, autant que possible, son autorité à celle de la royauté.

A l'avénement du nouveau Premier Consul, une

loi devait fixer son traitement, ou, pour mieux dire, sa liste civile. Cette fois, une somme de six millions pour le Premier Consul, de douze cent mille francs pour ses deux collègues, dut être inscrite au budget.

Juillet 1802.

A toutes ces dispositions furent ajoutés quelques arrangements nouveaux, relativement à la discipline des tribunaux. L'administration se comportait mieux que la justice, parce que dépendant d'un maître impartial et ferme, révocable à chaque instant par lui, elle marchait exactement suivant son esprit. Mais la justice usait de son indépendance, comme on usait alors de toute liberté accordée, pour se livrer aux passions du temps. En certains lieux, elle persécutait les acquéreurs de biens nationaux; en d'autres, elle les favorisait injustement. Mais nulle part elle ne montrait cette discipline qu'on lui a vue depuis, et qui donne à un grand corps de magistrature un aspect digne, quoique soumis. A la disposition qui venait de déférer dans certains cas les jugements des tribunaux au Sénat, disposition tout extraordinaire, et heureusement passagère, on ajouta une disposition disciplinaire. Les tribunaux de première instance furent placés sous la discipline des tribunaux d'appel, et les tribunaux d'appel sous celle du tribunal de cassation. Un juge qui avait manqué à ses devoirs pouvait être appelé devant le tribunal supérieur, réprimandé ou suspendu. A la tête de toute la magistrature dut être placé un GRAND-JUGE, ayant la faculté de présider les tribunaux s'il le voulait, chargé de les surveiller, et de les administrer. Il était ainsi

Quelques dispositions nouvelles relatives aux tribunaux.

ministre de la justice en même temps que magistrat.

Telles furent les modifications apportées à la Constitution consulaire, les unes imaginées par le Premier Consul, les autres proposées par ses conseillers. Elles furent réunies dans un projet de sénatus-consulte organique, qui devait être présenté au Sénat et adopté par ce corps.

Elles consistaient, comme on vient de le voir, à substituer aux listes de notabilité, vaste candidature inerte et illusoire, des colléges électoraux à vie, s'assemblant quelquefois pour présenter des candidats au choix du Sénat; à donner au Sénat, déjà chargé des fonctions électorales, et du soin de veiller à la Constitution, le pouvoir de modifier cette Constitution, de la compléter, de lever tout obstacle à sa marche, le pouvoir enfin de dissoudre le Tribunat et le Corps Législatif; à conférer au général Bonaparte le Consulat à vie, avec faculté de désigner son successeur; à lui donner, en outre, la plus belle des prérogatives de la royauté, le droit de faire grâce; à ôter au Tribunat la puissance du nombre, et presque celle de la publicité, à en faire ainsi un second Conseil d'État, chargé de critiquer les œuvres du premier; à reporter du Corps Législatif et du Conseil d'État vers un Conseil privé, certaines grandes affaires de gouvernement, telles par exemple que l'approbation des traités, enfin à établir entre les tribunaux une hiérarchie et une discipline.

C'était toujours la constitution aristocratique de

M. Sieyès, apte à tourner à l'aristocratie ou au despotisme, suivant la main qui la dirigerait; tournant en ce moment au pouvoir absolu sous la main du général Bonaparte, mais pouvant tourner, après sa mort, à une franche aristocratie, si, avant de mourir, il ne précipitait pas le tout dans un abîme.

En attribuant, pour sa propre commodité, de si hautes attributions au Sénat, le Premier Consul s'était assuré, pendant sa vie, un instrument dévoué, par la main duquel il pourrait tout ce qu'il voudrait; mais, après sa mort, l'instrument, devenu indépendant, serait tout-puissant à son tour. Sous un successeur moins grand, moins glorieux, avec des esprits éveillés à la suite d'un long repos, un spectacle entièrement nouveau devait s'offrir. L'aristocratie départementale, dont se composaient les colléges électoraux à vie, l'aristocratie nationale dont se composait le Sénat, l'une présentant des candidats à l'autre, pouvaient bien un jour par un concours de vues naturel, même nécessaire, créer dans le Corps Législatif et le Tribunat une majorité invincible pour le monarque qualifié de Premier Consul, et faire renaître ainsi une sorte de liberté, liberté aristocratique, il est vrai, mais qui n'est ordinairement ni la moins fière, ni la moins conséquente, ni la moins durable de toutes. Du reste, la liberté est toujours garantie quand le pouvoir est partagé et soumis à des délibérations. Il ne peut, en effet, jamais y avoir sur les grands intérêts d'un pays que deux opinions plausibles. Si le pouvoir a en face de lui une autorité capable de lui résister, celle-ci, aristocratique ou autre, embrasse, par un irrésistible penchant à la contradiction, l'opinion qu'il a repoussée. Elle tend à la paix en présence d'un pouvoir tendant à la guerre; elle tend à la guerre en présence d'un pouvoir tendant à la paix; elle adopte les vues libérales en présence d'un pouvoir inclinant aux vues conservatrices. En un mot, il y a contradiction, dès lors examen et liberté; car la liberté consiste principalement à faire débattre franchement et courageusement par les citoyens, n'importe de quelle origine, le pour et le contre sur les affaires de l'État. Cette constitution de M. Sieyès pouvait donc un jour revenir à son but primitif; mais, dans le moment, elle n'était qu'un masque pour la dictature. Une constitution, quelle qu'elle soit, donne toujours des résultats conformes à l'état présent des esprits. Il y a des temps où contredire est la tendance dominante, d'autres où le goût d'adhérer est général. On était alors porté à l'adhésion : la forme du pouvoir était, au fond, assez indifférente.

Il faut toutefois le reconnaître, cette république nominale avait une rare grandeur : elle rappelait, sous quelque rapport, la République romaine convertie en Empire. Ce Sénat avait la puissance du Sénat de l'ancienne Rome, puissance qu'il livrait à l'Empereur quand celui-ci était fort, qu'il reprenait pour en user lui-même, quand l'Empereur était faible ou libéral. Ce Premier Consul avait bien le pouvoir des Empereurs romains; il en avait l'hérédité, c'est-à-dire le choix entre ses successeurs naturels ou adoptifs. Ajoutons qu'il en avait à peu près la puissance sur le monde.

La nouvelle Constitution remaniée était prête; les votes demandés à tous les citoyens étaient émis. Le consul Cambacérès, toujours conciliant, proposa au Premier Consul l'idée fort sage, de confier au Sénat le soin de supputer les votes recueillis, d'en compter et d'en proclamer le nombre. C'était, disait-il avec raison, une manière toute naturelle de tirer ce grand corps d'une situation fausse, amenée par une méprise. Le Sénat avait, effectivement, proposé une prorogation de dix ans, et le Premier Consul avait pris le Consulat à vie. Depuis le Sénat s'était tu, et n'avait fait, ni pu faire aucune démarche. Lui donner le résultat à proclamer, c'était l'y associer, et le tirer de l'état de gêne où il se trouvait. — Venez, dit M. Cambacérès au Premier Consul, venez au secours de gens qui se sont trompés en voulant trop vous deviner. — Le Premier Consul sourit d'une malice peu ordinaire à son prudent collègue, et consentit avec empressement à la proposition si sensée qui lui était faite. Les registres sur lesquels les votes avaient été déposés furent envoyés au Sénat pour qu'il en fît la supputation. 3,577,259 citoyens avaient donné leurs suffrages, et, sur ce nombre, 3,568,885 avaient voté pour le Consulat à vie. Sur cette énorme masse d'approbateurs, il y avait eu seulement huit mille et quelques cents refusants : c'était une imperceptible minorité. Jamais gouvernement n'a obtenu un tel assentiment, et ne l'a mérité au même degré.

Juillet 1802.

Le Sénat chargé de supputer les votes émis, et de proclamer le résultat.

Juillet 1802.

Ce résultat constaté, le Sénat rendit un sénatus-consulte en trois articles. Le premier de ces articles était ainsi conçu : *Le peuple français* NOMME, et le *Sénat* PROCLAME, NAPOLÉON BONAPARTE Premier Consul à vie.

C'est à partir de cette époque que le prénom de NAPOLÉON a commencé de figurer dans les actes publics, à côté du nom de famille du général BONAPARTE, seul connu jusqu'alors dans le monde. Ce prénom si éclatant, que la voix des nations a tant répété depuis, n'avait été encore employé qu'une fois, c'est dans l'acte constitutif de la République italienne. En approchant de la souveraineté, le prénom, se détachant peu à peu du nom de famille, devait bientôt figurer seul dans la langue universelle, et le général Bonaparte, appelé un moment Napoléon Bonaparte, ne devait bientôt plus s'appeler que Napoléon, conformément à la manière de désigner les rois.

Le second article du sénatus-consulte portait qu'une statue de la Paix, tenant dans une main le laurier de la victoire, et dans l'autre le décret du Sénat, attesterait à la postérité la reconnaissance de la nation.

Enfin, le troisième article portait que le Sénat en corps irait présenter au Premier Consul, avec ce sénatus-consulte, l'expression de la CONFIANCE, de l'AMOUR et de l'ADMIRATION du peuple français. Ces trois expressions sont celles du décret lui-même.

Le Sénat se porte aux Tuileries.

On choisit pour amener le Sénat aux Tuileries un jour de grande réception diplomatique. C'était le

3 août 1802 (15 thermidor) au matin. Tous les ministres de l'Europe pacifiée étaient réunis dans une vaste salle, où le Premier Consul avait coutume de les recevoir, et de se faire présenter les étrangers de distinction. L'audience était à peine commencée lorsqu'on annonça le Sénat. Ce corps rassemblé tout entier fut introduit à l'instant même. Le président Barthélemy portait la parole.

Juillet 1802.

le sénatus-consulte, qui proclame NAPOLÉON BONAPARTE consul à vie.

« Le peuple français, dit-il au Premier Consul, » le peuple français, reconnaissant des immenses » services que vous lui avez rendus, veut que la » première magistrature de l'État soit inamovible » entre vos mains. En s'emparant ainsi de votre vie » tout entière, il n'a fait qu'exprimer la pensée du » Sénat, déposée dans le sénatus-consulte du 18 flo- » réal. La nation, par cet acte solennel de gratitude, » vous donne la mission de consolider nos institu- » tions. » Après cet exorde, le président énumérait brièvement les grandes actions du général Bonaparte dans la guerre et dans la paix, prédisait les prospérités de l'avenir, sans les malheurs que personne peut-être ne prévoyait alors, et lui répétait enfin ce que proclamaient dans le moment toutes les bouches de la renommée. Le président lut ensuite le texte du décret. Le Premier Consul, s'inclinant devant le Sénat, répondit par ces nobles paroles :

« La vie d'un citoyen est à sa patrie. Le peuple » français veut que la mienne tout entière lui soit » consacrée... j'obéis à sa volonté.

» Par mes efforts, par votre concours, citoyens

Août 1802.

» sénateurs, par le concours de toutes les autorités,
» par la confiance et la volonté de cet immense peu-
» ple, la liberté, l'égalité, la prospérité de la France
» seront à l'abri des caprices du sort et de l'incer-
» titude de l'avenir. Le meilleur des peuples sera le
» plus heureux, comme il est le plus digne de l'être;
» et sa félicité contribuera à celle de l'Europe entière.

» Content alors d'avoir été appelé, par l'ordre de
» celui de qui tout émane, à ramener sur la terre
» l'ordre, la justice, l'égalité, j'entendrai sonner
» la dernière heure, sans regret et sans inquiétude
» sur l'opinion des générations futures. »

Après des remercîments affectueux au Sénat, le Premier Consul reconduisit ce corps, et continua de recevoir les étrangers, que lui amenaient les ministres d'Angleterre, de Russie, d'Autriche, de Prusse, de Suède, de Bavière, de Hesse, de Wurtemberg, d'Espagne, de Naples, d'Amérique, car l'univers entier était dans ce moment en paix avec la France. Ce même jour on présentait au Premier Consul lord Holland et lord Grey (ceux que la génération actuelle a connus), avec une foule d'autres personnages de distinction.

Le sénatus-consulte, contenant les modifications à la Constitution, délibéré au Conseil d'État.

Le lendemain, 4 août, les nouveaux articles modificatifs de la Constitution furent soumis au Conseil d'État. Le Premier Consul présidait cette séance solennelle; il lisait les articles l'un après l'autre, et les motivait avec précision et vigueur. Il exprimait sur chacun les idées que nous avons exposées ci-dessus. Il provoquait lui-même les objections, et y répondait. Sur la désignation du successeur, il y eut une courte discussion, dans laquelle on put apercevoir encore quelque trace de la résistance qu'il avait opposée à cette disposition. MM. Petiet et Rœderer soutenaient que la désignation du successeur, faite par testament, devait être aussi obligatoire que si elle était faite par le moyen de l'adoption solennelle, en présence des corps de l'État. Le Premier Consul ne voulut pas que ce testament fût obligatoire pour le Sénat, par le motif qu'un homme mort, quelque grand qu'il eût été, n'était plus rien; que sa dernière volonté pouvait toujours être cassée, et qu'en la soumettant à la ratification du Sénat, on ne faisait que reconnaître une nécessité inévitable. A cette occasion, il prononça sur l'hérédité quelques paroles singulières, qui prouvaient que, pour l'instant, il n'y songeait plus. Il répéta en effet, avec de certains développements, qu'elle était hors des mœurs et des opinions régnantes. Sa nature ne le portait ni au mensonge ni à l'hypocrisie; mais, placé, comme les hommes le sont toujours, sous l'influence du moment présent, il repoussait l'hérédité, parce qu'il avait vu les esprits peu disposés à l'adopter, et que, revêtu d'ailleurs d'un pouvoir tout à fait monarchique, il se contentait de la réalité sans le titre. A en juger par ses paroles, il avait franchement pris son parti à cet égard.

Il y eut ensuite des réclamations contre l'institution du Conseil privé, dans l'intérêt du Conseil d'État, qui se trouvait un peu diminué par cette institution. Ici le Premier Consul laissa voir un certain embarras, envers un corps qu'il avait jusque-là traité avec une prédilection si marquée, et qu'il semblait dépouiller d'une partie de son importance. Il dit que le Conseil privé n'était institué que pour des cas fort rares, qui exigeaient un secret rigoureux, impossible dans une réunion de quarante ou cinquante personnes; que du reste le Conseil d'État conserverait toujours la même importance, et la connaissance des grandes affaires.

Après quelques modifications de détail, le sénatus-consulte fut porté au Sénat, et après une sorte d'homologation converti en Sénatus-Consulte organique. Le lendemain, 5 août (17 thermidor), il fut publié avec les formes d'usage, et devint ainsi le complément de la Constitution consulaire.

La France ressentait une satisfaction profonde. La famille du Premier Consul n'avait vu s'accomplir ni toutes ses craintes, ni tous ses vœux; néanmoins elle partageait le contentement général. Madame Bonaparte commençait à se rassurer, en voyant s'évanouir l'idée de la royauté. Cette espèce d'hérédité, qui laissait au chef de l'État le soin de se choisir un successeur, était tout ce qu'elle désirait, car elle n'avait pas d'enfant du général Bonaparte, et possédait une fille chérie, épouse de Louis Bonaparte, qui allait devenir mère. Elle souhaitait et se flattait d'avoir un petit-fils. Elle croyait voir en lui l'héritier du sceptre du monde. Son époux partageait ces vues. Les frères de Napoléon (nous l'appellerons ainsi désormais), les frères de Napoléon étaient moins satisfaits, du moins Lucien, dont rien ne calmait la continuelle activité d'esprit. Mais on venait d'introduire pour eux, dans les articles organiques, une disposition imaginée pour leur plaire. La loi de la Légion-d'Honneur avait statué que le grand conseil de la Légion serait composé des trois Consuls, et d'un représentant de chacun des grands corps de l'État. Le Conseil d'État avait nommé pour cette charge Joseph Bonaparte; le Tribunat, Lucien. Une disposition du sénatus-consulte portait que les membres du grand conseil de la Légion-d'Honneur seraient de droit sénateurs. Les deux frères de Napoléon étaient donc personnages principaux dans la belle institution chargée de distribuer toutes les récompenses, et de plus membres du Sénat, appelés naturellement à exercer dans ce corps une grande influence. Joseph, modéré dans ses vœux, semblait ne plus rien désirer. Lucien n'était satisfait qu'à moitié; il n'était pas dans sa nature de l'être davantage. Le Premier Consul, en faisant ses collègues Cambacérès et Lebrun consuls à vie, avait voulu avoir autour de lui des collègues heureux de sa propre élévation. Il y avait réussi. Un seul personnage du temps sortait assez maltraité de cette crise, si favorable à la grandeur de tout le monde, c'était M. Fouché, ministre de la police. Soit que son avis personnel à l'égard des projets de la famille Bonaparte eût percé, soit que les efforts tentés pour le desservir auprès du maître eussent réussi, ou, ce qui est plus probable, que le Premier Consul voulût ajouter à tous ses actes récents de clémence et de conciliation, une mesure qui eût encore plus que les autres le caractère de la confiance et de l'oubli, le ministère de la police fut supprimé.

Ce ministère, comme nous l'avons dit ailleurs, avait alors une importance qu'il n'aura jamais dans un régime régulier, grâce au pouvoir arbitraire dont le gouvernement était investi, grâce aux fonds dont il disposait sans contrôle. Émigrés, rentrés ou rentrants, Vendéens, républicains, prêtres non ralliés, il avait à surveiller tous ces agents de trouble, et le faisait sans faiblesse. Aussi ce ministère, quoique exercé avec tact, et beaucoup d'indulgence, par M. Fouché, était-il devenu odieux aux partis qu'il contenait. Le Premier Consul le supprima, et se contenta de faire de la police une simple direction générale, attachée au ministère de la justice. Le conseiller d'État Réal fut chargé de cette direction. L'administration de la justice fut enlevée à M. Abrial, homme sage, appliqué à ses devoirs, mais dont le travail lent et pénible était peu agréable au Premier Consul. Elle fut donnée à M. Régnier, depuis duc de Massa, magistrat instruit, disert, ayant inspiré de la confiance et du goût au chef qui disposait de toutes les existences. M. Régnier reçut avec l'administration de la justice le titre de Grand-Juge, titre nouvellement créé par le sénatus-consulte organique. La nature de son esprit le rendait peu propre à diriger M. Réal dans les difficiles investigations de la police; aussi M. Réal, travaillant directement avec le Premier Consul, devint-il à peu près indépendant du ministre de la justice. Malheureusement, on perdait avec M. Fouché une connaissance des hommes, et des relations avec les partis, que lui seul pos-

CONSULAT A VIE.   553

sédait au même degré. Ce sacrifice précipité aux idées du jour était irréfléchi, et eut, comme on le verra bientôt, des conséquences regrettables. Cependant on ne voulait pas que le ministre Fouché parût disgracié. On lui réserva une place au Sénat, ainsi qu'à M. Abrial. M. Fouché, dans l'acte qui le nommait sénateur, obtint une mention flatteuse de ses services. Il fut même dit dans cet acte, que, si les besoins du temps faisaient renaître l'institution aujourd'hui supprimée, c'est M. Fouché qu'on irait chercher sur les bancs du Sénat, pour faire un ministre de la police. On apporta encore quelques autres changements au personnel du gouvernement. M. Rœderer, qui s'entendait peu avec le ministre de l'intérieur, Chaptal, relativement aux affaires de l'instruction publique dont il était chargé, céda cette direction au savant Fourcroy, et reçut, comme MM. Fouché et Abrial, le dédommagement d'un siége au Sénat. Le Premier Consul nomma encore sénateur le respectable archevêque de Paris, M. de Belloy. En agissant de la sorte, il n'entendait pas donner une influence au clergé sur les affaires politiques; mais il voulait que les grands intérêts sociaux fussent représentés au Sénat, l'intérêt de la religion comme tous les autres.

Le 15 août (27 thermidor) fut célébré pour la première fois comme jour anniversaire de la naissance du Premier Consul. C'était l'introduction progressive des usages monarchiques, qui font de la fête du souverain une fête nationale. Le matin de ce jour, le Premier Consul reçut le Sénat, le Tribunat, le Conseil d'État, le clergé, les autorités civiles et mili-

Août 1802.

Le 15 août célébré comme jour anniversaire de la naissance du Premier Consul.

taires de la capitale, le corps diplomatique, venant le féliciter du bonheur public et de son bonheur privé. A midi, un *Te Deum* fut chanté à l'église Notre-Dame, et dans toutes les églises de la République. Le soir, des illuminations brillantes représentèrent dans Paris, ici la figure de la Victoire, ailleurs celle de la Paix, plus loin enfin, et sur l'une des tours de Notre-Dame, le signe du Zodiaque, sous lequel était né l'auteur de tous les biens dont la nation remerciait le ciel.

Quelques jours après, le 24 août (3 fructidor), le Premier Consul alla en pompe prendre possession de la présidence du Sénat. Toutes les troupes de la division bordaient la haie, depuis les Tuileries jusqu'au palais du Luxembourg. La voiture du nouveau maître de la France, escortée par un nombreux état-major et par la garde consulaire à cheval, était traînée par huit chevaux magnifiques, comme autrefois la voiture des rois. Personne ne partageait avec lui l'honneur de l'occuper. Dans les voitures qui suivaient, venaient les second et troisième Consuls, les ministres, les présidents du Conseil d'État. Arrivé au palais du Luxembourg, le Premier Consul fut accueilli à son entrée par une députation de dix sénateurs. Il reçut, assis sur un fauteuil assez semblable à un trône, le serment de ses deux frères, Lucien et Joseph, devenus sénateurs de droit, en leur qualité de membres du grand conseil de la Légion-d'Honneur. Après cette formalité, des conseillers d'État choisis pour cette fonction présentèrent cinq projets de sénatus-consultes, relatifs, le premier au cérémonial des grandes autorités, le second au renouvellement par séries du Corps Législatif et du Tribunat, le troisième au mode à suivre en cas de dissolution de ces deux assemblées, le quatrième à la désignation des vingt-quatre grandes villes de la République, le cinquième enfin à la réunion de l'île d'Elbe au territoire de la France.

Afin de saisir tout de suite le Sénat de l'influence qui lui était promise dans les grandes affaires de l'État, M. de Talleyrand lut un rapport d'une haute importance, sur les arrangements qui se préparaient en Allemagne, sous la direction de la France, pour indemniser avec les principautés ecclésiastiques les princes héréditaires dépossédés à la rive gauche du Rhin. C'était, comme on va le voir prochainement dans la suite de cette histoire, la plus grande affaire du moment. Celle-là finie, le monde semblait en repos pour long-temps. En publiant dans ce rapport au Sénat les vues de la France, le Premier Consul annonçait à l'Europe ses idées sur cet important sujet, ou, pour mieux dire, lui intimait ses volontés; car on savait bien qu'il n'était pas homme à revenir d'une résolution aussi publiquement annoncée. La lecture de ce rapport terminée, il se retira, laissant au Sénat le soin d'examiner les cinq sénatus-consultes organiques qui venaient de lui être soumis.

Accompagné de nouveau par les dix sénateurs qui l'avaient reçu à son arrivée, et accueilli sur son passage par les acclamations du peuple de Paris, le Premier Consul rentra au palais des Tuileries comme un monarque constitutionnel qui vient de tenir une séance royale.

Août 1802.

Le Premier Consul va s'établir à Saint-Cloud.

On était fort avancé dans l'été, car on touchait à la fin d'août. Le Premier Consul alla prendre possession du château de Saint-Cloud, qu'il avait d'abord refusé, quand on le lui avait offert comme habitation de campagne. Revenu de cette première détermination, il y avait ordonné des réparations, qui, peu considérables en commençant, avaient fini bientôt par embrasser le château tout entier. Elles avaient été récemment achevées. Le Premier Consul en profita pour aller s'établir dans cette belle résidence. Il y recevait, à des jours choisis, les hauts fonctionnaires, les grands personnages de toutes les classes, les étrangers, les ambassadeurs. Le dimanche, on y disait la messe à la chapelle, et les opposants au Concordat commençaient à y assister, comme autrefois on assistait à la messe à Versailles. Le Premier Consul, accompagné de sa femme, entendait une messe fort courte, et puis s'entretenait, dans la galerie du château, avec ceux qui lui avaient fait visite. Les assistants, rangés sur deux lignes, attendaient, recherchaient ses paroles, comme on recherche celles de la royauté ou celles du génie. Dans ce cercle on ne voyait, on ne regardait que lui. Aucun potentat sur la terre n'a obtenu, n'a mérité au même degré, les purs hommages dont il était alors l'objet de la part de la France, et du monde entier.

C'était déjà la puissance impériale qu'on lui a vue depuis, mais avec l'assentiment universel des peuples, avec des formes moins royales, mais plus dignes peut-être, car il y restait une certaine modestie républicaine, qui convenait à ce pouvoir nouveau, et qui rappelait Auguste conservant, au milieu de la suprême puissance, les habitudes extérieures du citoyen romain.

Quelquefois, après une longue route à travers une vaste et belle contrée, on s'arrête un instant pour contempler d'un lieu élevé le pays qu'on a parcouru : imitons cet exemple, arrêtons-nous, et jetons un regard en arrière, pour contempler les prodigieux travaux du général Bonaparte, depuis le 18 brumaire. Quelle profusion, quelle variété, quelle grandeur d'événements!

Après avoir traversé les mers par miracle, revu la France, surprise et ravie de sa soudaine apparition, renversé le Directoire, saisi le pouvoir, accepté, en la modifiant sous le rapport de la puissance exécutive, la Constitution de M. Sieyès, il avait mis en hâte quelque ordre dans l'administration, rétabli la perception et le versement de l'impôt, relevé le crédit, envoyé un premier secours aux armées, profité de l'hiver pour accabler la Vendée sous une réunion imprévue de troupes, reporté brusquement ces troupes vers les frontières, et, au milieu de la confusion apparente de tous ces mouvements, créé au pied des Alpes une armée inaperçue, invraisemblable, destinée à tomber à l'improviste au milieu des ennemis, qui se refusaient à croire à son existence. Tout étant prêt pour entrer en campagne, il avait offert à l'Europe la paix ou la guerre, et la guerre ayant été préférée,

Août 1802.

Résumé de la période de trois ans, écoulée de 1799 à 1802.

il avait ordonné le passage du Rhin, porté Moreau sur le Danube, placé Masséna dans Gênes, pour y arrêter les Autrichiens et les y retenir. Puis Moreau, d'un côté, ayant jeté M. de Kray sur Ulm, Masséna de l'autre, ayant fixé M. de Mélas sur Gênes par une défense héroïque, il avait, à l'improviste, passé les Alpes sans route frayée, avec son artillerie traînée dans des troncs d'arbres, paru au milieu de l'Italie étonnée, coupé la retraite aux Autrichiens, et, dans une bataille décisive, perdue et regagnée plusieurs fois, pris leur armée, recouvré l'Italie, anéanti les projets de la coalition, et arraché à l'Europe confondue un armistice de six mois.

C'est pendant ces six mois de trêve, que les travaux du Premier Consul étaient devenus plus étonnants encore. Négociant et administrant tout à la fois, il avait changé la face de la politique, tourné les affections de l'Europe vers la France et contre l'Angleterre, gagné le cœur de Paul Ier, décidé les incertitudes de la Prusse, donné au Danemark et à la Suède le courage de résister aux violences maritimes dont leur commerce était l'objet, noué ainsi la ligue des neutres contre la Grande-Bretagne, fermé à celle-ci les ports du continent, depuis le Texel jusqu'à Cadix, depuis Cadix jusqu'à Otrante, et préparé d'immenses armements pour secourir l'Égypte. Tandis qu'il faisait tout cela, il avait achevé la réorganisation des finances, restauré le crédit, payé en numéraire les créanciers de l'État, créé la banque de France, réparé les routes, réprimé le brigandage, percé les Alpes de communications magnifiques, établi des hospices sur leur cime, entrepris la grande place d'Alexandrie, perfectionné Mantoue, ouvert des canaux, jeté de nouveaux ponts, commencé la rédaction des Codes. Enfin, après ces six mois d'armistice, l'Autriche hésitant encore à signer la paix, il avait poussé Moreau en avant, et celui-ci, en achevant par la mémorable bataille de Hohenlinden la destruction de la puissance autrichienne, avait arraché, sous les murs mêmes de Vienne, la promesse d'une paix, signée bientôt à Lunéville.

C'est dans ce moment qu'un crime affreux, la machine infernale, mettant en péril les jours du Premier Consul, avait irrité son âme bouillante, et provoqué la seule faute commise dans ce temps de conduite parfaite, la déportation sans jugement de cent trente révolutionnaires. Tristes vicissitudes de la violence, dans les révolutions! Les assassins de septembre, frappés à leur tour, ne trouvaient ni lois ni courage pour les défendre; et le Tribunat, qui s'opposait aux meilleures mesures du Premier Consul, n'avait pas osé proférer une parole pour ces proscrits!

Dominateur du continent, ayant discrédité, expulsé des affaires les deux ministres fauteurs de toutes les coalitions, M. de Thugut à Vienne, M. Pitt à Londres, le Premier Consul avait jeté l'Europe entière sur l'Angleterre. Nelson en frappant les Danois à Copenhague, les Russes en égorgeant leur empereur, avaient sauvé l'Angleterre des désastres qui la menaçaient, mais, en la sauvant de ces désastres, ne lui avaient donné ni le courage, ni les moyens de prolonger la guerre.

La nation anglaise, saisie de crainte et d'admiration en présence du général Bonaparte, venait enfin de consentir à la paix d'Amiens, la plus belle que la France ait jamais conclue.

Le temple de Janus se trouvait donc fermé! Et alors le Premier Consul, voulant ajouter à la paix avec les puissances européennes la paix avec l'Église, s'était hâté de négocier le Concordat, de réconcilier Rome et la Révolution, de relever les autels, de rendre à la France tout ce qui est nécessaire aux sociétés civilisées, et, parvenu à la troisième année de son Consulat, s'était présenté aux deux assemblées législatives, apportant la paix avec la terre et les mers, la paix avec le ciel, l'amnistie pour tous les proscrits, un code de lois superbe, un système puissant d'éducation publique, un système glorieux de distinctions sociales. Quoiqu'en se présentant la main pleine de tous ces dons, il avait cependant trouvé une résistance inattendue, violente, peu éclairée, naissant de bons et de mauvais sentiments, chez les uns l'envie, chez les autres l'amour d'une liberté alors impossible. Délivré, par l'habileté de son collègue Cambacérès, de cette résistance que dans sa fougue il voulait briser violemment, il venait enfin d'achever toutes ses œuvres, de faire accepter les traités signés avec l'Europe, le Concordat, son système d'éducation laïque et nationale, la Légion-d'Honneur, et de recevoir pour prix de tant de services le pouvoir à vie, et la grandeur des empereurs romains. En cet instant il reprenait le travail des Codes : arbitre en même temps de tous les intérêts du continent, il réformait la Constitution de l'Allemagne, et en distribuait le territoire à ses princes, avec une équité reconnue de l'Europe.

Maintenant, si oubliant ce qui s'est passé depuis, on s'imagine un moment ce dictateur, alors nécessaire, restant aussi sage qu'il a été grand, unissant ces contraires que Dieu, il est vrai, n'a jamais réunis dans un même homme, cette vigueur de génie qui constitue les grands capitaines, avec cette patience qui est le trait distinctif des fondateurs d'empire, calmant par un long repos la société française agitée, et la préparant peu à peu à cette liberté, honneur et besoin des sociétés modernes; puis, après avoir rendu la France si grande, apaisant, au lieu de les irriter, les jalousies de l'Europe, changeant en une donnée permanente de la politique générale les démarcations territoriales de Lunéville et d'Amiens, enfin terminant sa carrière par un acte digne des Antonins, et allant chercher, n'importe où, le successeur le plus digne pour lui remettre cette France organisée, préparée à la liberté, et pour toujours agrandie : quel homme eût jamais égalé celui-là! Mais cet homme guerrier comme César, politique comme Auguste, vertueux comme Marc-Aurèle, eût été plus qu'un homme, et la Providence ne donne pas au monde des dieux pour le gouverner.

Du reste, à cette époque, il paraissait si modéré après avoir été si victorieux, il était si profond législateur après avoir été si grand capitaine, il montrait tant d'amour pour les arts de la paix, après avoir tant excellé dans les arts de la guerre,

Août 1802.

qu'il pouvait faire illusion à la France et au monde. Seulement quelques-uns des conseillers qui l'approchaient, et qui étaient capables d'entrevoir l'avenir dans le présent, étaient saisis d'inquiétude autant que d'admiration, en voyant l'activité infatigable de son esprit et de son corps, l'énergie de sa volonté, l'impétuosité de ses désirs. Ils tremblaient, même à lui voir faire le bien comme il le faisait, tant il était pressé de le faire vite, et de le faire immense. Le sage Tronchet, qui l'admirait et qui l'aimait tout à la fois, qui le regardait comme le sauveur de la France, disait cependant un jour avec chagrin au consul Cambacérès : Ce jeune homme commence comme César; j'ai peur qu'il ne finisse comme lui.

FIN DU QUATORZIÈME LIVRE ET DU TOME TROISIÈME.

TABLE DES MATIÈRES

CONTENUES

DANS LE TOME TROISIEME.

LIVRE DIXIÈME.

ÉVACUATION DE L'ÉGYPTE.

Tous les yeux fixés sur la négociation engagée à Londres. — On se demande quelle influence exercera la mort de Paul Ier sur cette négociation. — État de la cour de Russie. — Caractère d'Alexandre. — Ses jeunes amis forment avec lui un gouvernement secret, qui dirige toutes les affaires de l'empire. — Alexandre consent à réduire beaucoup les prétentions apportées à Paris par M. de Kalitcheff, au nom de Paul Ier. — Il accueille Duroc avec bienveillance. — Ses protestations réitérées du désir de bien vivre avec la France. — Commencements de la négociation entamée à Londres. — Conditions mises en avant, de part et d'autre. — Conquêtes des deux pays sur terre et sur mer. — L'Angleterre consent à restituer une partie de ses conquêtes maritimes, mais subordonne toute la négociation à la question de savoir si la France gardera l'Égypte. — Les deux gouvernements sont tacitement d'accord pour temporiser, afin d'attendre l'issue des événements militaires. — Le Premier Consul, averti que la négociation dépend de ces événements, pousse l'Espagne à marcher vivement contre le Portugal, et fait de nouveaux efforts pour secourir l'Égypte. — Emploi des forces navales. — Diverses expéditions projetées. — Navigation de Gantéaume au sortir de Brest. — Cet amiral passe heureusement le détroit. — Prêt à se diriger sur Alexandrie, il s'effraye de dangers imaginaires, et rentre dans Toulon. — État de l'Égypte depuis la mort de Kléber. — Soumission du pays, et situation prospère de la colonie sous le rapport matériel.

— Incapacité, anarchie dans le commandement. — Déplorables divisions des généraux. — Mesures mal conçues de Menou, qui veut toucher à tous les objets à la fois. — Malgré l'avis réitéré d'une expédition anglaise, il ne prend aucune précaution. — Débarquement des Anglais dans la rade d'Aboukir, le 8 mars. — Le général Friant, réduit à quinze cents hommes, fait d'inutiles efforts pour les repousser. — Deux bataillons ajoutés à la division d'Alexandrie auraient sauvé l'Égypte. — Tardive concentration de forces ordonnée par Menou. — Arrivée de la division Lanusse, et second combat livré avec des forces insuffisantes, dans la journée du 13 mars. — Menou arrive enfin avec le gros de l'armée. — Tristes conséquences de la division des généraux. — Plan d'une bataille décisive. — Bataille de Canope, livrée le 21 mars, et restée indécise. — Les Anglais demeurent maîtres de la plage d'Alexandrie. — Longue temporisation, pendant laquelle Menou aurait encore pu relever les affaires des Français, en manœuvrant contre les corps détachés de l'ennemi. — Il n'en fait rien. — Les Anglais tentent une opération sur Rosette, et réussissent à s'emparer d'une bouche du Nil. — Ils pénètrent dans l'intérieur. — Dernière occasion de sauver l'Égypte, à Ramanieh, perdue par l'incapacité du général Menou. — Les Anglais s'emparent de Ramanieh, et séparent la division du Kaire de celle d'Alexandrie. — L'armée française, coupée en deux, n'a plus d'autre ressource que celle de capituler. — Reddition du Kaire par le général Belliard. — Menou, enfermé dans Alexandrie, rêve la gloire d'une défense semblable à celle de Gênes. — L'Égypte définitivement perdue pour les Français. 1 à 112

LIVRE ONZIÈME.

PAIX GÉNÉRALE.

Dernière et infructueuse sortie de Gantheaume. — Il touche à Derne, n'ose débarquer deux mille hommes qu'il avait à son bord, et rebrousse chemin vers Toulon. — Prise en route du vaisseau le *Swiftsure*. — L'amiral Linois, envoyé de Toulon à Cadix, est obligé de jeter l'ancre dans la baie d'Algésiras. — Beau combat d'Algésiras. — Une escadre composée de Français et d'Espagnols sort de Cadix, pour venir au secours de la division Linois. — Rentrée des flottes combinées dans Cadix. — Combat d'arrière-garde avec l'amiral anglais Saumarez. — Affreuse méprise de deux vaisseaux espagnols, qui, trompés par la nuit, se prennent pour ennemis, se combattent à outrance, et sautent en l'air tous les deux. — Beau fait d'armes du capitaine Troude. — Courte campagne du prince de la Paix contre le Portugal. — La cour de Lisbonne se hâte d'envoyer un négociateur à Badajoz, pour se soumettre aux volontés de la France et de l'Espagne réunies. — Marche des affaires européennes depuis le traité de Lunéville. — Influence croissante de la France. — Séjour à Paris des infants d'Espagne, destinés à régner en Étrurie. — Reprise de la négociation de Londres, entre M. Otto et lord Hawkesbury. — Nouvelle manière de poser la question du côté des Anglais. — Ils demandent Ceylan dans les Indes, la Martinique ou la Trinité dans les Antilles, Malte dans la Méditerranée. — Le Premier Consul répond à ces prétentions, en menaçant de conquérir le Portugal, et au besoin d'exécuter une descente en Angleterre. — Vive polémique entre *le Moniteur* et les journaux anglais. — Le cabinet britannique renonce à Malte, et résume toutes ses prétentions en demandant l'île espagnole de la Trinité. — Le Premier Consul, pour sauver les possessions d'une cour alliée, offre l'île française de Tabago. — Le cabinet britannique refuse. — Folle conduite du prince de la Paix, qui fournit une solution inattendue. — Ce prince traite avec la cour de Lisbonne, sans se concerter avec la France, et prive ainsi la légation française de l'argument qu'on tirait des dangers du Portugal. — Irritation du Premier Consul, et menaces de guerre à la cour de Madrid. — M. de Talleyrand propose au Premier Consul de terminer la négociation aux dépens des Espagnols, en livrant aux Anglais l'île de la Trinité. — M. Otto reçoit l'autorisation de faire cette concession, mais seulement à la dernière extrémité. — Pendant qu'on négocie, Nelson tente les plus grands efforts pour détruire la flottille de Boulogne. — Beaux combats devant Boulogne, soutenus par l'amiral Latouche-Tréville contre Nelson. — Défaite des Anglais. — Joie en France, inquiétudes en Angleterre, à la suite de ces deux combats. — Dispositions réciproques à un rapprochement. — On passe par-dessus les dernières difficultés, et la paix se conclut, sous forme de préliminaires, par le sacrifice de l'île de la Trinité. — Joie inouïe en Angleterre et en France. — Le colonel Lauriston, chargé de porter à Londres la ratification du Premier Consul, est conduit en triomphe pendant plusieurs heures. — Réunion d'un congrès dans la ville d'Amiens pour conclure la paix définitive. — Suite de traités signés coup sur coup. — Paix avec le Portugal, la Porte-Ottomane, la Bavière, la Russie, etc. — Fête à la paix, fixée au 18 brumaire. — Lord Cornwallis, plénipotentiaire au congrès d'Amiens, assiste à cette fête. — Accueil qu'il reçoit du peuple de Paris. — Banquet de la Cité à Londres. — Témoignages extraordinaires de sympathie que se donnent en ce moment les deux nations.   113 à 193

LIVRE DOUZIÈME.

CONCORDAT.

L'Église catholique pendant la Révolution française. — Constitution civile du clergé décrétée par l'Assemblée Constituante. — Cette constitution avait voulu assimiler l'administration des cultes à celle du royaume, établir un diocèse par département, faire élire les évêques par les fidèles, et les dispenser de l'institution canonique. — Serment à cette constitution exigé de la part du clergé. — Refus de serment, et schisme. — Diverses catégories de prêtres, leur rôle et leur influence. — Inconvénients de cet état de choses. — Moyens qu'il fournit aux ennemis de la Révolution, pour troubler l'État et les familles. — Divers systèmes proposés pour porter remède au mal. — Le système de l'inaction. — Le système d'une Église française, dont le Premier Consul serait le chef. — Le système d'un fort encouragement au protestantisme. — Opinions du Premier Consul sur les divers systèmes proposés. — Il forme le projet de rétablir la religion catholique, en appropriant sa discipline aux nouvelles institutions de la France. — Il veut la déposition des évêques anciens titulaires, une circonscription comprenant 60 siéges au lieu de 158, la création d'un nouveau clergé composé de prêtres respectables de toutes les sectes, l'attribution à l'État de la police des cultes, un salaire aux prêtres au lieu d'une dotation territoriale, enfin la consécration par l'Église de la vente des biens nationaux. — Relations amicales du pape Pie VII avec le Premier Consul. — Monsignor Spina, chargé de négocier à Paris, retarde la négociation dans un intérêt temporel du Saint-Siège. — Désir secret de recouvrer les Légations. — Monsignor Spina sent enfin le besoin de se hâter. — Il s'abouche avec l'abbé Bernier, chargé de traiter pour la France. — Difficultés du plan proposé à la cour romaine. — Le Premier Consul envoie son projet à Rome, et demande au Pape de s'expliquer. — Trois cardinaux consultés. — Le Pape, après cette consultation, veut que la religion catholique soit déclarée religion de l'État, qu'on le dispense de déposer les anciens titulaires, et de consacrer autrement que par son silence la vente des biens d'Église, etc. — Débats avec M. de Cacault, ministre de France à Rome. — Le Premier Consul, fatigué de ces lenteurs, ordonne à M. de Cacault de quitter Rome sous cinq jours, si le Concordat n'est pas adopté dans ce délai. — Terreurs du Pape et du cardinal Consalvi. — M. de Cacault suggère au cabinet pontifical l'idée d'envoyer à Paris le cardinal Consalvi. — Départ de celui-ci pour la France, et ses frayeurs. — Son arrivée à Paris. — Accueil bienveillant du Premier Consul. — Conférences avec l'abbé Bernier. — On s'entend sur le principe d'une religion d'État. — On déclare la religion catholique, religion de la majorité des Français. — Toutes les autres conditions du Premier Consul, relativement à la déposition des anciens titulaires, à la nouvelle circonscription, à la vente des biens d'Église, sont acceptées, sauf quelques changements de rédaction. — Accord définitif sur tous les points. — Efforts tentés au dernier moment par les adversaires du rétablissement des cultes, afin d'empêcher le Premier Consul de signer le Concordat. — Il persiste. — Signature donnée le 15 juillet 1801. — Retour du cardinal Consalvi à Rome. — Satisfaction du Pape. — Solennité des ratifications. — Choix du cardinal Caprara, comme légat *a latere*. — Le Premier Consul aurait voulu célébrer le 18 brumaire la paix de l'Église, en même temps que la paix avec toutes les puissances de l'Europe. — La nécessité de s'adresser aux anciens titulaires, pour avoir leur démission, entraîne des retards. — Demande de leur démission adressée par le Pape à tous les anciens évêques, constitutionnels ou non constitutionnels. — Sage soumission des constitutionnels. — Noble résignation des membres de l'ancien clergé. — Admirables réponses. — Il n'y a de résistance que de la part des évêques retirés à Londres. — Tout est prêt pour le rétablissement du culte en France, mais une vive opposition dans le sein du Tribunat fait naître de nouveaux délais. — Nécessité de vaincre cette opposition avant de passer outre.   194 à 285

LIVRE TREIZIÈME.

LE TRIBUNAT.

Administration intérieure. — Les grandes routes purgées du brigandage, et réparées. — Renaissance du commerce. — Exportations et importations de l'année 1801. — Résultats matériels de la Révolution française, relativement à l'agriculture, à l'industrie, à la population. — Influence des préfets et sous-préfets sur l'administration. — Ordre et célérité dans l'expédition des affaires. — Conseillers d'État en tournée. — Discussion du Code civil au Conseil d'État. — Brillant hiver de 1801 à 1802. — Affluence extraordinaire des étrangers à Paris. — Cour du Premier Consul. — Organisation de sa maison militaire et civile. — La garde consulaire. — Préfets du palais et dames d'honneur. — Sœurs du Premier Consul. — Hortense de Beauharnais épouse Louis Bonaparte. — MM. Fox et de Calonne à Paris. — Bien-être et luxe de toutes les classes. — Approches de la session de l'an X. — Une vive opposition s'élève contre les plus belles œuvres du Premier Consul. — Causes de cette opposition, répandue non-seulement parmi les membres des assemblées délibérantes, mais parmi quelques chefs de l'armée. — Conduite des généraux Lannes, Augereau et Moreau. — Ouverture de la session. — Dupuis, l'auteur de l'ouvrage sur l'origine de tous les cultes, est nommé président du Corps Législatif. — Scrutins pour les places vacantes au Sénat. — Nomination de l'abbé Grégoire, contrairement aux propositions du Premier Consul. — Explosion violente au Tribunat, pour le mot *sujets*, inséré dans le traité avec la Russie. — Opposition au Code civil. — Irritation du Premier Consul. — Discussion au Conseil d'État sur la conduite à tenir dans ces circonstances. — On prend le parti d'attendre la discussion des premiers titres du Code civil. — Le Tribunat rejette ces premiers titres. — Suite des scrutins pour les places vacantes au Sénat. — Le Premier Consul a proposé d'anciens généraux, qui ne sont pas pris parmi ses créatures. — Le Tribunat et le Corps Législatif les repoussent, et se mettent d'accord pour proposer M. Daunou, connu par son opposition au gouvernement. — Vive allocution du Premier Consul à une réunion de sénateurs. — Menaces d'un coup d'État. — Les opposants intimidés se soumettent, et imaginent un subterfuge pour annuler l'effet de leurs premiers scrutins. — Le consul Cambacérès dissuade le Premier Consul de toute mesure illégale, et lui persuade de se débarrasser des opposants, au moyen de l'article 38 de la Constitution, qui fixe en l'an x la sortie du premier cinquième du Corps Législatif et du Tribunat. — Le Premier Consul adopte cette idée. — Suspension de tous les travaux législatifs. — On en profite pour réunir à Lyon, sous le titre de Consulte, une diète italienne. — Avant de quitter Paris le Premier Consul expédie une flotte chargée de troupes à Saint-Domingue. — Projet de reconquérir cette colonie. — Négociations d'Amiens. — Objet de la Consulte convoquée à Lyon. — Diverses manières de constituer l'Italie. — Projets du Premier Consul à ce sujet. — Création de la République Italienne. — Le général Bonaparte proclamé Président de cette république. — Enthousiasme des Italiens et des Français réunis à Lyon. — Grande revue de l'armée d'Égypte. — Retour du Premier Consul à Paris. 286 à 404

LIVRE QUATORZIÈME.

CONSULAT A VIE.

Arrivée du Premier Consul à Paris. — Scrutin du Sénat qui exclut soixante membres du Corps Législatif et vingt membres du Tribunat. — Les membres exclus remplacés par des hommes dévoués au gouvernement. — Fin du congrès d'Amiens. — Quelques difficultés surgissent au dernier moment de la négociation, par suite d'ombrages excités en Angleterre. — Le Premier Consul surmonte ces difficultés par sa modération et sa fermeté. — La paix définitive signée le 25 mars 1802. — Quoique le premier enthousiasme de la paix soit amorti en France et en Angleterre, on accueille avec une nouvelle joie l'espérance d'une réconciliation sincère et durable. — Session extraordinaire de l'an x, destinée à convertir en loi le Concordat, le traité d'Amiens, et différents projets d'une haute importance. — Loi réglementaire des cultes ajoutée au Concordat, sous le titre d'*Articles organiques*. — Présentation de cette loi et du Concordat au Corps Législatif et au Tribunat renouvelés. — Froideur avec laquelle ces deux projets sont accueillis, même après l'exclusion des opposants. — Ils sont adoptés. — Le Premier Consul fixe au jour de Pâques la publication du Concordat, et la première cérémonie du culte rétabli. — Organisation du nouveau clergé. — Part faite aux constitutionnels dans la nomination des évêques. — Le cardinal Caprara refuse, au nom du Saint-Siège, d'instituer les constitutionnels. — Fermeté du Premier Consul, et soumission du cardinal Caprara. — Réception officielle du cardinal comme légat *a latere*. — Sacre des quatre principaux évêques à Notre-Dame, le dimanche des Rameaux. — Curiosité et émotion du public. — La veille même du jour de Pâques et du *Te Deum* solennel qui doit être chanté à Notre-Dame, le cardinal Caprara veut imposer aux constitutionnels une rétractation humiliante de leur conduite passée. — Nouvelle résistance de la part du Premier Consul. — Le cardinal Caprara ne cède que dans la nuit qui précède le jour de Pâques. — Répugnance des généraux à se rendre à Notre-Dame. — Le Premier Consul les y oblige. — *Te Deum* solennel et restauration officielle du culte. — Adhésion du public, et joie du Premier Consul en voyant le succès de ses efforts. — Publication du *Génie du Christianisme*. — Projet d'une amnistie générale à l'égard des émigrés. — Cette mesure, débattue au Conseil d'État, devient l'objet d'un sénatus-consulte. — Vues du Premier Consul sur l'organisation de la société en France. — Ses opinions sur les distinctions sociales, et sur l'éducation de la jeunesse. — Deux projets de loi d'une haute importance, sur l'institution de la Légion-d'Honneur, et sur l'instruction publique. — Discussion de ces deux projets dans le sein du Conseil d'État. — Caractère des discussions de ce grand corps. — Paroles du Premier Consul. — Présentation des deux projets au Corps Législatif et au Tribunat. — Adoption à une grande majorité du projet de loi relatif à l'instruction publique. — Une forte minorité se prononce contre le projet relatif à la Légion-d'Honneur. — Le traité d'Amiens présenté le dernier, comme couronnement des œuvres du Premier Consul. — Accueil fait à ce traité. — On en prend occasion de dire de toutes parts, qu'il faut décerner une récompense nationale à l'auteur de tous les biens dont jouit la France. — Les partisans et les frères du Premier Consul songent au rétablissement de la monarchie. — Cette idée paraît prématurée. — L'idée du consulat déféré à vie prévaut généralement. — Le consul Cambacérès offre son intervention auprès du Sénat. — Dissimulation du Premier Consul, qui ne veut jamais avouer ce qu'il désire. — Embarras du consul Cambacérès. — Ses efforts auprès du Sénat, pour obtenir que le consulat soit déféré au général Bonaparte pour la durée de sa vie. — Les ennemis secrets du général profitent de son silence, pour persuader au Sénat qu'une prolongation du consulat pour dix années lui suffit. — Vote du Sénat dans ce sens. — Déplaisir du Premier Consul. — Il veut refuser. — Son collègue Cambacérès l'en empêche, et propose, comme expédient, de recourir à la souveraineté nationale, et de poser à la France la question de savoir si le général Bonaparte sera consul à vie. — Le Conseil d'État chargé de rédiger la question. — Ouverture de registres pour recevoir les votes, dans les mairies, les tribunaux, les notariats. — Empressement de tous les citoyens à porter leur réponse affirmative. — Changements apportés à la constitution de M. Sieyès. — Le Premier Consul reçoit le consulat à vie, avec la faculté de désigner son successeur. — Le Sénat est investi du pouvoir constituant. — Les listes de notabilité sont abolies, et remplacées par des collèges électoraux à vie. — Le Tribunat réduit à n'être qu'une section du Conseil d'État. — La nouvelle constitution devenue tout à fait monarchique. — Liste civile du Premier Consul. — Il est proclamé solennellement par le Sénat. — Satisfaction générale d'avoir fondé enfin un pouvoir fort et durable. — Le Premier Consul prend le nom de NAPOLÉON BONAPARTE. — Sa puissance morale est à son apogée. — Résumé de cette période de trois ans. 405 à 562

FIN DE LA TABLE DU TROISIÈME VOLUME.